Alles Wichtige zu Ihrem

Mac

Philip Kiefer

DATA BECKER

Folgen Sie uns auf Facebook und Twitter:

www.facebook.com/databecker
www.twitter.com/data_becker

Besuchen Sie unseren Internetauftritt:

www.databecker.de

Copyright	© DATA BECKER GmbH & Co. KG Merowingerstr. 30 40223 Düsseldorf
Konzeption & Produktmanagement	Peter Meisner
Textmanagement	Claudia Lötschert
Layout	Jana Scheve
Umschlaggestaltung	David Haberkamp
Coverfoto	@vege – Fotolia.com
Textbearbeitung und Gestaltung	Thorsten Schlosser, Kreuztal (www.buchsetzer.de)
Produktionsleitung	Claudia Lötschert
Druck	Media-Print, Paderborn

ISBN 978-3-8158-3113-7

Inhalt

1. Schnell-Start: Einrichten und loslegen – nehmen Sie Ihren Mac in Betrieb

Alles Wichtige auf einen Blick:

* MacBook, iMac, Mac mini, Mac Pro? Das ist der richtige Mac für Sie!

* Los geht's: MacBook, iMac oder Mac mini richtig anschließen und starten

* Machen Sie sich mit der Bedienoberfläche vertraut und nehmen Sie wichtige Einstellungen vor

* Arbeiten am Mac: alle wichtigen Tasten, Gesten und Funktionen sofort im Griff

* Bildschirmhintergrund, Symbolgröße & Co.: Richten Sie die Bedienoberfläche ganz nach Ihren Bedürfnissen ein

* Die Sicherheit darf nicht zu kurz kommen: wichtige Schutzeinstellungen vornehmen

* Kein unnötiger Stromverbrauch: Energieeinstellungen für Ihren Mac

* Lassen Sie Texte von Ihrem Mac vorlesen und weitere praktische Bedienungshilfen einsetzen

* Alle Infos für Umsteiger: Ihre Windows-Dateien auf dem Mac weiterverwenden

Der Mac aus dem Hause Apple genießt Kultstatus, während über Microsofts Windows alle meckern. Ich selbst nutze und schätze beides: meinen Windows-Computer und meinen iMac. Den Windows-Computer mag ich, weil ich unendlich viele Konfigurationsmöglichkeiten habe, weil ich ihn mit Hardware und Software praktisch unbegrenzt erweitern kann, weil ich selbst daran herumbasteln kann und weil Microsoft mit Windows 7 und Windows 8 wirklich gute Betriebssysteme veröffentlicht hat. Den Mac aber liebe ich: für sein Design, seine vergleichsweise Einfachheit und für viele geni-

ale Funktionen, die mein Windows-Computer nicht zu bieten hat, die allerdings auch ihren Preis haben – denn für den Mac und sein Zubehör müssen Sie etwas mehr Kaufkraft mitbringen als für den Windows-Computer. (Quelle der Abbildung: Apple)

In diesem Buch lernen Sie den Mac in seinen verschiedenen Ausführungen mitten in der Praxis kennen. Sie machen sich mit der Hardware vertraut, also dem Mac-Computer selbst und den Geräten, die Sie anschließen. Sie steigen mühelos in das aktuelle Mac-Betriebssystem (OS X Mountain Lion; „OS X" spricht man „OS Zehn", manchmal wird das X auch als Buchstabe ausgesprochen) ein und erarbeiten Schritt für Schritt alle für Sie wichtigen und nützlichen Funktionen. Schließlich stelle ich Ihnen jede Menge Software – Programme und Apps – vor, mit denen Sie den Funktionsumfang Ihres Macs noch erweitern. Sie werden staunen, was alles möglich ist!

MacBook, iMac, Mac mini, Mac Pro? Das ist der richtige Mac für Sie!

Haben Sie sich bereits einen Mac zugelegt? Falls nicht, wird Ihnen die folgende Ausführung der verschiedenen Mac-Varianten sicherlich dienlich sein. Und auch dann, wenn Sie bereits über einen Mac verfügen, wird sie bestimmt Ihr Interesse wecken – vielleicht darf es ja bald ein MacBook für unterwegs oder ein Mac mini für den Gebrauch im Wohnzimmer sein. Diese Macs waren im Sommer 2012 erhältlich (Quelle der Abbildungen: Apple):

* **MacBook Pro:** Das Notebook mit Mac-Betriebssystem und stattlicher Hardware-Ausstattung gibt es in zwei verschiedenen Größen, nämlich 13,3 und 15,4 Zoll. Die 15-Zoll-Notebooks gibt es auch in einer „Retina"-Variante mit höher auflösendem Bildschirm sowie Flash-Speicher statt Festplatte. Das MacBook Pro ist in all seinen Varianten eine sehr gute Lösung für den Überall-Einsatz am Küchentisch, im Wohnzimmer, draußen im Garten, an der Uni oder auf Reisen im Hotel.

* **MacBook Air:** Bei diesem Notebook handelt es sich um ein sogenanntes Subnotebook, das nicht die Ausstattung eines „richtigen" Notebooks bietet, dafür aber kleiner (11,6 oder 13,3 Zoll) und leichter ist und sich deshalb noch besser für den mobilen Einsatz eignet. Das MacBook Air ist in erster Linie als Zweitgerät gedacht.

* **iMac:** Ein Desktopcomputer für den Schreibtisch, in dem alles – bis auf Tastatur und Maus – in den Bildschirm eingebaut ist. Der iMac sieht einfach gut aus und ist eine Zier für jedes Büro oder den im Wohnzimmer eingerichteten Computer-Arbeitsplatz. Die Variante mit 21,5 Zoll sollte für den Normalgebrauch ausreichen. Wer den Mac auch ausgiebig für Bild- und Videobearbeitung nutzen möchte, entscheidet sich für die 27-Zoll-Variante.

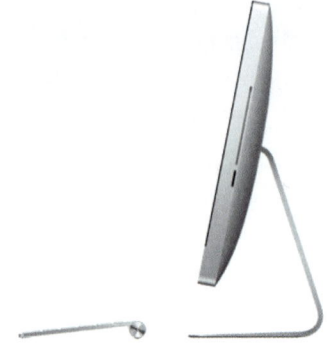

✳ **Mac mini:** Mit dem Mac mini erwerben Sie lediglich den eigentlichen Computer und müssen Geräte wie Bildschirm, Tastatur, Maus oder DVD-Laufwerk selbst ergänzen. Prinzipiell kommen Sie damit am günstigsten weg, allerdings geht das Mac-Feeling etwas verloren, denn bei aller Liebe kann der quadratische Kasten nicht gerade als schön betrachtet werden. Den Mac mini empfehle ich als Zweit-Computer neben einem bereits bestehenden System sowie als Computer fürs Wohnzimmer, den Sie an Ihr TV-Gerät anschließen.

✳ **Mac Pro:** Die teuerste Mac-Variante schließlich bietet jede Menge Leistung auch für den professionellen Gebrauch im Konstruktionsbüro oder der Werbeagentur. Für den Hausgebrauch reicht ein iMac oder Mac mini aber aus.

Prinzipiell haben Sie auch die Möglichkeit, gebrauchte Macs bei eBay und Co. zu erwerben. Als Faustregel gilt dabei, dass der gebrauchte Mac mindestens aus dem Jahr 2007 (iMac, MacBook Pro), 2008 (MacBook, MacBook Air, Mac Pro) oder 2009 (Mac mini) stammen sollte. Nur dann ist gewährleistet, dass OS X Mountain Lion darauf läuft. Meine Empfehlung für Mac-Einsteiger ist aber in jedem Fall die Anschaffung eines Neugeräts. Die Installation von OS X auf Nicht-Apple-Computern ist leider verboten.

☀ **Augen auf beim Apple-Kauf: Geld sparen bei alternativen Anbietern!**

Kaufen Sie Ihren Mac und Apple-Zubehör nicht unbedingt im Apple Store (vor Ort in verschiedenen Großstädten bzw. im Internet unter *http://store.apple.com/de*), sondern lieber bei alternativen Anbietern.

Meinen eigenen iMac beispielsweise habe ich bei Amazon (*http://www.amazon.de*) mit über 115 Euro Ersparnis erworben. Sie sehen: Es kann sich lohnen, Preise zu vergleichen!

Los geht's: MacBook, iMac oder Mac mini richtig anschließen und starten

Was Sie für die Nutzung eines Macs in jedem Fall benötigen, ist ein Internetzugang. Wie Sie diesen einrichten, erfahren Sie in Kapitel 2 des Buchs. Die Inbetriebnahme des Macs selbst besteht aus zwei Teilen: dem Aufstellen und Anschließen der Hardware sowie einer ersten Konfiguraton des Betriebssystems beim ersten Starten des Computers.

Der Aufwand bei der Hardware hält sich in Grenzen. Beim MacBook genügt es, das Netzkabel zu verbinden und zunächst den Akku aufzuladen. Schalten Sie das MacBook dann ein, um loszulegen. Meine Empfehlung: Nutzen Sie Ihr MacBook stets „auf Akku" und laden Sie den Akku jeweils auf, wenn er entleert ist – so wird er lange halten und seine Ausdauer bewahren.

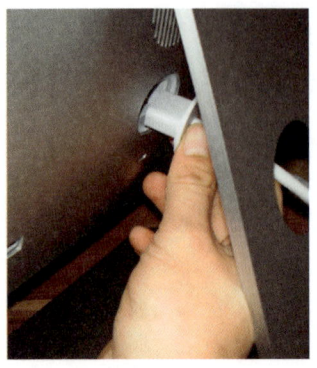

◄ *Hier verbinde ich das Netzkabel mit meinem iMac – das Anschließen ist etwas fummelig, da sich der Anschluss hinter dem Ständer verbirgt, erfolgt aber ansonsten wie bei anderen Elektronikgeräten auch.*

Beim iMac und Mac mini schließen Sie neben dem Netzkabel auch eine Tastatur (zur Eingabe von Zeichen), eine Maus (zum Aufrufen von Bildschirmfunktionen) sowie beim Mac mini einen Monitor an. Wie Sie weitere Geräte – etwa einen Drucker – anschließen, stelle ich Ihnen dann in Kapitel 4 vor.

 Die verschiedenen Anschlüsse Ihres Macs auf einen Blick

Neben dem Anschluss für das Stromkabel bietet Ihr Mac verschiedene weitere Anschlüsse (in unterschiedlicher Anzahl) zum Verbinden von Geräten. Hier eine kleine Übersicht:

 **Kopfhöreranschluss:** Der Audioausgang dient zum Anschließen eines Kopfhörers, von Lautsprecherboxen oder entsprechenden Geräten.

 **Mikrofonanschluss:** Mit dem Audioeingang verbinden Sie beispielsweise ein externes Mikrofon.

 **USB-Anschluss:** Ein sehr wichtiger Anschluss zum Verbinden eines Druckers, einer Digitalkamera und vieler weiterer Geräte.

 **FireWire-Anschluss:** Der FireWire-Anschluss kann als Alternative zum USB-Anschluss der Datenübertragung dienen, findet im Gegensatz zu diesem aber eher selten Anwendung.

 **Thunderbolt-Anschluss:** Auch hierbei handelt es sich um eine Alternative zum USB-Anschluss für eine sehr schnelle Datenübertragung. Dieser Standard ist noch recht jung und man wird erst sehen müssen, inwieweit er sich durchsetzen wird.

 Ethernet-Anschluss: Der Ethernet-Anschluss schließlich dient dem Verbinden mit einem Netzwerk bzw. Netzwerkgerät, etwa einem DSL-Router, mit dem Sie eine Internetverbindung herstellen.

Darüber hinaus bieten sich Ihnen Anschlüsse für die drahtlose Kommunikation: Ein Bluetooth-Anschluss, mit dem Sie etwa auch Ihre Mac-Tastatur und die Magic Mouse verbinden sowie einen WLAN-Anschluss, der alternativ zum Ethernet-Anschluss eine kabellose Verbindung mit einem WLAN-Router ermöglicht. Auch ein Infrarotempfänger für die Kommunikation mit einer Apple-Fernbedienung ist teilweise im Angebot.

Mac-Tastatur und Magic Mouse im Griff

Beim iMac bereits mit dabei: eine drahtlose Mac-Tastatur sowie eine ebenfalls drahtlose „Magic Mouse". Beides empfehle ich auch bei der Nutzung eines Mac mini, da die Mac-Tastatur gegenüber einer herkömmlichen Windows-Tastatur eine ganze Reihe von Besonderheiten aufweist und die Magic Mouse im Vergleich mit der gewöhnlichen USB-Maus mit zusätzlichen Bedienfunktionen aufwartet. Die Alternative zur Magic Mouse wäre ein Trackpad, wie es auf dem MacBook bereits vorhanden ist. So schalten Sie die Geräte ein:

* *Mac-Tastatur:* Stellen Sie die Mac-Tastatur auf und drücken Sie den Ein-/Ausschalter rechts hinten am Gerät. Der Batteriewechsel erfolgt auf der gegenüber liegenden Seite des Einschalters, indem Sie das Batteriefach mit einer Münze oder einem vergleichbaren Gegenstand aufdrehen. Zwar hält sich der Stromverbrauch in Grenzen, aber ich empfehle doch, die mitgelieferten Batterien, wenn sie entleert sind, durch Akkus zu ersetzen.

* *Magic Mouse:* Der Ein-/Ausschalter der Magic Mouse – sowie deren Batteriefach – befindet sich auf der Unterseite der Maus. Auch hier bieten sich auf Dauer Akkus an. Bewegen Sie die Maus außerdem auf einem Mauspad, um sowohl die Magic Mouse als auch Ihren Schreibtisch zu schonen. Am besten geeignet, da mausschonend, ist ein Mauspad aus Stoff.

Schalten Sie Ihren Mac nun ein. Den Ein-/Ausschalter finden Sie auf dem MacBook rechts oberhalb der Tastatur, beim iMac hinten, links unten am Gerät und beim Mac mini hinten rechts.

Erster Start: Richten Sie das System ein

Sie haben sich einen Mac mit bereits vorinstalliertem OS X Mountain Lion zugelegt? Dann sind nur noch wenige Schritte erforderlich, um das Gerät in Betrieb zu nehmen. Ein Systemassistent, der nach dem Einschalten des Computers erscheint, ist Ihnen beim Vornehmen der erforderlichen Einstellungen behilflich. Dies sind die wichtigsten Einstellungen auf einen Blick:

* *Land und Tastatur bestimmen:* Wählen Sie hier aus, wo Sie den Mac verwenden, also z. B. in Deutschland, und bestimmen Sie, welche Tastatur Sie verwenden, also z. B. die deutsche Tastatur.

* *Internetverbindung einrichten:* Ohne Internetverbindung lässt sich ein Mac nur eingeschränkt nutzen. Zu diesem finden Sie alle Informationen in Kapitel 2 dieses Buchs.

✳ ***Daten übertragen:*** Wenn Sie bereits einen anderen Computer genutzt haben, bietet sich Ihnen bereits im Systemassistenten die Möglichkeit, Ihr Benutzerkonto, Bilder, Dokumente und weitere Daten vom anderen System zu übernehmen. Wenn Sie den „Migrationassistenten" nutzen möchten: Wie er funktioniert, zeige ich Ihnen ab Seite 61.

✳ ***Computeraccount anlegen:*** Für die Nutzung des Computers legen Sie ein Benutzerkonto an, das aus Ihrem Namen, einem Benutzernamen mit Kennwort sowie einem Profilbild besteht. Mit dem Benutzerkonto sorgen Sie insbesondere dafür, dass kein anderer unbefugt auf Ihre Daten zugreifen kann.

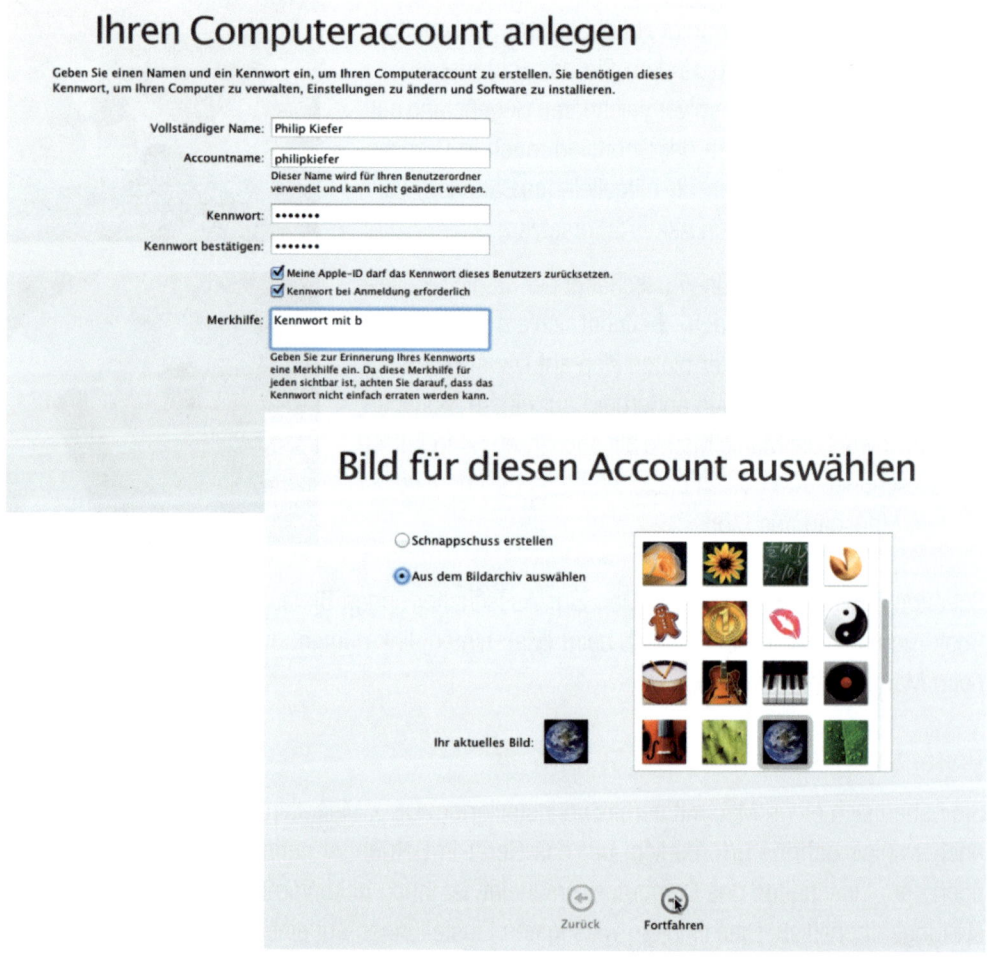

✳ ***Apple-ID eingeben:*** Die Apple-ID benötigen Sie für verschiedene Zwecke, etwa um Apps herunterzuladen, um den Onlinespeicherdienst iCloud zu nutzen oder um mit FaceTime zu telefonieren. Wer bereits mit iTunes, iPhone und Co. vertraut ist, verfügt in der Regel über eine Apple-ID. Falls Sie noch keine Apple-ID haben sollten, legen Sie sie an wie in Kapitel 5 beschrieben.

(In diesem Zusammenhang gut zu wissen: Das @-Zeichen wird auf der Mac-Tastatur mit der Tastenkombination [alt]+[L] gebildet.)

* ***iCloud aktivieren:*** Bestimmen Sie, ob Sie iCloud verwenden möchten oder nicht. In iCloud lassen sich Kontakte, Termine, Dokumente und weitere Daten speichern und mit anderen Apple-Geräten synchronisieren. Diesem Thema widmet sich noch ausführlich das Kapitel 10.

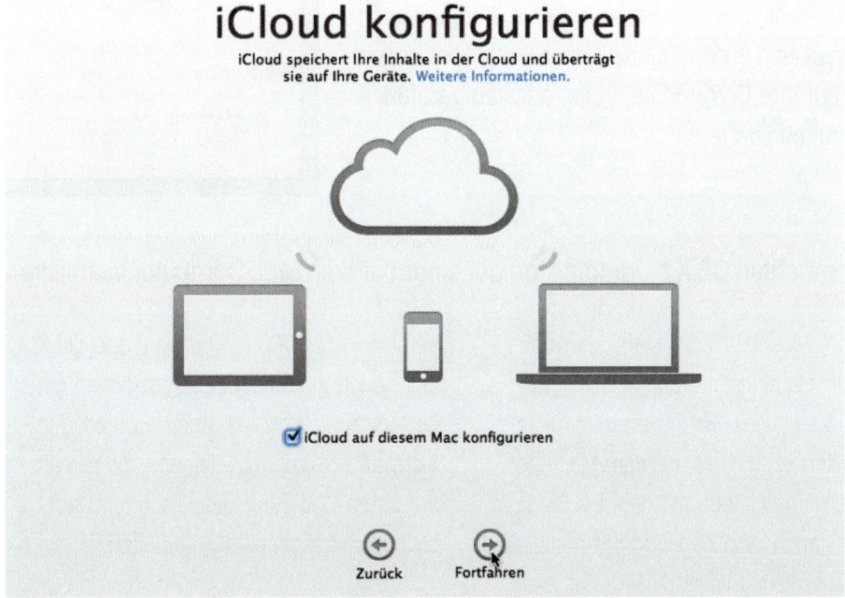

✳ ***Meinen Mac suchen:*** Eine weitere Option, die Ihnen angeboten wird, nennt sich *Meinen Mac suchen.* Diese Option ermöglicht es, sich die aktuelle Position des Macs auf einer Karte anzusehen und gegebenenfalls sogar die Daten darauf aus der Ferne zu löschen. Dies ist etwa dann sinnvoll, wenn Sie Ihr MacBook irgenwo liegen gelassen haben und es nun wiederfinden möchten.

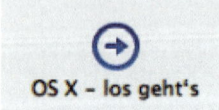

Das war's schon. Ihr Mac lässt sich jetzt richtig verwenden. Melden Sie sich nach dem Einschalten jeweils mit Ihrem Benutzernamen und Ihrem Passwort an. Der „Login"-Bildschirm erscheint übrigens auch nach dem Aufwecken aus dem Ruhezustand. Schließlich sollen nur Sie selbst auf Ihre Dokumente, Fotos oder aufgerufenen Webseiten zugreifen können!

 Sie möchten OS X Mountain Lion auf einem älteren Mac-Computer installieren

Für OS X Mountain Lion steht kein offizieller Installationsdatenträger zur Verfügung. Wenn das Betriebssystem nicht vorinstalliert ist, wird es aus dem Mac App Store heruntergeladen, mit dem ich Sie in Kapitel 5 noch detailliert vertraut mache. Die Voraussetzung ist in diesem Fall eine Version von OS X Snow Leopard oder OS X Lion. Auch in diesem Zusammenhang gilt es lediglich, dem Assistenten durch den Installationsvorgang zu folgen – die bereits auf Ihrem Computer gespeicherten Daten bleiben selbstverständlich erhalten.

Machen Sie sich mit der Bedienoberfläche vertraut und nehmen Sie wichtige Einstellungen vor

Nach dem Anmelden – dem Einloggen – wird Ihnen auf dem Bildschirm die Bedienoberfläche von OS X Mountain Lion angezeigt. Aus zwei Gründen könnten Sie nun erschrecken: Erstens ist die Darstellung der einzelnen Elemente relativ klein, zweitens bewegt sich der Mauszeiger nur recht langsam vorwärts. Dies hängt mit der Bildschirmauflösung und der Mausgeschwindigkeit zusammen – wie Sie beides ändern und weitere wichtige Einstellungen vornehmen, zeige ich Ihnen auf den folgenden Seiten.

Nun machen Sie sich jedoch zunächst mit der Bedienoberfläche Ihres Macs vertraut. Diese besteht aus einem großen, noch leeren „Schreibtisch" ❶, auf dem Sie später Elemente verschiedener Art anzeigen oder ablegen, dem „Apfel-Menü" ❷ mit wichtigen Systemfunktionen, einem Menü des aktuell aktiven Programms ❸ sowie einer Reihe von „Menulets" ❹, die weitere Funktionen bieten; die aus den Punkten ❷–❹ bestehende Leiste wird insgesamt als „Menüleiste" bezeichnet. Unten in der Bedienoberfläche schließlich sehen Sie das „Dock" ❺, das links einen Teil der auf dem Mac verfügbaren Programme enthält, rechts zwei Standardordner und einen „Papierkorb".

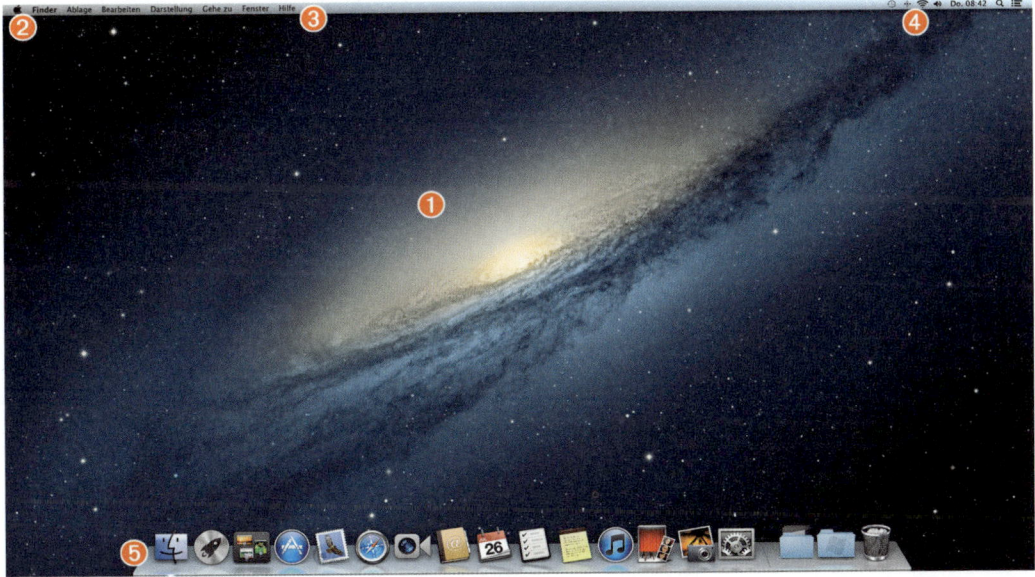

Die Funktionsweise ist denkbar einfach: Sie bewegen den Mauszeiger auf ein Element und klicken es zum Öffnen an; Elemente, die sich auf dem Schreibtisch befinden, rufen Sie durch einen Doppelklick (zweimaliges Klicken schnell hintereinander) auf. Elemente lassen sich außerdem durch Ziehen bei gedrückter Maustaste in eine andere Position bewegen – dies gilt etwa für die Programme im Dock. Wenn Sie ein Element bei gedrückter ctrl-Taste anklicken, erhalten Sie zusätzliche Optionen.

Ausschalten, Ruhezustand und Abmeldung

Machen Sie zunächst einen Ausflug ins Apfel-Menü, indem Sie links oben auf dem Bildschirm auf das -Symbol klicken. Im Apfel-Menü finden Sie unter anderem drei wichtige Funktionen zum Beenden einer Sitzung:

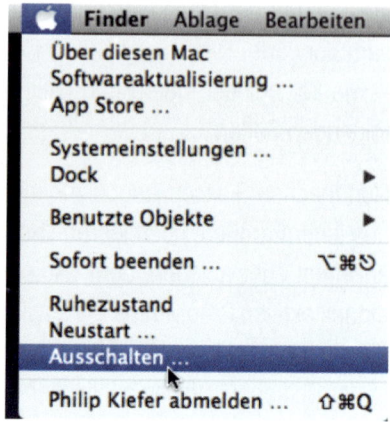

* **Ausschalten:** Entscheiden Sie sich für diese Option, um den Computer „herunterzufahren". Er verbraucht dann praktisch keinen Strom mehr. Allerdings dauert es beim erneuten Einschalten wieder eine Weile, bis er „hochfährt". Schalten Sie den Computer deshalb nur über Nacht aus oder dann, wenn Sie wissen, dass Sie ihn eine ganze Weile nicht mehr benötigen.

* **Ruhezustand:** Auch im Ruhezustand verbraucht Ihr Mac kaum Strom; der Ruhezustand hat aber gleichzeitig den Vorteil, dass das Betriebssystem nach dem „Aufwecken" prompt wieder zur Verfügung steht. Auf MacBooks mit Flash-Speicher lassen sich außerdem auch im Ruhezustand E-Mails und Co. empfangen. Standardmäßig ist Ihr Mac so eingerichtet, dass das Betätigen des Ein-/Ausschalters ausreicht, um den Ruhezustand zu aktivieren. Zum Aufwecken genügt ein Mausklick, das Drücken einer Taste auf der Tastatur oder das erneute Drücken des Ein-/Ausschalters.

* **Benutzer abmelden:** Für diese Option entscheiden Sie sich dann, wenn mehrere Personen über ein Benutzerkonto auf dem Mac verfügen und nun ein anderer mit der Nutzung an der Reihe ist.

☼ Ihren Mac zukünftig noch schneller ausschalten

Wenn Sie sich im Apfel-Menü für die Option *Ausschalten* entscheiden, erscheint noch ein Fenster, das Ihnen anbietet, beim erneuten Einschalten wieder alle zuletzt geöffneten Fenster verfügbar zu

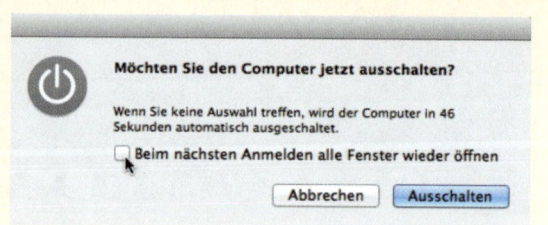

haben. Treffen Sie hier die gewünschte Auswahl, bevor Sie mit einem erneuten Klick auf *Ausschalten* bestätigen.

Der zusätzliche Dialog lässt sich vermeiden, indem Sie beim Anklicken der *Ausschalten*-Option die [alt]-Taste gedrückt halten. Dies gilt übrigens auch für viele weitere Optionen in der Menüleiste: Durch drei Punkte ••• wird jeweils angezeigt, dass der Menüauswahl noch ein Dialogfenster folgen wird; per [alt]-Taste lässt sich dieses – wo es möglich ist – unterdrücken.

Fenster öffnen, vergrößern und wieder schließen

Programme, die Sie auf Ihrem Mac öffnen, werden – wie es auf einem Windows-Computer ebenfalls der Fall ist – jeweils in eigenen Fenstern geöffnet. Zur Veranschaulichung klicke ich hier auf den im Dock angezeigten Kalender ❶; sofort wird das entsprechende Fenster auf dem Schreibtisch eingeblendet ❷; Sie stellen außerdem fest, dass die Menüleiste oben dem geöffneten Programm angepasst wird ❸.

Auf die gleiche Weise könnten Sie nun weitere Programmfenster öffnen, Grenzen werden Ihnen da lediglich durch den Arbeitsspeicher Ihres Computers gesetzt. Außerdem geht bei vielen geöffneten Fenstern ein Stück weit der Überblick verloren. Die folgenden Funktionen zum Verwalten der Programmfenster sollten Sie in jedem Fall verinnerlichen:

✳ *Fenster verschieben:* Um ein Fenster in eine andere Position des Schreibtischs zu bewegen, klicken Sie mit der Maus in die Titelleiste des Fensters und ziehen es dann bei gedrückter Maustaste in die gewünschte Position.

* ***Fenster vergrößern:*** Um ein Fenster manuell zu vergrößern, aktivieren Sie es gegebenenfalls zunächst durch Anklicken. Bewegen Sie den Mauszeiger dann an den Rand oder in eine Ecke des Fensters – er wandelt sich dann in einen Doppelpfeil  um – und bringen Sie es bei gedrückter Maustaste in die gewünschte Größe.

* ***Fenster im Vollbild anzeigen:*** Ein Programmfenster soll auf den gesamten Bildschirm ausgedehnt werden? Dies ist bei vielen Programmen möglich; rechts oben im jeweiligen Fenster finden Sie dazu das ⬈-Symbol. Klicken Sie dieses Symbol an, um den Vollbildmodus zu aktivieren. Im Vollbildmodus bewegen Sie den Mauszeiger an den oberen Bildschirmrand, um die Menüleiste einzublenden und den Vollbildmodus mit einem Klick auf das Symbol ⬈ wieder zu beenden. Alternativ nutzen Sie dazu die [esc]-Taste.

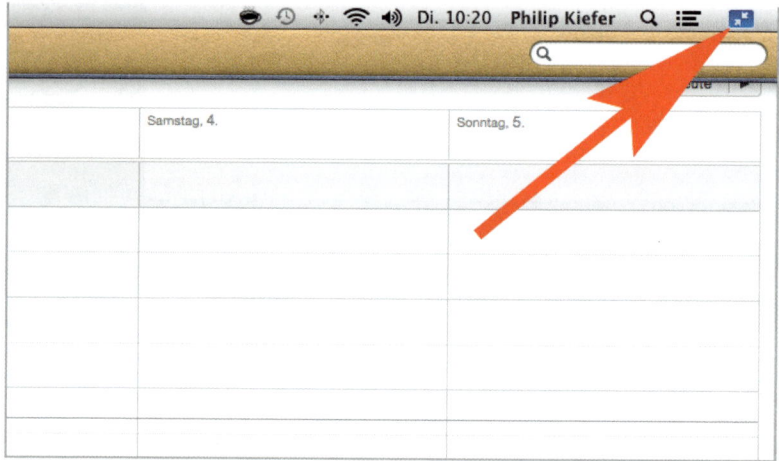

* ***Fenster maximieren:*** Sicher sind Ihnen auch bereits die drei Buttons links oben im Programmfenster aufgefallen, die an eine Ampel erinnern. Der grüne Button ⊕ dient dazu, ein Fenster automatisch zu maximieren, also in die optimale Fenstergröße zu bringen.

* ***Fenster im Dock ablegen:*** Sie benötigen ein Programmfenster momentan nicht, möchten es jedoch nicht schließen. Legen Sie es dann unten im Dock ab, um es später per Mausklick erneut öffnen und weiterarbeiten zu können. Hierzu entscheiden Sie sich links oben im Programmfenster für den gelben Button ⊖. Das Programmfenster wird auf der rechten Seite des Docks abgelegt. Tipp: Halten Sie beim Anklicken des ⊖-Buttons die [Umschalt]-Taste gedrückt, um diesen Prozess zu verlangsamen und ihn dadurch besser verfolgen zu können.

* **Fenster schließen:** Um ein Programmfenster zu schließen, ver-
wenden Sie den roten Button [●]. Das Schließen des Fensters
bedeutet dabei nicht immer das Beenden des Programms. Kennen Sie deshalb auch folgende Methoden: Sie verwenden zum
Schließen eines Fensters die Tastenkombination cmd+W; Sie
beenden ein Programm mit der Tastenkombination cmd+Q;
Sie blenden ein Programmfenster mit der Tastenkombination
cmd+H lediglich aus; Sie klicken das Programmsymbol im
Dock bei gedrückter ctrl-Taste an und wählen *Beenden*; Sie
entscheiden sich in der Menüleiste des Programms für das Beenden – in diesem Fall würde
die Menüauswahl beispielsweise lauten *Kalender/Kalender beenden*; Sie wählen im Apfel-Menü unter *Sofort beenden* das Programm aus; und es gibt noch weitere Methoden. Wählen Sie
aus den Methoden, die Sie in diesem Buch kennenlernen einfach diejenige aus, die Ihnen am
meisten zusagt!

Ich empfehle Ihnen, die Fensterfunktionen Ihres Mac-Computers in aller Ruhe einzuüben – denn
wenn Sie die Menüs und Fenster beherrschen, beherrschen Sie den gesamten Computer! Übrigens
ist nicht jede Fensterfunktion bei jedem Programmfenster verfügbar.

Behalten Sie den Überblick auch bei mehreren geöffneten Programmfenstern

Wie bereits erwähnt, lassen sich auf dem Schreibtisch auch mehrere Programme gleichzeitig anzeigen. Klicken Sie die Programme im Dock an, um sie zu öffnen. Um mehrere Fenster des gleichen
Programms zu öffnen, drücken Sie das entsprechende Symbol im Dock bei gedrückter ctrl-Taste und
wählen *Neues Fenster*. So behalten Sie stets den Überblick über die von Ihnen geöffneten Fenster:

* **Alle Fenster anzeigen:** Klicken Sie ein Symbol im Dock bei gedrückter ctrl-Taste an und wählen Sie im Menü, das sich öffnet, den Eintrag *Alle Fenster anzeigen*. Sie erhalten einen Überblick über die geöffneten Fenster des einen Programms und treffen per Mausklick Ihre Auswahl. Diese Funktion nennt sich auch App-Exposé. Schneller erfolgt das Einblenden  standardmäßig mit der Tastenkombination fn+F10 bzw. mit einem Trackpad (vgl. Seite 38).

* **Mission Control:** Auch ein Überblick über sämtliche Programme, die Sie geöffnet haben, ist im Angebot. Um die „Mission Control" aufzurufen, drücken Sie die F3-Taste auf Ihrer Mac-Tastatur. Auch das dritte Programmsymbol  von links im Dock dient zum Aufrufen der Programmübersicht.

Kein Platz mehr auf dem Schreibtisch? Dann richten Sie sich doch weitere Schreibtische ein

Die Mission Control verschafft Ihnen nicht nur einen schnellen Überblick über die von Ihnen geöffneten Programme, sondern erlaubt es Ihnen auch, diese auf mehreren Schreibtischen zu ordnen. Ziehen Sie dazu ein Programmfenster oder ein Programmsymbol bei gedrückter Maustaste auf den neuen Schreibtisch, der rechts oben in der Mission Control erscheint, sobald Sie den Mauszeiger dorthin bewegen. Ein neuer Schreibtisch kann auch ohne das Verschieben von Fenstern angelegt werden, indem Sie in der Mission Control rechts oben ins Eck klicken.

Sie benötigen die zusätzlichen Schreibtische nicht mehr? Bewegen Sie den Mauszeiger in der Mission Control auf eine Schreibtisch-Miniatur und klicken Sie auf das erscheinende ⊗-Symbol, um den Schreibtisch zu löschen. Etwaig noch auf dem Schreibtisch vorhandene Programmfenster werden auf den ersten Schreibtisch verschoben.

Um zwischen den einzelnen Schreibtischen zu wechseln, verwenden Sie entweder – wie auf Seite 36 beschrieben – die Magic Mouse oder die Tastenkombination ctrl+→ bzw. ctrl+←. Auf diese Weise gelangen Sie übrigens auch zum „Dashboard" mit den verschiedensten Minianwendungen, das ich Ihnen aber gerne erst in Kapitel 3 dieses Buchs vorstellen würde.

Schneller Zugriff auf Ihre Programme: Dock und Launchpad

Nachdem Sie den Umgang mit Programmfenstern auf einem Mac erlernt haben, ist es für Sie sicherlich nicht uninteressant, welche Programme Ihnen auf dem Mac überhaupt zur Verfügung stehen. Nun, das sind eine ganze Menge, und nur ein Teil davon wird Ihnen unten im Dock angezeigt.

Eine vollständige Übersicht erhalten Sie im „Launchpad", das Sie per F4 -Taste oder per Mausklick auf das zweite Symbol von links im Dock aufrufen. Zur Verwaltung des Launchpads gebe ich Ihnen in Kapitel 5 noch nützliche Tipps.

In der folgenden Tabelle möchte ich Ihnen eine kleine Übersicht über die im Dock standardmäßig verfügbaren Programme geben. Diese Programme sowie auch viele der weiteren, im Launchpad verfügbaren Programme werden Sie in diesem Buch noch näher kennenlernen. Wie Sie noch mehr Programme auf den Mac bringen, erfahren Sie dann ebenfalls in Kapitel 5. Das sind die Programme im Dock:

Symbol	Programmname	Kurzbeschreibung
	Finder	Der Finder läuft auf dem Mac immer und kann nicht beendet werden. Mit diesem Programm erhalten Sie Zugriff auf das Dateisystem des Computers. Wer schon Windows genutzt hat, erkennt den Finder als entfernten Verwandten des Windows-Explorers.

Symbol	Programmname	Kurzbeschreibung
	Launchpad	Starten Sie das Launchpad per Symbol oder F4-Taste, um Zugriff auf alle installierten Programme zu erhalten.
	Mission Control	Starten Sie die Mission Control per Symbol oder F3-Taste, um einen Überblick über alle geöffneten Programme zu erhalten und diese gegebenenfalls auf mehreren Schreibtischen anzuordnen.
	App Store	Der Mac App Store ermöglicht es Ihnen, neue Programme bequem aus dem Internet herunterzuladen und auf Ihrem Computer zu installieren.
	Mail	Mit diesem Programm senden und empfangen Sie E-Mails. Der Versand elektronischer Post, selbst bis ans Ende der Welt, dauert lediglich wenige Sekunden.
	Safari	Das Programm Safari ist ein sogenannter Browser (vom englischen „to browse" für „durchblättern"). Mit Safari rufen Sie Webseiten zu allen erdenklichen Themen auf.
	FaceTime	FaceTime ermöglicht es Ihnen, mit anderen FaceTime-Nutzern zu telefonieren und gleichzeitig deren Live-Bild zu sehen.
	Kontakte	Wie der Name schon sagt: Mit diesem Programm verwalten Sie die Adressen von Freunden, Verwandten, Geschäftspartnern usw.
	Kalender	All Ihre Termine gekonnt verwalten – dazu dient das Kalenderprogramm.
	Erinnerungen	Lassen Sie sich von Ihrem Mac mithilfe dieses Programms an wichtige To-Dos erinnern.

Symbol	Programmname	Kurzbeschreibung
	Notizen	Notieren Sie Ihre Gedanken und Ideen, um sie jederzeit parat zu haben – mit diesem Programm fällt das ganz leicht.
	iTunes	Das Programm iTunes dient zum Verwalten und Abspielen von Mediendateien; im iTunes Store lassen sich darüber hinaus Mediendateien erwerben und herunterladen; die Mediendateien lassen sich mit iTunes auch auf andere Geräte – beispielsweise ein iPhone – übertragen.
	Photo Booth	Ein nicht ganz so ernst zu nehmendes Programm, mit dem Sie lustige Fotos und Videos aufnehmen und mit verschiedenen Effekten versehen.
	iPhoto	Fotos verwalten und bearbeiten – mit diesem Programm ist das gar kein Problem!
	Systemeinstellungen	Hier nehmen Sie alle wichtigen Systemeinstellungen vor, beispielsweise zum Monitor, zur Maus, zur Sicherheit, zum Schreibtisch usw.

Falls Sie Einsteiger sind, ganz wichtig: Überfordern Sie sich nicht! Die Tabelle soll Ihnen lediglich einen Überblick geben; Sie müssen zum jetzigen Zeitpunkt selbstverständlich noch nicht die jeweiligen Programmfunktionen kennen.

Die Standard-Menulets auf einen Blick

Neben dem Dock spielen auch die Menulets rechts oben auf dem Mac-Bildschirm eine wichtige Rolle. Dieser „Infobereich" ist vergleichbar mit dem auf einem Windows-Bildschirm, der dort allerdings standardmäßig rechts unten abgebildet ist. Diese Symbole sind rechts oben in der Mac-Menüleiste zu sehen:

* ✳ : Hierbei handelt es sich um das Symbol des Programms Time Machine, das der Datensicherung dient. Ich stelle es Ihnen in Kapitel 12 noch ausführlich vor, kümmern Sie sich zunächst gar nicht darum.

Schnell auf jedes häufig genutzte Programm zugreifen: das Dock ganz nach Ihren Bedürfnissen einrichten

Das Dock bietet Ihnen den schnellstmöglichen Zugriff auf die Programme Ihres Macs, sodass Sie es ganz nach Ihren individuellen Bedürfnissen einrichten sollten. Beginnen Sie damit, für Sie unwichtige Programme aus dem Dock zu entfernen. Benötigen Sie beispielsweise das Programm Photo Booth nicht so häufig? Ziehen Sie das Symbol einfach bei gedrückter Maustaste aus dem Dock auf den Schreibtisch, um es aus dem Dock zu löschen und zukünftig im Launchpad darauf zuzugreifen. Alternativ klicken Sie ein Symbol im Dock bei gedrückter ctrl-Taste an und entscheiden sich im Menü, das sich öffnet, für *Optionen/Aus dem Dock entfernen*.

Oder möchten Sie – im Gegenteil – ein Programmsymbol dem Dock hinzufügen? Öffnen Sie hierzu das Launchpad und ziehen Sie das Programmsymbol bei gedrückter Maustaste in die gewünschte Position des Docks. Alternativ klicken Sie ein geöffnetes Programm im Dock bei gedrückter ctrl-Taste an und wählen im Menü *Optionen/Im Dock behalten*.

Sie möchten das Dock selbst vergrößern, verkleinern oder ganz ausblenden? Rechts neben dem Symbol für die Systemeinstellungen finden Sie eine Linie. Klicken Sie diese an, um das Dock bei gedrückter Maustaste größer oder kleiner zu ziehen. Klicken Sie die Linie bei gedrückter ctrl-Taste an, um weitere Optionen wie etwa das Ausblenden des Docks (das Einblenden erfolgt dann, indem Sie den Mauszeiger an den unteren Bildschirmrand bewegen) zu erhalten.

Gut zu wissen: Je mehr Programme sich den Platz im Dock teilen müssen, desto kleiner werden die Symbole dargestellt.

*  : Unter diesem Symbol verwalten Sie die Bluetooth-Funktion Ihres Computers. Mit Bluetooth verbinden Sie – Sie erinnern sich – Ihre drahtlose Mac-Tastatur oder die Magic Mouse sowie viele weitere Geräte wie Headsets oder Handys. Ihnen wird angezeigt, welche Geräte bereits verbunden sind, darüber hinaus erhalten Sie die Möglichkeit weitere Geräte hinzuzufügen oder Bluetooth vorübergehend zu deaktivieren. Doch zu diesem Thema mehr in Kapitel 2 des Buchs.

✳ 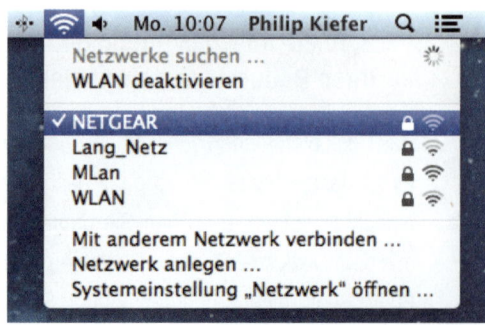 : Dieses Symbol steht für die WLAN-Funktion Ihres Computers, wobei unter WLAN (**W**ireless **L**ocal **A**rea **N**etwork) die drahtlose Vernetzung mit weiteren Geräten im Umfeld zu verstehen ist. Auch die Internetverbindung kann übers WLAN erfolgen, wie ich Ihnen ebenfalls in Kapitel 2 des Buchs noch näherbringen werde.

✳ : Das Lautsprechersymbol dient Ihnen dazu, die Systemlautstärke lauter oder leiser einzustellen. Alternativ dazu verwenden Sie zum Einstellen der Systemlautstärke die entsprechenden Tasten auf Ihrer Mac-Tastatur ([F11] für „leiser" und [F12] für „lauter"). Die Lautstärke, die Sie hier einstellen, entscheidet auch über die Lautstärke des Startsounds, der ertönt, wenn Sie Ihren Mac einschalten.

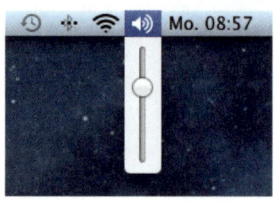

✳ **Di. 08:57** : Auch der Tag und die aktuelle Uhrzeit werden Ihnen angezeigt. Wenn eine Internetverbindung besteht, wird die Uhr automatisch der von Ihnen gewählten Zeitzone entsprechend eingestellt. Ansonsten lassen sich Datum und Uhrzeit aber auch manuell einrichten. Klicken Sie die Uhr dazu rechts oben auf dem Mac-Bildschirm

an und wählen Sie *„Datum & Uhrzeit" öffnen*. Unter *Datum & Uhrzeit* ❶ deaktivieren Sie nun per Mausklick das Kontrollkästchen *Datum und Uhrzeit automatisch einstellen* ❷, um das Datum

❸ und die Uhrzeit ❹ selbst eingeben zu können. Optional sind weitere Einstellungen zur *Zeitzone* ❺ sowie zum Erscheinungsbild der *Uhr* ❻. Schließen Sie das Fenster, um die eigenen Einstellungen zu übernehmen.

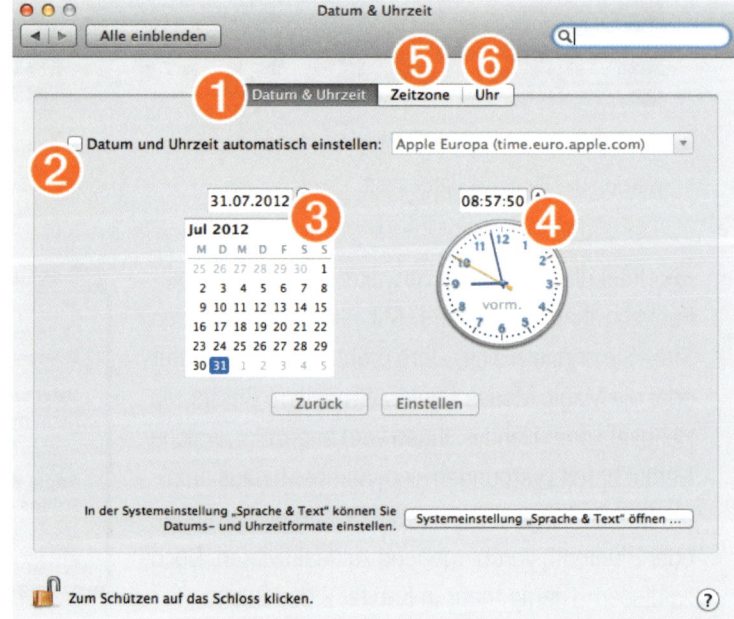

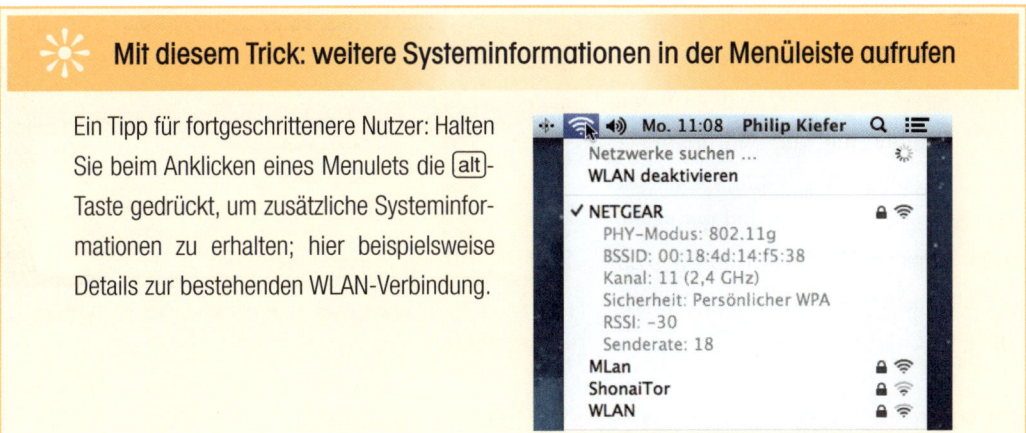

Ein Tipp für fortgeschrittenere Nutzer: Halten Sie beim Anklicken eines Menulets die (alt)-Taste gedrückt, um zusätzliche Systeminformationen zu erhalten; hier beispielsweise Details zur bestehenden WLAN-Verbindung.

* **Philip Kiefer** : Auch Ihr Name kann in der Menü-leiste angezeigt werden, sofern in den Systemein-stellungen unter *Benutzer & Gruppen*, Schaltfläche *Anmeldeoptionen* der „schnelle Benutzerwechsel" aktiviert wurde. Klicken Sie den Namen an, um den Benutzer zu wechseln oder Einstellungen zu den Benutzerkonten auf Ihrem Mac vorzunehmen. (Zum Thema Benutzer erfahren Sie noch viel mehr in Kapitel 12.)

*  : Ganz rechts oben auf dem Mac-Bildschirm fin-den Sie das Symbol zum Aufrufen der Mitteilungs-zentrale – hier werden Ihnen neu eingegangene Nachrichten sowie Meldungen verschiedener Apps angezeigt. Wie Sie die Mitteilungszentrale einrich-ten und nutzen, zeige ich Ihnen noch ausführlicher in Kapitel 3.

Bei MacBooks findet sich zusätzlich zu den genannten Standard-Menulets auch noch die Batterie-anzeige. Und bei den Standard-Menulets wird es nicht bleiben: Viele Programme, die Sie in-stallieren, bringen eigene Menulets mit sich, die auf ganz verschiedene Weise verwaltet werden – meist in den jeweiligen Programmeinstellungen.

Die Standard-Menulets lassen sich, wenn nicht benötigt, ganz leicht entfernen: Ziehen Sie diese ein-fach bei gedrückter (cmd)-Taste auf den Schreibtisch, um sie zu löschen. Menulet wieder benötigt? In den jeweiligen Systemeinstellungen lässt sich ein Standard-Menulet bei Bedarf jederzeit wieder aktivieren.

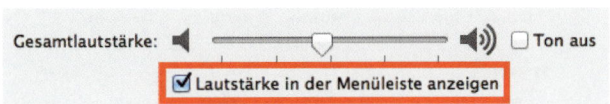

Was ich Ihnen bisher unterschlagen habe: Das Symbol 🔍 in der Menüleiste rechts neben Ihrem Namen bzw. der Uhrzeit. Dieses Symbol dient zum Aufrufen einer „Spotlight" genannten Suchfunktion. Klicken Sie das Symbol an und geben Sie einen Suchbegriff ein, um das System zu durchsuchen – wie Sie die Spotlight-Suche optimal nutzen, lesen Sie ausführlich in Kapitel 6.

Bildschirmauflösung und Mausgeschwindigkeit optimieren

Mit den in diesem Buch bisher gewonnenen und eingeübten Kenntnissen sind Sie nun in der Lage, weitere Systemeinstellungen vorzunehmen. Falls Sie die hohe Bildschirmauflösung nicht für bestimmte Bearbeitungszwecke benötigen, empfehle ich zunächst, diese etwas zu reduzieren. Es können dann weniger Inhalte auf dem Schreibtisch dargestellt werden, diese dafür aber größer. So funktioniert es Schritt für Schritt:

1 Klicken Sie im Dock auf das Symbol für die Systemeinstellungen. Falls Sie nicht mehr genau wissen, was welches Symbol bedeutet, bewegen Sie den Mauszeiger darüber – Ihnen wird daraufhin ein entsprechender Texthinweis angezeigt. Sie finden einen Eintrag zu den Systemeinstellungen ansonsten auch im Apfel-Menü.

2 Das Fenster für die Systemeinstellungen wird auf dem Schreibtisch angezeigt. Klicken Sie in diesem Fenster auf *Monitore* ...

3 ... und aktivieren Sie die Option *Skaliert*. Wählen Sie anschließend durch Anklicken eine für Sie angenehme Bildschirmauflösung aus, die auf dem Bildschirm automatisch umgesetzt wird. Hier entscheide ich mich beispielsweise für eine Bildschirmauflösung von 1280 x 720 Pixeln (Pixel = Bildpunkt).

4 Fertig! Die Abbildung veranschaulicht den Effekt der neuen Einstellung durch einen Vergleich der Auflösungen 1920 x 1080 Pixel (großes Bildschirmfoto) und 1280 x 720 Pixel (kleines Bildschirmfoto).

Die schnellste Maus von Mac-siko: So machen Sie Ihrer Magic Mouse Beine

Sie finden, der Mauszeiger bewegt sich auf dem Bildschirm zu langsam fort? Dann entscheiden Sie sich in den System-einstellungen für den Eintrag *Maus* und ziehen Sie den Schieberegler bei *Zeigerbewegung* in Richtung *Schnell*. (Analoge Einstellungen für das Trackpad nehmen Sie in den Systemeinstellungen unter *Trackpad* vor.)

 Wie bei Windows: So aktivieren Sie bei Ihrer Magic Mouse den rechten Mausklick

Für ehemalige Windows-Nutzer etwas gewöhnungsbedürftig: Wenn Sie mit einer Magic Mouse arbeiten, fehlt die rechte Maustaste. Aktivieren Sie in den Systemeinstellungen unter *Maus* die Option *Sekundärklick*, um die rechte Maustaste einzuschalten. Für einen Rechtsklick klicken Sie einfach rechts oben auf die Magic Mouse – Sie sparen sich dann das Drücken der (ctrl)-Taste, um z. B. ein Kontextmenü aufzurufen. Beim Anschließen einer herkömmlichen USB-Maus können Sie die rechte Maustaste ohnedies verwenden.

Arbeiten am Mac: alle wichtigen Tasten, Gesten und Funktionen sofort im Griff

Bevor Sie mit dem Einrichten und Konfigurieren Ihres Mac-Computers weiter fortfahren, möchte ich Sie zunächst mit weiteren Bedienfunktionen vertraut machen, die Sie bei der Mac-Nutzung häufig benötigen werden. Besonders, wer bereits einen Windows-Computer genutzt hat, merkt schnell, dass viele gewohnte Tasten auf der Mac-Tastatur nicht mehr vorkommen bzw. durch andere Tasten ersetzt wurden. Hier erhalten Sie deshalb einen Überblick über alle wichtigen Tasten der Tastatur sowie über die Gesten und Funktionen von Maus und Trackpad.

Die Mac-Tastatur für Sie entschlüsselt

Die Mac-Tastatur (auch Apple Keyboard genannt) gibt es in verschiedenen Ausführungen, wobei die von den Lesern am häufigsten genutzte Variante die MacBook-Tastatur bzw. das jener ähnliche Apple Wireless Keyboard sein wird. Sie stellen fest, dass diese Tastatur sehr kompakt ist – und einige Tasten zu fehlen scheinen.

▲ *Das Apple Wireless Keyboard – kompakt und gut durchdacht. (Quelle der Abbildung: Apple)*

Selbstverständlich bietet aber auch Apple vollständige Tastaturen an. Für den professionellen Gebrauch kann ich eine solche durchaus empfehlen, weil Sie damit auf bestimmte Funktionen einfach schneller zugreifen.

▲ *Das Apple Keyboard – vollständig, aber kabelgebunden. (Quelle der Abbildung: Apple)*

Unabhängig von der verwendeten Mac-Tastatur gibt es Ähnlichkeiten, aber auch eine Reihe von Unterschieden gegenüber der Windows-Tastatur. Die folgende Tabelle stellt Ihnen wichtige Tasten und ihre Funktion vor:

Taste	Bezeichnung	Kurzbeschreibung
	Eingabe-Taste (sie wird auch als Enter-Taste bezeichnet)	Diese Taste dient dazu, einen Befehl zur Ausführung zu bringen bzw. in einem Textverarbeitungsprogramm auch dazu, einen Absatz zu erzeugen. Die Eingabetaste ist auf Mac- und Windows-Computern gleichermaßen vorhanden.
	cmd-Taste	Mit dieser sehr wichtigen Taste rufen Sie – in Kombination mit weiteren Tasten – viele Funktionen auf Ihrem Mac auf. das „cmd" ist übrigens die Abkürzung für „command" (das englische Wort für Befehl). Manchmal findet sich auf der Taste ein Apfel, weshalb sie auch als Apfel-Taste bezeichnet wird
	alt-Taste	Diese Taste dient zum Aufrufen zusätzlicher Optionen, beispielsweise auf der Tastatur, weshalb sie auch als option-Taste bezeichnet wird. Die Abkürzung „alt" steht für „alternate", das ist das englische Wort für „verändern". Manchmal wird sie auch Wahl-Taste genannt.
	ctrl-Taste	Die ctrl-Taste (für „control") trägt auf deutschen Windows-Tastaturen den Namen Strg (für „Steuerung"). Auch sie dient zum Aufrufen zusätzlicher Optionen, wobei sie auf der Mac-Tastatur nicht den gleichen Stellenwert hat wie auf der Windows-Tastatur, da beim Mac die cmd-Taste viele der Aufgaben übernimmt.
	fn-Taste	Diese – ebenfalls von kompakten Windows-Tastaturen her – bekannte Taste ändert die Funktion einzelner Tasten. Das „fn" steht für das englische Wort „function".
	Umschalt-Taste (auch: shift-Taste)	Diese Taste kennen Sie nicht nur von Windows-Tastaturen, sondern auch von der Schreibmaschine her. Sie dient zum Umschalten zwischen Groß- und Kleinschreibung, aber auch der Nutzung in verschiedenen Tastenkombinationen.
	esc-Taste	Mithilfe der esc-Taste („esc" ist die Abkürzung für das englische Wort „escape", das Entkommen bedeutet) können in vielen Fällen ungewünschte Prozesse beendet werden. Diese Taste finden Sie links oben auf der Tastatur.

Taste	Bezeichnung	Kurzbeschreibung
	F3-Taste (die eigentliche F3-Funktion erfolgt per fn+F3)	Eine Besonderheit der Mac-Tastatur: Mit dieser Funktionstaste rufen Sie die Mission Control auf.
	F4-Taste (die eigentliche F4-Funktion erfolgt per fn+F4)	Auf die Schnelle das Launchpad aufrufen: Drücken Sie hierzu die F4-Taste.
	Auswurf-Taste	Mithilfe dieser Taste werfen Sie einen ins Laufwerk eingelegten Datenträger aus; darüber hinaus verwenden Sie sie für nützliche Tastenkombinationen.
	delete-Taste (auch Backspace-Taste)	Eine ebenfalls nicht unwichtige Taste, mit der Sie Inhalte löschen („delete" ist das englische Wort für „annulieren"). Das Löschen von Dateien erfolgt dabei mit der Tastenkombination cmd+delete.
	L-Taste	Noch einmal erwähnenswert: Das @-Zeichen wird auf dem Mac-Computer anders gebildet als auf dem Windows-Computer, nämlich mithilfe der Tastenkombination alt+L (bzw. bei englischen Tastaturen mit Umschalt+2).

Was die Funktionstasten auf der Mac-Tastatur betrifft, finden Sie noch verschiedene weitere Funktionen, etwa zum Einstellen von Lautstärke oder Helligkeit. Interessanter für Sie sind aber diejenigen Tasten, die fehlen. Hier einige Tasten, die Sie vielleicht vermissen:

✳ Alt Gr: Drücken Sie zum Ersetzen dieser Taste ctrl+alt.

✳ Druck: Der Mac bietet Ihnen kein schnelles Bildschirmfoto per Druck-Taste, aber dafür jede Menge andere Funktionen für Bildschirmfotos, beispielsweise das Abspeichern eines solchen per cmd+Umschalt+3. Viel mehr Tipps zum Thema Bildschirmfoto erhalten Sie auf Seite 324.

✳ Entf: Sie möchten das löschen, was rechts vom Cursor steht? Kein Problem mit der Tastenkombination fn+delete.

✳ Pos1: An den Anfang einer Zeile wechseln Sie mithilfe der Tastenkombination cmd+←.

✳ Ende: Und um schnell ans Ende der Zeile zu gelangen nutzen Sie die Tastenkombination cmd+→.

✳ Bild↑: Schnell nach oben „scrollen" Sie in einem Fenster mit der Tastenkombination alt+↑.

✳ Bild↓: Und mit der Tastenkombination alt+↓ scrollen Sie schnell nach unten.

Sie sehen: Auf der Mac-Tastatur fehlen Ihnen (fast) keine Funktionen, diese sind manchmal lediglich etwas versteckt. Dies gilt übrigens auch für verschiedene Sonderzeichen, worauf ich auf

Seite 334 noch näher eingehen werde. Auch die meisten Tastenkombinationen sind anders als bei einem Windows-Computer – eine entsprechende Übersicht erhalten Sie ab Seite 340.

☀ Auch das ist möglich: eine Windows-Tastatur am Mac nutzen

Ich empfehle Ihnen grundsätzlich, eine Mac-Tastatur einzusetzen. Prinzipiell lässt sich aber auch eine Windows-Tastatur an den Computer anschließen und verwenden. Es öffnet sich automatisch ein Assis-

tent, in dem Sie die Tastatur mit wenigen Handgriffen einrichten. Beachten Sie aber, dass einige Tasten sich dennoch nicht mehr dort befinden, wo sie sein sollten!

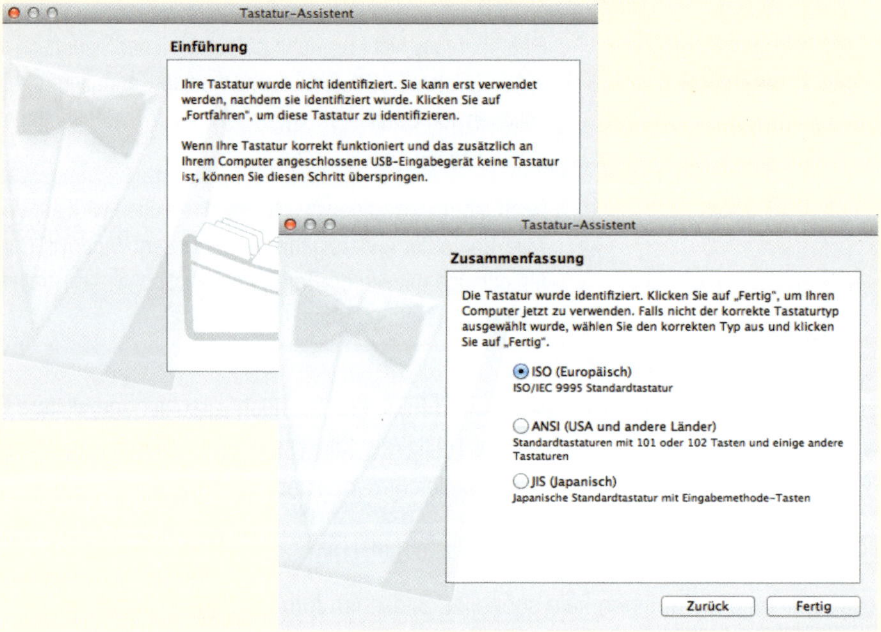

Tastatur-Assistent

Einführung

Ihre Tastatur wurde nicht identifiziert. Sie kann erst verwendet werden, nachdem sie identifiziert wurde. Klicken Sie auf „Fortfahren", um diese Tastatur zu identifizieren.

Wenn Ihre Tastatur korrekt funktioniert und das zusätzlich an Ihrem Computer angeschlossene USB-Eingabegerät keine Tastatur ist, können Sie diesen Schritt überspringen.

Tastatur-Assistent

Zusammenfassung

Die Tastatur wurde identifiziert. Klicken Sie auf „Fertig", um Ihren Computer jetzt zu verwenden. Falls nicht der korrekte Tastaturtyp ausgewählt wurde, wählen Sie den korrekten Typ aus und klicken Sie auf „Fertig".

- ◉ ISO (Europäisch)
  ISO/IEC 9995 Standardtastatur

- ○ ANSI (USA und andere Länder)
  Standardtastaturen mit 101 oder 102 Tasten und einige andere Tastaturen

- ○ JIS (Japanisch)
  Japanische Standardtastatur mit Eingabemethode-Tasten

[Zurück] [Fertig]

Lernen Sie die genialen Magic-Mouse- und Trackpad-Funktionen kennen

Um alle pfiffigen Mac-Funktionen nutzen zu können, verwenden Sie statt einer herkömmlichen USB-Maus eine Magic Mouse (Quelle der Abbildung: Apple) oder alternativ/ergänzend ein Magic Trackpad, wie es auf einem MacBook bereits  vorhanden ist. Das Trackpad bietet im Vergleich zur Magic Mouse noch mehr Funktionen, allerdings dürften die meisten Nutzer den Umgang mit der Maus bevorzugen.

Einige wichtige Funktionen der Magic Mouse haben Sie in diesem Buch bereits kennengelernt: Sie bewegen den Mauszeiger, indem Sie die Maus in eine bestimmte Richtung bewegen; Sie klicken ein

Element mit der Maus an, um es zu öffnen; Sie verschieben ein Element, indem Sie es bei gedrückter Maustaste in eine andere Position ziehen; Sie rufen per Mausklick und gedrückter ⌃ctrl⌄-Taste (bzw. per rechten Mausklick) ein Kontextmenü auf. Dies sind die weiteren Funktionen der Magic Mouse:

* **Scrollen:** Streichen Sie mit dem Finger auf der Magic Mouse nach unten oder oben, um die Fensterinhalte entsprechend zu scrollen. Das von herkömmlichen USB-Mäusen her bekannte Scrollrad entfällt.

* **Blättern:** Streichen Sie mit einem Finger auf der Magic Mouse nach links oder rechts, um die Fensterinhalte entsprechend zu bewegen bzw. durch die Fensterinhalte zu blättern.

* **Wischen:** Streichen Sie mit zwei Fingern auf der Magic Mouse nach links oder rechts, um komfortabel zwischen den einzelnen Schreibtischen oder Programmen im Vollbildmodus zu wechseln. (Quelle der Abbildung: Apple.com)

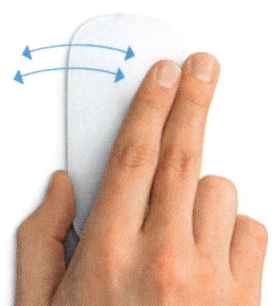

* **Bildschirminhalte zoomen:** Streichen Sie mit dem Finger auf der Magic Mouse nach oben bzw. unten, während Sie die ⌃ctrl⌄-Taste gedrückt halten. Die Bildschirminhalte werden dadurch vergrößert bzw. verkleinert. Der Zoom muss gegebenenfalls zunächst in den Systemeinstellungen unter *Bedienungshilfen* aktiviert werden.

* **Fensterinhalte zoomen:** Tippen (nicht klicken!) Sie mit einem Finger zweimal schnell hintereinander auf die Magic Mouse, um die Inhalte in manchen Programmfenstern zu vergrößern bzw. wieder zu verkleinern.

* **Mission Control aufrufen:** Tippen (nicht klicken!) Sie mit zwei Fingern zweimal schnell hintereinander auf die Magic Mouse, um die Mission Control aufzurufen.

Tipp: Wählen Sie in den Systemeinstellungen die *Maus* aus und klicken Sie eine Funktion der Magic Mouse an ❶ – Ihnen wird die entsprechende Funktion dann in einem kurzen Video veranschaulicht, wie hier etwa das Wischen mit zwei Fingern ❷.

Weitere pfiffige Bedienfunktionen erhalten mit einem Trackpad

Das Trackpad (Quelle der Abbildung: Apple) kann noch mehr als die Magic Mouse, und es kann nach kurzer Umgewöhnungsphase durchaus als Alternative oder zumindest als Ergänzung zu jener dienen. Auch für das Trackpad gilt: Die

einzelnen Funktionen werden Ihnen vorgestellt, wenn Sie sich in den Systemeinstellungen für *Trackpad* entscheiden und eine Funktion auswählen. Hier eine kleine Übersicht:

* *Mauszeiger bewegen:* Mit einem Finger in die gewünschte Richtung streichen.

* *Mausklick:* Mit einem Finger tippen (für Doppelklick entsprechend doppeltippen).

* *Rechter Mausklick:* Mit einem Finger in die eingestellte Ecke des Trackpads tippen (muss zunächst aktiviert werden).

* *Scrollen:* Mit zwei Fingern nach unten oder oben streichen. (Quelle der Abbildung: Apple.com)

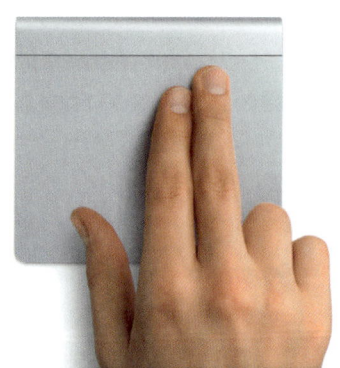

* *Blättern:* Mit drei Fingern nach links oder rechts streichen.

* *Wischen:* Mit vier Fingern nach links oder rechts streichen.

* *Bildschirminhalte zoomen:* Wie bei der Magic Mouse erfolgt das Zoomen auch auf dem Trackpad bei gedrückter ⌃ctrl⌄-Taste, sofern diese Funktion aktiviert ist.

* *Fensterinhalte zoomen:* Mit zwei Fingern doppeltippen.

* *Mission Control aufrufen:* Mit drei Fingern nach oben streichen.

* *Launchpad aufrufen:* Daumen und drei Finger auf dem Trackpad zueinander bewegen.

* *Schreibtisch anzeigen:* Daumen und drei Finger auf dem Trackpad auseinander bewegen.

* *App-Exposé anzeigen:* Streichen Sie mit drei Fingern nach unten, um eine Übersicht zur gerade genutzten App einzublenden. Das App-Exposé muss in den Systemeinstellungen für das Trackpad zunächst aktiviert werden. (Ohne Trackpad klicken Sie, wie bereits auf Seite 22 beschrieben, ein Symbol im Dock bei gedrückter ⌃ctrl⌄-Taste an und wählen *Alle Fenster anzeigen*.)

* *Nachschlagen:* Mit drei Fingern doppeltippen.

* *Bewegen:* Das „Ziehen bei gedrückter Maustaste" erfolgt auf dem Trackpad durch das Bewegen mit drei Fingern. Aktivieren Sie die Funktion gegebenenfalls zunächst in den Systemeinstellungen.

* *Drehen:* Drehen Sie schließlich ein Element, indem Sie auf dem Trackpad mit Daumen und Zeigefinger eine Drehbewegung vollführen.

Ob Sie die Magic Mouse, ein Trackpad oder eine herkömmliche USB-Maus verwenden möchten, ist letztlich eine Geschmacksfrage. Meine Empfehlung: Probieren Sie in einem Elektronikfachmarkt doch einfach mal die jeweils alternativen Varianten aus.

Den Funktionsumfang von Magic Mouse und Trackpad noch erweitern

Sie wünschen sich noch mehr Funktionen für Ihre Magic Mouse oder das Trackpad? Dann installieren Sie (vgl. dazu Kapitel 5), das kostenlose Programm MagicPrefs, das Sie hier herunterladen: *http://magicprefs. com*. Sie finden nach der Programminstal-lation ein neues Menulet in der Menüleiste (), unter dem Sie – mit einem Klick auf *Preferences* – die Konfigurationsoptionen für Maus oder Trackpad aufrufen. Leider steht MagicPrefs nur mit einer englischen Bedienoberfläche zur Verfügung.

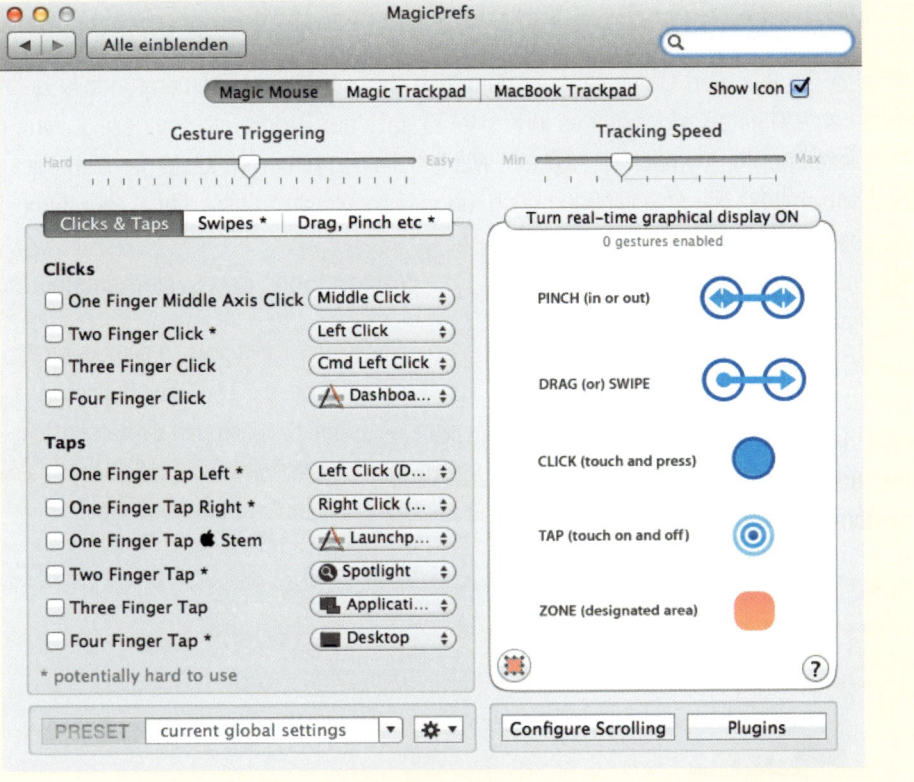

Bildschirmhintergrund, Symbolgröße & Co.: Richten Sie die Bedien-oberfläche ganz nach Ihren Bedürfnissen ein

Vielleicht gefällt Ihnen die Galaxie auf dem Schreibtisch nicht (es handelt sich übrigens um die Spi-ralgalaxie NGC 3190 im Sternbild Löwe), und Sie möchten lieber ein anderes Hintergrundbild aus-wählen? Oder Sie wollen den Bildschirmschoner einrichten, die Programmfenster Ihren Wünschen anpassen, Symbole und Texte auf dem Schreibtisch größer darstellen lassen und mehr? Auf den folgenden Seiten zeige ich Ihnen, wie Sie die Mac-Bedienoberfläche individuell einrichten – ganz so, wie es Ihnen gefällt!

Rascher Tapetenwechsel: Hintergrundbild und Bildschirmschoner einrichten

Ihr Mac bringt verschiedene Bildschirmhintergründe bereits mit. Natürlich lassen sich aber auch eigene Bilder als Hintergrund festlegen – Voraussetzung ist lediglich, dass die Bilder über eine entsprechende Auflösung, sprich: Größe, verfügen. So einfach ändern Sie das Hintergrundbild:

1 Klicken Sie bei gedrückter ⎈ctrl⎉-Taste auf den Schreibtisch und entscheiden Sie sich im Menü für den Eintrag *Schreibtischhintergrund ändern*. Alternativ klicken Sie in den Systemeinstellungen auf *Schreibtisch & Bildschirmschoner*.

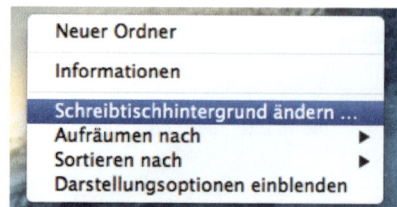

2 Wählen Sie jetzt den Ordner aus, in dem sich das gewünschte Hintergrundbild befindet ❶ (mehr zum Thema Ordner gibt es in Kapitel 6); falls der Ordner nicht angezeigt wird, blenden Sie diesen per Plussymbol ⊞ ❷ ein. Wählen Sie das Hintergrundbild per Mausklick aus ❸ und entscheiden Sie anschließend noch, ob die Menüleiste transparent – also durchsichtig – dargestellt werden soll oder nicht ❹ und ob das Hintergrundbild in regelmäßigen Abständen automatisch gewechselt werden soll ❺; im letzteren Fall stellen Sie dann noch das Intervall für den automatischen Wechsel ein, bevor Sie die Systemeinstellungen schließen.

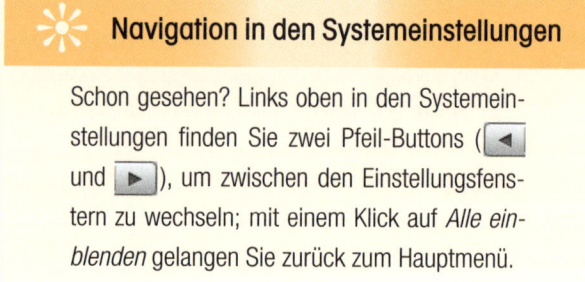

☀ Navigation in den Systemeinstellungen

Schon gesehen? Links oben in den Systemeinstellungen finden Sie zwei Pfeil-Buttons (◀ und ▶), um zwischen den Einstellungsfenstern zu wechseln; mit einem Klick auf *Alle einblenden* gelangen Sie zurück zum Hauptmenü.

3 Und schon steht Ihnen das neue Hintergrundbild auf dem Schreibtisch zur Verfügung. In diesem Fall handelt es sich um eines der Standard-Hintergrundbilder; genauso lassen sich aber auch Familien- oder Urlaubsfotos als Hintergrund festlegen. Dem Thema Foto widmet sich noch ausführlich das Kapitel 8 dieses Buchs.

Gestatten Sie mir an dieser Stelle einen kleinen Vorgriff auf das Thema Internet. Wenn Sie in Safari auf einer Webseite ein Bild bei gedrückter ⌈ctrl⌉-Taste anklicken, öffnet sich ein Menü, das unter anderem die Option *Bild als Schreibtisch-Hintergrund verwenden* beinhaltet – auf diese Weise lassen sich auch Bilder aus dem Internet als Hintergrundbilder verwenden.

☀ **Für jeden Schreibtisch ein eigenes Hintergrundbild einrichten**

Sie haben, wie auf Seite 23 beschrieben, mehrere Schreibtische auf Ihrem Mac angelegt? Richten Sie für jeden Schreibtisch ein eigenes Hintergrundbild ein. Rufen Sie den jeweiligen Schreibtisch dazu auf, bevor Sie die oben beschriebenen Schritte ausführen. Die Abbildung zeigt drei Schreibtische

mit unterschiedlichen Hintergrundbildern in der Mission Control.

Nicht unbedingt notwendig, aber doch sehr schön: ein Bildschirmschoner, wie er Ihnen gefällt

Wie wäre es jetzt noch mit einem schönen Bildschirmschoner, der automatisch aktiviert wird, wenn Sie Ihren Mac eine von Ihnen festgelegte Zeit lang nicht nutzen? Um den Bildschirmschoner zu konfigurieren, klicken Sie im Fenster *Schreibtisch & Bildschirmschoner* in den Systemeinstellungen auf *Bildschirmschoner* ❶.

Wählen Sie dann links ein Element aus, das Ihnen zusagt ❷, und entscheiden Sie sich bei *Diashows* gegebenenfalls noch für eine andere Bilderquelle ❸. Fügen Sie dem Bildschirmschoner optional noch eine Uhr hinzu ❹. Zum Schluss bestimmen Sie noch, nach welchem Zeitraum der Nichtnutzung Ihres Macs der Bildschirmschoner aktiviert werden soll ❺ – falls der Computer vorher in den Ruhezustand versetzt wird, bleibt der Bildschirmschoner ausgeschaltet.

> ☀ **Sehr nützlich: mit „aktiven Ecken" wichtige Funktionen schneller aufrufen**
>
> Rechts unten in den Systemeinstellungen für den Bildschirmschoner finden Sie den Button *Aktive Ecken*. Diese etwas versteckte Funktion ist durchaus nützlich: Richten Sie für jede Ecke des Bildschirms eine Funktion ein. Wenn Sie dann den Mauszeiger in eine Ecke bewegen – der Mauszeiger muss tatsächlich direkt in die Ecke bewegt werden, nicht nur an die Ecke heran! – wird die von Ihnen ausgewählte Funktion aktiviert.

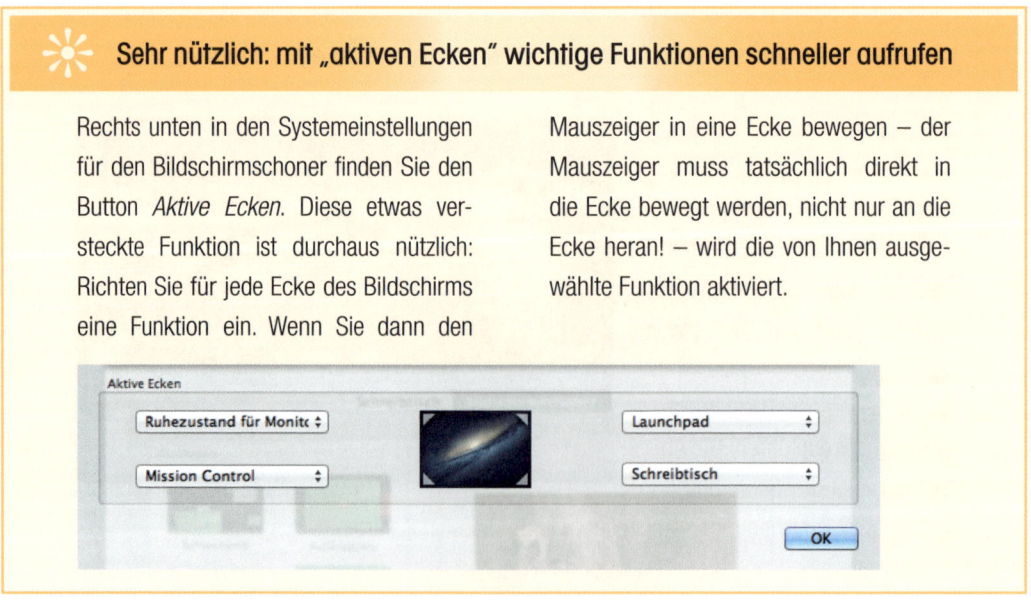

Die Programmfenster ganz Ihren Wünschen anpassen

Auch das Erscheinungsbild der Programmfenster lässt sich Ihren Vorstellungen entsprechend ändern. Entscheiden Sie sich dazu in den Systemeinstellungen für *Allgemein*. Nehmen Sie hier Einstellungen im Hinblick auf Farben ❶ sowie die Bildlaufleiste (hier: „Rollbalken") ❷ vor – die Bildlaufleiste kann als Alternative zur Scrollfunktion der Maus verwendet werden. Entscheiden Sie schließlich, ob Ihr Mac ein Programmfenster nach dem Schließen in dem Zustand wiederherstellen soll, in dem Sie es verlassen haben oder nicht ❸.

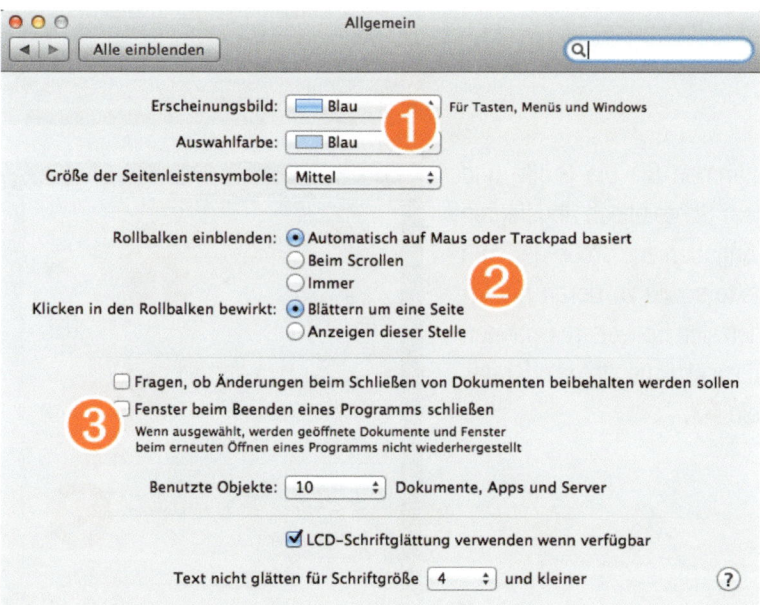

Bestimmte Systemeinstellungen sofort aufspüren

Die Systemeinstellungen Ihres Macs sind zwar recht übersichtlich, aber gerade anfangs werden Sie vielleicht nicht jede gesuchte Funktion sofort auffinden. Hier hilft Ihnen das Suchfeld rechts oben im Fenster der Systemeinstellungen weiter: Tippen Sie ein, wonach Sie suchen – bereits während des Eintippens werden Ihnen die passenden Ergebnisse angezeigt, von denen Sie das gewünschte per Mausklick auswählen.

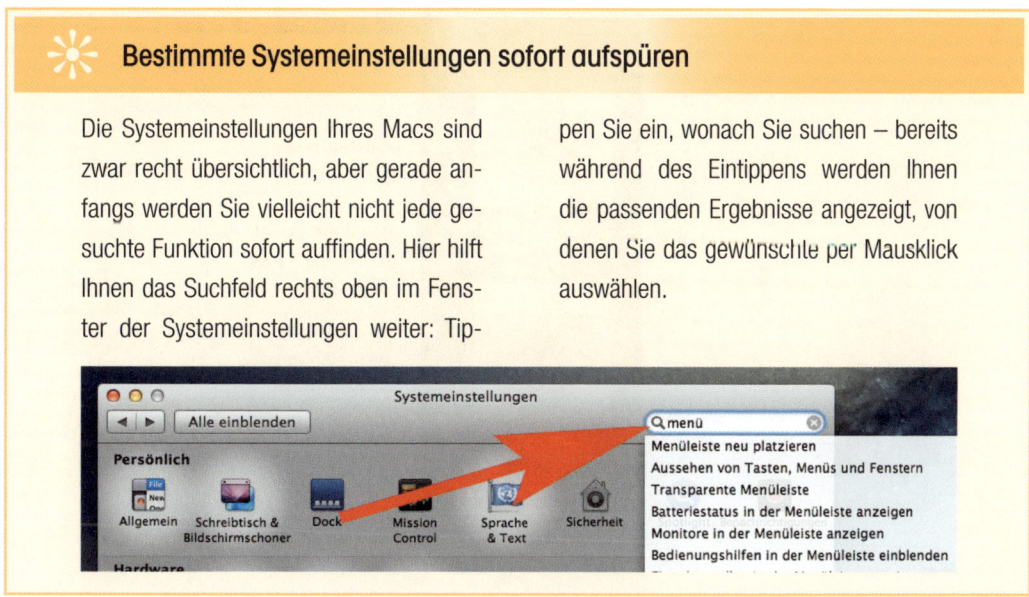

Symbole und Texte auf dem Schreibtisch vergrößern

Ihr Mac-Schreibtisch ist momentan noch wunderbar aufgeräumt, aber das muss nicht immer so bleiben. Wenn Sie später Programme und Dateien auf dem Schreibtisch ablegen, werden Sie verschiedene Darstellungsoptionen zu schätzen wissen, die Sie folgendermaßen aufrufen:

1 Klicken Sie bei gedrückter ⌃ctrl-Taste auf den Schreibtisch und entscheiden Sie sich im Menü für den Eintrag *Darstellungsoptionen einblenden*.

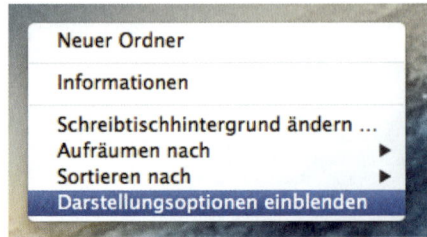

2 Per Schieberegler bestimmen Sie die Größe und den Abstand der auf dem Schreibtisch abgelegten Symbole ❶, machen Angaben zur Größe der zum Symbol gehörenden Texte sowie zu deren Anordnung ❷ und entscheiden sich für weitere Optionen wie das Einblenden von zusätzlichen Infos oder das Ausblenden der Symbole ❸.

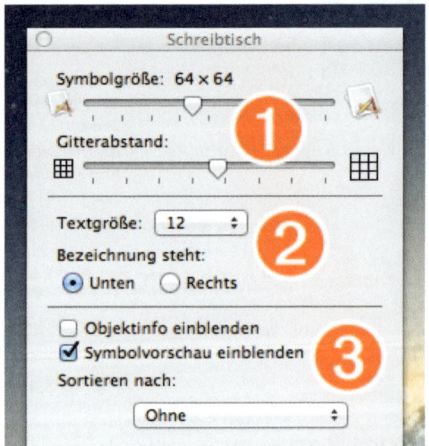

3 Hier habe ich als Beispiel die Symbole von 64 x 64 Pixel auf 100 x 100 Pixel vergrößert und außerdem die zusätzlichen Infos – in diesem Fall zur eigentlichen Bildgröße – eingeblendet.

☀ Ordnung auf dem Schreibtisch durch Aufräumen und Sortieren

Vielleicht geraten die Symbole auf dem Schreibtisch mit der Zeit in Unordnung? Gar kein Problem: Ihr Mac bietet Ihnen eine Funktion zum Aufräumen des Schreibtischs an. Klicken Sie bei gedrückter ctrl-Taste auf den Schreibtisch, um die Option *Aufräumen nach* auszuwählen. Sollen neu hinzugekommene Symbole automatisch Ihren Vorgaben entsprechend aufgeräumt werden? Dann wählen Sie *Sortieren nach*.

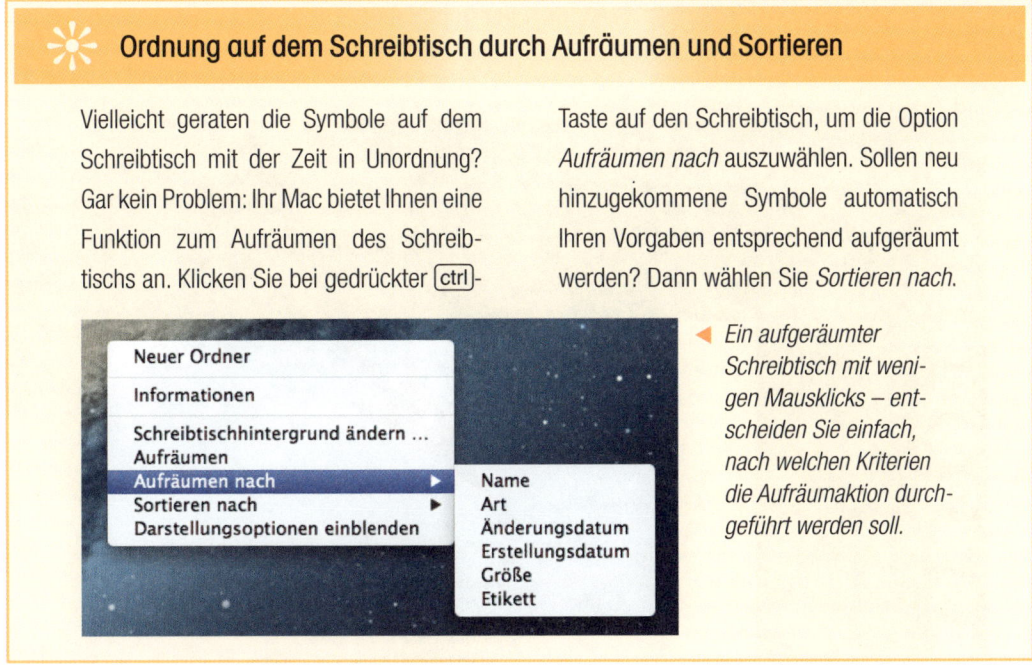

◀ *Ein aufgeräumter Schreibtisch mit wenigen Mausklicks – entscheiden Sie einfach, nach welchen Kriterien die Aufräumaktion durchgeführt werden soll.*

Pfiffige Darstellungsoptionen fürs Dock

Eine wichtige Darstellungsoption für das Dock haben Sie bereits kennengelernt: Klicken Sie auf die Trennlinie rechts neben dem Symbol für die Systemeinstellungen, um das Dock größer oder kleiner zu ziehen. In den Systemeinstellungen unter *Dock* finden Sie eine Reihe weiterer Darstellungsoptionen, die ich Ihnen an dieser Stelle gerne vorstellen würde:

* ✳ *Vergrößerung:* Aktivieren Sie diese Option, so werden die Symbole im Dock vergrößert dargestellt, wenn Sie den Mauszeiger darüber bewegen.

✳ **Position auf dem Bildschirm:** Standardmäßig befindet sich das Dock unten auf dem Bild-schirm – genauso lässt es sich aber auch links oder rechts auf dem Bildschirm positionieren.

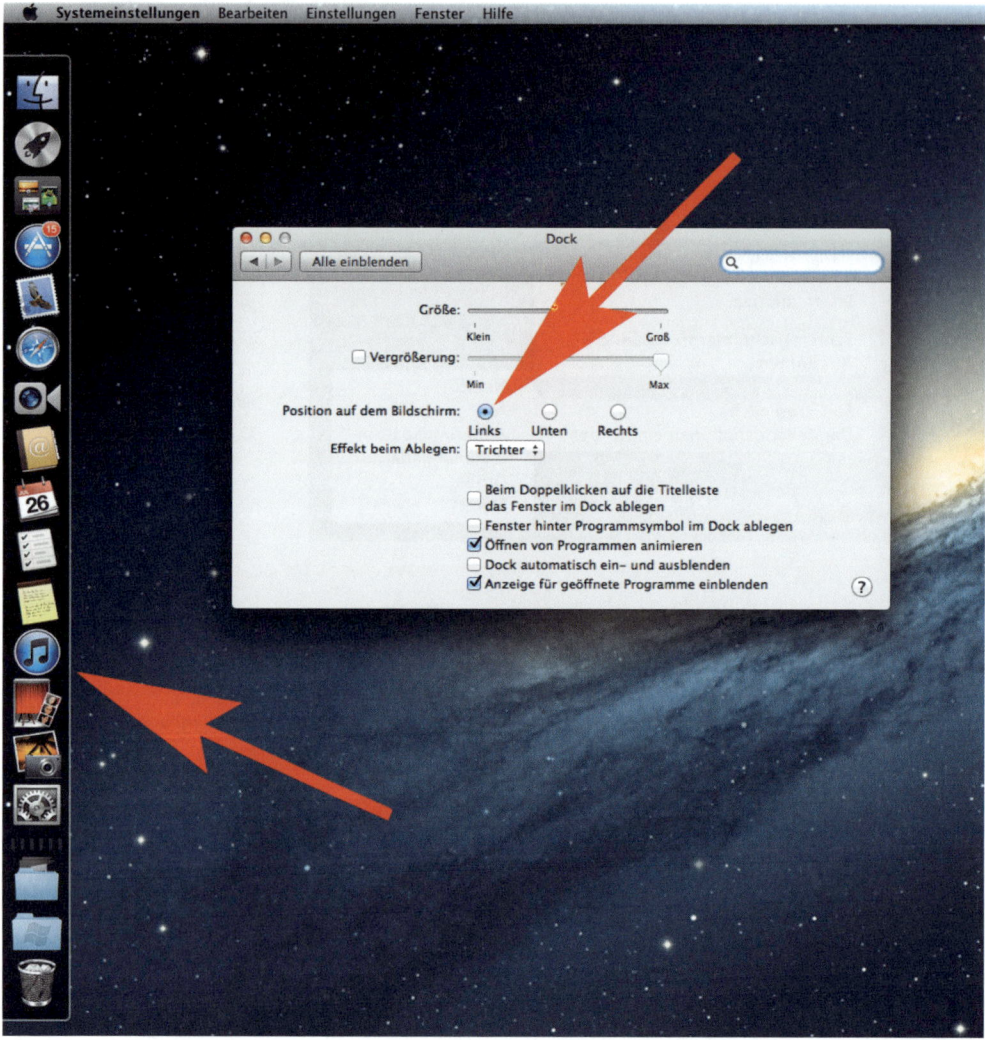

✳ **Effekt beim Ablegen:** Diese Einstellung betrifft die Animation beim Ablegen von Fenstern im Dock – der „Trichter" vermittelt eine Art Saugeffekt, während die Option „Linear" das Fenster auf geradem Weg in das Dock befördert.

✳ **Fenster hinter Programmsymbol im Dock ablegen:** Wenn Sie ein Fenster nicht schließen, sondern im Dock ablegen, wird es im rechten Bereich des Docks angezeigt – es sei denn, Sie aktivieren diese Option.

✳ **Öffnen von Programmen animieren:** Sicher haben Sie bereits ge-merkt, dass ein Symbol im Dock beginnt zu hüpfen, wenn Sie es an-klicken. Falls Sie dies nicht wünschen, deaktivieren Sie diese Option.

* ***Dock automatisch ein- und ausblenden:*** Soll das Dock stets sichtbar sein oder nur bei Bedarf? Im letzteren Fall aktivieren Sie diese Option. Zum Einblenden des Docks genügt es, den Mauszeiger an den unteren Bildschirmrand zu bewegen (bzw. an den linken oder rechten Rand, falls Sie das Dock versetzt haben).

* ***Anzeige für geöffnete Programme einblenden:*** Wenn Sie ein Programm öffnen, wird dieses im Dock unterhalb des Symbols mit einem kleinen Licht gekennzeichnet. Um das Licht auszuschalten, deaktivieren Sie diese Option.

Tipp: Die Systemeinstellungen fürs Dock rufen Sie schneller auf, indem Sie sich im Apfel-Menü für *Dock/Systemeinstellung „Dock"* entscheiden. Auch wenn Sie im Dock bei gedrückter ⌃ctrl⌄-Taste auf die Trennlinie klicken, wird Ihnen das Öffnen der *Systemeinstellung „Dock"* angeboten.

Die Sicherheit darf nicht zu kurz kommen: wichtige Schutzeinstellungen vornehmen

Der Mac-Computer gilt gegenüber dem Windows-Computer generell als sicherer, und es stimmt: Computerviren kennt der Mac praktisch nicht, im Frühjahr 2012 sorgte allerdings eine Zeit lang der „Flashback-Trojaner" für Besorgnisse. In Zukunft könnten Angriffe auf Mac-Computer also vermehrt auftreten. Und der Mac ist durchaus gefährdet: Ende 2011 wurden von einer IT-Sicherheitsfirma fünf Angriffsversuche sowohl auf einen Mac, damals allerdings noch mit OS X Lion, als auch auf einen Computer mit Windows 7 gestartet. In drei von fünf Fällen schnitt dabei der Computer mit Windows 7 besser ab.

Grundsätzlich gilt zwar, dass Sie sich beim Mac wirklich weniger Sorgen machen müssen. Aber behalten Sie das Sicherheitsthema in jedem Fall im Hinterkopf und nutzen Sie die verfügbaren Schutzfunktionen, die ich Ihnen auf den folgenden Seiten vorstelle. Was Sie immer und überall tun sollten: Wählen Sie sichere Passwörter, die aus Groß- und Kleinbuchstaben, Ziffern sowie evtl. Sonderzeichen bestehen. Wählen Sie nicht immer die gleichen Passwörter. Und ändern Sie Ihre Passwörter regelmäßig. Besonders dann, wenn Sie im Internet unterwegs sind, lassen Sie stets den gesunden Menschenverstand walten!

So schützen Sie sich mit einer Firewall gegen Angriffe von außen

Der wichtigste Schutz für Ihren Computer gegen Angriffe von außen ist die Firewall. Eine Internetverbindung sollte niemals hergestellt werden, ohne dass eine Firewall eingeschaltet ist, denn diese sorgt dafür, dass die Eingänge Ihres Computers gegen ungewünschte Zugriffe abgesichert werden. Wenn Sie mit einem Router ins Internet gehen (siehe dazu auch Kapitel 2), ist darin eine Firewall wahrscheinlich bereits aktiviert. Aber auch OS X Mountain Lion beinhaltet eine Firewall, die Sie – falls noch nicht geschehen – folgendermaßen in Betrieb nehmen:

1 Öffnen Sie die Systemeinstellungen und klicken Sie
auf *Sicherheit*.

2 Klicken Sie auf *Firewall* ❶, um sich über den Status der Firewall in Kenntnis zu setzen ❷. Um
eine deaktivierte Firewall zu aktivieren, klicken Sie links unten in den Systemeinstellungen auf
das Vorhängeschlosssymbol 🔒 ❸ ...

3 ... und geben Ihr Mac-Passwort
ein (dies ist immer bei system-
relevanten Aktionen notwendig
und eben dann, wenn eine bestimmte Systemeinstellung für
die Bearbeitung gesperrt wurde).
Bestätigen Sie mit *Entsperren*,
um die Einstellungen bearbeiten
zu können.

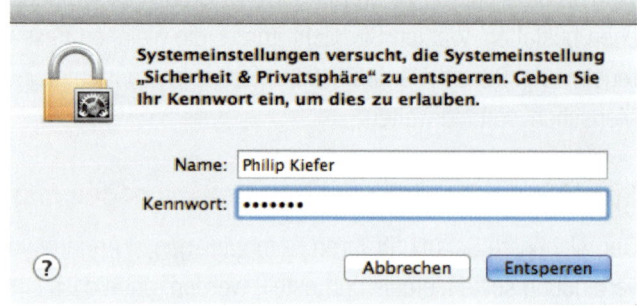

4 Klicken Sie anschließend auf *Firewall aktivieren*, um die Firewall einzuschalten – die Eingänge
des Computers werden nun vom Computer überwacht.

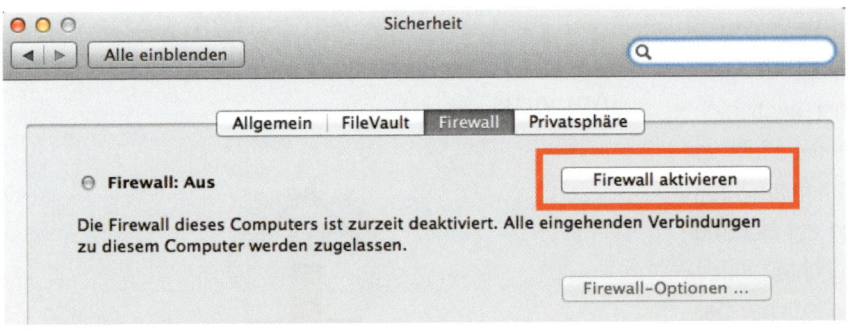

Sie möchten einzelnen Programmen eingehende Datenverbindungen gestatten?

Vielleicht benötigt ein Programm, das Sie – wie in Kapitel 5 beschrieben – installieren, eine eingehende Datenverbindung? Klicken Sie im Fenster aus Schritt 2, nach dem Aktivieren der Firewall, auf *Firewall-Optionen*. Sie erhalten eine Übersicht, welchen Diensten eine eingehende Datenverbindung erlaubt ist ❶. Um eigene Programme hinzuzufügen, wählen Sie diese unter dem Plussymbol ❷ aus. Genauso lassen sich aber auch sämtliche eingehenden Datenverbindungen blockieren ❸. Bestätigen Sie Ihre Einstellungen abschließend mit einem Mausklick auf *OK* ❹.

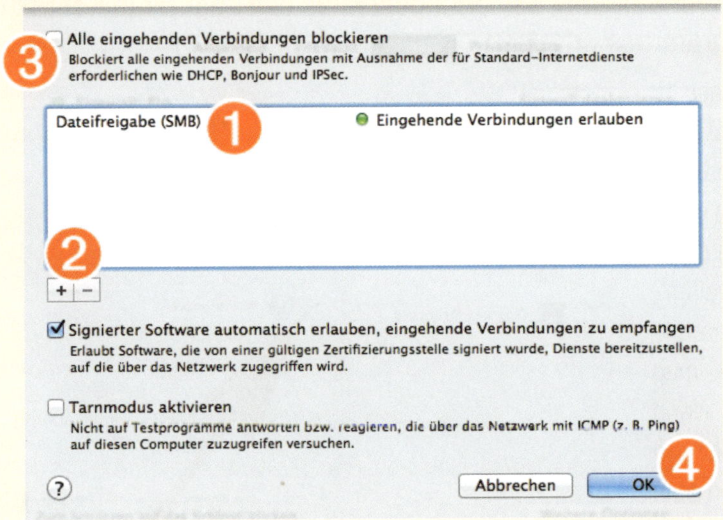

Die Mac-Firewall überwacht lediglich eingehende Datenverbindungen. Um auch ausgehende Datenverbindungen zu überwachen, installieren Sie (wie in Kapitel 5 beschrieben) das Programm Little Snitch, das Sie unter der folgenden Webadresse laden: *http://www.obdev.at/products/littlesnitch* (alles zum Aufrufen von Webseiten erfahren Sie in Kapitel 3). Little Snitch ist allerdings nur als Demoversion kostenlos, deren Nutzungsdauer auf drei Stunden pro Programmstart begrenzt ist.

Schutz vor Schadprogrammen: auf dem Mac unbedingt notwendig?

Zurzeit noch nicht zwingend notwendig, aber auch nicht schädlich ist ein Schutz vor Schadprogrammen auf Ihrem Mac. Wenn Sie auf Nummer sicher gehen möchten, installieren Sie eine solche, beispielsweise das kostenlose Programm iAntiVirus, dass Sie wie in Kapitel 5 beschrieben im Mac App Store herunterladen und auf Ihrem Computer installieren. Scannen Sie damit in regelmäßigen Abständen das komplette System oder einzelne Ordner. In der Tabelle ab Seite 145 finden Sie noch weitere Schutzprogramme.

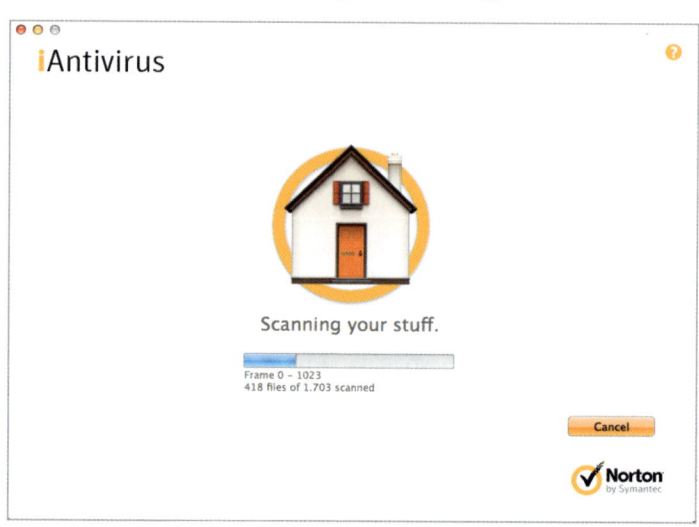

▲ Der Virenscanner iAntiVirus ist sehr einfach zu handhaben – wählen Sie aus, ob Sie das komplette System oder lediglich einzelne Ordner scannen möchten, und los geht's!

Mehr Datenschutz: Verwendung der Ortungsdienste und Zugriff auf Kontakte nur ausgewählten Programmen erlauben

Wussten Sie bereits, dass Ihr Mac Ihren aktuellen Standort genau ermitteln kann und dass manche Apps, natürlich meist zu lauteren Zwecken, auf Ihre Kontakte zugreifen wollen? Dem einen oder anderen – mich eingeschlossen – mag dies unheimlich sein. Wenn Sie in den Systemeinstellungen auf *Sicherheit* klicken und dann *Privatsphäre* wählen, erhalten Sie jedoch einen Überblick, welche Programme auf Ihren Standort sowie die Kontakte

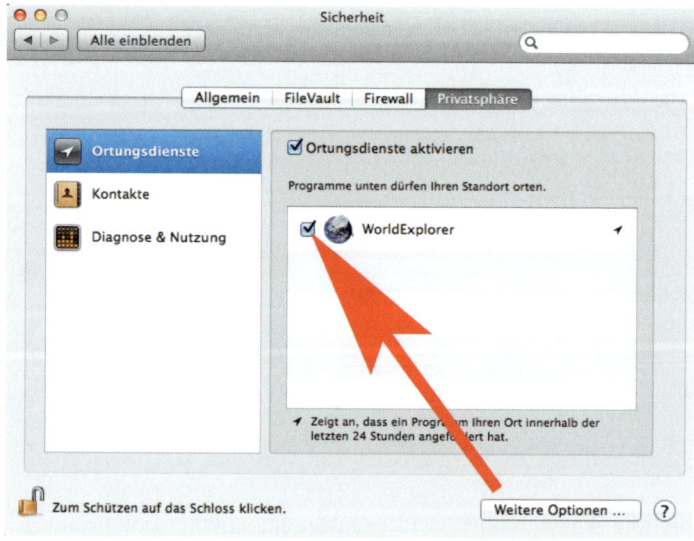

zugreifen (natürlich werden Sie vorher um Erlaubnis gefragt) und Sie können die entsprechende Genehmigung durch Deaktivieren des Kontrollkästchens zurückziehen.

Was Sie unter *Privatsphäre* ebenfalls tun sollten: Klicken Sie auf *Diagnose & Nutzung* und deaktivieren Sie das Kontrollkästchen *Diagnose- & Nutzungsdaten an Apple senden*, denn ansonsten werden laufend Daten übers Internet an Apple geschickt – zwar anonymisiert, aber man weiß ja nie.

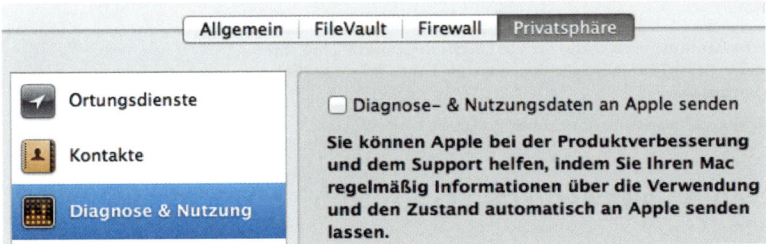

Verschlüsseln Sie Ihre Festplatte, damit kein Unbefugter an Ihre Daten gelangt

Besonders dann, wenn Sie einen mobilen Mac nutzen und vielleicht sensible Daten darauf gespeichert haben, werden Sie auf größtmöglichen Datenschutz Wert legen – z. B. für den Fall, dass Sie das Gerät einmal im Café liegen lassen. In diesem Zusammenhang empfehle ich Ihnen eine Festplattenverschlüsselung, die einen Zugriff auf die Daten erst nach Passworteingabe bzw. nach Eingabe eines speziellen Schlüsselcodes ermöglicht – denn das Benutzerkennwort allein ist nicht Schutz genug. Die entsprechende Funktion ist in Ihren Mac bereits eingebaut und lässt sich ganz einfach aktivieren:

1 Entscheiden Sie sich in den Systemeinstellungen wie zuvor für *Sicherheit* und wählen Sie *FileVault* ❶. Entsperren Sie gegebenenfalls zunächst die Einstellungen, indem Sie links unten auf das 🔒-Symbol klicken ❷ und betätigen Sie dann den Button *FileVault aktivieren* ❸.

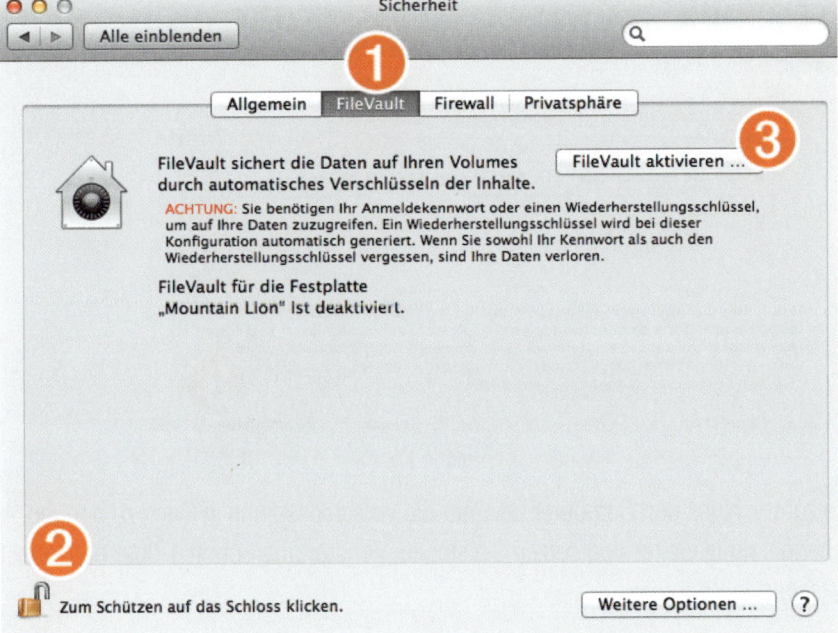

2 Ihnen wird der Schlüsselcode angezeigt. Notieren Sie diesen sorgfältig auf einem Stück Papier, das Sie wiederum gewissenhaft aufbewahren. Der Schlüsselcode dient dazu, wieder an Ihre Daten zu gelangen, falls Sie einmal Ihr Mac-Kennwort vergessen sollten.

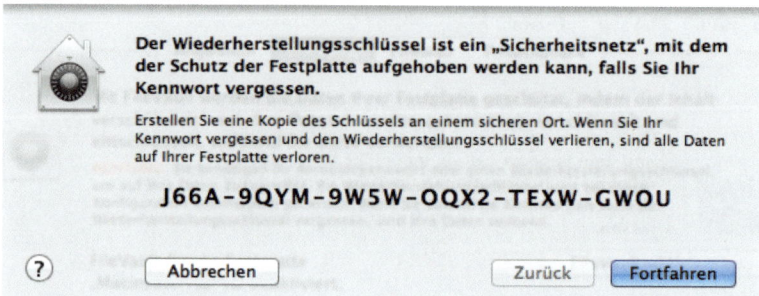

3 Alternativ oder ergänzend speichern Sie den Schlüsselcode bei Apple im Internet ab, indem Sie diese Option im folgenden Fenster aktivieren ❶, die Sicherheitsfragen auswählen und beantworten ❷ und auf *Fortfahren* ❸ klicken, um Ihre Einstellungen zu bestätigen.

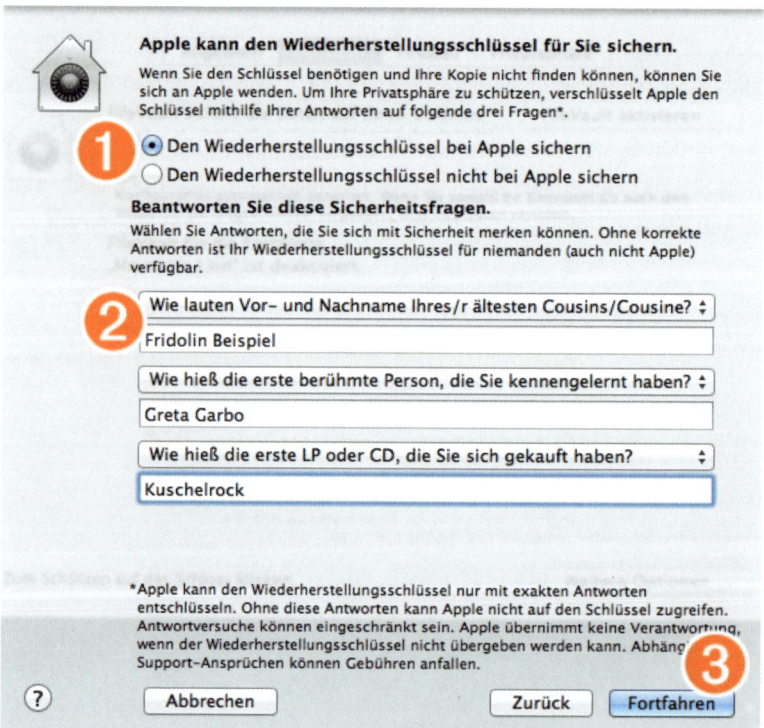

4 Starten Sie zum Schluss den Computer neu, um die Verschlüsselung in Gang zu bringen. Arbeiten Sie nebenbei ruhig weiter und setzen Sie sich im Fenster aus Schritt 1 über den Verschlüsselungsfortschritt in Kenntnis.

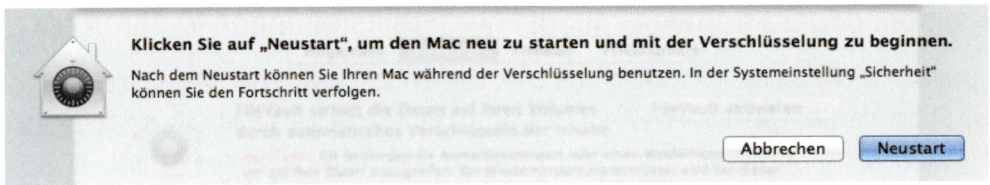

Klicken Sie auf „Neustart", um den Mac neu zu starten und mit der Verschlüsselung zu beginnen.

Nach dem Neustart können Sie Ihren Mac während der Verschlüsselung benutzen. In der Systemeinstellung „Sicherheit" können Sie den Fortschritt verfolgen.

Abbrechen   Neustart

An dieser Stelle zwei Tipps für fortgeschrittenere Nutzer: Im „Festplatten-Dienstprogramm", das Sie im Launchpad unter *Dienstprogramme* finden (Sie machen damit in Kapitel 12 noch nähere Bekanntschaft), lassen sich auch externe Datenträger verschlüsseln. Und falls Sie auf eine noch leistungsstärkere Verschlüsselung Wert legen: Laden Sie sich unter *http://www.truecrypt.org* die exzellente und dabei kostenlose Mac-Version des Verschlüsselungsprogramms TrueCrypt herunter.

Sie möchten ausschließlich sichere Software installieren?

Besonders Einsteigern empfehle ich außerdem vom „Gatekeeper" (übersetzt etwa „Torwächter") Gebrauch zu machen. So nennt Apple eine Funktion unter OS X Mountain Lion, die das Installieren von schädlicher Software auf Ihrem Mac verhindern soll. Dies geschieht dadurch, dass lediglich von Apple geprüfte Software aus dem Mac App Store sowie gegebenenfalls weitere Software von verifizierten Entwicklern installiert werden kann. Um die gewünschte Einstellung vorzunehmen, entscheiden Sie sich in den Systemeinstellungen für *Sicherheit* und aktivieren dann unter *Allgemein* die gewünschte Option – beachten Sie aber, dass der Gatekeeper in vielen Fällen auch die Installation harmloser Software verhindern kann.

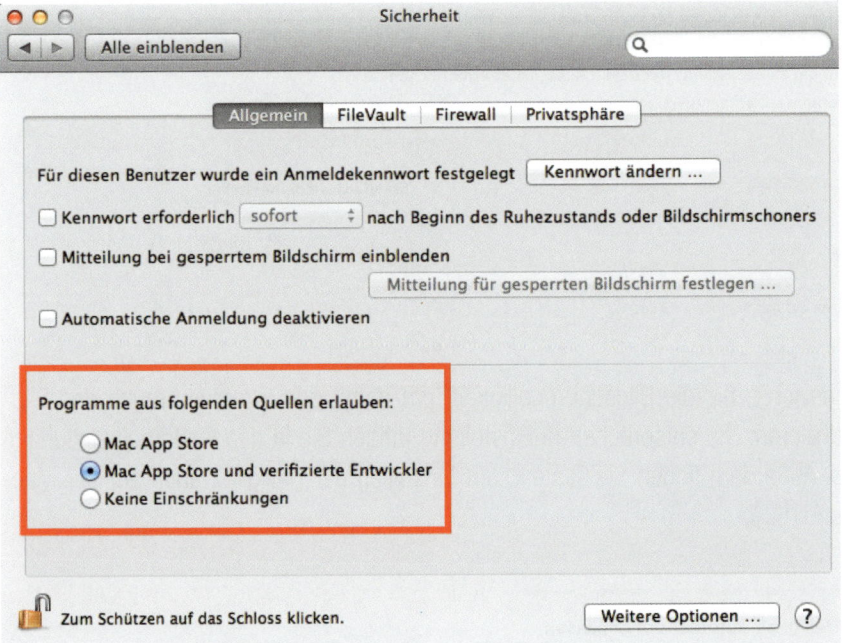

Kein unnötiger Stromverbrauch: Energieeinstellungen für Ihren Mac

Ebenfalls wichtig bei mobilen Geräten, genauso aber bei fest installierten Mac-Computern: Sparen Sie Strom, um beim MacBook die Akku-Laufzeit zu maximieren und bei Mac-Computern allgemein Kosten zu sparen. Zu diesem Thema habe ich einige Tipps für Sie zusammengestellt:

✳ *Energie sparen:* Ihr Mac ist bereits auf Sparsamkeit eingestellt. Klicken Sie in den Systemein-stellungen auf *Energie sparen*, um die Energieeinstellungen zu überprüfen und gegebenen-falls zu ändern. Per Schieberegler bestimmen Sie, nach welchem Zeitraum der Nichtnutzung der Computer in den Ruhezustand versetzt wird ❶ und nach welchem Zeitraum der Monitor ausgeschaltet wird ❷ – beim MacBook nehmen Sie diese Einstellungen für Akku- und Netz-teilbetrieb getrennt vor. Je kürzer der entsprechende Zeitraum, desto geringer auf Dauer der Stromverbrauch; jedoch kann häufiges Reaktivieren aus dem Ruhezustand im Alltag lästig sein. Die weiteren Optionen ❸ beziehen sich vor allen Dingen auf das Aktivieren und Beenden des Ruhezustands; im Normalfall belassen Sie hier die Standardeinstellungen.

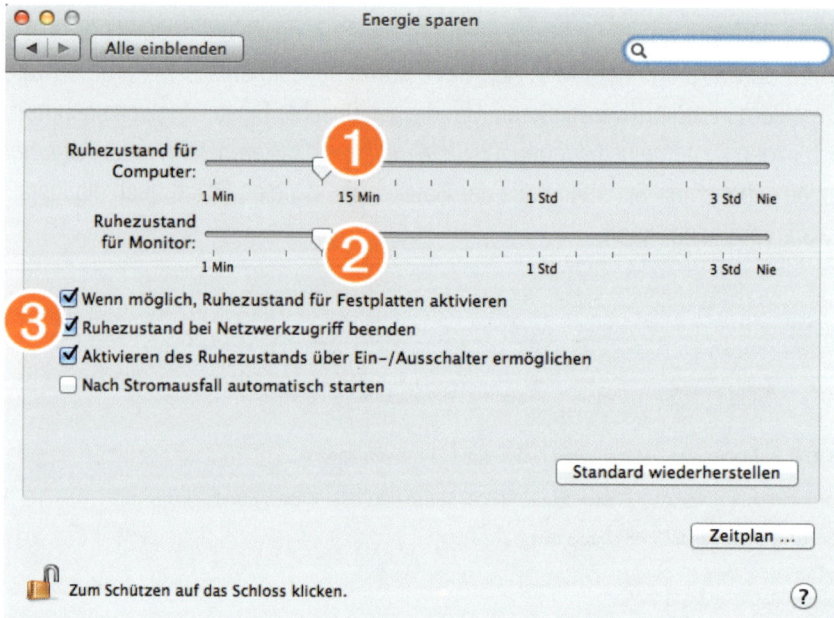

✳ *Helligkeit:* Reduzieren Sie die Bildschirmhelligkeit, um damit den Stromverbrauch des Bild-schirms zu reduzieren. Die entsprechende Einstellung tätigen Sie in den Systemeinstellungen unter *Monitore*. Außerdem finden Sie Tasten zum Einstellen der Helligkeit auch auf der Mac-Tastatur (F1) und (F2)).

* ***Maus und Tastatur:*** Die drahtlose Maus (oder das Magic Trackpad) ist ebenfalls ein Stromfesser, in geringerem Maße auch die drahtlose Tastatur. Verwenden Sie – diesen Tipp habe ich Ihnen bereits an anderer Stelle gegegeben –, so-

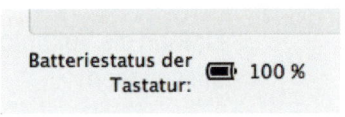

bald die mitgelieferten Batterien leer sind, Akkus. Schalten Sie Maus und Tastatur außerdem bei längerer Nichtnutzung aus (denn auch im automatischen Ruhezustand verbrauchen sie Strom): Bei der Magic Mouse finden Sie den Ein-/Ausschalter auf der Unterseite; beim Apple Wireless Keyboard (sowie beim Magic Trackpad) halten Sie den Ein-/Ausschalter rechts hinten am Gerät drei Sekunden lang gedrückt. Übrigens: In den Systemeinstellungen des jeweiligen Geräts finden Sie eine nützliche Anzeige zum Batteriestatus – es lässt sich dadurch besser einschätzen, wie lange die Batterien bzw. Akkus noch durchhalten.

* ***WLAN und Bluetooth:*** Deaktivieren Sie die Drahtlosfunktionen Ihres Computers, falls Sie diese nicht benötigen sollten. Beim WLAN gilt dies, wenn Sie auf andere Weise eine Internetverbindung herstellen und auch keine drahtlose Kommunikation mit anderen Geräten wünschen; Bluetooth deaktivieren Sie dann, wenn Sie Maus, Tastatur und andere Geräte per Kabel verbinden. Wählen Sie die Menulets in der Menüleiste aus (Sie erinnern sich:

für WLAN, für Bluetooth) und wählen Sie *WLAN deaktivieren* bzw. *Bluetooth deaktivieren*.

Meine Empfehlung außerdem: Aktivieren Sie den Ruhezustand manuell immer dann, wenn Sie wissen, dass Sie den Computer ein paar Minuten lang nicht nutzen werden. Mit der Tastenkombination alt+cmd+Auswurf geht das blitzschnell. Mit ctrl+Umschalt+Auswurf schalten Sie lediglich den Monitor aus.

Falls es Sie nervt, dass Sie jedesmal Ihr Passwort eingeben müssen, wenn Sie den Computer aus dem Ruhezustand aufwecken: Dies lässt sich deaktivieren, indem Sie in den Systemeinstellungen auf *Sicherheit* klicken und dann unter *Allgemein* das Kontrollkästchen *Kennwort erforderlich* deaktivieren.

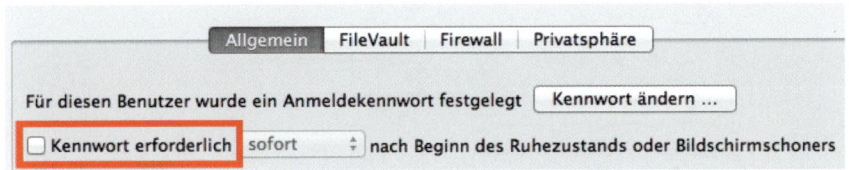

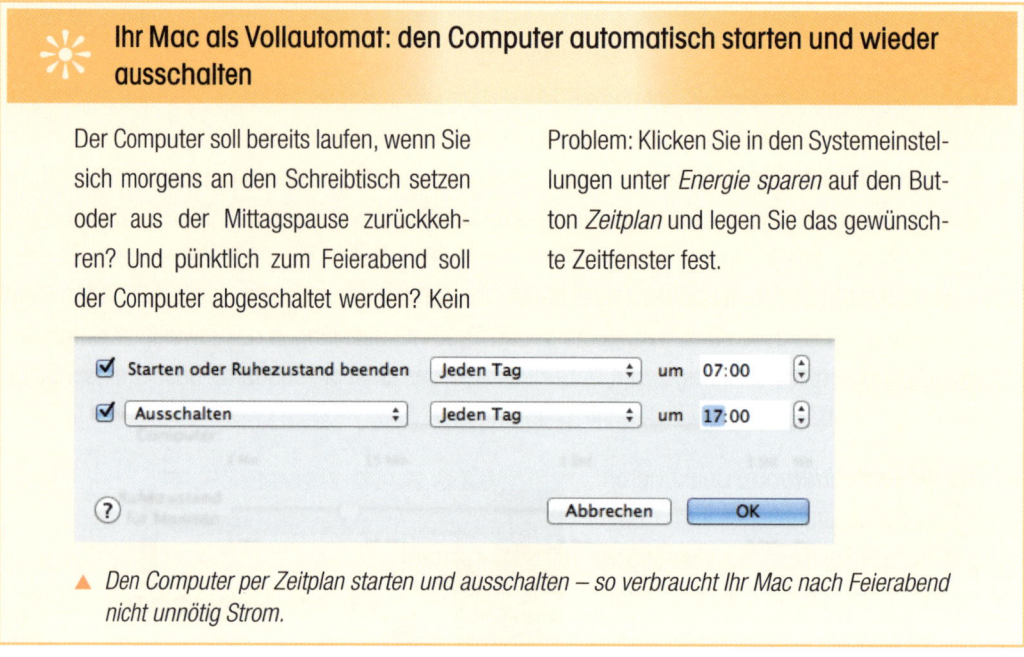

Ihr Mac als Vollautomat: den Computer automatisch starten und wieder ausschalten

Der Computer soll bereits laufen, wenn Sie sich morgens an den Schreibtisch setzen oder aus der Mittagspause zurückkehren? Und pünktlich zum Feierabend soll der Computer abgeschaltet werden? Kein

Problem: Klicken Sie in den Systemeinstellungen unter *Energie sparen* auf den Button *Zeitplan* und legen Sie das gewünschte Zeitfenster fest.

▲ *Den Computer per Zeitplan starten und ausschalten – so verbraucht Ihr Mac nach Feierabend nicht unnötig Strom.*

Lassen Sie Texte von Ihrem Mac vorlesen und weitere praktische Bedienungshilfen einsetzen

Auch für Computernutzer ohne Handicap interessant: die verschiedenen Bedienungshilfen Ihres Macs, mit denen Sie sich Texte auf dem Bildschirm vorlesen lassen, optimaler Zoom möglich ist, sich visuelle statt akustischer Signale geben lassen und die Bedienung von Tastatur und Maus sich noch einfacher bewerkstelligen lässt; sogar eine Sprachsteuerung ist verfügbar. Hier sind die wichtigsten Funktionen schnell erklärt:

* **VoiceOver:** Entscheiden Sie sich in den Systemeinstellungen für *Bedienungshilfen* und schalten Sie die Funktion *VoiceOver* ein.

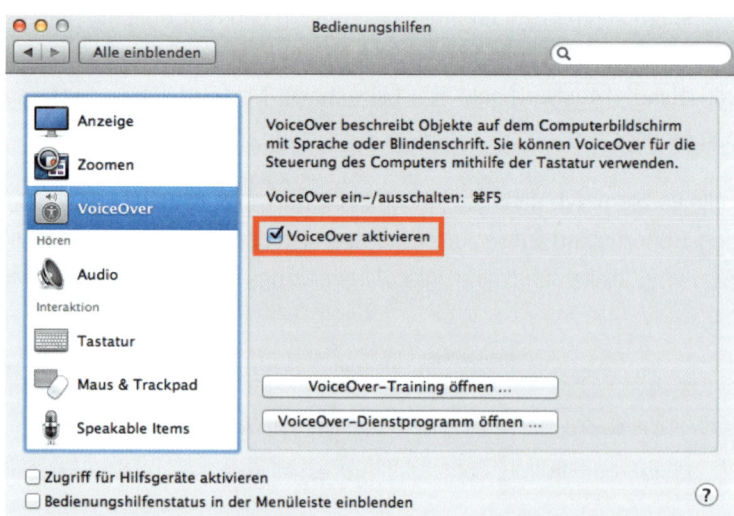

Der Computer liest Ihnen ab sofort die Fensterinhalte vor. Wenn Sie die Texte in einem Fenster, beispielsweise auf einer Webseite markieren, werden diese ebenfalls vorgelesen – markieren Sie diese hierzu rückwärts bei gedrückter Maustaste oder mithilfe der Tastenkombination cmd+A. Individuelle Einstellungen zur Sprachausgabe nehmen Sie unter dem Button *Voice-Over-Dienstprogramm öffnen* vor.

✳ **Zoom:** Die Funktion zum Zoomen der Bildschirminhalte durch Scrollen bei gedrückter ctrl-Taste habe ich bereits erwähnt. In den Systemeinstellungen zu den *Bedienungshilfen* lassen sich auch zur Zoom-Funktion individuelle Einstellungen vornehmen. Falls der Zoom auf Ihrem Mac deaktiviert ist, aktivieren Sie in den *Bedienungshilfen* unter *Zoomen* das Kontrollkästchen *Zoomen: Scroll-Geste mit diesen Sondertasten.*

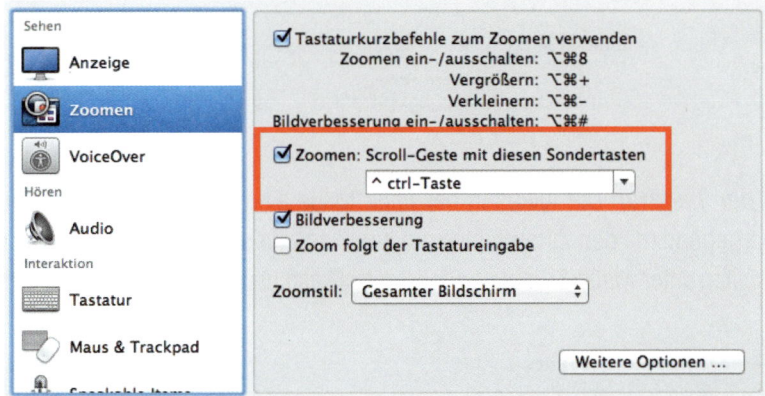

✳ **Kontrast:** Mehr Kontrast gewünscht? Dann optimieren Sie diesen in den *Bedienungshilfen* unter *Anzeige* per Schieberegler. Durch Aktivieren der Option *Farben umkehren* invertieren Sie die Bildschirminhalte. Das kann auch bei starker Sonneneinstrahlung hilfreich sein.

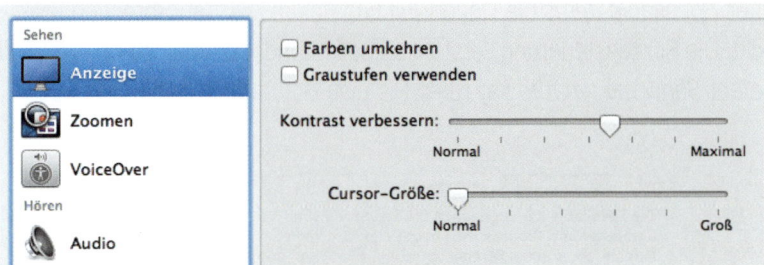

✳ **Bildschirmblinken:** Visuelle statt akustischer Signale – aktivieren Sie dazu in den *Bedienungshilfen* unter *Audio* das Kontrollkästchen *Bildschirm bei Warnungen blinken lassen.*

✳ **Einfingerbedienung:** Sondertasten verwenden, ohne sie gedrückt halten zu müssen und sich dadurch in manchen Fällen die Finger zu verbiegen – aktivieren Sie dazu in den *Bedienungshilfen* unter *Tastatur* das Kontrollkästchen *Einfingerbedienung aktivieren*. Es genügt dann, die Sondertaste kurz zu drücken und anschließend die weitere Taste einer Tastenkombination zu betätigen.

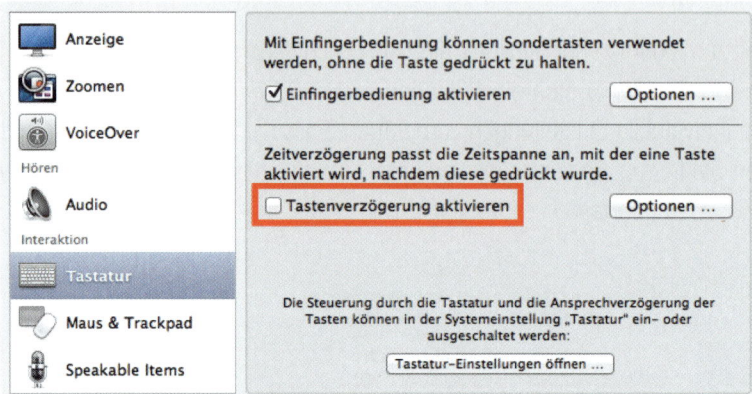

✳ **Mausbedienung per Tastatur:** Die Akkus in der Funk-Maus sind leer und Sie möchten den Mauszeiger vorübergehend mit den Zifferntasten auf Ihrer Tastatur steuern? Aktivieren Sie dazu in den *Bedienungshilfen* unter *Maus & Trackpad* das Kontrollkästchen *Mausbedienung aktivieren*.

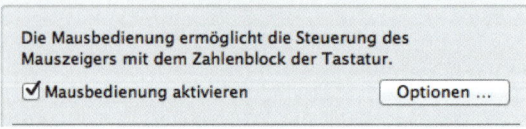

✳ **Sprachsteuerung:** Programme und Dokumente per Sprachbefehl öffnen und wieder schließen, auf einer Webseite navigieren oder eine neue E-Mail erstellen – aktivieren Sie in den *Bedienungshilfen* unter *Speakable Items* die Option *Ein* und halten Sie zum Sprechen jeweils die ⎋esc⎋-Taste gedrückt. Die Sprachsteuerung versteht aktuell (Stand: Sommer 2012) nur Englisch; mit dem Sprachbefehl *Show me what to say* rufen Sie eine Befehlsliste auf.

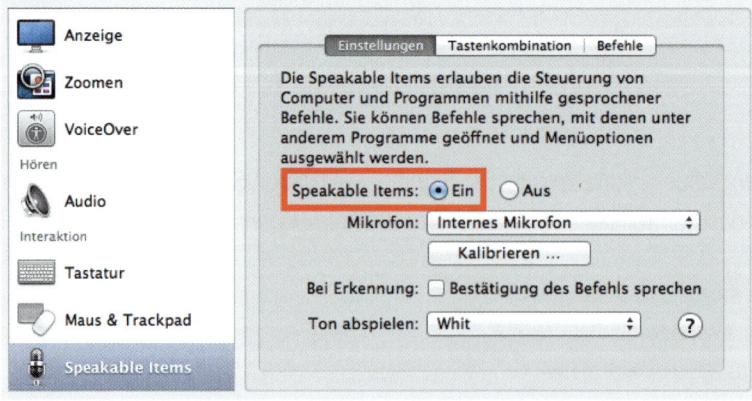

Ein Tipp für alle, die eine oder mehrere dieser oder weiterer Bedienungshilfen nutzen möchten: Legen Sie ein Menulet für den schnellen Überblick über die aktivierten Bedienungshilfen in die Menüleiste. Aktivieren Sie hierzu links unten in den Systemeinstellungen zu den *Bedienungshilfen* das Kontrollkästchen *Bedienungshilfenstatus in der Menüleiste einblenden*.

Ihren Mac ohne externe Tastatur bedienen: So blenden Sie eine Bildschirmtastatur ein

Und falls die Batterien der Tastatur mal leer sein sollten (oder für bestimmte weitere Szenarien) nutzen Sie eine Bildschirmtastatur, die Sie mit der Maus bedienen. Die Bildschirmtastatur aktivieren Sie nicht in den Bedienungshilfen, sondern in den Systemeinstellungen unter *Tastatur*. Aktivieren Sie dort unter *Tastatur* das Kontrollkästchen *Tastatur- und Zeichenübersichten in der Menüleiste anzeigen* ...

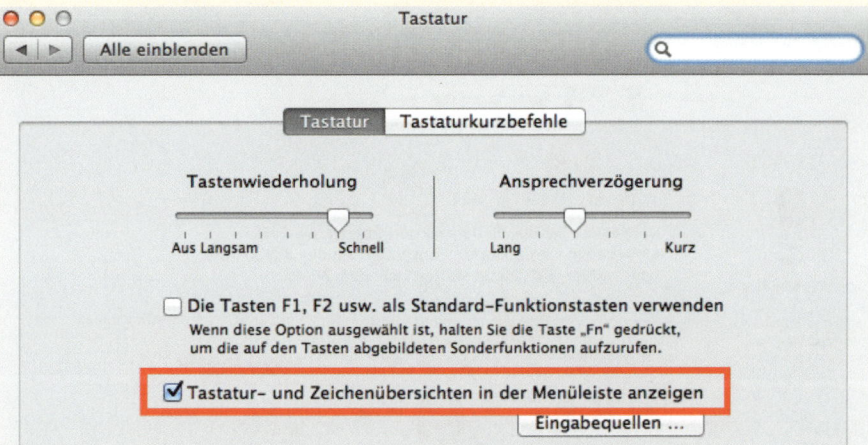

... und klicken Sie auf das erscheinende Menulet . Wählen Sie *Tastaturübersicht einblenden* – schon wird die Bildschirmtastatur eingeblendet und kann zur Texteingabe in allen Programmen eingesetzt werden. Die Bildschirmtastatur lässt sich durch Ziehen bei gedrückter Maustaste in der Größe verändern und natürlich auch anders positionieren.

Clever Zeit sparen: Diktieren Sie Texte, statt diese mühevoll einzutippen

Eine weitere sehr nützliche Funktion unter OS X Mountain Lion ist die Diktierfunktion, mit der Sie z. B. Webadressen, aber auch komplette Briefe oder sonstige Dokumente ins Mikrofon Ihres Macs diktieren. Dazu müssen Sie aber zunächst wissen, dass die Texte zur Analyse übers Internet übertragen werden – ganz geheime Texte sollten Sie also weiterhin von Hand aufschreiben.

Um die Diktierfunktion zu nutzen, aktivieren Sie diese in den Systemeinstellungen unter *Diktat & Sprache*, indem Sie dort die Option *Ein* ❶ auswählen. Der standardmäßige Kurzbefehl für das Aktivieren der Diktierfunktion ist das zweimalige Drücken der ⌀fn-Taste auf Ihrer Mac-Tastatur, aber im Menü *Kurzbefehl* ❷ lassen sich hierfür auch andere Tasten festlegen. Im Menü *Sprache* ❸ können Sie schließlich eine andere Sprache auswählen, falls Sie beispielsweise keinen deutschen, sondern einen französischsprachigen Brief diktieren möchten.

Und so einfach nutzen Sie die Diktierfunktion: Klicken Sie in ein Formular oder in ein Dokument, in das Sie „schreiben" möchten. Betätigen Sie die Taste zum Aktivieren der Diktierfunktion, also etwa zweimal die ⌀fn-Taste, und sprechen Sie. Wenn Sie fertig sind, bestätigen Sie mit *Fertig*.

Wie bereits erwähnt, lassen sich auch komplette Dokumente diktieren, gehen Sie dazu aber am besten satzweise vor. Denken Sie außerdem daran, auch Satzzeichen und Co. mit zu sprechen („Komma", „Fragezeichen", „Neuer Absatz" usw.).

Alle Infos für Umsteiger: Ihre Windows-Dateien auf dem Mac weiterverwenden

Falls Sie bisher einen Windows-Computer verwendet haben und nun auf den Mac umgestiegen sind: Selbstverständlich können Sie alle Ihre Dateien weiter nutzen, sofern – das ist die Voraussetzung – auch auf dem Mac ein Programm verfügbar ist, mit dem sich diese Dateien öffnen lassen. Und das ist die gute Nachricht: Von den meisten wichtigen Programmen gibt es inzwischen auch eine Mac-Version. In Kapitel 5 zeige ich Ihnen außerdem, wie Sie sogar die alten Windows-Programme auf Ihrem Mac weiter nutzen können.

Für den Umzug Ihres Benutzerkontos, Ihrer Einstellungen und Dateien steht Ihnen auf dem Mac ein „Migrationsassistent" zur Verfügung. Wenn Sie diesen Übertragungsweg wählen, wird auf dem Mac automatisch ein neues Benutzerkonto angelegt, in dem Ihre Einstellungen und Dateien gespeichert werden. Voraussetzung für die Verwendung ist lediglich, dass sich die Computer im gleichen Netzwerk befinden (ich empfehle eine direkte PC-zu-PC-Verbindung mithilfe eines sogenannten Cross-kabels oder Crossoverkabels). Lassen Sie mich Ihnen Schritt für Schritt zeigen, wie einfach damit Ihre Daten vom Windows-Computer auf den Mac gelangen:

1 Zunächst mal benötigen Sie den Migrations-assitenten auch auf Ihrem Windows-Computer. Laden Sie ihn unter der folgenden Webadres-

se herunter und starten Sie ihn nach der Programminstallation: *http://support.apple.com/kb/DL1557*. Klicken Sie sich so lange durch den Assistenten, bis das Programm auf dem Windows-Computer auf den Kontakt zum Mac wartet.

2 Auf dem Mac öffnen Sie das Launchpad und entscheiden sich im Ordner *Andere* für das Programm *Migrationsassistent*.

3 Klicken Sie sich jetzt auf dem Mac durch den Assistenten – so lange, bis es darum geht, den Windows-Computer zu erkennen. Sobald die Erkennung erfolgt ist (dies geschieht normalerweise prompt), klicken Sie sich im Assistenten wiederum weiter ...

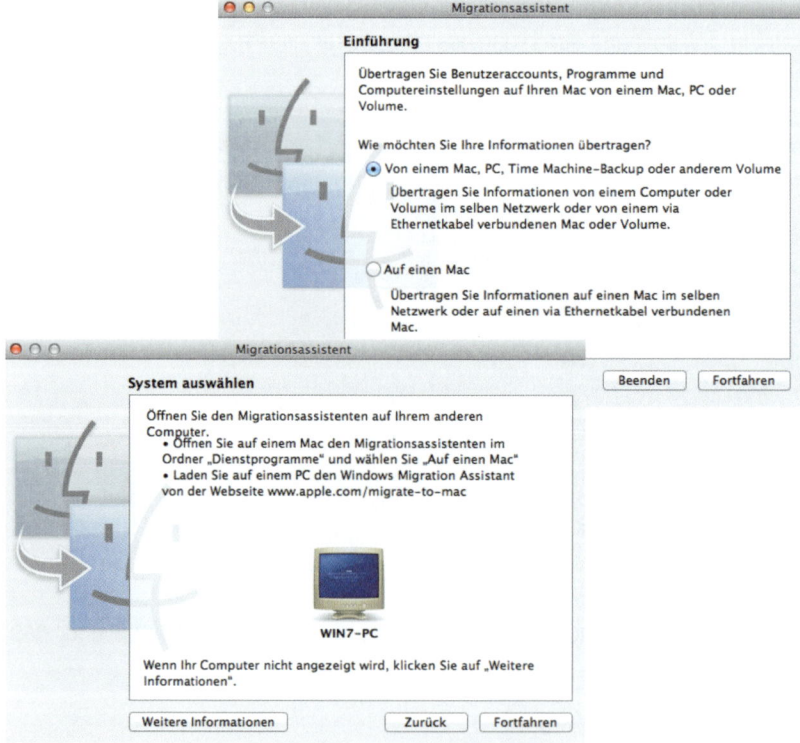

4 ... und vergleichen im folgenden Schritt die auf beiden Computern angezeigten Nummern, bevor Sie auf dem Windows-Computer auf *Fortfahren* klicken.

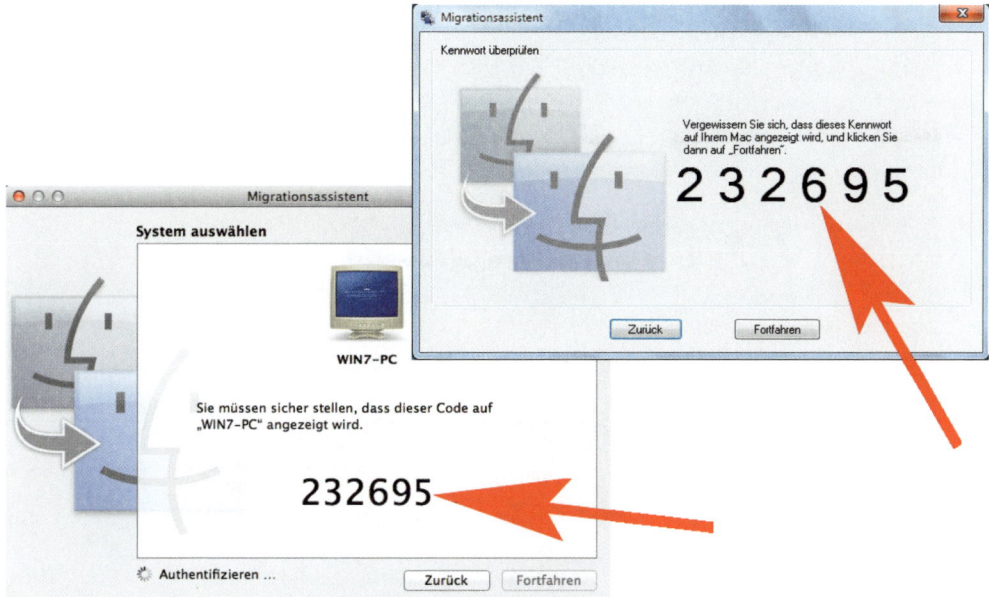

5 Nun überprüft der Mac, welche Elemente vom Windows-Computer übertragen werden können. Per Kontrollkästchen bestimmen Sie, welche der Elemente tatsächlich übertragen werden sollen. Starten Sie anschließend die Datenübertragung. (Falls der Assistent „hängen bleiben" sollte, melden Sie sich am Windows-Rechner ab und starten den Migrationsassistenten auf beiden Computern erneut.)

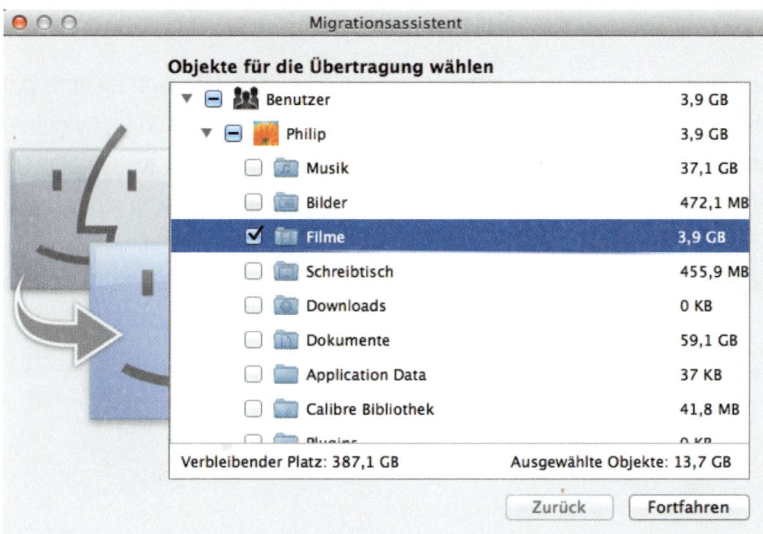

6 Jetzt ist etwas Geduld angesagt: Die Datenübertragung wird gestartet, und deren Dauer richtet sich nach der zu übertragenden Datenmenge.

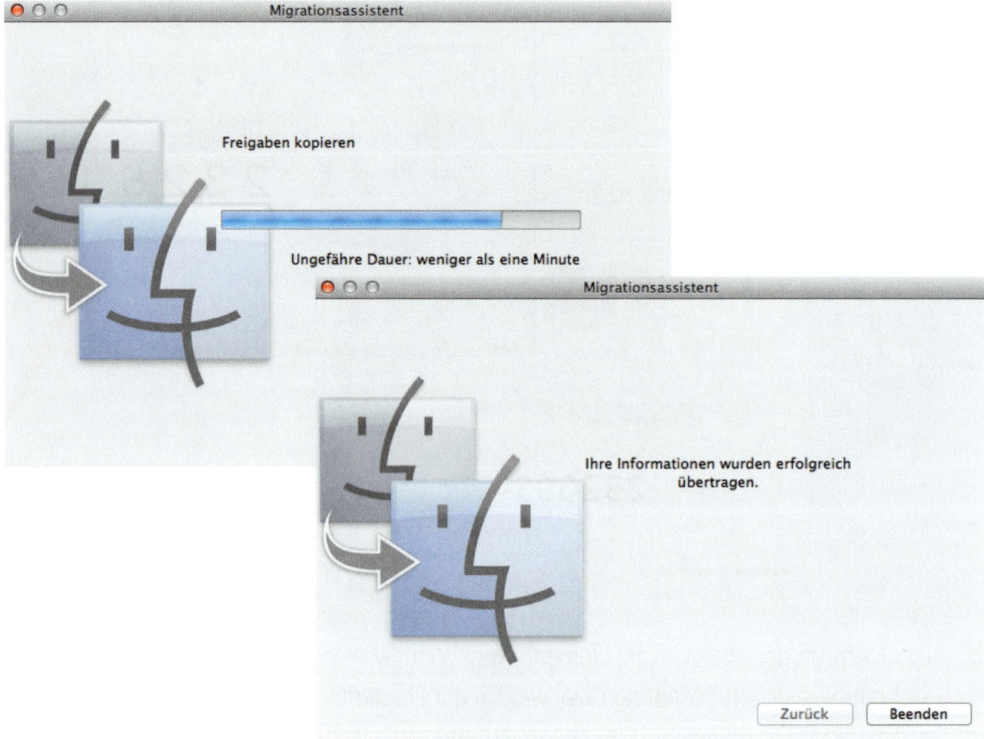

Melden Sie sich zum Schluss am Mac-Rechner ab: Sie sehen, dass das Windows-Konto nun auch auf dem Mac-Rechner zur Verfügung steht – mitsamt der von Ihnen übertragenen Dateien und Einstellungen.

Wenn Ihnen die Nutzung des Migrationsassistenten zu umständlich ist oder wenn Sie Ihre Dateien vom Windows-Computer in einem bereits bestehenden Mac-Benutzerkonto speichern möchten, verwenden Sie einfach einen USB-Speicherstick oder einen freigegebenen Ordner (vgl. Kapitel 2) zum Übertragen der Dateien. Ihr Vorteil hierbei: Sie übertragen nicht sämtliche Dateien einer Kategorie, sondern erhalten Gelegenheit zum Ausmisten!

2. Internet, WLAN & Bluetooth: mit Ihrem Mac weltweit und im Heimnetzwerk kommunizieren

Alles Wichtige auf einen Blick:

* So stellen Sie mit wenigen Schritten eine Internetverbindung her
* So einfach geht der Datenaustausch mit anderen Computern: Erstellen Sie ein Netzwerk mit anderen Rechnern
* Tastatur, Handy, Headset und mehr: Verbinden Sie Ihre Geräte per Bluetooth

Wenn Sie einen Mac-Computer verwenden, benötigen Sie in jedem Fall auch eine Internetverbindung. Und zwar nicht nur, um das World Wide Web, E-Mail und andere Internetdienste zu nutzen, sondern auch, um Programme aus dem App Store herunterzuladen, um Ihre Daten mit iCloud zu synchronisieren und um das Betriebssystem selbst zu aktualisieren. In diesem Kapitel zeige ich Ihnen, wie Sie mit Ihrem Mac eine Internetverbindung herstellen und wie Sie in einem Netzwerk mit anderen Computern Daten austauschen; außerdem beschreibe ich, wie Sie Bluetooth-Geräte aller Art mit Ihrem Mac verbinden.

So stellen Sie mit wenigen Schritten eine Internetverbindung her

Das Internet ist ein einziges großes Netzwerk von – kleineren und größeren – Computern weltweit. Sie haben mehrere Möglichkeiten, selbst ein Teil dieses Netzwerks zu werden, sprich: eine Internetverbindung herzustellen. Ich werde Ihnen zunächst die in diesem Zusammenhang gängigsten Optionen skizzieren, bevor ich Schritt für Schritt erkläre, wie einfach es mit einem Mac ist, ins Internet zu gelangen. Die diesbezüglichen Ausführungen richten sich in erster Linie an Einsteiger; falls Sie bereits über einen Internetzugang verfügen, reicht es aus, die entsprechenden Passagen zu überfliegen.

Den richtigen Anbieter finden: Das sind die gängigsten Optionen für den Internetzugang

Zunächst mal benötigen Sie einen Internetanbieter, der Ihnen den Internetzugang erst ermöglicht – genauso wie Sie ja einen Telefonanbieter benötigen, um telefonieren zu können. Bevor Sie einen Anbieter auswählen können, entscheiden Sie, auf welche Weise Sie ins Internet gelangen möchten.

Dies sind die mit Abstand häufigsten Varianten:

* *Telefonkabel:* Beim Internetzugang übers Telefonkabel kommt meistens der Standard DSL (englisch für **D**igital **S**ubscriber **L**ine, übersetzt etwa „Digitaler Teilnehmeranschluss") zum Einsatz. Wie schnell der Internetzugang erfolgt, richtet sich nach Ihrem Wohnort – während in Großstädten auch sehr schnelle Internetverbindungen mit Datenübertragungsraten von bis zu 50 MBit/Sekunde kein Problem sind, kann die Internetverbindung auf dem Land deutlich langsamer sein; bei mir beispielsweise beträgt die Datenübertragungsrate nicht mal zwei MBit/Sekunde. Diese Datenübertragungsraten beziehen sich aber nur auf die „Download-Geschwindigkeit" (beim Herunterladen von Daten aus dem Internet); die „Upload-Geschwindigkeit" (beim Hochladen von Daten ins Internet) ist in der Regel deutlich geringer. Der Internetzugang übers Telefonkabel ist für zu Hause eine sehr gute Wahl. Anbieter sind etwa: Telekom (kostenlose Hotline: 0800-3355222), Vodafone (kostenlose Hotline: 0800-5035180), 1&1 (Hotline: 02602-969708). Die Abbildung zeigt exemplarisch ein Angebot der Deutschen Telekom vom Sommer 2012; es handelt sich dabei um eine sogenannte Flatrate, die neben einem uneingeschränkten Internetzugang auch die kostenlose Telefonie ins deutsche Festnetz beinhaltet.

* *TV-Kabel:* Schwer im Kommen ist auch der Internetzugang übers TV-Kabel. Es bietet noch höhere Datenübertragungsraten (z. B. 100 MBit/Sekunde) bei vergleichsweise günstigen Tarifen. Der Internetzugang übers TV-Kabel ist für Zuhause eine praktisch gleichwertige Alternative zum Internetzugang via Telefonkabel. Anbieter sind etwa (je nach Zuständigkeit in Ihrer Region): Kabel Deutschland (kostenlose Hotline: 0800-6649148), Unitymedia (Hotline: 01805-663100), Kabel BW (Hotline: 01805-888150).

* *Handynetz:* Diese Variante für den Internetzugang – Sie erfolgt häufig mit einem USB-Surfstick – ist besonders für unterwegs geeignet. Wo immer Ihr Handynetz verfügbar ist, können Sie auch im Internet surfen, wobei auch hier gilt: In der Stadt ist die Datenübertragungsrate im Normalfall deutlich höher als auf dem Land. Für Zuhause ist diese Variante in erster Linie für Einzelpersonen geeignet oder für Leute, die für einen Internetzugang keinen Vertrag abschlie-

ßen möchten, der mit regelmäßigen Kosten verbunden ist. Anbieter sind etwa: congstar (Hotline: 01805-5075), Fonic (Hotline: 01805-880488), BILDMobil (Hotline: 01805-880045). Die Abbildung zeigt ein Angebot von congstar vom Sommer 2012 – für 2,49 Euro kann demnach einen ganzen Tag lang eine Internetverbindung hergestellt werden.

1. Basistarif

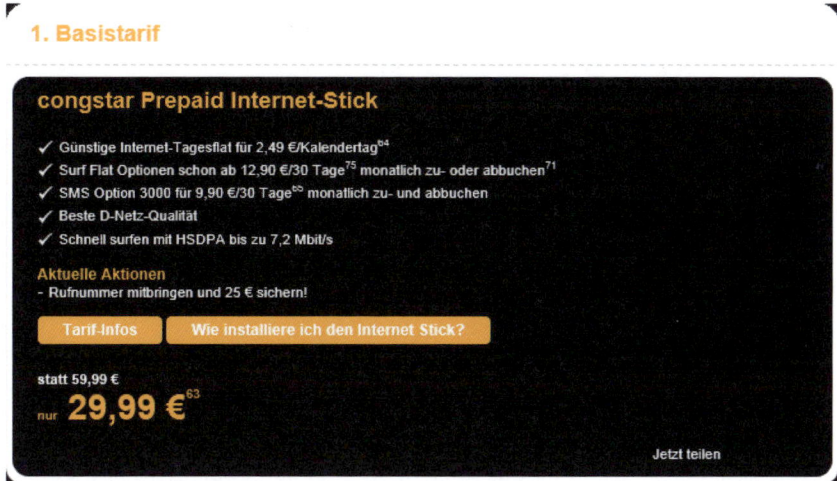

congstar Prepaid Internet-Stick

✓ Günstige Internet-Tagesflat für 2,49 €/Kalendertag[54]
✓ Surf Flat Optionen schon ab 12,90 €/30 Tage[75] monatlich zu- oder abbuchen[71]
✓ SMS Option 3000 für 9,90 €/30 Tage[80] monatlich zu- und abbuchen
✓ Beste D-Netz-Qualität
✓ Schnell surfen mit HSDPA bis zu 7,2 Mbit/s

Aktuelle Aktionen
- Rufnummer mitbringen und 25 € sichern!

| Tarif-Infos | Wie installiere ich den Internet Stick? |

statt 59,99 €
nur **29,99 €**[63]

Jetzt teilen

∗ *Zugangspunkt:* Schließlich gibt es im ganzen Land und weltweit Zugangspunkte („Hotspots"), mit denen Sie per WLAN Kontakt aufnehmen, um auch auf diese Weise ins Internet zu gelangen. Manchmal ist dies gratis, meist ist es jedoch mit nicht geringen Kosten verbunden. Diese Variante ist eher dazu geeignet, um zwischendurch unterwegs eine Internetverbindung herstellen zu können. Anbieter sind etwa: Telekom, Vodafone, The Cloud – wie der jeweilige Zugang erfolgt, wird direkt am Zugangspunkt erklärt; bei kostenlosen Zugangspunkten erfolgt das Herstellen der Internetverbindung wie im Folgenden im Zusammenhang mit dem WLAN beschrieben. Eine Übersicht von Hotspots weltweit finden Sie z. B. unter der Webadresse *http://www. hotspot-locations.de.*

Meine Empfehlung: Überlegen Sie sich zunächst ganz in Ruhe, welche Form des Internetzugangs für Sie am besten geeignet ist, und starten Sie dann die Suche nach dem geeigneten Anbieter – lassen Sie sich dabei ruhig von Werbeaktionen im TV oder in Zeitschriften inspirieren. Wichtig: Ziehen Sie bei Ihren Vergleichen stets auch die Vertragslaufzeit, die Gesamtkosten in einem Zweijahreszeitraum, den Service und für Sie weitere wichtige Kriterien in Betracht. Und: Lassen Sie sich keine Funktionen (Unterhaltungspaket o. Ä.) aufschwatzen, die Sie voraussichtlich überhaupt nicht benötigen werden – solches ist mir in den letzten Jahren leider des Öfteren zu Ohren gekommen!

Ich selbst bevorzuge eine uneingeschränkte Flatrate, da ich nicht jedes Mal darüber nachdenken möchte, mit welchen Kosten es verbunden ist, wenn ich ins Internet gehe. Wenn Sie viel im Internet unterwegs sind – und das werden Sie mit Ihrem Mac ganz bestimmt sein – ist die Flatrate auf Dauer in jedem Fall auch für Sie die beste Wahl!

Völlig mühelos: das Zugangsgerät für die Internetverbindung einrichten

Während Sie für den Internetzugang via Hotspot keine zusätzlichen Geräte benötigen und für die Nutzung eines USB-Surfsticks die Installation der mitgelieferten Software ausreicht (vgl. Kapitel 5; die

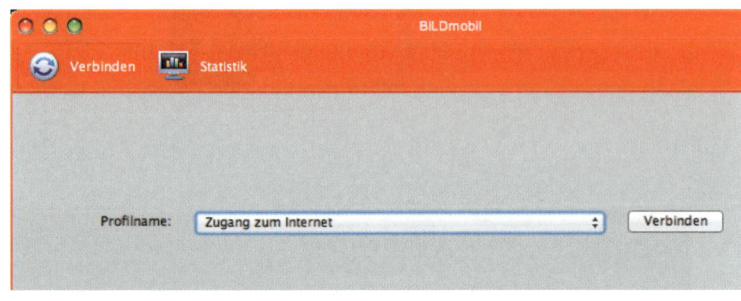

Abbildung zeigt als Beispiel die Zugangssoftware von BILDMobil), benötigen Sie für den Internetzugang per Telefon- oder ein TV-Kabel ein weiteres Gerät, mit dessen Hilfe die Internetverbindung hergestellt wird: das sogenannte Modem.

Das Modem ist dabei dasjenige Gerät, das die Daten, die übers Telefon- oder TV-Kabel transportiert werden, in ein für Ihren Computer verständliches Format bringt. Ich empfehle Ihnen, auf einen Router mit eingebautem Modem zu setzen – der Router kann nämlich die Internetverbindung selbstständig aufbauen, sodass sie Ihnen laufend zur Verfügung steht; und an den Router lassen sich mehrere Geräte gleichzeitig anschließen und miteinander verbinden. Wählen Sie also einen DSL- oder Kabel-Router aus. Häufig wird das benötigte Gerät vom Internetanbieter gleich mitgeliefert.

Schließlich müssen Sie sich noch entscheiden, ob Sie den Router per Kabel oder drahtlos mit Ihrem Mac verbinden möchten, ob Sie also ein LAN (**L**ocal **A**rea **N**etwork = Lokales Netzwerk) oder ein WLAN (**W**ireless **L**ocal **A**rea **N**etwork = Drahtloses Lokales Netzwerk) herstellen wollen. Ich empfehle Letzteres, da es den Internetzugang flexibler macht und beispielsweise auch verschiedenen Geräten im Wohnzimmer

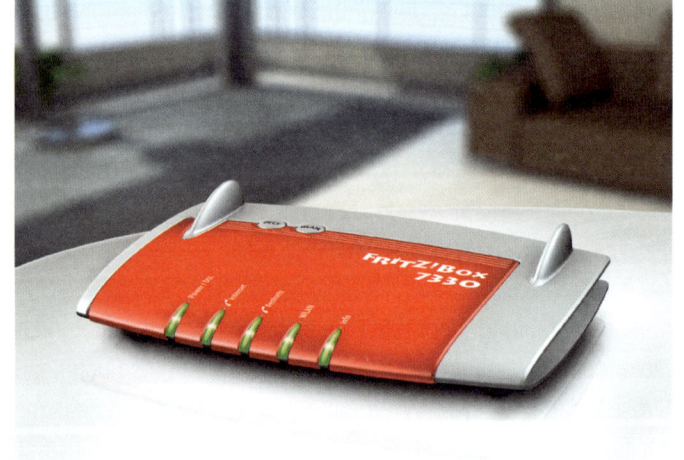

(Apple-TV usw.) den Internetzugang ermöglicht. Die Abbildung rechts stellt den WLAN-DSL-Router FRITZ!Box Fon WLAN 7330 aus dem Hause AVM vor.

Die folgende Abbildung zeigt Ihnen beispielhaft den Anschluss eines WLAN-DSL-Routers (hier eines Geräts aus dem Hause Netgear) – während in diesem Fall die Internetverbindung aus der Telefondose kommt (wobei noch ein sogenannter DSL-Splitter zwischengeschaltet wird), kommt sie beim Kabel-TV aus der Kabeldose; was den Router selbst betrifft, gibt es hingegen keine großen Unterschiede.

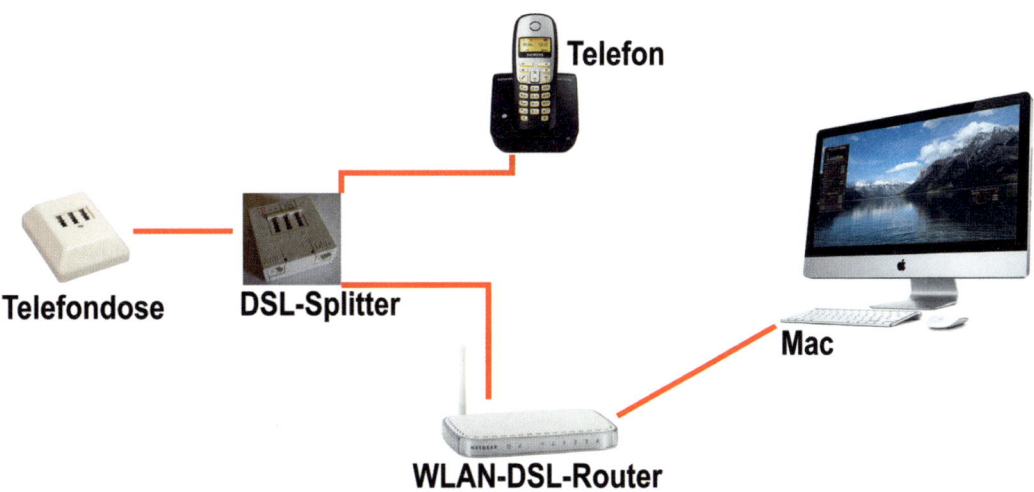

Was Sie neben dem Zugangsgerät noch benötigen, sind die Zugangsdaten, die Ihnen Ihr Internetanbieter zur Verfügung stellt. Am Tag, den Ihnen der Internetanbieter für die Freischaltung des Internetzugangs nennt, kann es dann losgehen.

Die wichtigsten Konfigurationsoptionen für Ihren Internetzugang per Router

Die Einrichtung Ihres Routers erfolgt in der Regel im Webbrowser, nachdem Sie das Gerät mit dem Computer verbunden haben. Die jeweilige Adresse des Routers steht im Benutzerhandbuch; bei einer

FRITZ!Box lautet sie *fritz.box*, bei einem Netgear-Router *www.routerlogin.com* usw. Öffnen Sie den Safari-Browser und tippen Sie die Adresse in das Adressfeld ein (lesen Sie gegebenenfalls zunächst den entsprechenden Teil des Kapitels 3, falls Sie noch nicht genau wissen, wie Sie in Safari eine Webadresse aufrufen). Melden Sie sich als Nächstes mit den Zugangsdaten für den Router an, die Sie ebenfalls dem Benutzerhandbuch entnehmen und dann ändern (z. B. Benutzername „admin", Kennwort „123456"; wählen Sie in jedem Fall ein sicheres Zugangspasswort!).

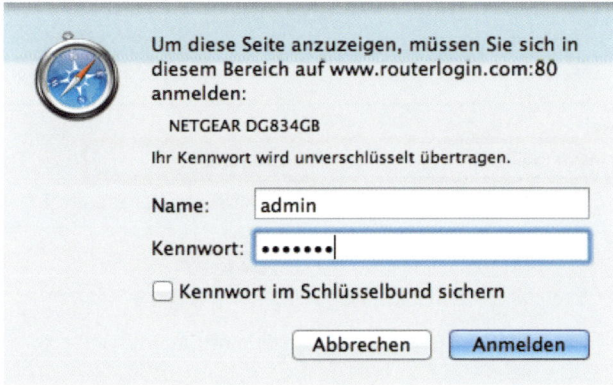

Anhand meines eigenen WLAN-DSL-Routers (Netgear DG834GB) stelle ich Ihnen die wichtigsten Einstellungen im Router vor – diese sind auch für andere Router gültig, auch wenn die Bedienober-fläche des jeweiligen Konfigurationsprogramms sich vom hier dargestellten unterscheidet:

✳ **Zugangsdaten:** Ohne geht gar nichts! Geben Sie die vom Internetanbieter erhaltenen Zugangs-daten für die Internetverbindung ein. Bei meinem Netgear-Router nehme ich diese Einstellung unter *Grundeinstellungen* vor. (Das Gerät bietet ansonsten auch einen Setup-Assistenten für die geführte Konfiguration an.)

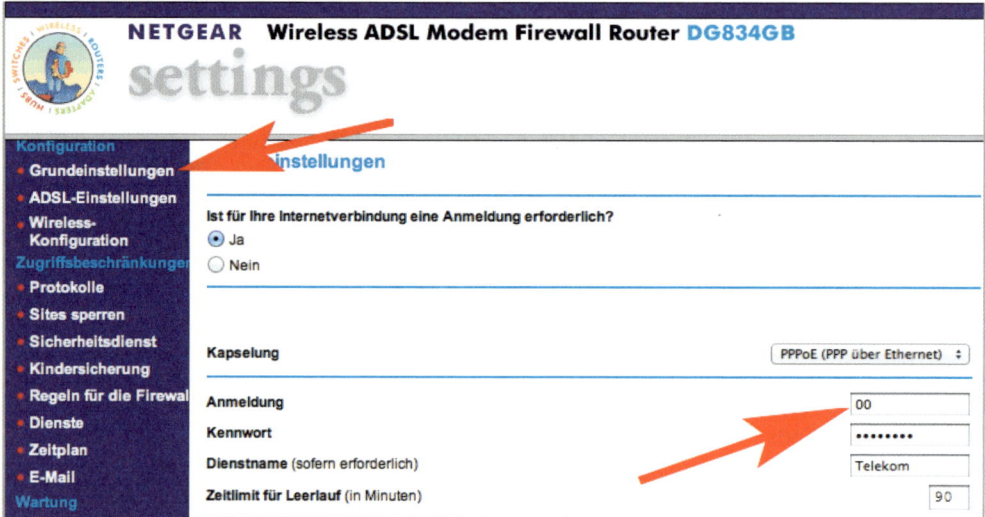

✳ **WLAN aktivieren:** Die WLAN-Funktion des WLAN-Routers muss in jedem Fall aktiviert sein. Bei meinem Netgear-Gerät prüfe ich dazu, ob unter *Wireless-Konfiguration* das Kontrollkästchen *Wireless-Zugangspunkt aktivieren* aktiviert ist. Standardmäßig sollte dies der Fall sein.

✳ **Netzwerkname:** Wählen Sie einen beliebigen Namen für Ihr WLAN aus, der sich von ande-ren WLANs in der Umgebung unterscheidet. Der Fachbegriff für den WLAN-Namen lautet SSID (**S**ervice **S**et **Id**entifier) und wird bei meinem Netgear-Gerät ebenfalls unter *Wireless-Konfigu-ration* eingegeben.

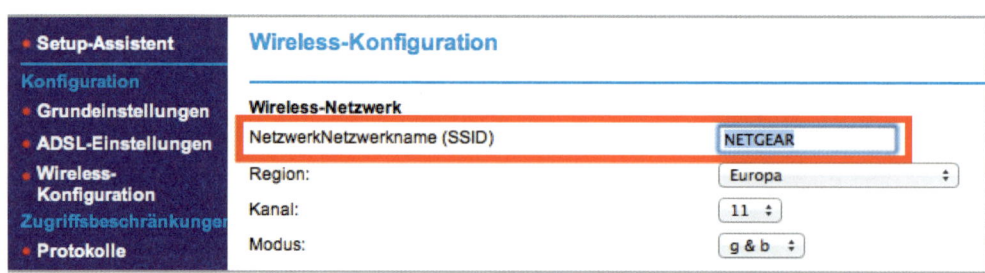

❋ *Verschlüsselung:* Sehr, sehr wichtig ist die WLAN-Verschlüsselung, die den Router gegen un- befugte Zugriffe schützt. Wenn Sie Ihr WLAN nicht verschlüsseln, können unbekannte Personen Ihre Internetverbindung nutzen und gegebenenfalls auf Ihre Dateien zugreifen! Wählen Sie für die Verschlüsselung den Standard WPA bzw. WPA2 aus und geben Sie ein beliebiges Verschlüs- selungspasswort ein. Mein Tipp: Wählen Sie kein zu langes Passwort, da Sie es zum Herstellen einer Internetverbindung mit verschiedenen Geräten des Öfteren eingeben müssen. Bei meinem Netgear-Router nehme ich auch diese Einstellung unter *Wireless-Konfiguration* vor.

Sicherheitsoptionen
○ Deaktivieren
○ WEP
◉ WPA-PSK
○ WPA-802.1x

Sicherheitsverschlüsselung (WPA-PSK)

Kennwort	lamontara1973BVB|	(8 ~ 63 sein)

❋ *Zugriffsliste:* Eine weitere Sicherheitsoption ist eine Zugriffsliste, die nur solchen Geräten den Zugriff auf Ihren Router erlaubt, denen Sie es ausdrücklich gestatten. In meinem Netgear-Router klicke ich unter *Wireless-Konfiguration* auf den Button *Zugriffsliste konfigurieren*, um meine Ein- stellungen zur Liste vorzunehmen. Für ein komplikationsloses Herstellen der Internetverbindung empfehle ich, die Zugriffsliste zunächst zu deaktivieren, die Verbindung Ihres Macs oder anderer Geräte mit dem Router herzustellen und die Zugriffsliste dann wieder zu aktivieren.

Setup-Assistent	**Wireless-Stationen-Zugriffsliste**	
Konfiguration		
• Grundeinstellungen	☐ **Zugriffskontrolle aktivieren**	
• ADSL-Einstellungen		
• Wireless-Konfiguration	Vertrauenswürdige Wireless-Stationen	
Zugriffsbeschränkungen	**Gerätename**	**MAC-Adresse**
• Protokolle	◉ NOTEBOOK	00:16:6F:97:85:5B
• Sites sperren	○ UNKNOWN	00:09:5B:F5:67:DA
• Sicherheitsdienst	○ UNKNOWN	00:15:AF:95:A1:AF
• Kindersicherung	○ UNKNOWN	04:1E:64:64:E0:6A
• Regeln für die Firewall	○ UNKNOWN	90:27:E4:3B:A3:FA
• Dienste	○ UNKNOWN	00:22:43:66:A4:97
• Zeitplan	○ UNKNOWN	B8:FF:61:84:F8:62
• E-Mail	○ UNKNOWN	00:23:76:B2:3F:8A
Wartung	○ UNKNOWN	00:11:09:0D:CF:A9
• Routerstatus	○ iPad 2	A4:67:06:6E:E9:53
• Angeschlossene Geräte	○ UNKNOWN	F0:A2:25:99:1E:11
• Einstellungen sichern	○ UNKNOWN	90:27:E4:3E:13:16
• Passwort festlegen	○ UNKNOWN	60:C5:47:71:05:FB
	○ UNKNOWN	28:CF:DA:1B:B8:8A
	○ IMAC-349F8A	04:54:53:05:28:84

Die meisten Router bieten Ihnen darüber hinaus noch viele weitere Funktionen, von der eingebauten Firewall und Kindersicherung bis hin zu Protokollen, Zeitplänen und mehr. Meist reicht es jedoch aus, die oben genannten Einstellungen vorzunehmen und abzuspeichern, und ansonsten die Standardeinstellungen zu übernehmen.

Jetzt kann es losgehen: So kommen Sie mit Ihrem Mac ins Internet

Der WLAN-Router mit eingebautem Modem ist eingerichtet. Wenn Ihr Mac mithilfe eines Netzwerkkabels mit dem Router verbunden ist, sind Sie nun bereits im Internet. Um auch drahtlos ins Internet zu gelangen, sind nur noch wenige Schritte notwendig:

1 Klicken Sie in der Menüleiste auf das WLAN-Menulet – falls es nicht angezeigt werden sollte, aktivieren Sie es zunächst in den *Systemeinstellungen* unter *Netzwerk*. In der Liste der verfügbaren Netzwerke klicken Sie den zuvor vergebenen Netzwerknamen an ❷.

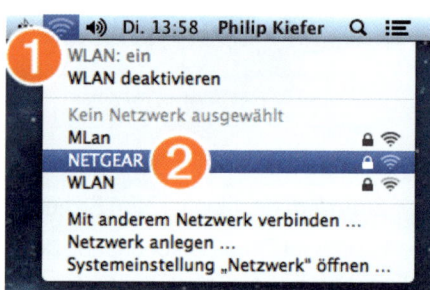

2 Tippen Sie das im Konfigurationsprogramm des Routers vergebene Verschlüsselungspasswort ein ❶ – entscheiden Sie sich bei komplizierteren Passwörtern am besten für *Kennwort einblenden*, um Tippfehler zu vermeiden. Achten Sie darauf, dass die Option *Dieses Netzwerk merken* ❷ aktiviert ist, bevor Sie mit einem Mausklick auf *Verbinden* ❸ eine Verbindung mit dem WLAN-Router und damit mit dem Internet herstellen.

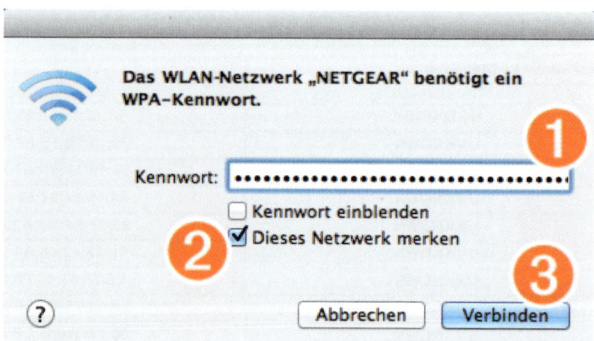

3 Fertig! Klicken Sie das WLAN-Symbol erneut an – Sie stellen fest, dass der Netzwerkname nun mit einem Häkchen ✔ versehen ist. Öffnen Sie als Nächstes den Safari-Browser, um das Bestehen der Internetverbindung zu überprüfen, indem Sie eine beliebige Webseite aufrufen.

WLAN-Netzwerk ändern, IP-Adresse herausfinden und mehr: Hier werden Fortgeschrittene in Sachen Netzwerk fündig

Die Verwaltung eines oder mehrerer WLAN-Netzwerke erfolgt auf Ihrem Mac in den Systemeinstellungen unter *Netzwerk*. Klicken Sie dort unter *WLAN* ❶ auf den Button *Weitere Optionen* ❷ – schon lässt sich im folgenden Fenster ❸ die Netzwerkkonfiguration komfortabel anpassen, etwa ein nicht mehr benötigtes WLAN aus der Liste entfernen, feste IP-Adressen vergeben etc.

Übrigens: Falls Sie für den Internetzugang keinen Router, sondern ein herkömmliches Modem verwenden, nutzen Sie zum Herstellen der Internetverbindung am besten den Assistenten, den Sie ebenfalls in den Systemeinstellungen unter *Netzwerk* finden. Klicken Sie unten im Fenster auf den Button *Assistent*, um loszulegen!

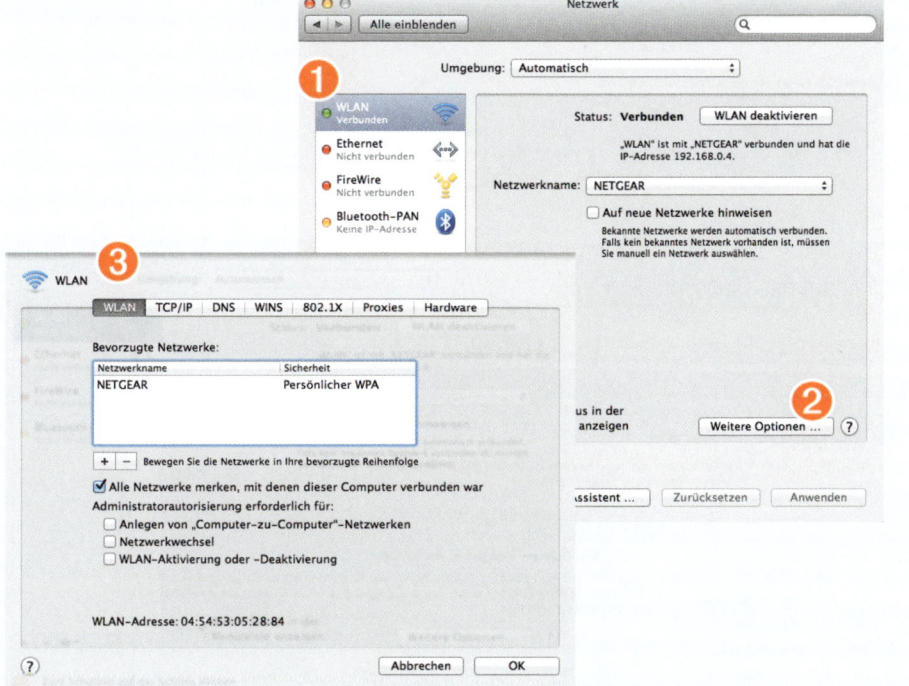

So einfach geht der Datenaustausch mit anderen Computern: Erstellen Sie ein Netzwerk mit anderen Rechnern

Der Router dient, wie bereits erwähnt, nicht nur dazu, eine Internetverbindung herzustellen. Auch eine Vernetzung mehrerer Computer untereinander lässt sich damit bewerkstelligen, etwa Ihres iMacs und Ihres MacBooks oder auch eines Macs und eines Windows-Computers. Die Vernetzung an sich erfolgt durch die Verbindung aller Geräte mit dem Router oder aber durch eine Direktverbindung der Computer mithilfe eines bereits erwähnten Crosskabels. Hier zeige ich Ihnen, wie einfach Sie beispielsweise einen beliebigen Ordner freigeben, um von einem anderen Computer aus darauf zugreifen zu können:

1 Öffnen Sie die Systemeinstellungen und entscheiden Sie sich im Abschnitt *Internet & Drahtlose Kommunikation* für *Freigaben*.

2 Aktivieren Sie die Option *Dateifreigabe* ❶ und klicken Sie unterhalb des Felds *Freigegebene Ordner* auf das Plussymbol + ❷.

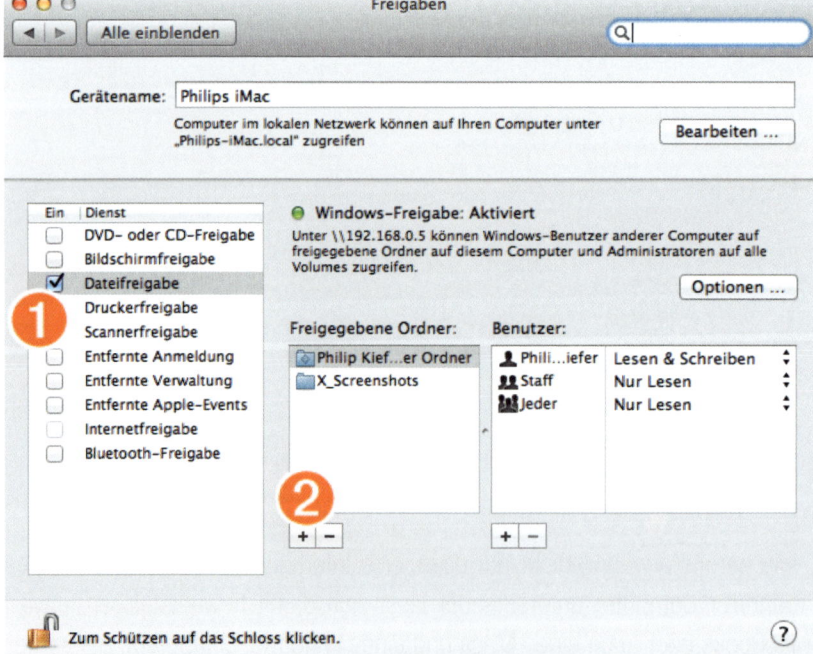

3 Wählen Sie den Ordner, dessen Inhalte Sie für andere freigeben möchten, aus ❶ und bestätigen Sie mit *Hinzufügen* ❷. Falls Sie sich mit Dateien und Ordnern noch nicht so gut auskennen sollten, lesen Sie bitte zunächst das Kapitel 6 in diesem Buch.

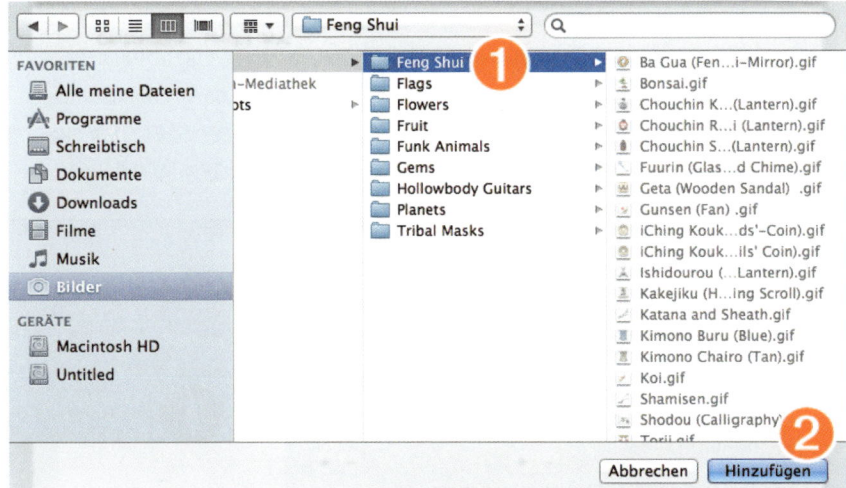

4 Fast fertig! Wählen Sie den freigegebenen Ordner nun noch in der Liste *Freigegebene Ordner* aus und bestimmen Sie in der Liste *Benutzer*, von wem und in welcher Form auf den Ordner zugegriffen werden darf. Fügen Sie gegebenenfalls per

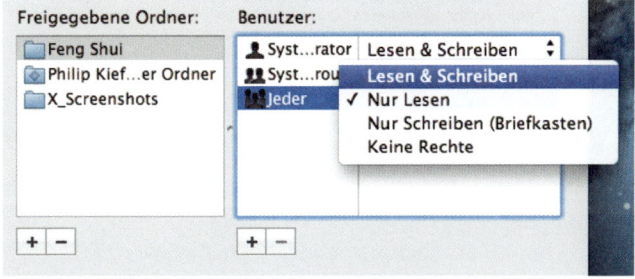

Plussymbol ➕ weitere Benutzer hinzu, die auf den Ordner zugreifen dürfen.

Auf anderen Computern freigegebene Ordner finden Sie Ihrerseits im Finder. Die entsprechenden Computer und deren freigegebene Inhalte werden dort unter *Freigaben* angezeigt. Die Abbildung zeigt beispielsweise, wie ich auf Ordner zugreife, die auf einem Computer mit Windows 7 freigegeben wurden.

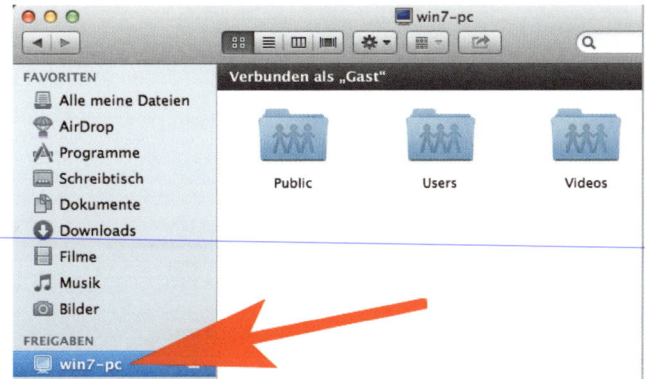

Ihr Windows-Computer erkennt den Mac nicht? So klappt es doch!

Während Freigaben zwischen Mac-Computern in der Regel problemlos verlaufen, kann es bei Netzwerken zwischen Mac- und Windows-Computern immer noch das eine oder andere Problem geben. Falls Ihr Windows-Computer die auf dem Mac freigegebenen Ordner nicht erkennt, klicken Sie zunächst auf dem Mac in den Systemeinstellungen unter *Freigaben* auf den Button *Optionen* ❶. Das Kontrollkästchen *Dateien und Ordner über SMB (Windows) freigeben* soll aktiviert sein ❷, das Kontrollkästchen *Dateien und Ordner über AFP freigeben* in diesem Fall jedoch nicht (AFP ist ein spezielles Mac-Netzwerkprotokoll).

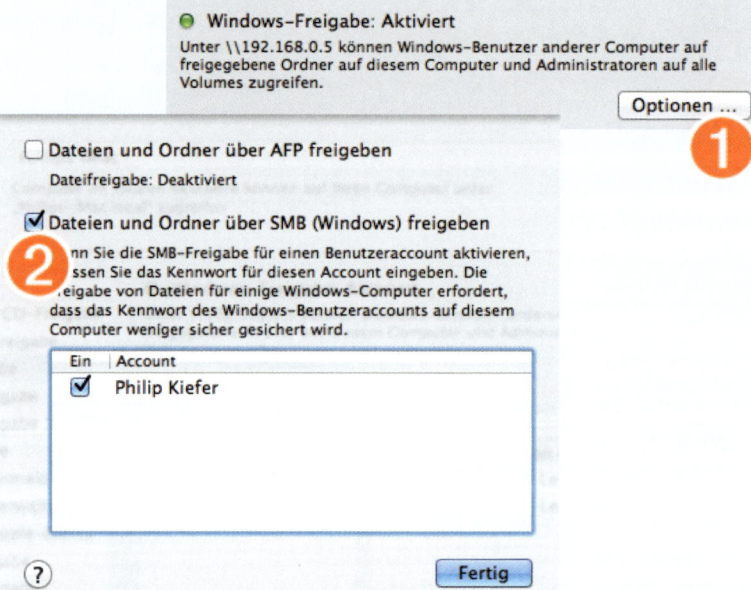

Achten Sie darauf, dass sich Mac-Computer und Windows-Computer in der gleichen Arbeitsgruppe befinden. Auf dem Mac prüfen Sie dies, indem Sie in den Systemeinstellungen auf *Netzwerk* klicken, den Button *Weitere Optionen* betätigen und sich dann für *WINS* entscheiden. Die Arbeitsgruppe sollte den auf dem Windows-Computer eingerichteten Namen tragen (Standard: *WORKGROUP*).

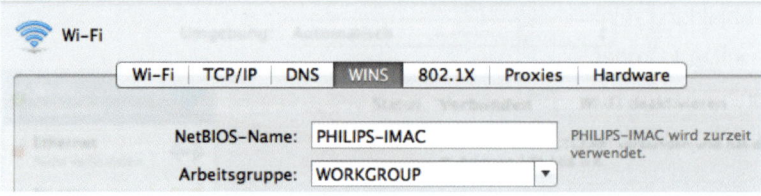

Ihr Mac wird dennoch nicht im Windows-Explorer unter *Netzwerk* aufgeführt? Dann klicken Sie mit der rechten Maustaste auf eine freie Fläche des Windows-Desktops und wählen im Menü den Eintrag *Neu/Verknüpfung*. Geben Sie nun die Netzwerkadresse Ihres Macs ein, hier nur als Beispiel *192.168.0.5* – diese Netzwerkadresse wird Ihnen, nachdem Sie die Windows-Freigabe aktiviert haben, in den Systemeinstellungen unter *Freigaben* angezeigt.

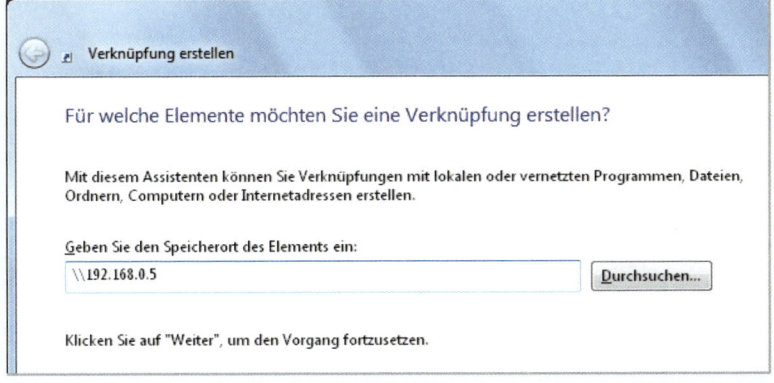

Doppelklicken Sie schließlich auf die erstellte Verknüpfung, um Zugriff auf die auf dem Mac-Computer freigegebenen Ordner zu erhalten.

Drucker & Co.: weitere Freigaben kinderleicht bewerkstelligen

Nicht nur Ordner und Dateien, sondern auch weitere Elemente lassen sich im Netzwerk freigeben, wenn auch meist nur von Mac zu Mac. Aktivieren Sie dazu in den Systemeinstellungen unter *Freigaben* das jeweilige Kontrollkästchen und nehmen Sie gegebenenfalls weitere Einstellungen zur Freigabe vor. Hier ein kleiner Überblick:

* ***DVD- oder CD-Freigabe:*** Ermöglicht anderen Computern im Netzwerk den Zugriff auf das DVD-Laufwerk Ihres Macs.

* ***Bildschirmfreigabe:*** Ermöglicht den Zugriff auf Ihren Mac-Bildschirm von einem anderen Computer aus.

✳ ***Druckerfreigabe:*** Ermöglicht einem anderen Computer im Netzwerk den Zugriff auf den an Ihren Mac angeschlossenen Drucker.

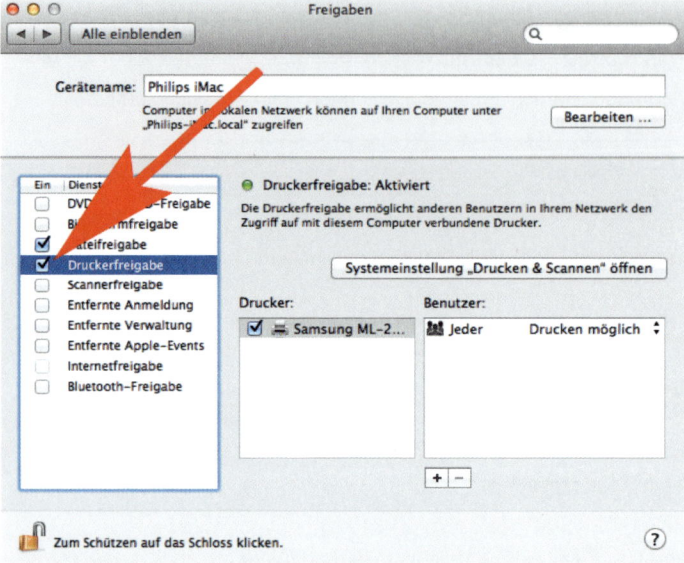

✳ ***Scannerfreigabe:*** Ermöglicht einem anderen Computer im Netzwerk den Zugriff auf den an Ihren Mac angeschlossenen Scanner (der Scanner ist ein Gerät zum Digitalisieren von Dokumenten oder Bildern).

✳ ***Entfernte Anmeldung:*** Durch diese Freigabe kann sich ein anderer Benutzer aus der Ferne – über eine verschlüsselte Verbindung – an Ihrem Mac anmelden und Änderungen darauf durchführen.

✳ ***Entfernte Verwaltung:*** Auch wenn diese Freigabe aktiviert ist, können andere Benutzer auf Ihren Computer zugreifen, um beispielsweise neue Programme darauf zu installieren.

✳ ***Entfernte Apple-Events:*** Mit dieser Freigabe ermöglichen Sie Programmen auf verschiedenen Computern die Kommunikation untereinander.

✳ ***Internetfreigabe:*** Wie der Name es schon verrät, geben Sie mit dieser Freigabe die Internetverbindung Ihres Macs für die Nutzung auch auf anderen Computern frei.

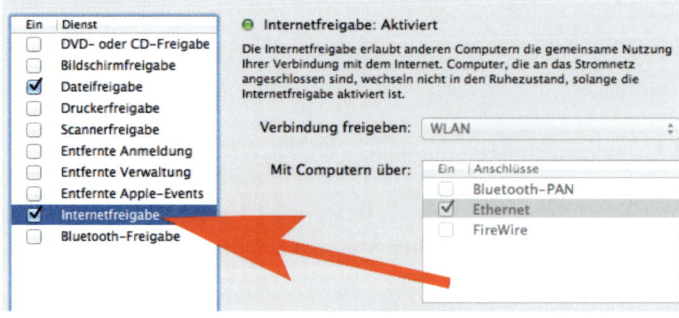

* **Bluetooth-Freigabe:** Die Bluetooth-Freigabe schließlich bezieht sich auf den drahtlosen Datenaustausch via Bluetooth.

Meine Empfehlung: Aktivieren Sie stets nur diejenigen Freigaben, die Sie tatsächlich benötigen, da bestimmte Freigaben – etwa die „Entfernte Anmeldung" – ein gewisses Sicherheitsrisiko darstellen können!

Supereinfacher Datenaustausch mit anderen Macs dank AirDrop

Für den schnellen Austausch von Dateien hat Ihr Mac noch eine weitere pfiffige Funktion zu bieten: AirDrop. Sie ermöglicht es Ihnen, die Dateien via WLAN ganz ohne Ordnerfreigabe mit anderen Mac-Computern auszutauschen. Öffnen Sie dazu den Finder und klicken Sie auf *AirDrop*.

Die Person auf dem anderen Mac geht auf gleiche Weise vor, und deren Computer wird daraufhin in der AirDrop-Übersicht aufgeführt. Ziehen Sie in einem weiteren Finder-Fenster Ihre Dateien bei gedrückter Maustaste auf den anderen Computer, um sie zu übertragen. Die Übertragung geschieht verschlüsselt. Genauso können Sie natürlich auch Dateien empfangen; nachdem Sie den Empfang bestätigt haben, finden Sie diese im Ordner *Downloads*. Viel mehr zum Finder und dem Ordnersystem erfahren Sie noch in Kapitel 6.

Tastatur, Handy, Headset und mehr: Verbinden Sie Ihre Geräte per Bluetooth

Nicht nur per WLAN, sondern auch per Bluetooth lassen sich Geräte mit Ihrem Mac verbinden, wie ich es bereits im Zusammen mit Magic Mouse und Apple Wireless Keyboard erwähnt habe. Gerne zeige ich Ihnen Schritt für Schritt, wie einfach Sie weitere Bluetooth-Geräte mit Ihrem Mac koppeln, sei es ein Handy, ein Headset oder – wie hier – eine alternative Bluetooth-Tastatur:

1 Klicken Sie in der Menüleiste auf das Menulet ⋮⋮ und entscheiden Sie sich im Menü für den Eintrag *Bluetooth-Gerät konfigurieren*. (Falls das Menulet nicht angezeigt werden sollte, klicken Sie in den Systemeinstellungen unter *Bluetooth* auf das ┃+┃-Symbol).

2 Die in Reichweite befindlichen Bluetooth-Geräte werden Ihnen angezeigt. Klicken Sie dasjenige Gerät, das Sie mit Ihrem Mac koppeln möchten, in der Liste an ❶ und wählen Sie *Fortfahren* ❷. Hinweis: Bluetooth muss am jeweiligen Gerät gegebenenfalls zunächst aktiviert werden, damit es in der Liste auf dem Mac auftaucht.

3 Es erfolgt eine Verifikation; in diesem Fall muss dazu auf der Bluetooth-Tastatur ein Zahlencode eingegeben und bestätigt werden.

4 Sobald die Verifikation abgeschlossen ist, kann der Mac auf das Bluetooth-Gerät zugreifen, hier also z. B. können Tastatureingaben nun auch mit der neuen Bluetooth-Tastatur erfolgen.

Das Verwalten Ihrer Bluetooth-Verbindung erfolgt in den Systemeinstellungen unter *Bluetooth*. Um ein Bluetooth-Gerät wieder zu entfernen, klicken Sie es dort in der Liste an und betätigen das Minussymbol ⎯ .

▲ *Die Bluetooth-Verwaltung in den Systemeinstellungen: Hier wähle ich ein Bluetooth-Gerät aus und betätige das Minussymbol* ⎯ *, um es aus der Liste zu entfernen.*

3. Browser, E-Mail-Programm & Co.: wichtige Mac-Programme einrichten und optimal einsetzen

Alles Wichtige auf einen Blick:

* Clever im World Wide Web surfen mit dem Safari-Browser

* Ganz ohne Porto: E-Mails oder Nachrichten senden und empfangen auf dem Mac

* Kalender, Erinnerungen & Kontakte: Ihre Termine, Aufgaben und Adressen effizient verwalten

* Rechner, Notizen und weitere pfiffige Mac-Tools einsetzen

* Nützliche Minianwendungen für jeden Bedarf: das Dashboard individuell einrichten

Einige Male war in diesem Buch bereits vom Aufrufen von Webadressen die Rede. Lassen Sie mich in diesem Kapitel das Programm vorstellen, mit dem Sie dies standardmäßig bewerkstelligen: den Browser Safari. Lernen Sie darüber hinaus das E-Mail-Programm Ihres Macs, den Kalender, ein Programm zum Verwalten Ihrer Kontakte sowie weitere nützliche Tools und deren Konfiguration kennen. Nicht zu vergessen: Richten Sie das Dashboard mit Minianwendungen für Ihren Mac-Alltag ein, um beispielsweise blitzschnell eine Wettervorhersage, ein Wörterbuch zum Nachschlagen von Begriffen oder einen Überblick über den Kurs Ihrer Wertpapiere zu erhalten. Ich wünsche Ihnen viel Vergnügen beim Entdecken jeder Menge toller Funktionen!

Clever im World Wide Web surfen mit dem Safari-Browser

Im World Wide Web finden Sie alle Informationen, die Sie suchen, und der Mac-Browser Safari ist ein exzellenter Browser zum Aufrufen und Durchstöbern von Webseiten. Gerne stelle ich Ihnen auf den folgenden Seiten die wichtigsten Funktionen dieses Programms vor. Falls Sie feststellen sollten, dass Ihnen dieser Browser nicht liegt: Selbstverständlich haben Sie Alternativen. Verwenden Sie dann beispielsweise den Browser Google Chrome (Download unter der Webadresse *http//www.google. de/chrome*), Firefox (Download unter der Webadresse *http://www.mozilla.org/de/firefox*) oder Opera (Download im App Store) – wie so ein Download erfolgt, erfahren Sie in Kapitel 5.

Ihre ersten Schritte im World Wide Web: Webseiten in Safari aufrufen und richtig navigieren

Das Aufrufen von Webadressen und die Navigation innerhalb einer Webseite sowie zwischen mehreren Webseiten erfolgt in Safari ähnlich wie bei anderen Browsern auch. Hier der schnelle Überblick:

* **Webadresse aufrufen:** Tippen Sie hierzu die gewünschte Webadresse – beispielsweise *www.databecker.de* – in das Adressfeld (es ist gleichzeitig ein Suchfeld) oben im Browser ein und betätigen Sie die [Eingabe]-Taste.

* **Link aufrufen:** Bewegen Sie den Mauszeiger auf einen Link (die Verknüpfung zu einer anderen Webseite oder einem anderen Element); er verwandelt sich dabei in ein Handsymbol. Klicken Sie auf den Link, um ihn zu öffnen.

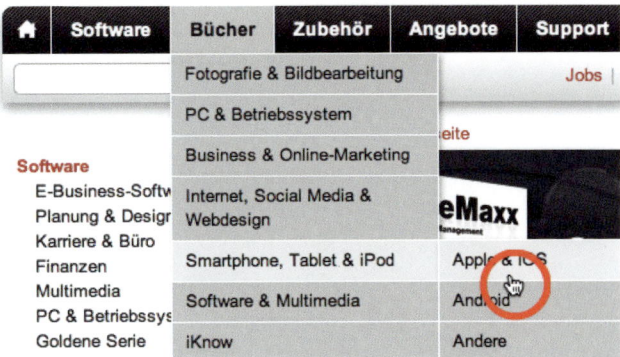

* **Scrollen:** Setzen Sie zum Scrollen die Magic Mouse oder das Trackpad ein, indem Sie darauf nach unten oder oben streichen. Oder ziehen Sie den Scrollbalken rechts im Browserfenster (vgl. Abbildung) nach unten oder oben, um die Inhalte unten oder oben auf einer Webseite zu betrachten. Genauso auch die Tasten [↓], [↑] oder [fn]+[↓], [fn]+[↑] einsetzen.

＊ **Blättern:** Verwenden Sie zum Blättern zwischen den Webseiten die Symbole ◀ und ▶ links neben dem Adressfeld oder streichen Sie – wie ab Seite 36 beschrieben – mit Magic Mouse oder Trackpad zur gewünschten Webseite.

＊ **Link in neuer Registerkarte aufrufen:** Sie möchten die ursprüngliche Webseite beim Aufrufen eines Links geöffnet lassen? Klicken Sie ihn bei gedrückter ⌘cmd-Taste an, um den Link in einer neuen Registerkarte zu öffnen. Mit ⌘cmd+T öffnen Sie eine neue Registerkarte ohne das Anklicken eines Links. Eine Übersicht über die von Ihnen in Registerkarten geöffneten Webseiten erhalten Sie, wenn Sie das Symbol ▥ rechts neben den Registerkarten anklicken.

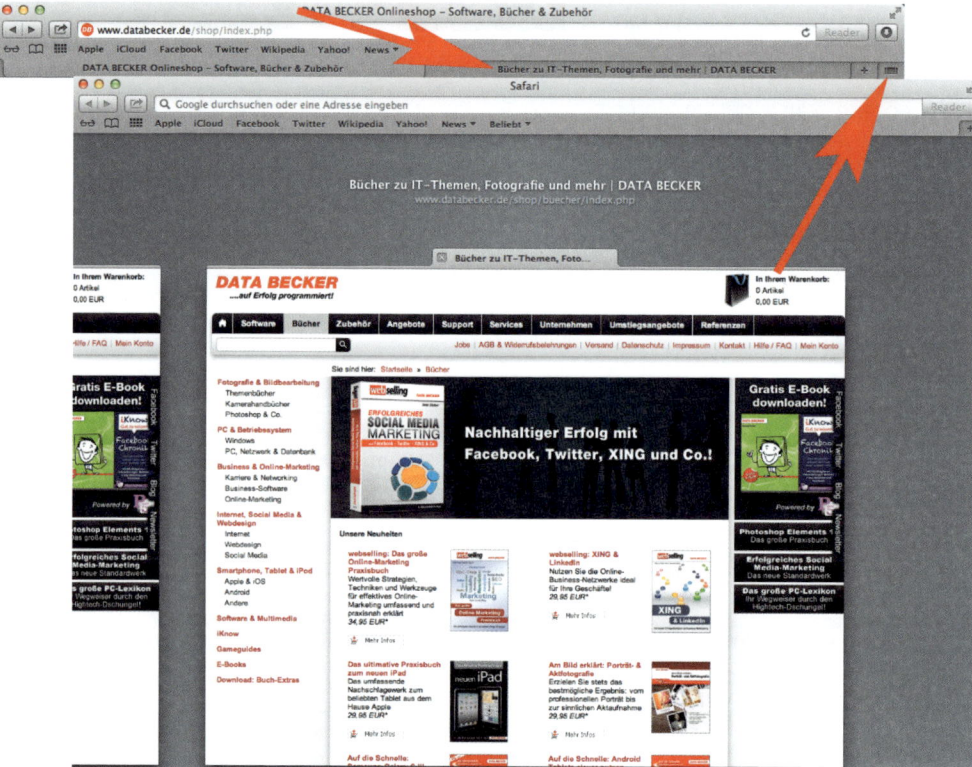

＊ **Link in neuem Fenster aufrufen:** Um einen Link nicht in einer neuen Registerkarte, sondern in einem neuen Browserfenster zu öffnen, klicken Sie diesen bei gedrückter alt+⌘cmd-Taste an; soll das Browserfenster im Vordergrund geöffnet werden, halten Sie zusätzlich die Umschalt-Taste gedrückt. Mit ⌘cmd+N rufen Sie ohne das Anklicken eines Links ein neues Browserfenster auf.

Dank des eingebauten Readers: Webseiten ohne störende Werbung & Co. lesen

Praktisch besonders beim Lesen von Onlinezeitungsartikeln, aber auch von anderen Webtexten: Verwenden Sie für eine übersichtliche Darstellung ohne Werbung und anderes störendes Beiwerk den in Safari eingebauten Reader. Wenn Ihnen der Reader zur Verfügung steht, wird Ihnen dies durch den Button *Reader* rechts neben dem Adressfeld des Browsers angezeigt. Klicken Sie den Button an, um die Reader-Version des Artikels zu laden.

Sie stellen fest: Die Darstellung im Reader verzichtet auf Schnickschnack und ist dadurch sehr übersichtlich. Um das Reader-Fenster wieder zu schließen, klicken Sie einfach erneut auf den *Reader*-Button.

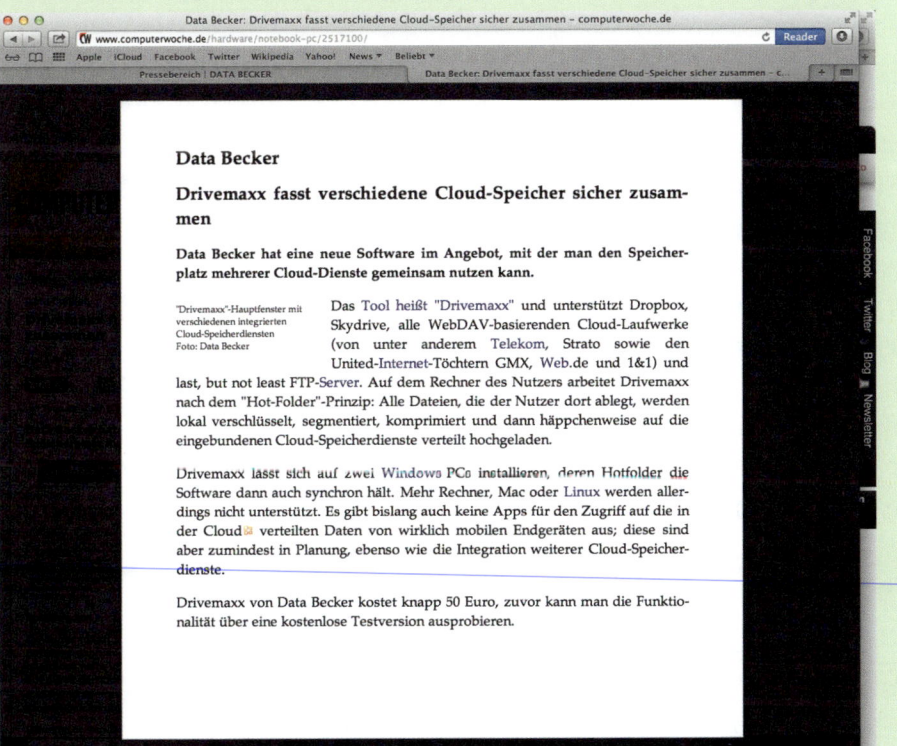

✳ **Weitere Optionen zu einem Link:** Weitere Optionen zu einem Link, etwa das Kopieren desselben, erhalten Sie, wenn Sie diesen bei gedrückter ⌃ctrl⌄-Taste anklicken.

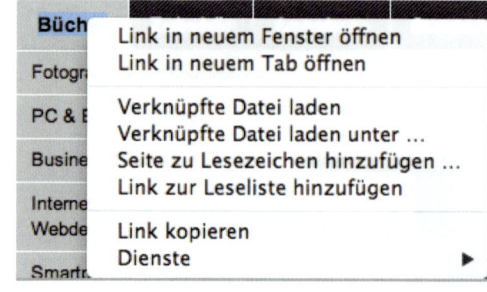

✳ **Laden abbrechen:** Um das Laden einer Webseite während des Ladevorgangs abzubrechen, klicken Sie rechts im Adressfeld auf das Kreuzsymbol ✖ oder betätigen Sie die ⌃esc⌄-Taste.

✳ **Inhalte aktualisieren:** Um die Inhalte einer Webseite zu aktualisieren, klicken Sie auf das Symbol ↻ rechts im Adressfeld oder verwenden die Tastenkombination ⌃cmd⌄+⌃R⌄.

Übrigens: Registerkarten lassen sich auch aus einem Browserfenster herausziehen, um die entsprechende Webseite in einem neuen Browserfenster zu öffnen; die Browserfenster wiederum können – in der Mission Control – auf verschiedenen Schreibtischen platziert werden. Ideal für Ihre Webrecherchen!

Das World Wide Web nach Ihren Begriffen durchsuchen: So nutzen Sie das Adressfeld als Suchfeld

Unter den vielen im World Wide Web verfügbaren Webseiten diejenigen aufspüren, die Inhalte bieten, für die Sie sich interessieren: Verwenden Sie die in Safari eingebaute Suchfunktion. Geben Sie einfach Ihren Suchbegriff in das Adressfeld ein und betätigen Sie die ⌃Eingabe⌄-Taste, um eine Websuche danach zu starten. Standardmäßig geschieht dies in der Suchmaschine Google, die ich sehr empfehlen kann.

Geben Sie für die Google-Suche einen Begriff oder mehrere Begriffe ein, die Sie per Leerzeichen voneinander trennen – diese werden von Google durch ein unsichtbares „Und" verknüpft. Phrasen setzen Sie in Anführungszeichen, bei einer Suche nicht gewünschter Begriffe stellen Sie ein Minuszeichen voran. Und das sind nur einige der möglichen Suchbefehle!

Was Sie wissen sollten: Das Suchfeld speichert Ihre letzten Suchanfragen. Wenn Sie diese löschen möchten, klicken Sie links im (leeren) Adressfeld auf das Symbol 🔍 und wählen *Letzte Sucheinträge löschen.*

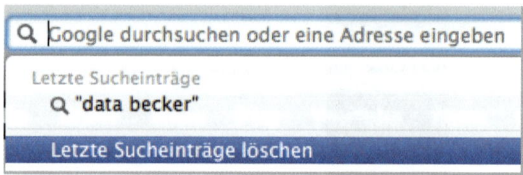

Sie würden statt Google lieber eine andere Suchmaschine einsetzen? Safari bietet Ihnen als Alternativen *Yahoo!* und *Bing* an. Ihre Auswahl treffen Sie, indem Sie links im Suchfeld auf das 🔍-Symbol klicken und den gewünschten Suchanbieter per Mausklick bestimmen.

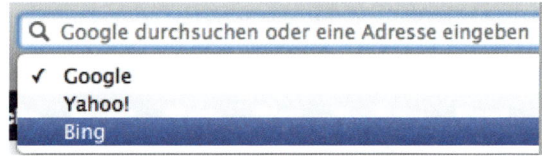

Statt im Web auf einer Webseite suchen: So wird's gemacht

Sie suchen einen bestimmten Begriff auf einer umfangreicheren Webseite? Nutzen Sie dazu die eingebaute Suchfunktion, die Sie mit der Tastenkombination ⌘+F aufrufen. Es öffnet sich ein Suchfeld, in das Sie Ihren Begriff eintippen. Etwaige Treffer werden Ihnen prompt angezeigt und hervorgehoben. Per Eingabe-Taste wechseln Sie von einem Treffer zum nächsten.

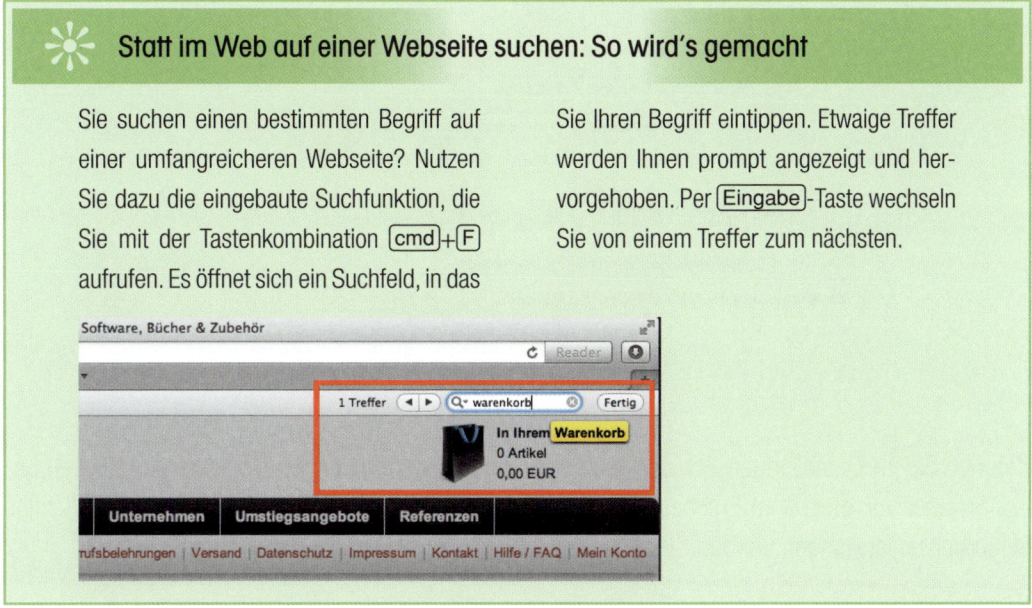

Beim Browserstart öffnet sich immer die gleiche Startseite: Wie kann ich diese ändern?

Sie stellen fest: Mit Safari im World Wide Web zu surfen, ist sehr komfortabel. Was Sie vielleicht noch stören könnte: Beim Browserstart wird standardmäßig stets die Apple-Seite geladen. Sie möchten, dass lieber eine andere Startseite geladen wird, beispielsweise Ihre eigene Homepage oder ein Onlinemagazin? Mit nur wenigen Handgriffen richten Sie eine individuelle Startseite ein:

1 Öffnen Sie Safari bzw. achten Sie darauf, dass das Safari-Fenster aktiv ist. Klicken Sie dann in der Menüleiste auf *Safari* und wählen Sie den Eintrag *Einstellungen*. (Alternativ verwenden Sie zum Aufrufen der Einstellungen die Tastenkombination ⌘+.)

2 Tippen Sie nun unter *Allgemein* ❶ die Webadresse der gewünschten Startseite ein ❷. Achten Sie außerdem darauf, dass bei *Neue Fenster öffnen mit* die Option *Homepage*

ausgewählt ist ❸; wenn Sie es wünschen, kann auch in neue Registerkarten („Tabs") Ihre eigene Startseite geladen werden.

Nehmen Sie im Einstellungen-Fenster noch zahlreiche weitere optionale Einstellungen für den Safari-Browser vor, etwa zum Erscheinungsbild oder zum Umgang mit den Registerkarten. Wichtige Sicherheitseinstellungen werden Sie auf den folgenden Seiten noch kennenlernen.

Im Internet sicher unterwegs: privat surfen und wichtige Einstellungen für den Datenschutz prüfen

Die Einstellungen zum Thema Sicherheit sind in Safari standardmäßig so, wie ich sie ebenfalls empfehlen würde. Vielleicht möchten Sie aber gar kein Risiko eingehen und dafür einen etwas geringeren Surfkomfort in Kauf nehmen? Diese Optionen haben Sie:

✳ *Sicherheit:* Klicken Sie unter *Safari/Einstellungen* auf *Sicherheit* und deaktivieren Sie gegebenenfalls *Plug-ins*, *Java* und *JavaScript*, um beim Surfen im World Wide Web höchstmögliche Sicherheit zu erreichen. Zahlreiche Webseiten lassen sich dafür allerdings nicht mehr bzw. nicht mehr richtig anzeigen.

Für Übersetzung, Shopping und mehr: Safari um Funktionen aller Art erweitern

Das wohl wichtigste Plug-in für Ihren Safari-Browser ist der Adobe Flash Player, mit dessen Hilfe Sie beispielsweise Videos auf YouTube betrachten. Laden Sie dieses Plug-in unter der Webadresse *http://get.adobe.com/de/flashplayer* auf Ihren Computer herunter und installieren Sie es. Das Thema Software-Installation wird im Kapitel 5 noch ausführlich behandelt.

Ansonsten lässt sich der ohnehin schon große Funktionsumfang von Safari noch um verschiedene weitere Funktionen erweitern. Unter der Webadresse *https://extensions.apple.com* finden Sie eine Menge Erweiterungen zur kostenlosen Verwendung. Hier installiere ich beispielsweise die Erweiterung Translate zur Übersetzung kompletter Webseiten (per ▨-Symbol, das links neben dem Adressfeld hinzugefügt wird).

Translate
Side Tree Software

Install Now

Translate adds a toolbar item that translates the current web page using Google Translate. You can set the target language and translate in place or view the translation in a new browser tab or window.

Die Verwaltung der von Ihnen installierten Erweiterungen erfolgt unter *Safari/Einstellungen*. Klicken Sie dort auf *Erweiterungen* ❶ und wählen Sie die Erweiterung aus ❷, deren Einstellung Sie ändern (hier richte ich z. B. German = Deutsch als Übersetzungssprache ein ❸) oder die Sie per *Deinstallieren*-Button ❹ wieder aus Safari entfernen möchten.

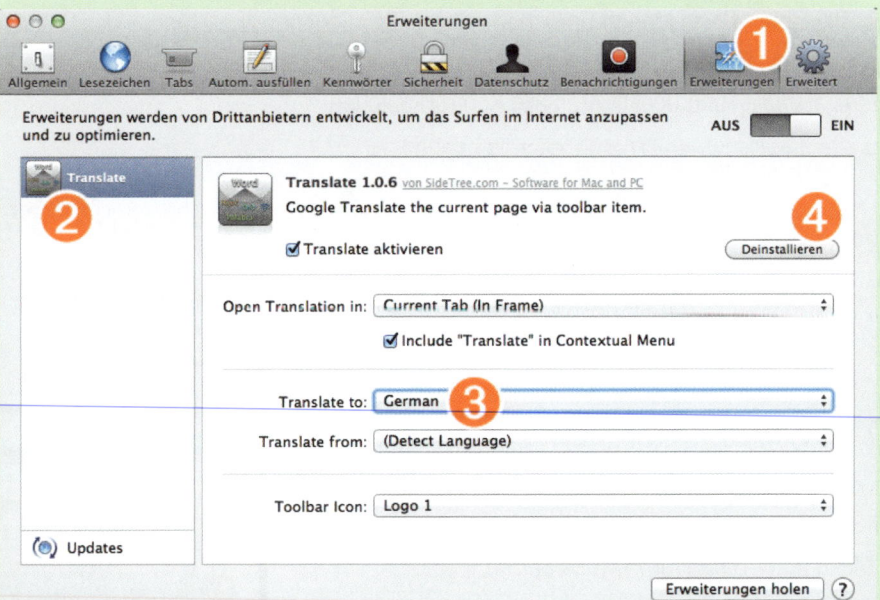

✳ **Datenschutz:** Klicken Sie unter *Safari/Einstellungen* auf *Datenschutz* und betätigen Sie zunächst den Button *Alle Website-Daten entfernen*. Wählen Sie dann für höchstmöglichen Datenschutz bei *Cookies blockieren* die Option *Immer* und bei *Website-Zugriff auf Ortungsdienste beschränken* die Option *Ohne Bestätigung ablehnen*. Beachten Sie, dass das Blockieren der Cookies zu größeren Beschränkungen des Surfkomforts führt! Aktivieren Sie unter *Datenschutz* außerdem die Kontrollkästchen *Tracking durch Websites ablehnen* sowie *Vorschläge durch Suchmaschine nicht zulassen*.

✳ **Automatisch ausfüllen:** Safari kann Webformulare automatisch bzw. halbautomatisch ausfüllen (Option *Bearbeiten/Formular automatisch ausfüllen* oder Tastenkombination cmd+Umschalt+A) und greift dazu auf bereits getätigte Eingaben und Ihren eigenen Eintrag in den Kontakten zurück. Das erspart eine Menge Tipparbeit, könnte Sie allerdings aus Gründen des Datenschutzes stören. Um die Funktion nicht in Anspruch zu nehmen, klicken Sie unter *Safari/Einstellungen* auf *Autom. ausfüllen* und deaktivieren alle Kontrollkästchen.

✳ **Privates Surfen:** Falls Sie im World Wide Web surfen möchten, ohne dass Daten zu den besuchten Webseiten auf Ihrem Computer gespeichert werden, entscheiden Sie sich im Menü unter *Safari* für *Privates Surfen*.

Der Modus ist bis zum nächsten Programmstart aktiv oder so lange, bis Sie den Eintrag erneut anklicken. Bitte beachten Sie: Der Modus „Privates Surfen" verhindert lediglich, dass Surfdaten auf Ihrem Mac gespeichert werden – im Internet sind Sie dennoch nicht anonym!

Wichtiger als alle Einstellungen ist aber immer noch Ihr eigenes vernünftiges Verhalten beim Surfen im World Wide Web – schalten Sie hierbei niemals Ihren Verstand ab!

Ungewünschte Einträge mit wenigen Mausklicks vom Computer entfernen

Sie möchten den Verlauf der von Ihnen besuchten Webseiten löschen? Hierfür bietet Ihnen Safari eine praktische Schaltzentrale, die Sie finden, wenn Sie im Menü unter *Safari* auf *Safari zurücksetzen* klicken. Wählen Sie diejenigen Elemente, die Sie löschen möchten, per Kontrollkästchen aus bzw. deaktivieren Sie die Kontrollkästchen derjenigen Elemente, die Sie behalten wollen. Per *Zurücksetzen*-Button starten Sie den Löschvorgang.

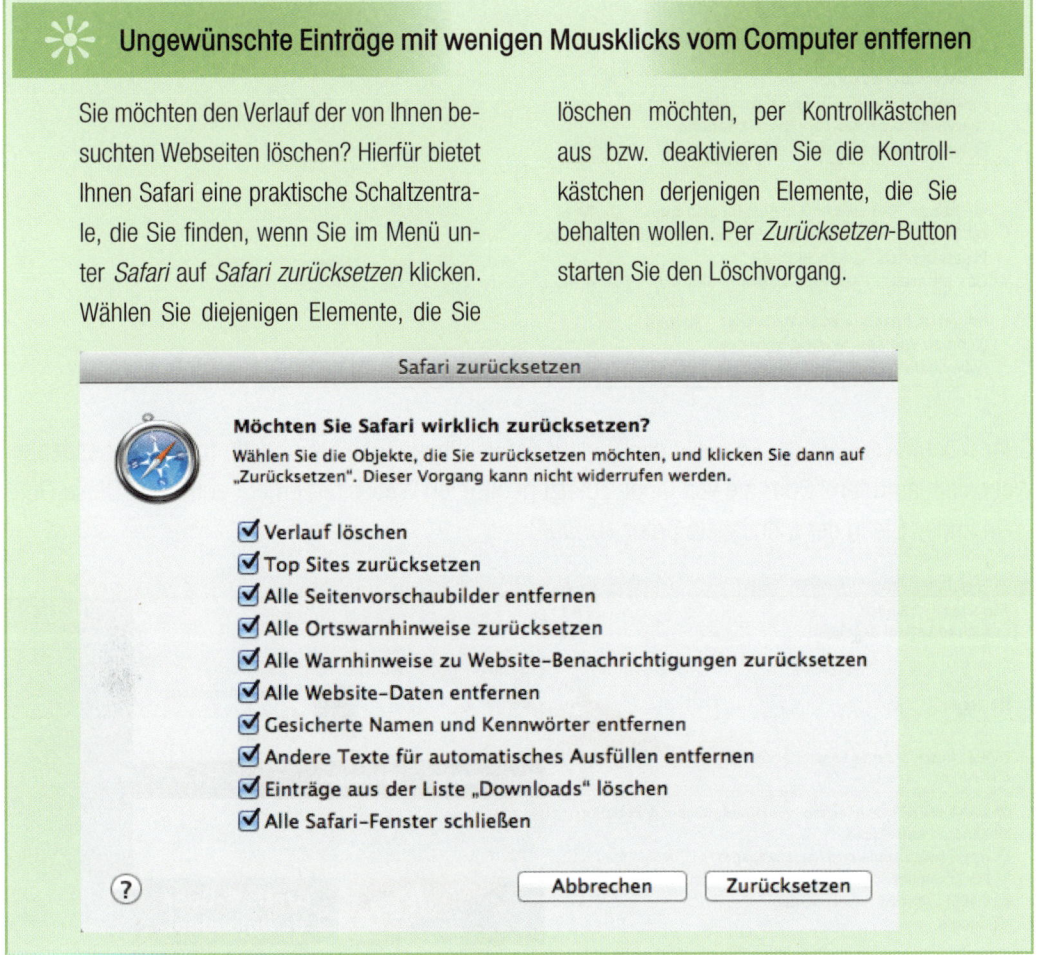

Bereits einmal besuchte Webseiten jederzeit sofort wiederfinden und als Lesezeichen speichern

Ihre Onlinebank, eBay, Wikipedia, Onlinemagazine, Facebook, Amazon und mehr – es gibt viele Webseiten, die Sie immer wieder besuchen, und damit Sie nicht jedes Mal erneut die jeweilige Webadresse eintippen müssen, hält der Safari-Browser einige pfiffige Funktionen für Sie bereit.

Nehmen Sie zunächst das Adressfeld des Browsers: Wenn Sie dort eine Webadresse eintippen, werden Ihnen bereits während des Eintippens Adressvorschläge gemacht, die Sie einfach per Mausklick auswählen – bereits einmal besuchte Webseiten lassen sich dadurch schneller erneut aufrufen.

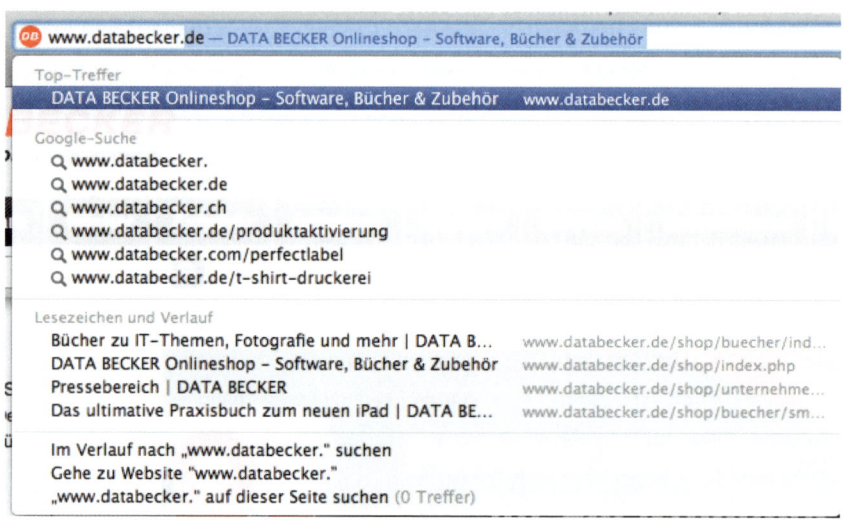

Oder möchten Sie auf die Schnelle den Verlauf der von Ihnen an einem bestimmten Tag besuchten Webseiten aufrufen? Oder die von Ihnen zuletzt geöffneten Webseiten erneut aufrufen? Diese Optionen finden Sie in der Menüleiste unter *Verlauf*.

Den Verlauf der von Ihnen besuchten Webseiten nach bestimmten Einträgen durchsuchen und einzelne Einträge per [cmd]+[delete] aus dem Verlauf entfernen. Lassen Sie sich hierzu den Gesamtverlauf anzeigen, indem Sie sich in der Menüleiste für *Verlauf/Gesamten Verlauf anzeigen* entscheiden, bzw. (bei aktivem Safari-Fenster) die Tasten [alt]+[cmd]+[2] betätigen. Neben den chronologisch sortierten Verlaufseinträgen ❶ finden Sie im Gesamtverlauf auch eine grafische Zeitschiene ❷ sowie ein Suchfeld ❸ zum Durchstöbern der Verlaufseinträge.

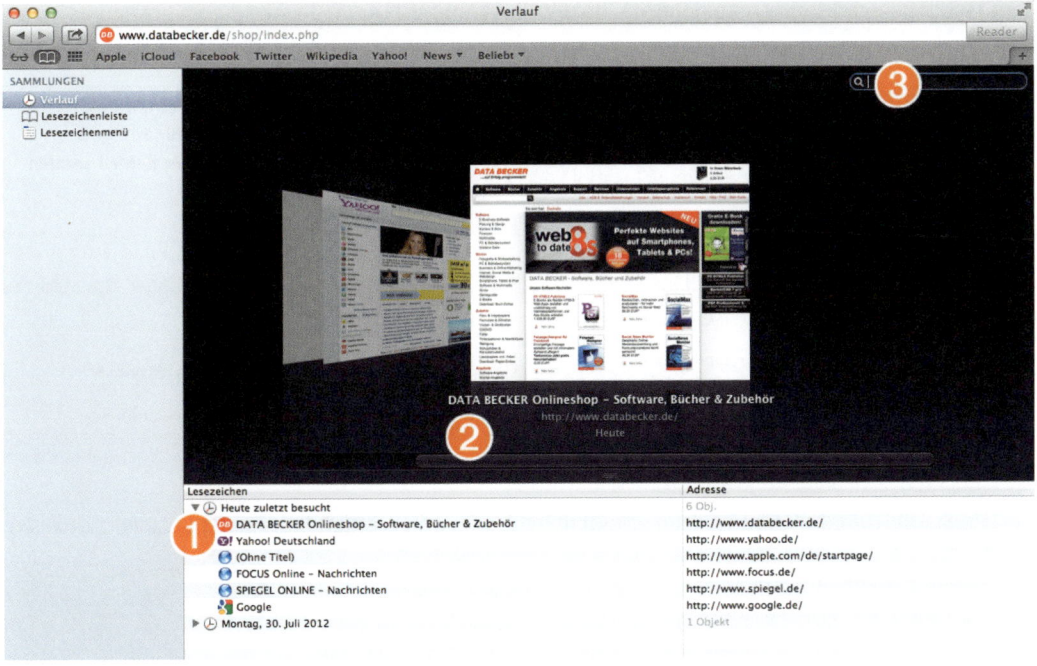

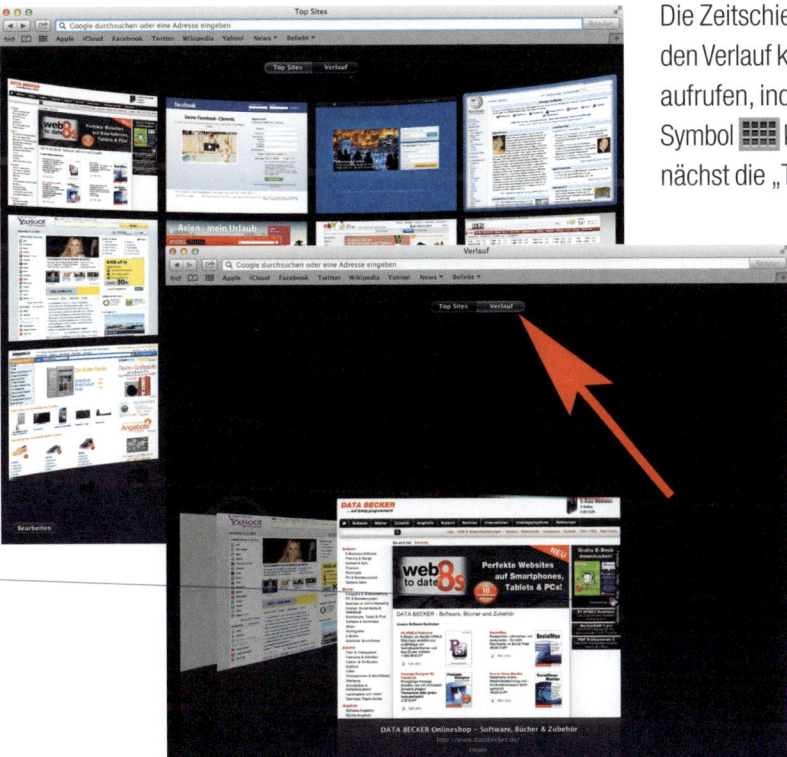

Die Zeitschiene und das Suchfeld für den Verlauf können Sie übrigens auch aufrufen, indem Sie in Safari auf das Symbol ▦ klicken. Ihnen werden zunächst die „Top-Sites" angezeigt, die auf Ihren Favoriten und den von Ihnen am häufigsten besuchten Webseiten beruhen. Klicken Sie auf *Verlauf*, um von dieser Übersicht zur Zeitschiene zu gelangen.

Ihre Lieblingswebadressen speichern – so wird's gemacht

Um Webadressen in Safari unabhängig vom Verlauf (der ja früher oder später gelöscht wird) zu speichern, bieten sich Ihnen gleich mehrere Optionen. Die Auswahl erfolgt jeweils, indem Sie links neben dem Adressfeld auf das Symbol ⬆ klicken und die gewünschte Option wählen. Diese Möglichkeiten haben Sie:

* **Zur Leseliste hinzufügen:** Diese Option dient zum Hinzufügen von Webseiten zum späteren offline Lesen. Speichern Sie hier Webadressen ab, die Sie sich auch ohne Internetverbindung zu Gemüte führen möchten, z. B. unterwegs auf Ihrem Mac-

Book. Das Aufrufen der Leseliste erfolgt unter dem Symbol 👓 links in der Lesezeichenleiste.

* **Lesezeichenleiste:** Entscheiden Sie sich im Menü für *Lesezeichen hinzufügen* und dann für *Diese Seite hinzufügen zu: Lesezeichenleiste*. Achten Sie auf kurze Lesezeichennamen, da diese ansonsten in der Lesezeichenleiste gekürzt werden! Die Leiste mit Lesezeichen wird Ihnen in Safari unterhalb des Adressfelds angezeigt (falls nicht, blenden Sie sie in der

Menüleiste unter *Darstellung* ein). Tipp: Ziehen Sie einen in eine Webseite eingebauten Link bei gedrückter Maustaste in die Lesezeichenleiste – auch auf diese Weise lässt sich ein entsprechender Eintrag erstellen. Um einen Eintrag aus der Lesezeichenleiste wieder zu entfernen, klicken Sie ihn bei gedrückter ctrl-Taste an und wählen im Menü den Eintrag *Löschen*.

* **Lesezeichenmenü:** Ihre Lesezeichen sollen in der Menüleiste unter Lesezeichen abrufbar sein? In diesem Fall speichern Sie Ihre Lesezeichen unter *Lesezeichen hinzufügen* im Lesezeichenmenü ab.

* **Lesezeichenordner:** Darüber hinaus lassen sich beliebige Ordner für Ihre Lesezeichen erstellen, um bei sehr vielen Lesezeichen eine thematische Sortierung

vornehmen zu können. Entscheiden Sie sich in der Menüleiste für *Lesezeichen/Lesezeichenordner hinzufügen*, um einen neuen Ordner für Ihre Lesezeichen anzulegen und schlüssig zu benennen. Unter Lesezeichen hinzufügen lassen sich die von Ihnen erstellten Ordner dann ebenfalls auswählen. Unter dem Symbol 📖 in der Lesezeichenleiste rufen Sie die Lesezeichenordner (auch Lesezeichenleiste, Lesezeichenmenü und weitere) auf.

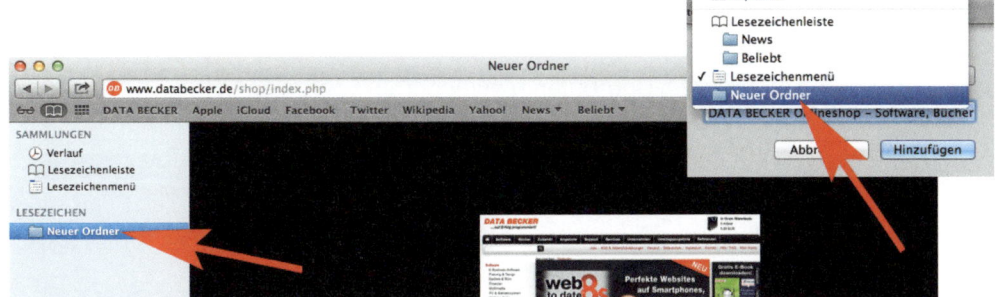

* **Top Sites:** Schließlich platzieren Sie unter *Lesezeichen hinzufügen* gerne besuchte Webseiten in Ihren *Top Sites* – wie bereits erwähnt speichert Safari hier automatisch diejenigen Webadressen, die Sie am häufigsten aufrufen; Sie können jedoch auch hier Webseiten manuell „anpinnen". Das Aufrufen der Top Sites erfolgt unter dem Symbol ▦ in der Lesezeichenleiste sowie standardmäßig auch beim Aufrufen neuer Registerkarten. Falls Sie einzelne Webseiten aus den Top Sites löschen möchten: Klicken Sie links unten auf *Bearbeiten* und betätigen Sie bei einer Minivorschau das Kreuzsymbol ⊗.

Unter dem Symbol ⬆ finden Sie darüber hinaus noch weitere Optionen wie das Versenden per E-Mail oder in einer Nachricht oder das Posten in einem sozialen Netzwerk. Machen Sie auf Wunsch auch von diesen Optionen Gebrauch, die übrigens nicht nur in Safari zur Verfügung stehen, sondern zum Versenden bzw. Posten von Dateien auch im Finder.

☀ Die auf Ihrem alten Computer gespeicherten Lesezeichen importieren

Auf einem anderen Computer exportierte Lesezeichen in Safari importieren oder Lesezeichen für die Nutzung auf einem anderen Computer exportieren: Klicken Sie dazu in der Menüleiste auf *Ablage* und wählen Sie *Lesezeichen importieren* bzw. *Lesezeichen exportieren*.

Lesezeichen importieren ...
Lesezeichen exportieren ...

Webseiten als Datei oder Ausdruck archivieren

Die Inhalte des World Wide Webs sind vergänglich. Vielleicht möchten Sie eine Webseite deshalb als Datei auf Ihrem Computer speichern oder eine Webseite zum Archivieren ausdrucken?

Das Speichern einer Webseite erfolgt per Tastenkombination ⌘+S bzw. per Auswahl *Ablage/ Sichern unter* in der Menüleiste. Entscheiden Sie sich für Dateinamen ❶, Speicherort ❷ und Dateiformat ❸, bevor Sie die Speicherung mit einem Mausklick auf *Sichern* ❹ vornehmen.

Um eine Webseite auszudrucken, verwenden Sie die Tastenkombination ⌘+P oder Sie entscheiden sich in der Menüleiste für *Ablage/Drucken*. Bestimmen Sie die Drucker sowie die gewünschte Anzahl der Kopien und die Anzahl der auszudruckenden Seiten ❶, wählen Sie links unten im Menü den Dateityp aus ❷ und klicken Sie gegebenenfalls auf *Details einblenden* ❸, um weitere Auswahlmöglichkeiten zu erhalten wie z. B. das Ausblenden von Kopf- und Fußzeile oder das Ausdrucken im Quer- statt

im Hochformat. Starten Sie schließlich den Ausdruck, indem Sie den *Drucken*-Button **4** betätigen. Voraussetzung ist natürlich, dass ein Drucker an Ihren Computer angeschlossen ist – zu diesem Thema mehr in Kapitel 4.

Safari bietet Ihnen noch eine Reihe weiterer Funktionen für cleveres Surfen. Mein Tipp: Sichten Sie die noch nicht kennengelernten Funktionen in der Menüleiste – etwa die Safari-spezifische Zoom-Funktion!

Ganz ohne Porto: E-Mails oder Nachrichten senden und empfangen auf dem Mac

Auch Programme zum Senden und Empfangen von elektronischer Post sowie von kurzen Nachrichten sind auf Ihrem Mac bereits mit an Bord. Es handelt sich um die Programme Mail sowie Nachrichten, die ich Ihnen in diesem Kapitel vorstellen werde – von der einfachen Einrichtung bis zur gekonnten Nutzung. Auch mit der Mitteilungszentrale mache ich Sie vertraut, die Sie prompt über neue Mails, Nachrichten und Co. informiert.

Mit wenigen Schritten ein E-Mail-Konto auf Ihrem Mac anlegen

Beginnen Sie mit dem Einrichten des Programms Mail. Was Sie dazu zunächst benötigen, ist eine E-Mail-Adresse. Ein sehr guter E-Mail-Anbieter ist beispielsweise Google Mail unter *http://www.google. de/mail*, aber auch Apple unter *https://www.icloud.com* (dort mit Apple-ID anmelden – wie Sie diese anlegen, steht auf Seite 136; unter *Mail* auf das ✿-Symbol klicken und unter *Einstellungen* die Registerkarte *Accounts* wählen, um die Wunsch-E-Mail-Adresse einzurichten). Das Einrichten Ihres E-Mail-Kontos auf dem Mac ist eine Sache weniger Schritte. Bei den Standard-E-Mail-Anbietern ist es am einfachsten; bei „anderen" Anbietern etwas komplizierter. So gehen Sie vor:

1 Entscheiden Sie sich in den Systemeinstellungen für *Mail, Kontakte & Kalender*. (Zum Einrichten Ihres ersten E-Mail-Kontos können Sie alternativ auch direkt das Programm Mail öffnen – Ihnen wird beim ersten Start automatisch ein Assistent wie ab Schritt 5 angezeigt; ich wähle hier zur Veranschaulichung den Weg über die Systemeinstellungen, weil er gleichzeitig auch das Anlegen von Kalender- und einer ganzen Reihe weiterer Konten beinhaltet.)

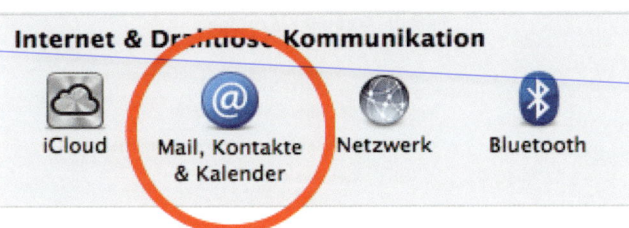

2 Wählen Sie den von Ihnen verwendeten E-Mail-Anbieter in der Liste aus. In diesem Fall klicke ich auf *Anderen Account hinzufügen* ...

3 ... und bestätige im Folgenden die Option *E-Mail-Account hinzufügen* ❶, indem ich auf den Button *Erstellen* ❷ klicke.

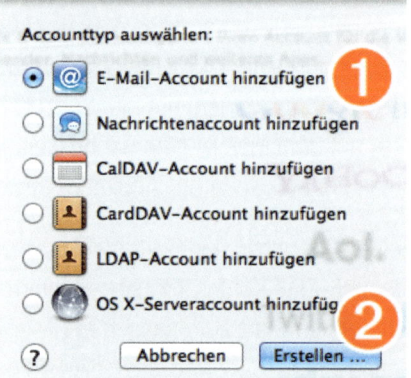

4 Es folgt die Eingabe Ihres Namens, Ihrer E-Mail-Adresse (Sie erinnern sich: Das @-Zeichen wird durch [alt]+[L] gebildet) sowie Ihr E-Mail-Zugangspasswort. Bestätigen Sie wiederum mit *Erstellen*.

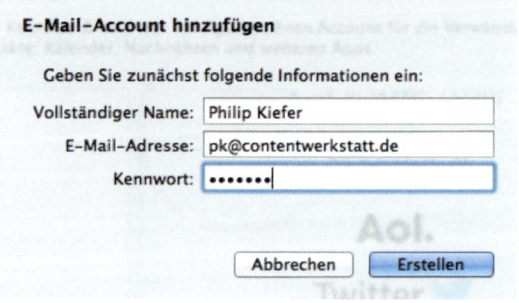

5 In diesem Fall werden die Einstellungen nicht automatisch übernommen, wie es z. B. bei Google Mail der Fall gewesen wäre. Bestätigen Sie im folgenden Fenster mit *Fortfahren*, geben Sie erneut Ihre Zugangsdaten ein und klicken Sie noch einmal auf *Fortfahren*. Wie bereits erwähnt wird Ihnen das Fenster auch dann angezeigt, wenn Sie noch kein E-Mail-Konto eingerichtet haben und das Programm Mail starten.

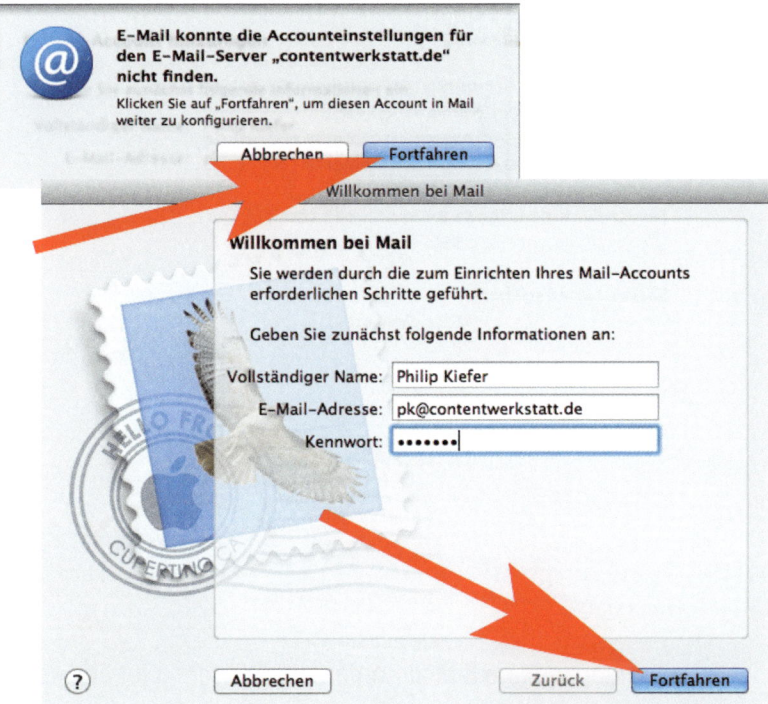

6 Jetzt geben Sie die Adresse des Posteingangsservers an, also desjenigen Computers im Internet, der Ihre E-Mails empfängt und aufbewahrt, bis Sie diese abholen. Die jeweiligen Daten erfragen Sie bei Ihrem E-Mail-Anbieter.

7 Im nächsten Schritt geben Sie die Adresse des Postausgangsservers an, also desjenigen Computers im Internet, über den Sie Ihre eigenen E-Mails versenden. Auch diese Daten teilt Ihnen Ihr E-Mail-Anbieter mit.

8 Sie erhalten Ihre Angaben zum Schluss im Überblick. Prüfen Sie diese noch mal, bevor Sie Ihr E-Mail-Konto mit einem Mausklick auf *Erstellen* einrichten. Achtung: Bereits kleine Tippfehler oder falsche Einstellungen können dazu führen, dass es nicht klappt – gehen Sie deshalb bei der Erstellung Ihres E-Mail-Kontos sehr gewissenhaft vor!

☀ E-Mail-Konto ändern und weitere E-Mail-Konten hinzufügen: direkt in Mail

Sie stellen fest, dass sich bei Ihren Eingaben ein Fehler eingeschlichen hat, oder Sie möchten ein weiteres E-Mail-Konto anlegen? Öffnen Sie dazu Mail und wählen Sie in der Menüleiste *Mail/Einstellungen* bzw. drücken Sie [cmd]+[.]. Unter *Accounts* lässt sich das E-Mail-Konto bearbeiten, per Plussymbol [+] fügen Sie weitere E-Mail-Konten hinzu.

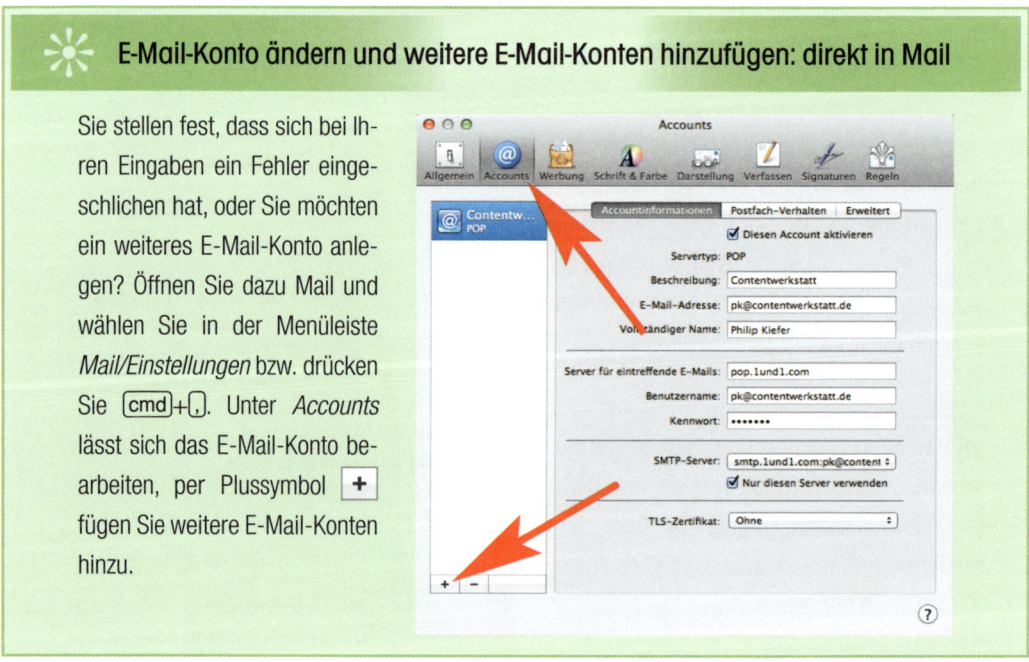

E-Mails senden und empfangen mit Ihrem Mac – so klappt alles

Die Bedienoberfläche des Programms Mail ist klar strukturiert. Sie sehen links die Inhalte des gewählten „Postfachs" ❶ und rechts daneben den Inhalt der ausgewählten E-Mail ❷. Klicken Sie auf *Einblenden* ❸, um zusätzlich eine Postfachleiste anzuzeigen. Oberhalb des E-Mails-Bereichs sehen Sie verschiedene Symbole ❹ – während Sie in der Symbolleiste lediglich die wichtigsten Funktionen aufrufen, finden Sie in der Menüleiste ❺ wie immer sämtliche Funktionen.

Dies sind die Funktionen, die Ihnen in der Symbolleiste standardmäßig zur Verfügung stehen:

* ✳️ ✉️ : Klicken Sie auf dieses Symbol, um mit allen von Ihnen in Mail eingerichteten E-Mail-Konten neue E-Mails zu empfangen.

* ✳️ ✏️ : Klicken Sie auf dieses Symbol, um eine neue E-Mail zu erstellen. Geben Sie dazu in die *An*-Zeile die E-Mail-Adresse des oder – durch Komma getrennt – mehrerer E-Mail-Empfänger an; in der *Betreff*-Zeile geben Sie dem E-Mail-Empfänger einen kurzen Hinweis, welcher Inhalt ihn in der E-Mail erwartet; in das große Feld unten tippen Sie schließlich den Text Ihrer E-Mail ein.

Unter dem Symbol ≡ ▼ lassen sich weitere Felder, z. B. für den Versand einer Blindkopie einblenden. Und Ihnen bieten sich noch weitere Optionen: Klicken Sie auf das Symbol 🔗 , um der E-Mail eine Datei anzufügen; unter dem Symbol A passen Sie den E-Mail-Text Ihren Vorstellungen an; unter dem Symbol 🖼 fügen Sie ein Bild in Ihre E-Mail ein und – besonders pfiffig – unter dem Symbol 🖳 wählen Sie ein nettes Layout für Ihre E-Mail aus, bevor Sie diese mit einem Klick auf das ✈ -Symbol versenden.

* 🗑 : Klicken Sie auf dieses Symbol, um das ausgewählte Element in den Papierkorb zu verschieben – dieser erscheint beim nächsten Programmstart in der eingeblendeten Postfachleiste, sobald gelöschte Elemente vorliegen.

* 👎 : Dieses Symbol klicken Sie an, um eine ausgewählte E-Mail als ungewünschte Werbung („Spam") zu kategorisieren.

* ← : Mit einem Klick auf dieses Symbol öffnen Sie ein E-Mail-Fenster, um die ausgewählte E-Mail zu beantworten.

* ⇐ : Eine E-Mail hatte neben einem Absender auch andere Empfänger? Klicken Sie auf dieses Symbol, um auch jenen eine Antwort-E-Mail zukommen zu lassen.

* → : Mit einem Klick auf dieses Symbol leiten Sie die ausgewählte E-Mail an einen beliebigen anderen E-Mail-Empfänger weiter – wenn gewünscht, mit eigenen Kommentaren versehen.

* 🚩 ▼ : Dieses Symbol schließlich dient dazu, die ausgewählte E-Mail mit einem „Etikett" in verschiedener Farbe zu versehen, um sie von anderen E-Mails abheben und mit gleich etikettierten E-Mails in Zusammenhang zu bringen.

Sie wünschen sich für Mail das von anderen E-Mail-Programmen her gewohnte Layout?

Das Layout des Programms Mail entspricht standardmäßig nicht dem von klassischen E-Mail-Programmen, wie Sie es vielleicht von einem Windows-Computer her gewohnt sind. Doch das lässt sich ändern! Um das Layout anzupassen, entscheiden Sie sich in der Menüleiste unter *Mail* für *Einstellungen.* Aktivieren Sie dann unter *Darstellung* das Kontrollkästchen *Klassisches Layout verwenden.*

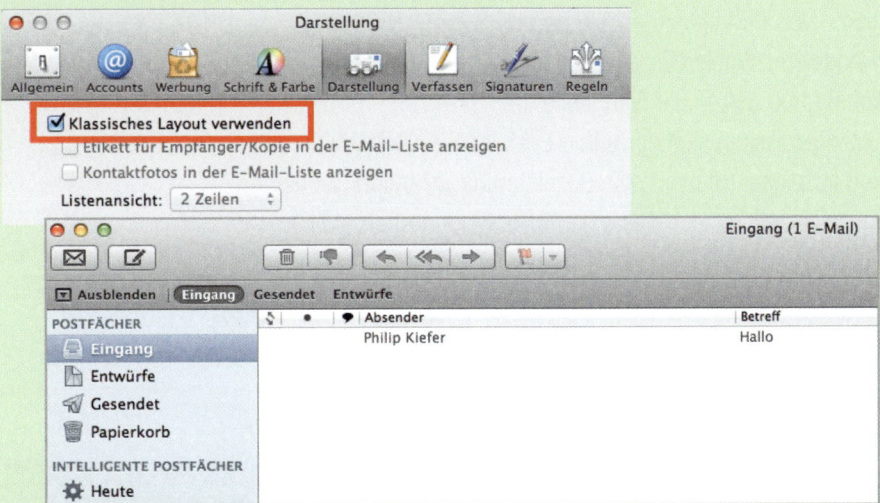

Richten Sie das Programm Mail in den Einstellungen ganz nach Ihrem Bedarf ein, z. B. was das Intervall für das automatische Abrufen neuer E-Mails betrifft (Standard: alle fünf Minuten), den Umgang mit ungewünschter Werbung, das Einrichten einer E-Mail-Signatur oder die Standardschrift in den von Ihnen erstellten E-Mails.

Suchfunktion, Etiketten, intelligente Postfächer und mehr: Ihre E-Mails gekonnt verwalten

Um auch bei sehr vielen E-Mails jederzeit eine bestimmte E-Mail wiederzufinden, nutzen Sie die folgenden Funktionen des Programms Mail:

* **Suchfunktion:** Verwenden Sie das Suchfeld rechts oben in Mail, um sämtliche Postfächer nach einem oder mehreren Suchbegriffen zu durchsuchen (Ausnahmen: ungewünschte Werbung und verschlüsselte E-Mails werden nicht durchsucht; das können Sie jedoch unter *Mail/Einstellungen*, Registerkarte *Allgemein* ändern). Tippen Sie einfach ein, wonach Sie suchen ❶ – bereits während der Eingabe werden Ihnen die Treffer angezeigt ❷, und diese lassen sich noch nach Postfach filtern ❸. Wenn sich entsprechende Treffer finden, kann die Suche auch

auf Betreff oder Personen begrenzt werden. Tipp: Auch gängige Operatoren wie *OR* (oder) und *AND NOT* (und nicht) können bei der E-Mail-Suche zum Einsatz kommen.

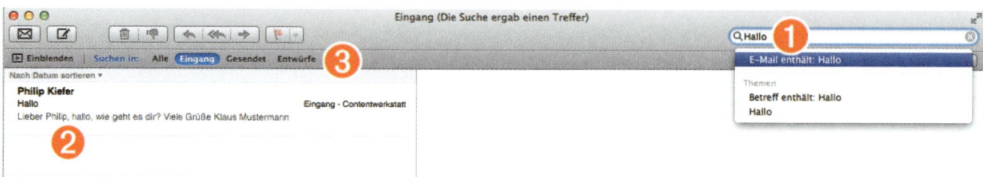

* **Etikett:** Das Symbol 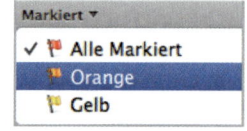 zum Etikettieren von E-Mails haben Sie bereits kennengelernt. Wählen Sie eine beliebige Etikettenfarbe aus; in der Filterleiste unter *Markiert* lassen sich daraufhin E-Mails mit einem bestimmten Etikett anzeigen. (Hinweis: Die Bezeichnung „Markiert" ist hier etwas verwirrend, da sich das eigentliche Markieren in Mail auf die Markierung von ungelesenen E-Mails, ungewünschter Werbung oder E-Mails mit einer bestimmten Priorität bezieht – lassen Sie sich hiervon bitte nicht verwirren!)

* **Postfach:** Als „Postfach" werden in Mail herkömmliche E-Mail-Ordner bezeichnet, in die Sie E-Mails verschieben, um Sie thematisch zu sortieren. Mögliche Ordner wären beispielsweise „Private E-Mails", „Geschäftliche E-Mails", „Gartenbauverein", „E-Mails von Angelika" usw. Um ein neues E-Mail-Postfach zu erstellen, entscheiden Sie sich in der Mail-Menüleiste für *Postfach/ Neues Postfach*; geben Sie die Bezeichnung für das neue Postfach ein und bestätigen Sie das Erstellen mit *OK*; falls das Postfach innerhalb eines anderen Postfachs erstellt werden soll, wählen Sie jenes zuvor unter *Ort* aus. Das Verschieben von E-Mails in ein Postfach erfolgt in der Menüleiste unter *E-Mail/Bewegen in*; die Option lässt sich auch aufrufen, indem Sie

eine E-Mail bei gedrückter ⌃ctrl-Taste anklicken. (Alternativ blenden Sie die Postfachleiste ein und ziehen eine E-Mail einfach bei gedrückter Maustaste in das gewünschte Postfach.)

＊ **Intelligentes Postfach:** Sie haben gar keine Lust, E-Mails manuell in das dafür vorgesehene Postfach zu verschieben? Dann entscheiden Sie sich in der Menüleiste unter *Postfach* für *Neues intelligentes Postfach*. Dieses nimmt automatisch diejenigen E-Mails auf, die den von Ihnen festgelegten Kriterien entsprechen.

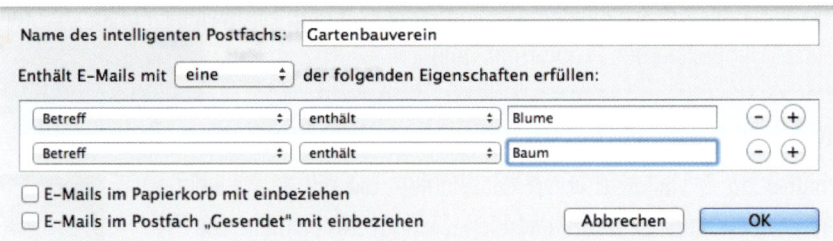

＊ **Regel:** Ähnlich wie bei den „intelligenten Postfächern" lassen sich auch bei den Regeln Kriterien für den Umgang mit E-Mails definieren – mit dem Unterschied, dass die Regel nicht an ein bestimmtes Postfach gebunden ist, sondern verschiedene weitere Optionen bietet, etwa das Abspielen eines von Ihnen festgelegten E-Mail-Tons. Um eine neue Regel zu erstellen, entscheiden Sie sich in der Menüleiste für *Mail/Einstellungen* und klicken unter *Regeln* auf den Button *Regeln hinzufügen*.

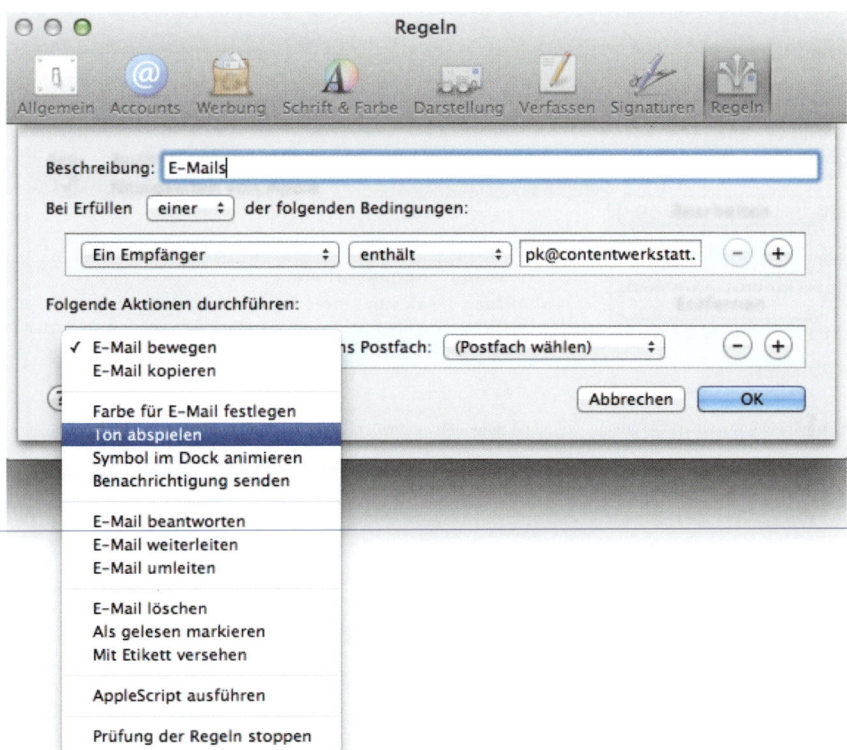

Aufgrund der in Mail eingebauten Suchfunktion verschafft das Anlegen von Postfächern zwar Übersicht, ist aber nicht zwingend notwendig. Wenn Sie die bessere Übersicht durch verschiedene Postfächer nicht benötigen, verschieben Sie gerade nicht mehr benötigte E-Mails einfach in den in Mail bereits vorhandenen Archivordner (unter *E-Mail/Archivieren* bzw. per Tastenkombination ⌃ctrl⌃+⌘cmd⌘+⒜A⒜).

Mit diesen Funktionen lässt sich doch bereits arbeiten, nicht wahr? Aber Mail hat Ihnen natürlich noch viel mehr zu bieten – von der eingebauten Rechtschreibprüfung über das Abonnieren sogenannter RSS-Feeds bis hin zur Sprachausgabe von E-Mails. Loten Sie weitere Funktionen, die Sie interessieren, in der Menüleiste des Programms aus!

Für Chats und kurze Nachrichten: So funktioniert das Programm Nachrichten

Eine gute Alternative zur E-Mail sind kurze Nachrichten, die mit verschiedenen Instant Messengern ausgetauscht werden können. Diesem Zweck dient das Programm Nachrichten, das Apples eigenen Dienst iMessage unterstützt (ideal zum kostenlosen Chatten mit Besitzern von iGeräten!) sowie den AOL Instant Messenger (AIM), den Yahoo!-Messenger, Google Talk und Jabber. Richten Sie letztere Benutzerkonten in der Systemsteuerung unter *Mail, Kontakte & Kalender* ein, indem Sie dort – wie bereits beim Anlegen eines E-Mail-Kontos gezeigt – auf *Anderen Account hinzufügen* klicken. Erstellen Sie dann den gewünschten Nachrichtenaccount. Weitere Accounts lassen sich wie bei Mail in den Einstellungen des Programms hinzufügen.

Falls Sie nur iMessage nutzen möchten, benötigen Sie gar kein zusätzliches Benutzerkonto, sondern Sie verwenden einfach Ihre Apple-ID (vgl. Seite 136). Starten Sie zum Einrichten das Programm Nachrichten und melden Sie sich mit der Apple-ID an.

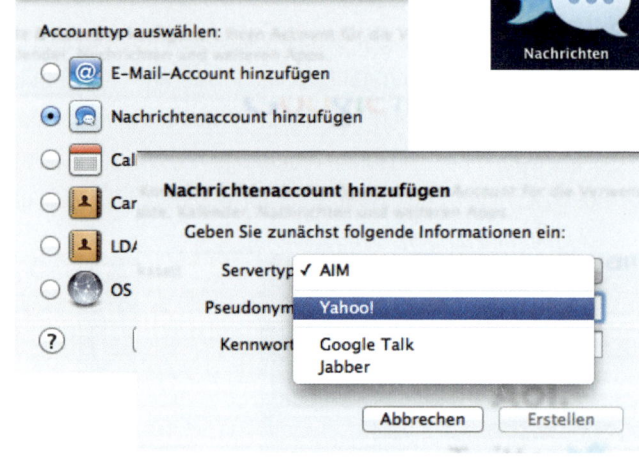

Schließen Sie das Konfigurationsfenster und rufen Sie das Programm erneut auf – nun lassen sich die Nachrichten versenden. Für eine iMessage tragen Sie einfach die Apple-ID des Empfängers in die An-Zeile ein ❶ oder Sie wählen den Empfänger per ⊕-Symbol ❷ aus Ihren Kontakten aus. In das Feld unten im Fenster tippen Sie Ihre Nachricht ein ❸ und bringen diese per (Eingabe)-Taste auf den Weg. Der Nachrichtenaustausch wird übersichtlich als Dialog dargestellt ❹.

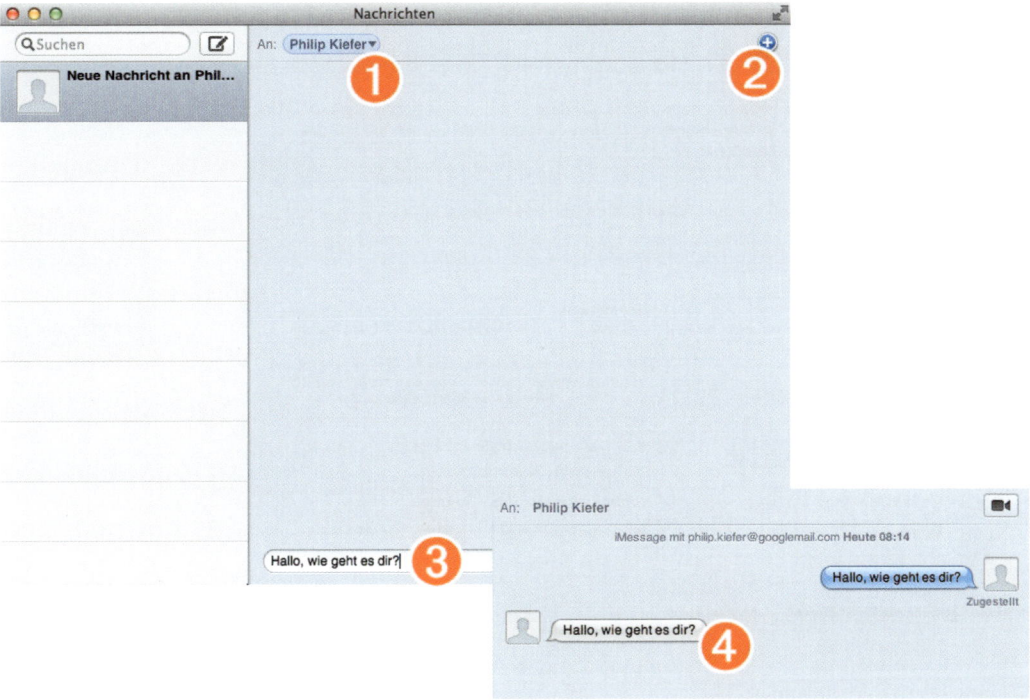

Meine Empfehlung: Fügen Sie Ihren eigenen Daten ein Bild hinzu, das der Empfänger Ihrer iMessage dann im Dialog sieht. Erledigen Sie dies direkt in der Menüleiste des Programms Nachrichten, indem Sie dort *Nachrichten/Mein Bild ändern* wählen. Natürlich finden Sie auch zu diesem Programm noch weitere Optionen in der Menüleiste wie etwa das Vergrößern der Schrift oder das Verwenden von Videoeffekten in den von einzelnen Chat-Diensten angebotenen Video-Chats.

Über neue Nachrichten und Co. sofort informiert sein: die Mitteilungszentrale ganz nach Ihren Bedürfnissen einrichten

Besonders nützlich für Chats, E-Mail-Verkehr und sonstige Benachrichtigungen ist die Mitteilungszentrale, die Sie per ☰-Symbol ganz rechts oben auf dem Bildschirm aufrufen. Hier werden Ihnen alle ungelesenen Meldungen angezeigt, außerdem kann bei neu eingehenden Meldungen ein Hinweis unterhalb der Menulets erscheinen.

Bestimmen Sie selbst, Meldungen welcher Programme in die Mitteilungszentrale aufgenommen werden sollen. Hierzu entscheiden Sie sich in den Systemeinstellungen für *Benachrichtigungen* und deaktivieren bzw. aktivieren bei einem Programm nun einfach das Kontrollkästchen *In Mitteilungszentrale anzeigen*.

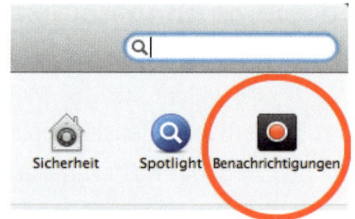

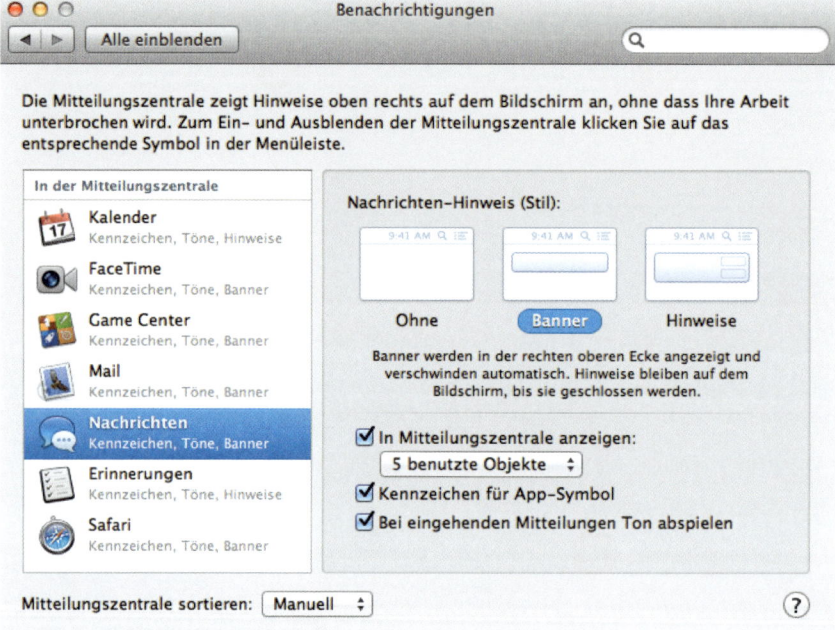

Bezüglich der Hinweise, die eingeblendet werden, wählen Sie die Option *Banner*, wenn ein Hinweis nur kurz eingeblendet werden soll, oder *Hinweise*, wenn der Hinweis so lange geöffnet bleiben soll, bis Sie ihn schließen. Wenn Sie die Option *Ohne* wählen, werden die Hinweise für das jeweilige Programm ganz abgeschaltet.

Wie viele Mitteilungen vorhanden sind, wird außerdem auf dem App-Symbol im Dock in Form eines Zahlensymbols angezeigt. Wenn Sie dies nicht wünschen, deaktivieren Sie das Kontrollkästchen *Kennzeichen für App-Symbol*. Soll jeweils der Hinweiston abgeschaltet werden, deaktivieren Sie das Kontrollkästchen *Bei eingehenden Mitteilungen Ton abspielen*.

Ebenfalls gut zu wissen: Die Reihenfolge der Programme in den Systemeinstellungen unter *Benachrichtungen* entscheidet über deren Position in der Mitteilungszentrale. Um Meldungen eines Programms ganz oben in der Mitteilungszentrale anzuzeigen, ziehen Sie dieses einfach bei gedrückter Maustaste in der Liste nach oben.

Kalender, Erinnerungen & Kontakte: Ihre Termine, Aufgaben und Adressen effizient verwalten

Auch diese Programme, die auf Ihrem Mac bereits verfügbar sind, sollten Sie sich nicht entgehen lassen: den Kalender, das Programm Erinnerungen und das Programm Kontakte – ein elektronisches Adressbuch. Ich erlaube mir, Ihnen auf den folgenden Seiten die wichtigsten Funktionen der drei Programme vorzustellen, die gegenüber dem Terminkalender, dem Aufgabenplaner und dem Adressbuch aus Papier deutliche Vorteile bieten.

Nie wieder ein Rendevouz verpassen: Lassen Sie sich von Ihrem Mac an anstehende Termine erinnern

Termine erstellen, diese mit Zusatzinformationen versehen und sich von Ihrem Mac daran erinnern lassen, Ihre Termine auch auf mobilen Geräten verfügbar machen, Kalender aus dem Internet abonnieren oder eigene Kalender veröffentlichen – das alles und noch mehr kann das Programm Kalender. Machen Sie sich zunächst mit der Bedienoberfläche des Programms vertraut:

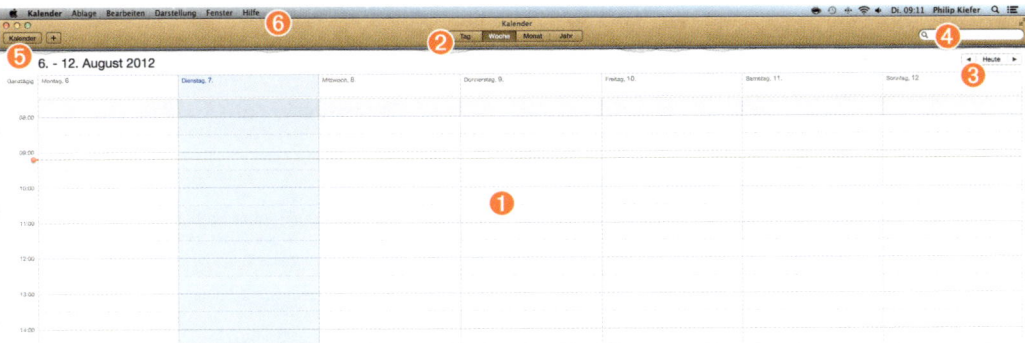

Den größten Teil der Bedienoberfläche nimmt das Kalenderfeld ❶ ein, das in etwa dem eines Terminkalenders aus Papier entspricht. Entscheiden Sie sich in der Leiste darüber, ob Sie eine Tages-, Wochen-, Monats- oder Jahresansicht wünschen ❷. Rechts oben im Kalenderfeld finden Sie bei jeder Ansicht Pfeilbuttons (◄ und ►) ❸, um im Kalender zu navigieren. Einzelne Termine lassen sich mithilfe des eingebauten Suchfelds ❹ blitzschnell aufrufen.

Mit dem Programm Kalender können Sie außerdem mehrere Kalender verwalten – die Termine welcher Kalender angezeigt werden sollen, entscheiden Sie unter dem Kalender-Button ❺. Schließlich greifen Sie wie bei den anderen Programmen auch auf sämtliche Funktionen in einer Menüleiste ❻ zu.

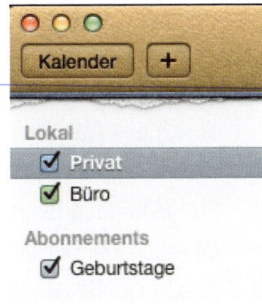

Einen Termin erstellen und sich daran erinnern lassen – mit dem Programm Kalender ganz einfach

Beginnen Sie nun, Ihren Kalender mit Terminen zu füllen und diese mit einer entsprechenden Termin-erinnerung zu versehen. Gerne zeige ich Ihnen wieder Schritt für Schritt, wie Sie hierzu am besten vorgehen:

1   Klicken Sie links oben im Programm Kalender auf das Plussymbol [+], geben Sie den Zeitraum sowie eine Bezeichnung für den Termin ein und bestätigen Sie per (Eingabe)-Taste. Tipp: Sie können auch einfach bei gedrückter Maustaste den gewünschten Zeitraum im Kalenderfeld ausfüllen, um einen neuen Termin zu erstellen.

2   Es öffnet sich ein Fenster, in dem Sie weitere Angaben zum Termin machen; falls sich das Fenster – abhängig von der Erstellungsmethode – nicht automatisch öffnet, doppelklicken Sie im Kalenderfeld auf den Termin, um das Fenster aufzurufen. Versehen Sie den Termin noch mit einer Ortsangabe, legen Sie für einen regelmäßig wiederkehrenden Termin (z. B. Geburtstag oder Steuertermin) ein Wiederholungs-intervall fest, wählen Sie den Kalender aus, in dem der Termin erstellt werden soll, oder laden Sie per E-Mail Teilnehmer dazu ein. In diesem Fall möchten Sie sich von Ihrem Mac an den Termin erinnern lassen: Klicken Sie dazu bei *Hinweis* auf das zugehörige Menü ...

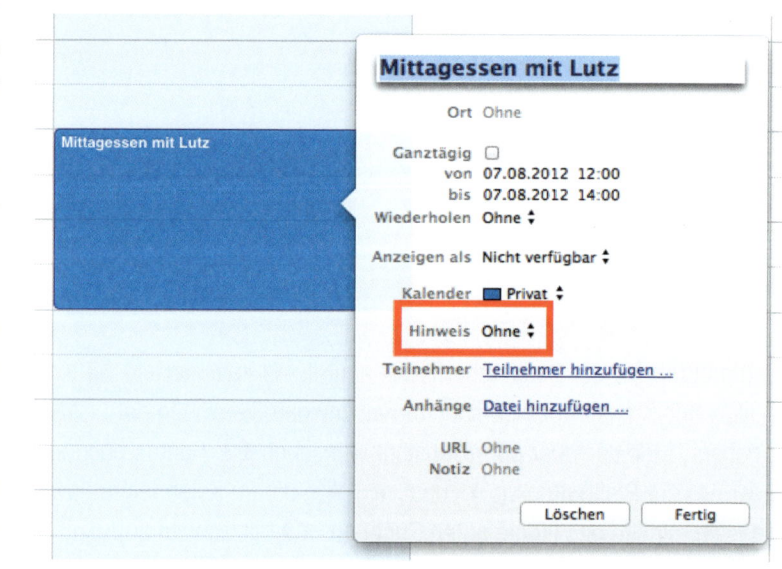

3   ... und bestimmen, in welcher Form Sie an den Termin erinnert werden möchten. Hier entscheide ich mich mit der Option *Nachricht mit Ton* für eine Meldung, die inklusive Signalton auf dem Bildschirm angezeigt wird – übrigens auch dann, wenn Sie das Programm Kalender beenden. Die weiteren Optionen entnehmen Sie der Abbildung. Bestätigen Sie zum Schluss mit *Fertig*.

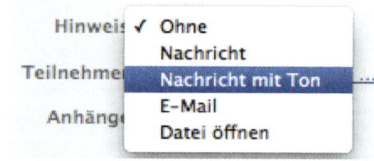

4 Die Erinnerung wird pünktlich zum gewünschten Zeitpunkt auf dem Bildschirm angezeigt – diese Aufgabe übernimmt wieder die Mitteilungszentrale.

Ihnen wird per E-Mail ein Termin mitgeteilt? Übernehmen Sie diesen mit zwei Mausklicks in den Kalender: Der Termin wird automatisch erkannt und markiert (2. September 2012); klicken Sie auf das zugehörige Symbol, bearbeiten Sie gegebenenfalls noch die Daten und wählen Sie *Zum Kalender hinzufügen*.

Vereinstermine zukünftig einfach abonnieren: Kalender aus dem Internet auf Ihren Mac holen

Sie finden im Internet viele Kalender, die sich einfach abonnieren lassen, um die entsprechenden Termine nicht selbst eintragen zu müssen, z. B. einen Schulferienkalender, einen Spielplan für die Bundesliga oder den Kalender Ihres Vereins. Zum Abonnieren eines Kalenders entscheiden Sie sich in der Menüleiste für *Ablage/Neues Kalenderabonnement*. Geben Sie anschließend die Webadresse des Kalenders ein und bestätigen Sie mit *Abonnieren*.

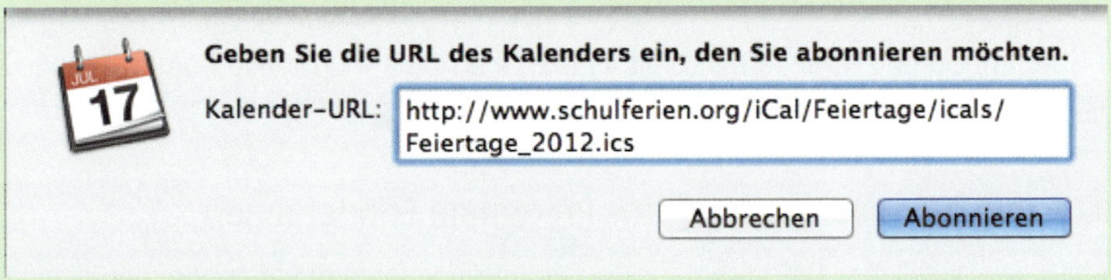

Geben Sie die URL des Kalenders ein, den Sie abonnieren möchten.

Kalender–URL: `http://www.schulferien.org/iCal/Feiertage/icals/Feiertage_2012.ics`

Abbrechen   **Abonnieren**

Im Folgenden bestimmen Sie dann noch das Intervall für die automatische Aktualisierung des Kalenders und nehmen einige weitere Einstellungen vor. Übrigens können Sie auch selbst einen Kalender veröffentlichen: Klicken Sie diesen dazu in der Kalender-Übersicht bei gedrückter [ctrl]-Taste an und wählen Sie *Veröffentlichen*.

Lokal
☑ Privat
☑ Büro   Ganztägig

Abonneme…
☑ Gebu…

Informationen
Veröffentlichen …
Exportieren …
Löschen

Sie haben eine Kalenderdatei heruntergeladen oder anderweitig auf Ihrem Computer gespeichert? Entscheiden Sie sich dann für die Import-Funktion in den Kalender, die Sie in der Menüleiste unter *Ablage/Importieren* aufrufen.

Ablage Bearbeiten Darstellung
Neues Ereignis
Neuer Kalender
Neue Kalendergruppe
Neues Kalenderabonnement …
Importieren
Exportieren
Schließen

Weitere Kalender oder Kalendergruppen erstellen – so gehen Sie vor

Bisher habe ich Ihnen gezeigt, wie Sie mit dem Programm Kalender Termine („Ereignisse") verwalten. Was Sie noch wissen sollten, ist, dass sich diese in unterschiedlichen Kalendern speichern lassen und dass sich wiederum die Kalender gruppieren lassen. Hier eine kleine Übersicht über diese Funktionen:

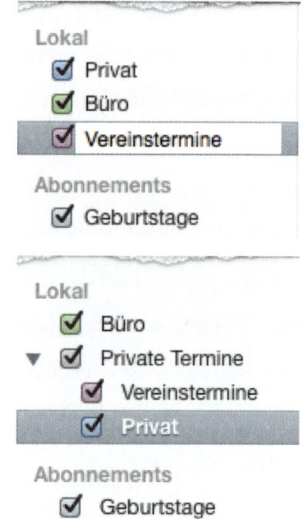

* **Neuer Kalender:** Zum Erstellen eines neuen Kalenders, etwa für Geburtstage oder Vereinstermine, entscheiden Sie sich in der Menüleiste für *Ablage/Neuer Kalender* bzw. drücken die Tasten [alt]+[cmd]+[N]. Geben Sie dem neuen Kalender dann einen schlüssigen Namen. Per Kontrollkästchen deaktivieren bzw. aktivieren Sie die Termine des jeweiligen Kalenders.

* **Kalendergruppe:** Schließlich lassen sich zusammengehörige Kalender noch in einer Kalendergruppe vereinigen, z. B. alle privaten Kalender, um diese von geschäftlichen Kalendern zu trennen. Zum Erstellen einer Kalendergruppe wählen Sie *Ablage/ Neue Kalendergruppe*. Ziehen Sie dann einfach die einzelnen Kalender bei gedrückter Maustaste auf die Kalendergruppe, um sie dieser zuzuweisen.

Was die Synchronsierung Ihrer Termine mit iPhone, iPad oder iPod touch betrifft: Lesen Sie dazu das Kapitel 10 dieses Buchs!

Perfekt für Ihre Aufgabenplanung: das Programm Erinnerungen

Ein ebenfalls sehr nützliches Programm für die Organisation Ihres privaten oder beruflichen Alltags nennt sich Erinnerungen. Erstellen Sie damit Aufgabenlisten aller Art, die sich wie die in den Kalender eingetragenen Termine auch mit iPhone und Co. synchronisieren lassen (vgl. Kapitel 10). In einer kleinen Schrittanleitung zeige ich Ihnen, wie einfach das Ganze funktioniert:

1 Öffnen Sie das Programm Erinnerungen und klicken Sie zunächst im Bereich links auf das Plussymbol ➊, um eine neue Liste anzulegen und beliebig zu benennen ➋. (Hinweis: Falls Sie die Leiste per ◱-Symbol ausgeblendet haben sollten, blenden Sie sie mit dem ◲-Symbol wieder ein.)

2 Klicken Sie jetzt in das Listenfeld und erstellen Sie einen beliebigen Eintrag, hier etwa „Schlafzimmer streichen". Bestätigen Sie per (Eingabe)-Taste. Möchten Sie sich zu einem bestimmten Termin oder – unterwegs mit dem MacBook – an einem bestimmten Ort an den Eintrag erinnern lassen? Dann klicken Sie auf das zum Eintrag gehörende Symbol  …

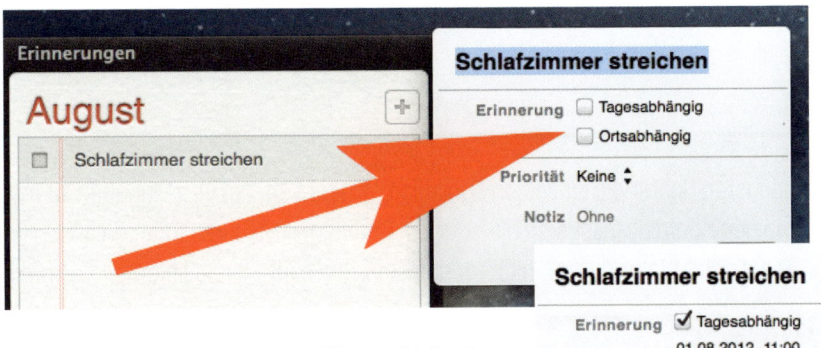

3 … und aktivieren die Option *Tagesabhängig*, die Option *Ortsabhängig* oder beide gleichzeitig. Machen Sie anschließend Ihre Termin- bzw. Ortsangabe für die gewünschte Erinnerung.

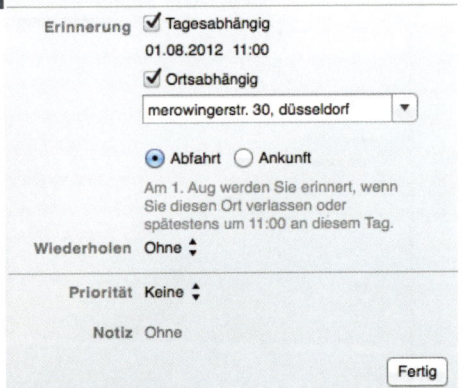

Sie möchten eine Liste oder einen Eintrag in einer Liste wieder löschen? Das klappt auch in diesem Programm mit der Tastenkombination (cmd)+(delete).

Deutlich besser als das Adressbuch aus Papier: Speichern Sie all Ihre Kontakte auf dem Mac ab

Nie wieder lange nach einer Adresse suchen: Speichern Sie Ihre sämtlichen Kontakte auf dem Mac ab und sychronisieren Sie auch diese mit Ihren mobilen Geräten. Hier zeige ich Ihnen, wie einfach Sie im Programm Kontakte einen neuen Kontakt anlegen:

1 Starten Sie das Programm und klicken Sie auf das Plussymbol (+). Alternativ verwenden Sie zum Erstellen eines neuen Kontakts die Tastenkombination (cmd)+(N) – auch hier gilt, dass das selbstverständlich nur bei aktivem Programmfenster funktioniert.

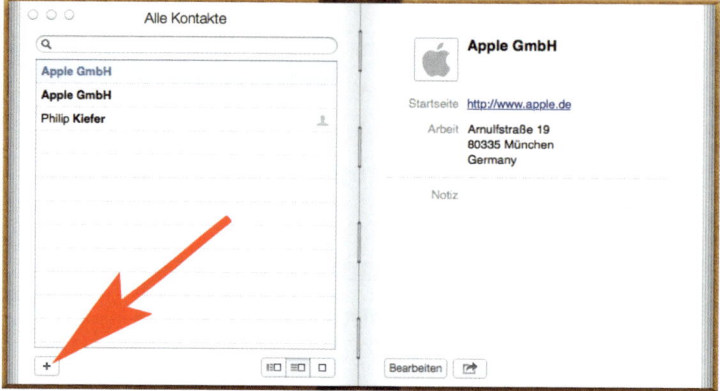

2 Klicken Sie im nächsten Schritt die einzelnen Formularelemente an, um Ihre Eingaben zu machen ❶; auch ein Foto des Kontakts lässt sich hinzufügen. Bestätigen Sie Ihre Eingaben abschließend mit *Fertig* ❷. Die Kontaktdaten lassen sich ab sofort in der Kontaktliste links ❸ aufrufen …

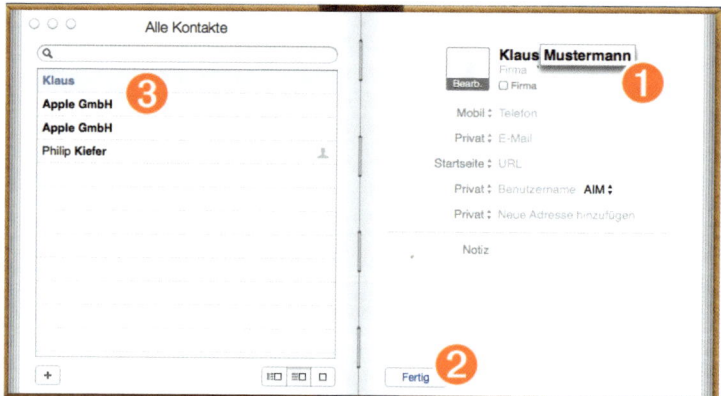

3 … und mithilfe des eingebauten Suchfelds suchen ❶. Sie möchten die Kontaktdaten nachträglich ändern? Klicken Sie dazu auf *Bearbeiten* ❷. Oder möchten Sie einen Kontakt einer E-Mail oder Nachricht hinzufügen? Diese Optionen finden Sie unter dem Symbol [↗] ❸.

Erstellen Sie zusätzlich „Kontaktgruppen", um geschäftliche Kontakte von privaten Kontakten zu trennen oder alle Mitglieder Ihres Vereins in einer Gruppe zu sammeln (für den E-Mail-Versand an alle Mitglieder einer Gruppe klicken Sie diese bei gedrückter ⌷ctrl⌷-Taste an und wählen den entsprechenden Eintrag). Entscheiden Sie sich dazu in

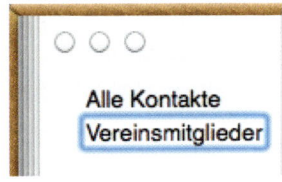

der Menüleiste für *Ablage/Neue Gruppe* bzw. *Ablage/Neue intelligente Gruppe* (diese ermöglicht die automatische Aufnahme von Kontakten in eine Kontaktgruppe nach von Ihnen vorgegebenen Kriterien. Klicken Sie unten im Kalender auf das Symbol ⌷▥⌷, um die Kontaktgruppen einzublenden.

Wie Sie Ihre Kontakte mit iPhone & Co. synchronisieren, lesen Sie wiederum in Kapitel 10. Darüber hinaus lassen sich Kontakte auch importieren (beispielsweise zuvor auf einem Windows-Computer exportierte Adressen), indem Sie sich in der Menüleiste für *Ablage/Importieren* entscheiden. Oder haben Sie bereits Kontakte bei Google oder Yahoo! gespeichert? Um diese zu übernehmen, klicken Sie in der Menüleiste unter *Kontakte/Einstellungen* auf *Accounts* und fügen den gewünschten Anbieter hinzu.

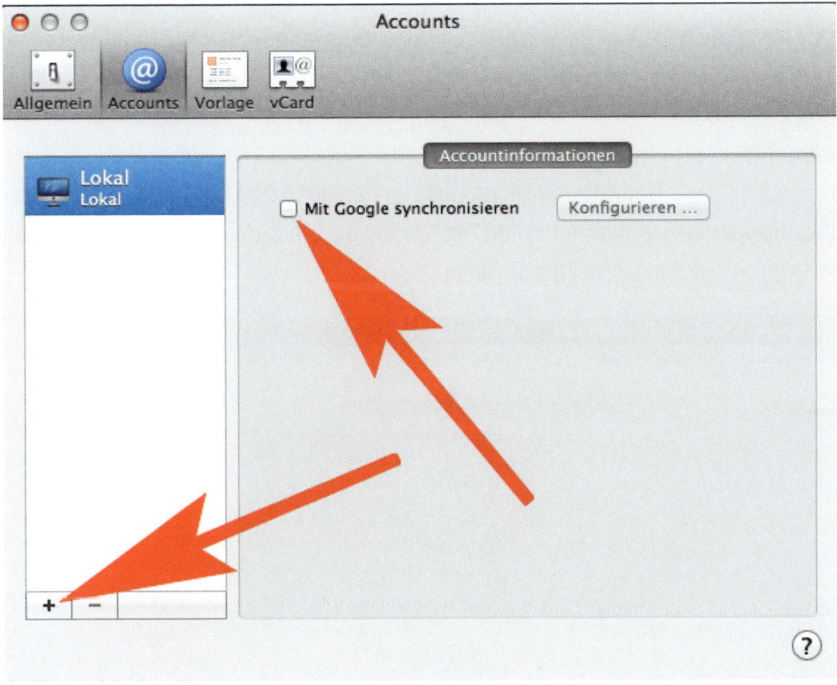

Rechner, Notizen und weitere pfiffige Mac-Tools einsetzen

Eine Reihe eher unauffälliger Programme möchte ich Ihnen nicht vorenthalten. Öffnen Sie diese jeweils im Launchpad bzw. im Dock. Hier einige Tipps zu pfiffigen Mac-Tools, die Sie sicherlich gerne verwenden werden:

✳ **Rechner:** Da kann Ihr Taschenrechner nicht mithalten! Verwandeln Sie den Standardrechner in der Menüleiste unter *Darstellung/Wissenschaftlich* in einen wissenschaftlichen Rechner, rechnen Sie wiederum via Menüleiste unter *Umrechnen* die verschiedensten Maßeinheiten oder Währungen um und drucken Sie unter *Ablage* Ihre Rechenbelege aus bzw. speichern Sie diese als Datei ab.

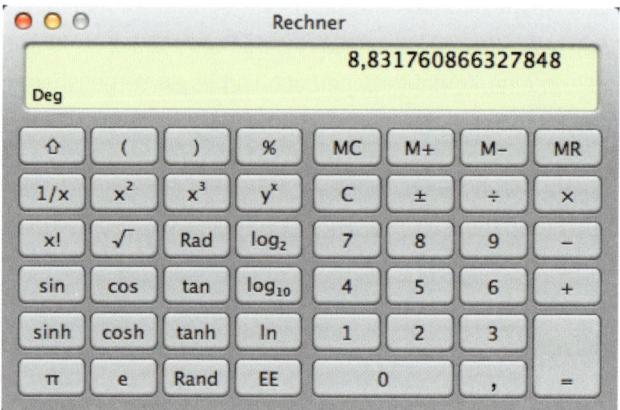

✳ **Notizen:** Erstellen Sie Notizen aller Art im Programm Notizen, das nicht nur als umfangreiches elektronisches Notizbuch fungiert, sondern auch die Synchronisierung Ihrer Notizen mit iPhone und Co. ermöglicht (vgl. Kapitel 10). Die Handhabung ist denkbar einfach: Klicken Sie in das Notizblatt, um zu schreiben. Per Plussymbol ➕ links unten im Programm erstellen Sie ein neues Notizblatt. Wenn Sie sehr viele Notizen anfertigen, hilft das eingebaute Suchfeld beim Wiederfinden. (Ebenfalls nützlich: Im Launchpad unter *Andere* finden Sie das Programm Notizzettel, mit dem Sie Ihre Notizen auf den Schreibtisch „kleben".)

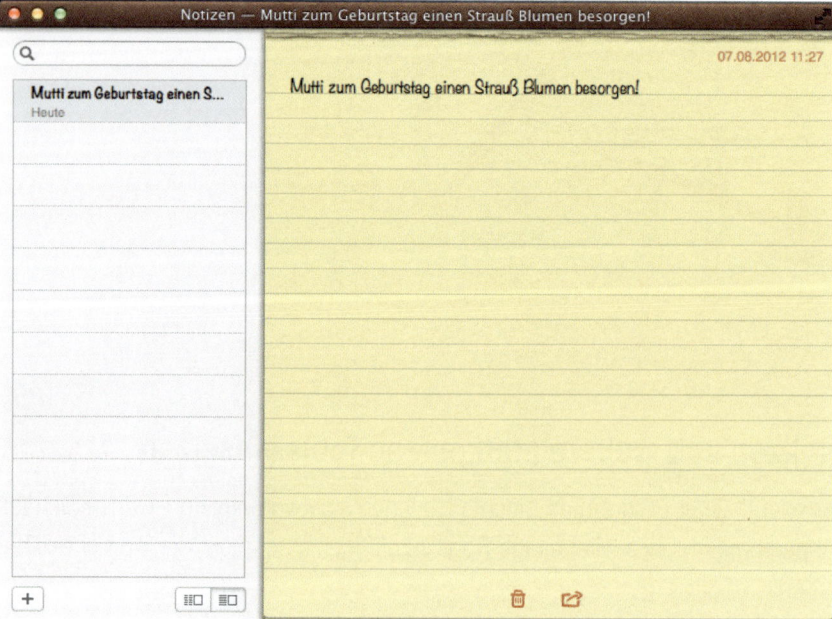

✳ **TextEdit:** Auch dieses relativ einfache Textverarbeitungsprogramm ist bereits mit an Bord. Es kann natürlich nicht mit einem richtigen Office-Programm mithalten, wie Sie es in Kapitel 7 kennenlernen, aber für den Brief zwischendurch genügt es durchaus. Praktisch: Dokumente lassen sich nicht nur ausdrucken, sondern auch – in der Menüleiste unter *Ablage* – als PDF exportieren. Auch das Erstellen von Listen oder Tabellen lässt sich – in der Menüleiste unter *Format* – bewerkstelligen. Was fehlt, ist eine Seitenansicht, jedoch wird Ihnen das Layout, wenn Sie *Ablage/Drucken* wählen, in der Druckvorschau angezeigt.

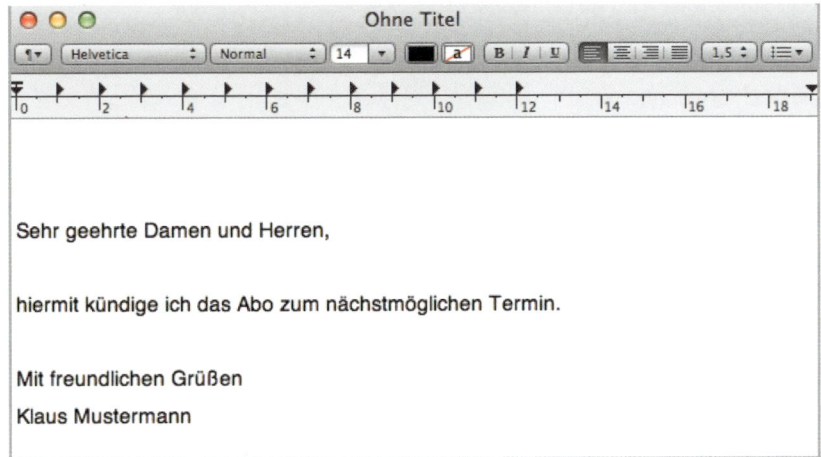

✳ **Lexikon:** Auch mehrere Lexika sind auf Ihrem Mac bereits verfügbar, die sich optimal zum schnellen Nachschlagen von Begriffen eignen. Öffnen Sie das Programm Lexikon im Launchpad und wählen Sie in der Menüleiste *Lexikon/Einstellungen*, um festzulegen, welche Lexika eingesetzt werden sollen. (Tipp: Weitere Lexika finden Sie unter der folgenden Webadresse: *http://www.tekl.de/deutsch/Lexikon-Plugins.html*.)

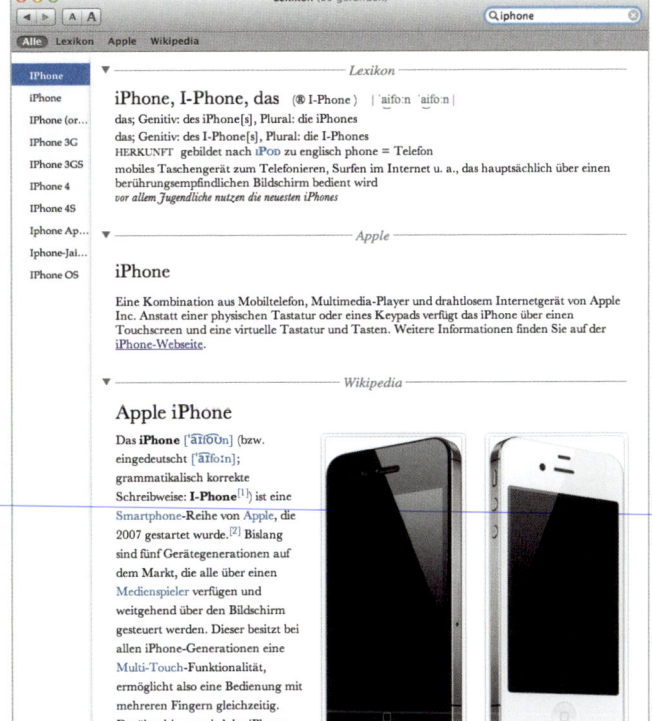

* *Game Center*: Wer gerne am Computer spielt und sich dabei mit seinen Freunden messen möchte, für den ist das Game Center genau das Richtige! Melden Sie sich mit Ihrer Apple-ID an, bearbeiten Sie, wenn Sie möchten, noch Ihr Spielerprofil und laden Sie Ihre Freunde per E-Mail zum gemeinsamen Gamen ein.

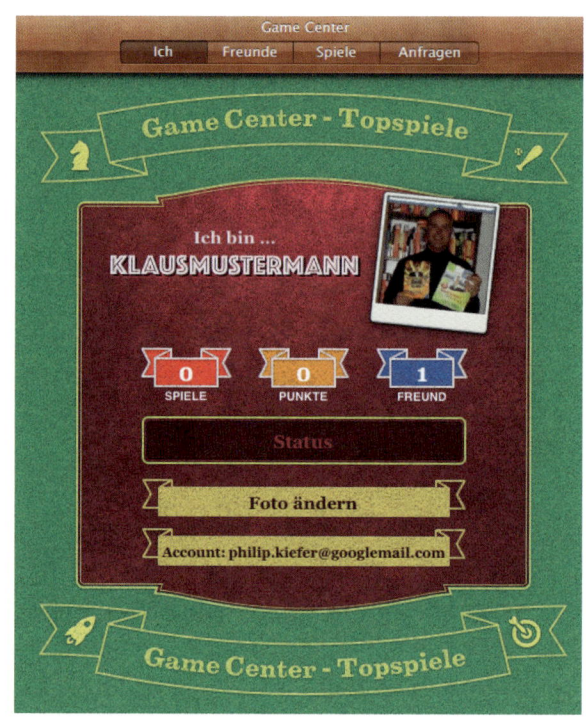

  An dieser Stelle noch erwähnenswert für Schachspieler: Mit dem Programm Schach, das Sie im Launchpad unter *Andere* finden, haben Sie den Computer als potenziell starken Gegner – den gewünschten Schwierigkeitsgrad wählen Sie in der Menüleiste unter *Schach/Einstellungen* aus. Eine ganze Reihe weiterer Mac-Programme werden Sie noch in den folgenden Kapiteln kennenlernen.

* **Vorschau:** Auch dieses Programm sollten Sie kennen! Es dient Ihnen zum einen dazu, auf die Schnelle Bilder zu betrachten, die Sie per Doppelklick öffnen; Sie setzen es aber auch zum Lesen von PDF-Dokumenten ein – unter anderem lassen sich in einem PDF-Dokument Lesezeichen oder Anmerkungen erstellen. Auch die Funktionen dieses Programms rufen Sie in der zugehörigen Menüleiste auf.

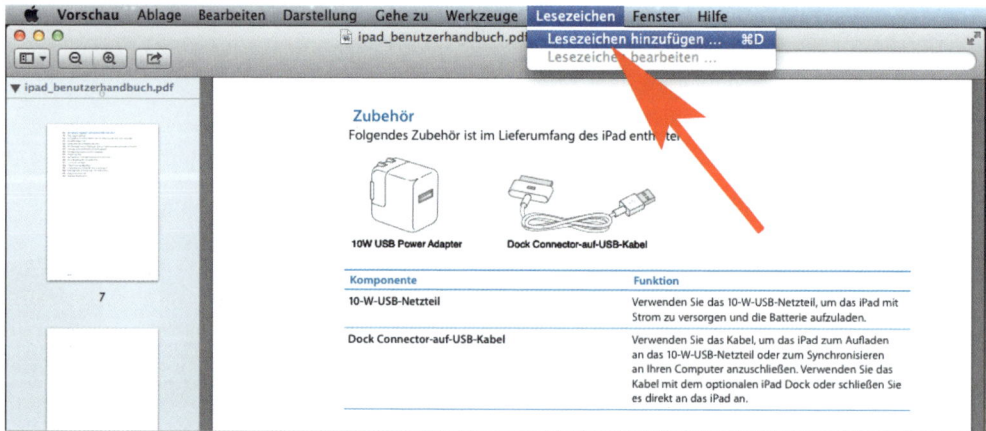

Eine noch schnellere Dateivorschau für viele Dateitypen dank QuickLook

Das Programm Vorschau ist für eine bloße kurze Vorschau auf eine Datei fast schon zu umfangreich, und das Öffnen dauert dafür zu lang. Setzen Sie für solche Zwecke stattdessen die QuickLook-Funktion Ihres Macs ein, welche Ihnen die wichtigsten Dateien anzeigen kann. Markieren Sie eine Datei hierzu mit der Maus und drücken Sie die Leer-Taste – Sie erhalten daraufhin eine Vorschau im QuickLook-Fenster, und Sie können nun noch weitere Dateien anklicken, um diese im Vorschau-Fenster zu betrachten bzw. wie hier im Fall einer Audiodatei sogar anzuhören. (Eine Audiodatei auf dem Schreibtisch bzw. im Finder in der Symbolansicht können Sie übrigens auch direkt abspielen, indem Sie einfach den Play-Button betätigen, der erscheint, wenn Sie den Mauszeiger auf die Datei bewegen.)

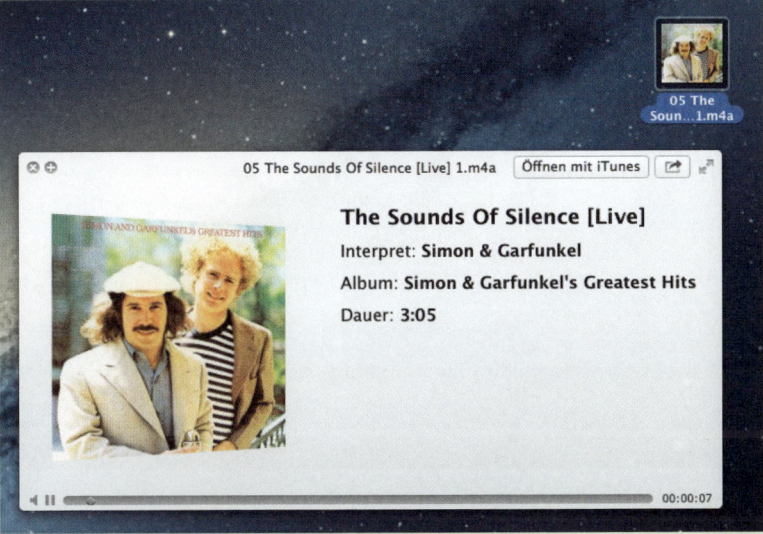

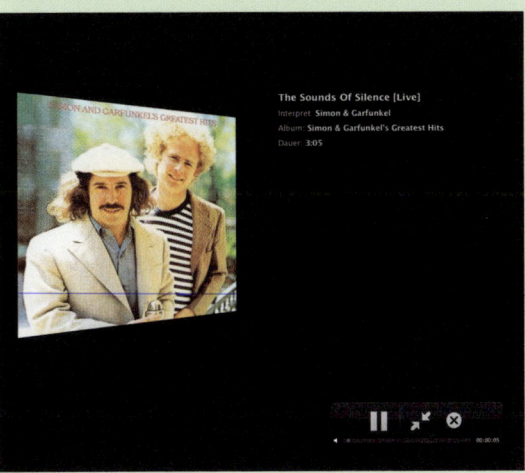

Soll die QuickLook-Vorschau im Vollbild angezeigt werden? Hierfür verwenden Sie die Tastenkombination alt+Leer-Taste.

◀ *QuickLook im Vollbildmodus – zum schnellen Öffnen von Dateien eine tolle Sache!*

Nützliche Minianwendungen für jeden Bedarf: das Dashboard individuell einrichten

Was ich Ihnen in diesem Buch bisher weitgehend unterschlagen habe, ist das Dashboard. Hier bringen Sie eine Vielzahl von Minianwendungen („Widgets") unter, die Sie für den Gebrauch nicht extra öffnen müssen. Rufen Sie das Dashboard auf, indem Sie auf der Magic Mouse (mit zwei Fingern) oder auf dem Trackpad (mit vier Fingern) nach rechts streichen, indem Sie die Tastenkombination ⌃ctrl⌄+⌃←⌄ verwenden, indem Sie ⌃fn⌄+⌃F12⌄ drücken oder indem Sie das Dashboard in der Mission Control anklicken.

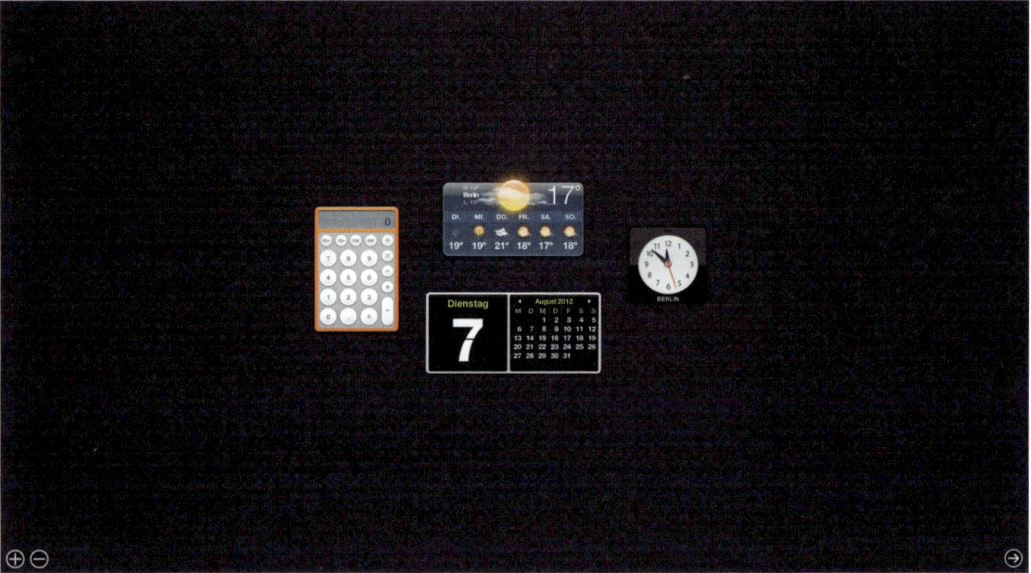

Sie finden im Dashboard bereits eine Reihe von Minianwendungen vor. Bewegen Sie den Mauszeiger auf eine Minianwendung und klicken Sie, sofern verfügbar, auf das zugehörige *i*-Symbol, um die Minianwendung anzupassen. Die Abbildung zeigt, wie ich im Wetter-Widget einen anderen Wohnort einrichte. Um eine Minianwendung anders zu positionieren, ziehen Sie diese einfach bei gedrückter Maustaste an eine andere Stelle.

Mehr Minianwendungen im Dashboard gewünscht? Dann klicken Sie links unten im Dashboard auf das Plussymbol  und klicken ein Symbol an, um das entsprechende Widget ins Dashboard zu übernehmen. Die Abbildung zeigt, wie ich auf diese Weise drei weitere Widgets – eines zum Durchsuchen der Kontakte, ein Notizzettel-Widget (als Ergänzung zum Programm Notizen) sowie ein Übersetzungs-Widget – in mein Dashboard aufgenommen habe.

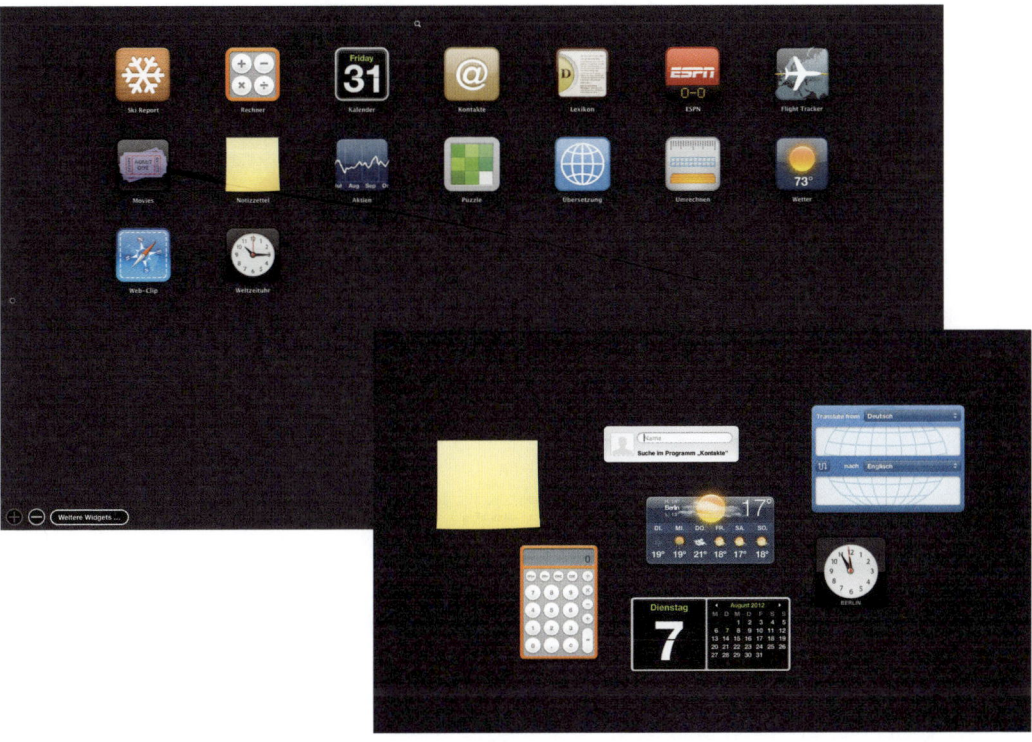

Nicht mehr benötigte Widgets entfernen Sie, indem Sie zunächst auf das Minussymbol ⊖ und dann auf das zu einem Widget gehörende Kreuzsymbol ⊗ klicken.

Noch mehr Widgets: viele weitere Minianwendungen mit wenigen Mausklicks installieren

Und da sind noch viel mehr kostenlose Minianwendungen für Sie im Angebot! Die folgende kleine Schrittanleitung zeigt Ihnen, wie einfach Sie beliebige weitere Widgets installieren:

1 Klicken Sie links unten im Dashboard auf das Plussymbol ⊕ und wählen Sie *Weitere Widgets*.

2 Auf der Webseite, die nun geladen wird, finden Sie einen „Widget Browser": Treffen Sie hier Ihre Widget-Auswahl nach Kategorie und klicken Sie bei einer Minianwendung, die Sie auf Ihrem Dashboard verfügbar machen möchten, auf den *Download*-Button.

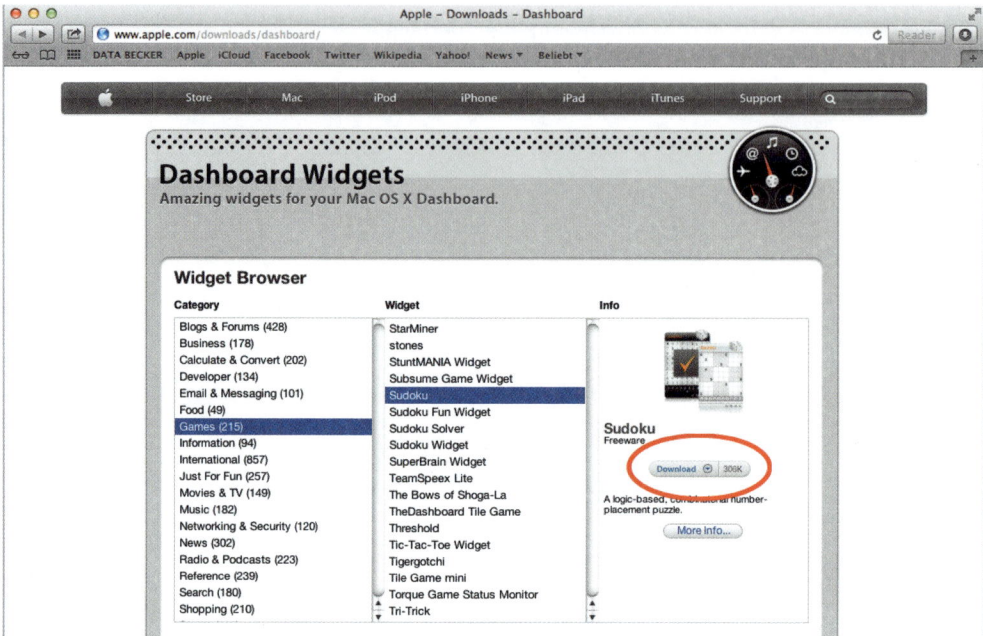

3 Bestätigen Sie im Abfragefenster die Installation (unter Umständen müssen Sie zunächst noch in den Systemeinstellungen unter *Sicherheit* bei *Programme aus folgenden Quellen erlauben* die Option *Keine Einschränkungen* aktivieren) – bereits nach kurzer Zeit kann die neue Minianwendung, hier ein Sudoku-Widget für zwischendurch, im Dashboard ausgewählt werden.

Nehmen Sie sich etwas Zeit, um die Widget-Galerie zu durchforsten: Sie finden Kommunikations-Widgets, Shopping-Widgets, Radio-Widgets, Spiele-Widgets und noch viel mehr – da ist garantiert auch für Sie etwas dabei!

Sie wollen die Dashboard-Widgets direkt auf dem Schreibtisch nutzen?

Die Dashboard-Widgets lassen sich, per Tastenkombination fn+F12, auch direkt auf dem Schreibtisch einblenden. Deaktivieren Sie dazu in den Systemeinstellungen unter *Mission Control* das Kontroll-kästchen *Dashboard als Space anzeigen*. Ziehen Sie in diesem Fall auch das Dashboard-Symbol aus dem Launchpad ins Dock, um per Mausklick auf Ihre Widgets zugreifen zu können.

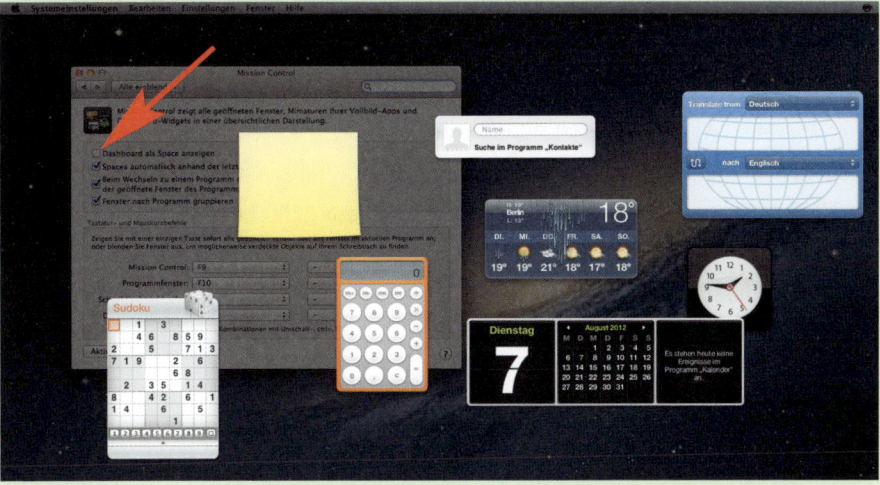

4. Drucker und weitere Geräte: ganz einfach anschließen und ohne Probleme nutzen

Alles Wichtige auf einen Blick:

* Bringen Sie Ihren Drucker unter OS X zum Laufen: Drucker-Installation leicht gemacht
* Ganz einfach: Daten-DVDs und USB-Speichersticks mit Ihrem Mac verwenden

Die mit Ihrem Mac mitgelieferte Hardware wird Ihnen im Normalfall nicht ausreichen, um Ihren Computeralltag zu bewältigen. Neben Monitor, Maus und Tastatur gehört in jedem Fall auch ein Drucker zur Grundausstattung. Wie Sie diesen und weitere Geräte auf Ihrem Mac in Betrieb nehmen, erfahren Sie auf den folgenden Seiten.

Bringen Sie Ihren Drucker unter OS X zum Laufen: Drucker-Installation leicht gemacht

Der Drucker ist nach dem Monitor das wichtigste Ausgabegerät Ihres Computers. Bringen Sie damit Dokumente und Bilder zu Papier, die zuvor lediglich als Datei auf dem Computer vorlagen. Die erste Voraussetzung für die Nutzung eines Druckers ist zunächst, dass Sie diesen an Ihren Mac anschließen – meist geschieht dies via USB-Anschluss (vgl. Seite 12).

Die zweite Voraussetzung: Installieren Sie, sofern dieser auf Ihrem Mac noch nicht nur Verfügung steht, den passenden Gerätetreiber. Dieser sollte zusammen mit dem Drucker auf einem Datenträger mitgeliefert werden. Ansonsten werden Sie auch auf der Support-Webseite des Herstellers fündig. Mein Tipp: Suchen Sie unter *http://www.google.de* nach dem Modellnamen zusammen mit den zusätzlichen Begriffen *treiber* und *mac*, also beispielsweise nach „*samsung ml-2010 treiber mac*". Die Treiberinstallation erfolgt praktisch genauso, wie ich es im Zusammenhang mit einer Programminstallation in Kapitel 5 beschreibe.

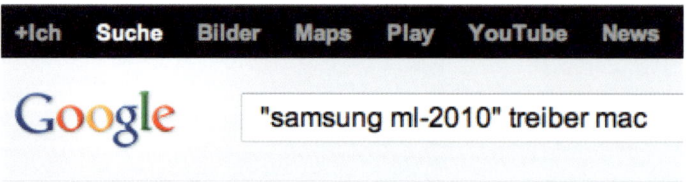

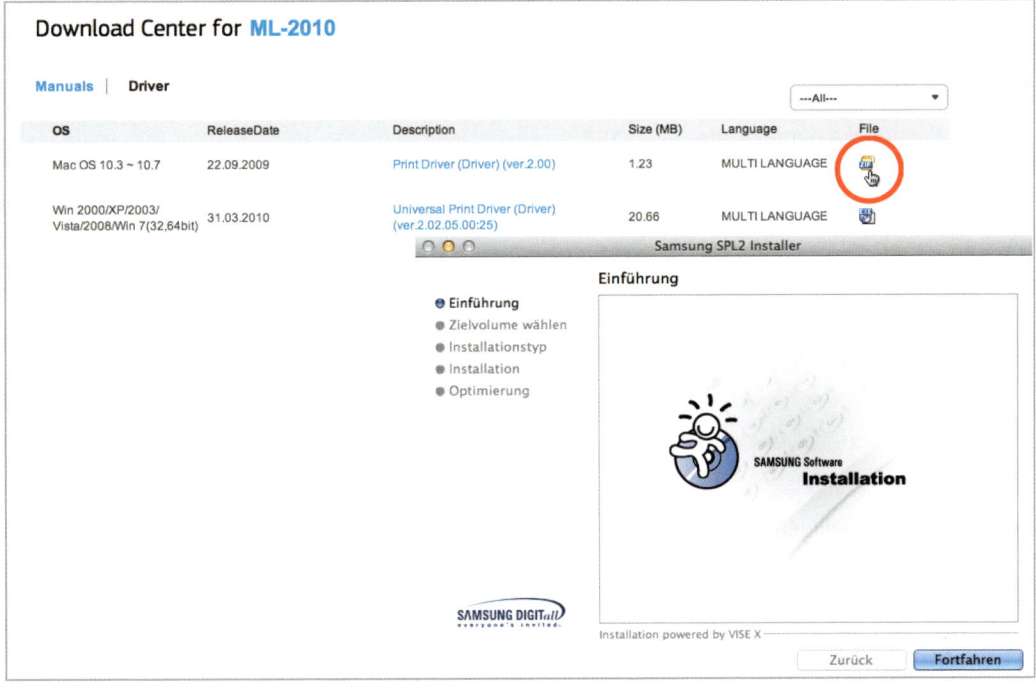

Schalten Sie den Drucker nach der Treiberinstallation an, sodass Ihr Computer ihn erkennen kann. Das Hinzufügen des Druckers ist dann schnell erledigt:

1 Entscheiden Sie sich in den Systemeinstellungen unter *Hardware* für *Drucken & Scannen*.

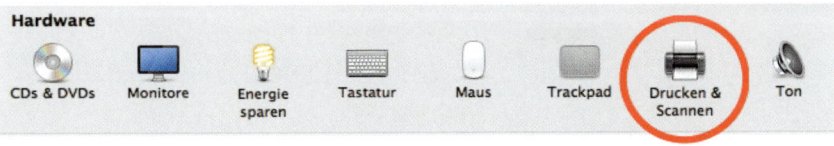

2 Klicken Sie im folgenden Fenster auf das Plussymbol **+** ...

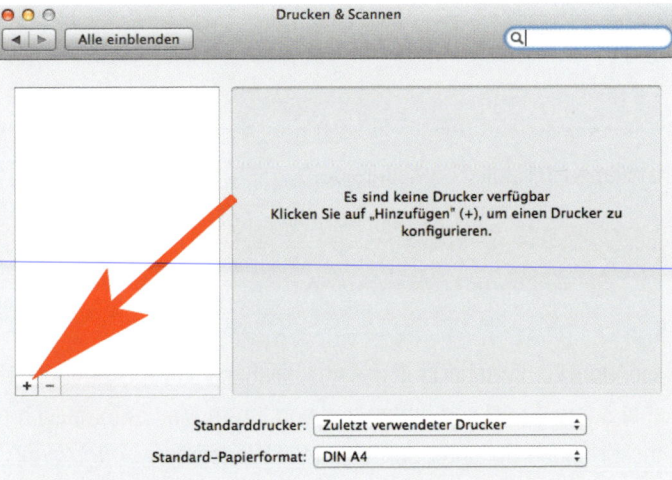

3 ... und wählen Sie Ihren Drucker in der Liste aus ❶. Achten Sie auch darauf, dass im Menü unten der richtige Druckertreiber ausgewählt ist ❷, bevor Sie den Drucker mit einem Mausklick auf *Hinzufügen* ❸ in Betrieb nehmen.

4 Fertig! Der Drucker steht nun in den *Systemeinstellungen* unter *Drucken & Scannen* zur Verfügung – samt diversen Verwaltungsoptionen. In den meisten Programmen verwenden Sie die Tastenkombination [cmd]+[P] bzw. die

Menüleistenwahl *Ablage/Drucken*, um einen Ausdruck zu starten.

Besonders komfortabel läuft das Anschließen von Druckern mit AirPrint-Funktion: Diese werden ohne Kabel übers WLAN verbunden und von Ihrem Mac automatisch erkannt. Eine Liste AirPrint-fähiger Drucker finden Sie unter der folgenden Webadresse: *http://support.apple.com/kb/ht4356*.

Oder möchten Sie einen Drucker verwenden, der an einen anderen Computer im Netzwerk angeschlossen und dort freigegeben ist? Diese Einstellung erfolgt ebenfalls im Fenster aus Schritt 3 – die Abbildung zeigt als Beispiel, wie ich auf einen unter Windows freigegebenen Drucker zugreife.

> ### ☀ Scanner und weitere Hardware installieren: Das müssen Sie schon beim Kauf beachten!
>
> Das Installieren neuer Geräte unter OS X Mountain Lion verläuft vom Prinzip her ähnlich wie die Druckerinstallation. Wichtig ist allerdings: Achten Sie beim Kauf eines Geräts unbedingt darauf, dass dafür auch ein Mac-Treiber zur Verfügung steht – denn ohne den passenden Treiber kann das Gerät nicht bzw. nur über den Umweg einer virtuellen Maschine (vgl. Seite 174) betrieben werden! Speziell bei Problemen mit der Scanner-Kompatibilität kann Ihnen auch diese Website weiterhelfen: *http://www.sane-project.org*.

Ganz einfach: Daten-DVDs und USB-Speichersticks mit Ihrem Mac verwenden

Daten archivieren und mit anderen Computern austauschen – hierfür kommen am häufigsten CD-ROMs, DVD-ROMs oder USB-Sticks zum Einsatz. Wie Sie diese Datenträger auf Ihrem Mac gekonnt nutzen, erkläre ich Ihnen auf den folgenden Seiten.

So greifen Sie auf Daten zu, die auf einer CD oder DVD gespeichert sind

Sie haben von einem Bekannten eine CD oder DVD erhalten, auf der Fotos enthalten sind? Der Zugriff darauf ist das reinste Kinderspiel:

1 Legen Sie Ihre CD oder DVD ins Laufwerk ein. Es kann ein paar Sekunden dauern, bis Ihr Mac den Datenträger erkennt.

2 Öffnen Sie nun den Finder – Sie stellen fest, dass das Laufwerk unter *Geräte* angezeigt wird. Klicken Sie es an …

3 … und greifen Sie auf die enthaltenen Daten zu. Hier beispielsweise ziehe ich einen Ordner vom Datenträger auf den Schreibtisch, um ihn dorthin zu kopieren. Weitere Finder-Optionen werden Sie in Kapitel 6 kennenlernen.

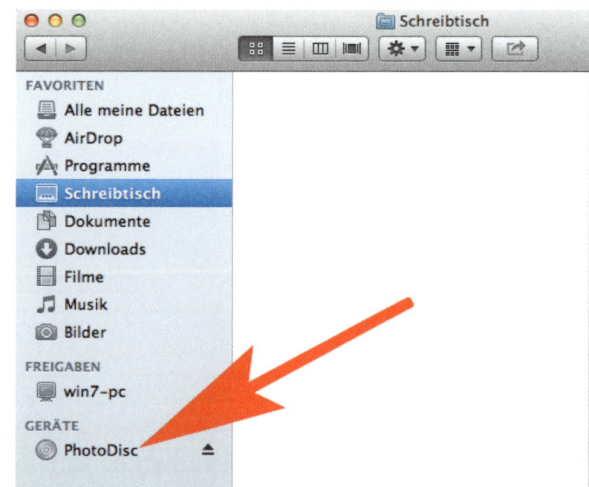

4 Wenn Sie den Datenträger nicht mehr benötigen, werfen Sie ihn aus (dies gilt übrigens auch für USB-Speichersticks und weitere Datenträger). Klicken Sie den Datenträger dazu im Finder unter *Geräte* bei gedrückter [ctrl]-Taste an und entscheiden Sie sich für die Auswurf-Option. Um eine CD oder DVD noch schneller auszuwerfen, drücken Sie die [Auswurf]-Taste rechts oben auf der Mac-Tastatur.

Gar kein DVD-Laufwerk vorhanden? Dann verwenden Sie einfach das Laufwerk eines anderen Computers

Wenn Ihr Mac über kein DVD-Laufwerk verfügt oder das DVD-Laufwerk defekt sein sollte, kommt Ihnen die *DVD-oder CD-Freigabe* zupass, die

– in diesem Fall auf einem anderen Mac – in den Systemeinstellungen unter *Freigaben* aktiviert wird.

Oder möchten Sie via WLAN Zugriff auf das Laufwerk eines Windows-Computers erlangen? Auch das geht, wie ich Ihnen mit der folgenden Anleitung zeige:

1 Zunächst einmal benötigen Sie für die Freigabe des optischen Laufwerks auf einem Windows-Computer ein Systemsteuerungselement, das Sie unter der Webadresse *http://support.apple.com/kb/DL112* herunterladen und unter Windows installieren.

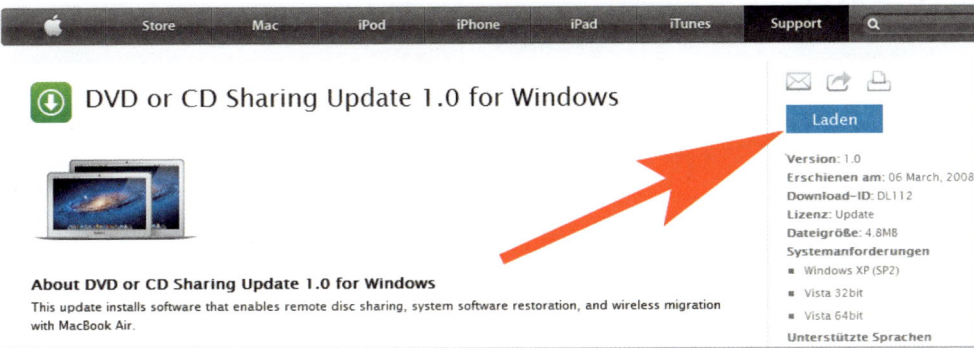

2 Sie finden das Systemsteuerungselement nach der Installation in der Windows-Systemsteuerung unter *Hardware und Sound*. Klicken Sie dort auf *Optionen für CD/DVD-Sharing* ...

3 ... und deaktivieren Sie das Kontrollkästchen *Nachfragen, bevor andere mein Laufwerk verwenden können* (ansonsten muss jedes Mal eine „Zugriffserlaubnis" angefragt werden). Das Kontrollkästchen *CD/DVD-Sharing aktivieren* bleibt aktiviert.

4 Auf Ihrem Mac öffnen Sie nun den Finder. Klicken Sie unter *Geräte* den Eintrag *Entfernte CD/DVD* an ❶ und greifen Sie auf die Inhalte des auf dem Windows-Computer eingelegten Datenträgers zu ❷.

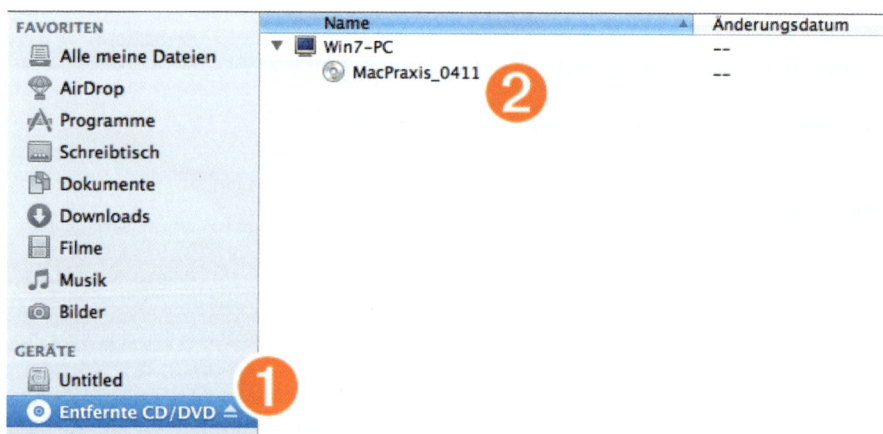

Im Zusammenhang mit der Freigabe kann es unter Umständen einige Probleme geben. Hier mögliche Probleme und Ihre Lösung:

✳ **Eintrag „Entfernte CD/DVD" wird nicht angezeigt:** Wenn der Eintrag im Finder komplett fehlt, machen Sie im Terminal (Sie finden es im Launchpad unter *Andere*) zwei Eingaben: nämlich *defaults write com.apple.NetworkBrowser EnableODiskBrowsing -bool true* sowie *defaults write com.apple.NetworkBrowser ODSSupported -bool true*. Starten Sie den Mac anschließend neu. (Um die Einstellungen wieder rückgängig zu machen, setzen Sie jeweils einfach „false" statt „true" ein.)

```
Last login: Tue Aug  7 15:04:45 on ttys000
Philips-iMac:~ philipkiefer$ defaults write com.apple.NetworkBrowser EnableODisk
Browsing -bool true
```

✳ ***Kein Inhalt unter „Entfernte CD/DVD":*** Wird im Finder kein Inhalt unter Entfernte CD/DVD angezeigt? In diesem Fall handelt es sich wahrscheinlich um ein Netzwerkproblem. Beide Computer müssen sich im selben WLAN befinden, und der Mac muss dies erkennen!

✳ ***Kein Zugriff auf den Inhalt eines Datenträgers:*** Der Datenträger selbst wird Ihnen im Finder angezeigt, aber Sie haben keinen Zugriff auf die Inhalte? Hier liegt wahrscheinlich ein Firewall-Problem vor. Entscheiden Sie sich unter Windows in der Systemsteuerung für *System und Sicherheit/Windows-Firewall*. Unter *Ein Programm oder Feature durch die Windows-Firewall zulassen* setzen Sie ein Häkchen bei *DVD or CD Sharing*. Falls Sie eine andere Firewall nutzen, muss die entsprechende Einstellung dort erfolgen.

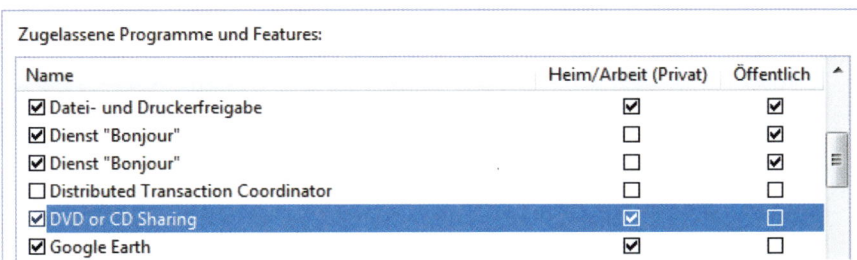

Sie merken schon: Es kann manchmal auch ein wenig komplizierter werden. Aber lassen Sie sich bitte nicht abschrecken, sondern nutzen Sie eben zunächst nur die für Sie „machbaren" Funktionen!

☀ Für wenig Geld: Rüsten Sie ein externes DVD-Laufwerk nach!

Falls Sie einen Mac ohne optisches Laufwerk nutzen: Ein externes DVD-Laufwerk kostet nicht die Welt; brauchbare Geräte sind bereits für um die 30 Euro zu haben (Stand: Sommer 2012). Achten Sie beim Kauf wiederum auf die Mac-Kompatibiliät!

Sie sollten sich außerdem für einen „Brenner" entscheiden, also ein Gerät, das CDs und DVDs nicht nur lesen, sondern auch schreiben kann – auch zu diesem Thema mehr in Kapitel 6. Die Abbildung zeigt nur als Beispiel einen AmazonBasics-Brenner.

USB-Speichersticks am Mac verwenden: Das sollten Sie wissen!

Bei der Nutzung eines USB-Speichersticks gilt das gleiche Prinzip wie beim DVD-Laufwerk, nur dass Sie – statt den Datenträger ins Laufwerk einzulegen – den USB-Stick in einen der USB-Anschlüsse Ihres Macs stöpseln. Öffnen Sie dann, genauso wie Sie es beim DVD-Laufwerk getan haben, ein Finder-Fenster – unter *Geräte* wird der USB-Speicherstick angezeigt, und Sie können auf die darauf enthaltenen Daten zugreifen.

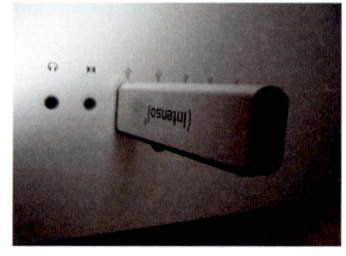

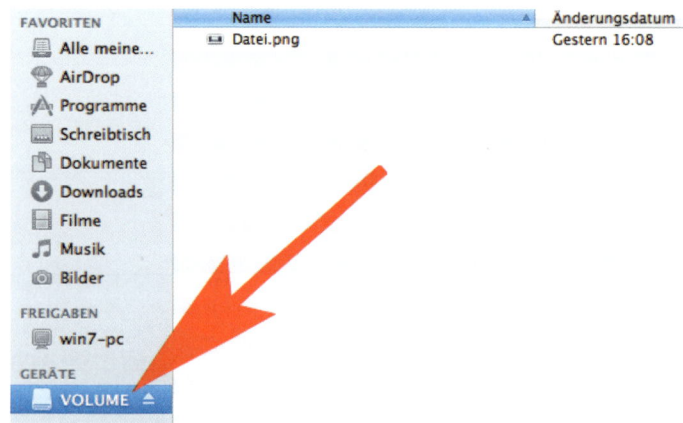

Dieses Prinzip gilt übrigens ebenso für Speicherkarten, sofern Ihr Mac über ein entsprechendes Lesegerät verfügt.

Das richtige Format für die Nutzung Ihres USB-Speichersticks auf allen Computern

Ganz wichtig: Wenn Sie einen USB-Speicherstick auf verschiedenen Computern sowie anderen Plattformen verwenden möchten, muss dieser richtig formatiert sein. Das Standard-Dateisystem für USB-Speichersticks nennt sich FAT32, wobei manchmal aber auch andere Dateisysteme zum Einsatz kommen.

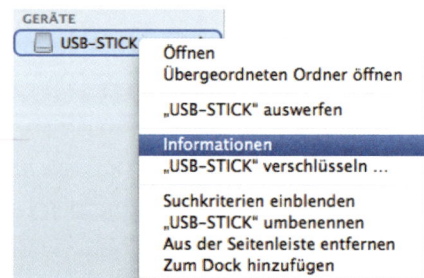

So prüfen Sie, welches Dateisystem auf Ihrem eigenen USB-Speicherstick zum Einsatz kommt:

Schließen Sie den USB-Speicherstick an Ihren Mac an und klicken Sie im Finder bei gedrückter ⌃ctrl-Taste auf den entsprechenden Eintrag unter *Geräte*. Im Menü, das sich öffnet, wählen Sie *Informationen* (oder so: Wählen Sie den USB-Speicherstick im Finder aus und drücken Sie ⌘cmd+I). Im Fenster, das sich nun öffnet, wird Ihnen bei *Format* das verwendete Dateisystem angezeigt.

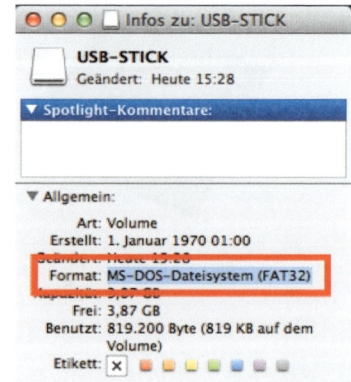

Gut zu wissen: Ihr Mac legt versteckte Ordner auf dem USB-Stick an

Was Sie wissen sollten: Ihr Mac legt auf dem USB-Speicherstick automatisch eine Reihe von versteckten Ordnern und Dateien an – diese sind auf dem Mac selbst unsichtbar, können aber beispielsweise auf einem Windows-Computer angezeigt werden, indem man dort die versteckten Elemente einblendet (siehe Abbildung). Falls Sie den USB-Speicherstick weiterreichen möchten, entfernen Sie die versteckten Elemente am besten zunächst, um den Empfänger nicht zu verwirren.

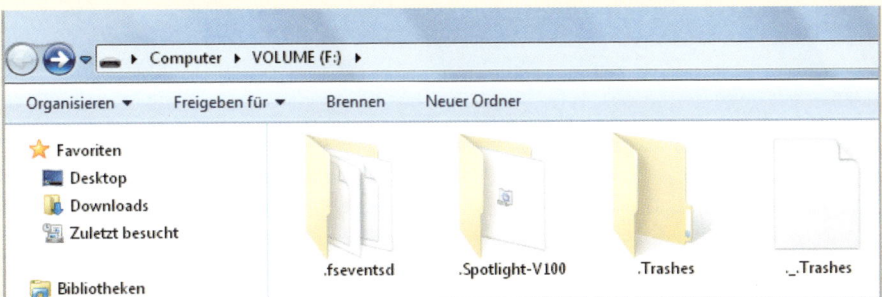

Ich empfehle zu diesem Zweck das kleine Tool Hidden Cleaner, das Sie hier herunterladen: *http://kerosene.free.fr*. Legen Sie das Programmsymbol des Hidden Cleaners im Dock ab und ziehen Sie den USB-Eintrag aus dem Finder auf das Symbol – die versteckten Elemente werden daraufhin gelöscht, und der USB-Stick wird ausgeworfen.

Einen USB-Speicherstick formatieren: So geht es Schritt für Schritt

Der USB-Speicherstick hat nicht das richtige Format? Kein Problem: Er lässt sich ganz leicht anders formatieren. Hier zeige ich Ihnen Schritt für Schritt, wie Sie dazu vorgehen:

1 Öffnen Sie das Launchpad und doppelklicken Sie im Ordner *Andere* auf das Symbol des Festplatten-Dienstprogramms (Sie werden dieses in Kapitel 12 noch etwas näher kennenlernen).

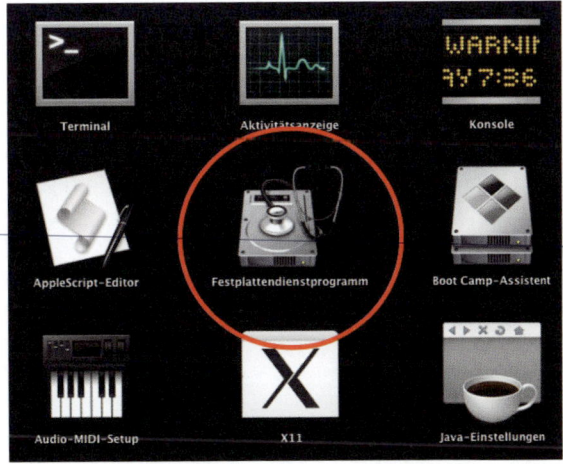

2 Wählen Sie Ihren USB-Speicherstick in der Leiste links aus ❶ und entscheiden Sie sich für *Löschen* ❷. Im Menü *Format* bestimmen Sie nun das neue Dateisystem ❸. Vergeben Sie noch eine Bezeichnung für den USB-Speicherstick ❹, bevor Sie mit einem Mausklick auf *Löschen* ❺ bestätigen.

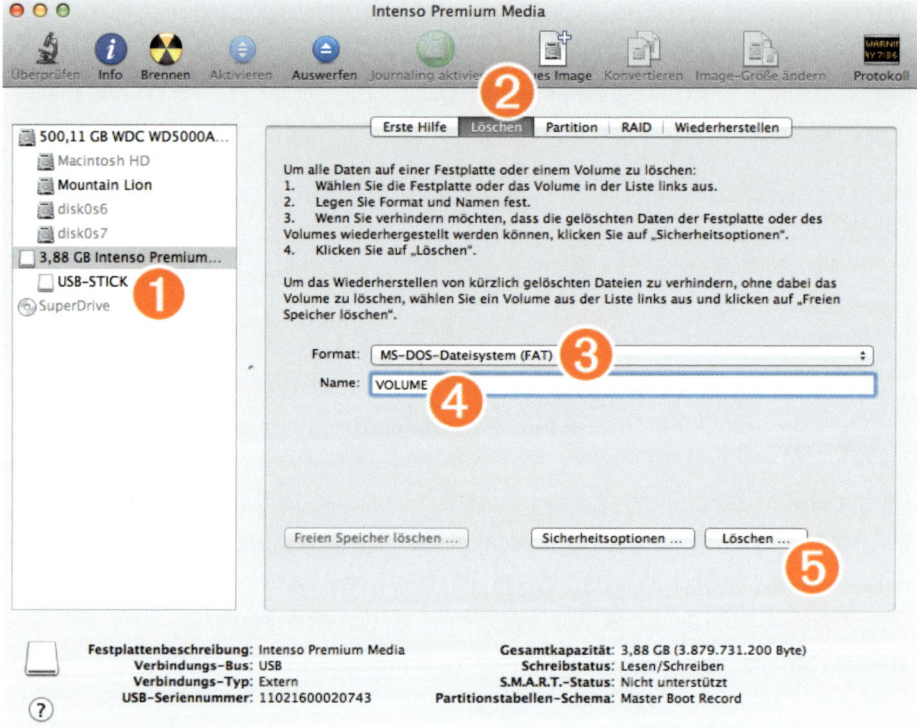

3 Bestätigen Sie im folgenden Abfrage-fenster erneut mit einem Mausklick auf *Löschen*, um die Formatierung zu starten.

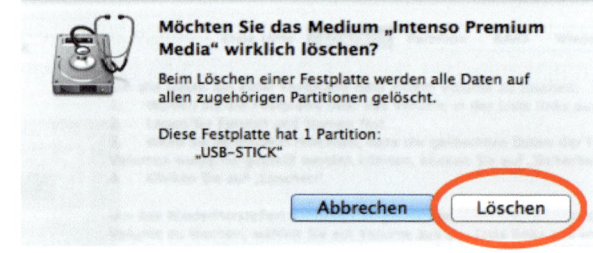

4 Unten im Fenster des Festplatten-Dienstprogramms werden Sie über den Status der Formatierung in Kenntnis gesetzt.

Zugriff auf dem Schreibtisch: schneller auf die Inhalte Ihres USB-Sticks zugreifen!

Statt immer erst ein Finder-Fenster zu öffnen und dort den angeschlossenen USB-Stick auszuwählen: Lassen Sie sich den USB-Stick direkt auf dem Schreibtisch anzeigen. Entscheiden Sie sich dazu in der Finder-Menüleiste für *Finder/Einstellungen*; unter *Allgemein* aktivieren Sie dann das Kontrollkästchen *Externe Festplatten*.

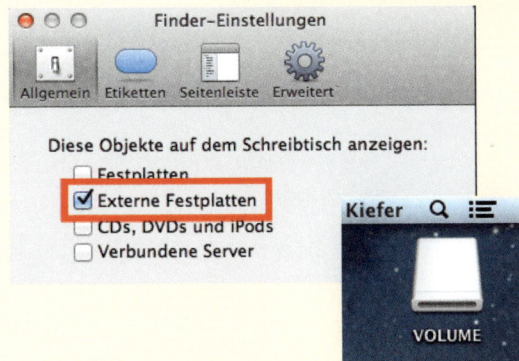

Oder so: Rufen Sie mit der Tastenkombination ⌘cmd⌟+⌞Umschalt⌟+⌞C⌟ die Computeransicht des Finders auf; alle verbundenen Geräte werden Ihnen daraufhin in einer Übersicht angezeigt – dies ist übrigens auch dann sehr nützlich, wenn ein Gerät in der Seitenleiste des Finders ausgeblendet wurde.

5. Neue Software: bequem installieren, aktualisieren und im Mac-Alltag einsetzen

Alles Wichtige auf einen Blick:

* Mit dem Mac so einfach: eine Apple-ID anlegen und den App Store erkunden

* Ihre Mac-Grundausstattung: 100 Top-Apps, die Sie einfach haben müssen

* Weitere Programme gewünscht? So funktioniert die Software-Installation via DVD oder Internet

* Spielend leicht: Windows-Programme auch unter OS X nutzen

* Stets auf dem aktuellsten Stand: Programme aktualisieren, wenn eine neue Version vorliegt

* Programme gekonnt verwalten: Deinstallation und Launchpad-Verwaltung

Mit dem entsprechenden Programm holen Sie praktisch jede gewünschte Funktion auf Ihren Mac. In diesem Kapitel erfahren Sie alles zu diesem Thema: wie Sie eine Apple-ID anlegen und mit dieser Programme aus dem Mac App Store herunterladen, wie Sie Programme von DVD installieren oder solche Programme installieren, die Sie aus dem Internet heruntergeladen haben, schließlich auch wie Sie Windows-Programme unter OS X zum Laufen bringen und wie Sie die Programme auf Ihrem Mac gekonnt verwalten, aktualisieren und, wenn nicht mehr benötigt, schnell und sicher entfernen. Legen Sie los!

Mit dem Mac so einfach: eine Apple-ID anlegen und den App Store erkunden

Wer bereits mit iPhone, iPad oder iPod touch vertraut ist, kennt ihn: den App Store. Ein solcher App Store steht Ihnen auch unter OS X Mountain Lion zur Verfügung. Er dient dem komplikationslosen Herunterladen zahlreicher Mac-Programme. Für die Nutzung des Mac App Stores (sowie für zahlreiche weitere Zwecke) ist eine Apple-ID erforderlich; für das Herunterladen kostenpflichtiger Programme müssen Sie zusätzlich Angaben zur Zahlungsmethode machen. Im Folgenden zeige ich Ihnen mehrere Wege, Ihre Apple-ID anzulegen. Zunächst Schritt für Schritt das klassische Erstellen im App Store selbst:

1 Starten Sie im Dock den App Store und entscheiden Sie sich in der Menüleiste für *Store/
Account erstellen*.

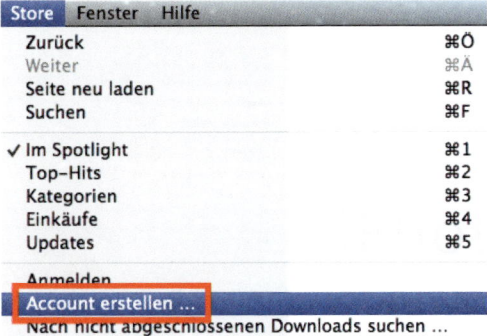

2 Im ersten Fenster des Assistenten klicken Sie einfach auf *Weiter* ...

3 ... und akzeptieren im folgenden Fenster die Geschäftsbedingungen, indem Sie das entsprechende Kontrollkästchen aktivieren ❶ und anschließend auf den *Akzeptieren*-Button ❷ klicken.

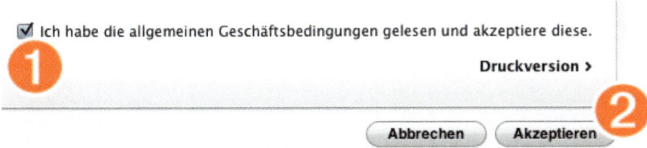

4 Geben Sie nun Ihre E-Mail-Adresse sowie ein sicheres Passwort für Ihre Apple-ID ein ❶, das
aus mindestens acht Zeichen (darunter mindestens ein Großbuchstabe, ein Kleinbuchstabe und
eine Ziffer) bestehen muss. Wählen Sie dann eine beliebige Sicherheitsfrage, auf die nur Sie
selbst die Antwort kennen ❷ – die Sicherheitsfrage hilft Ihnen, falls Sie mal das zu Ihrer Apple-
ID gehörende Passwort vergessen sollten. Geben Sie dann noch Ihr Geburtsdatum ein ❸, bevor Sie rechts unten im Assistenten auf *Weiter* ❹ klicken.

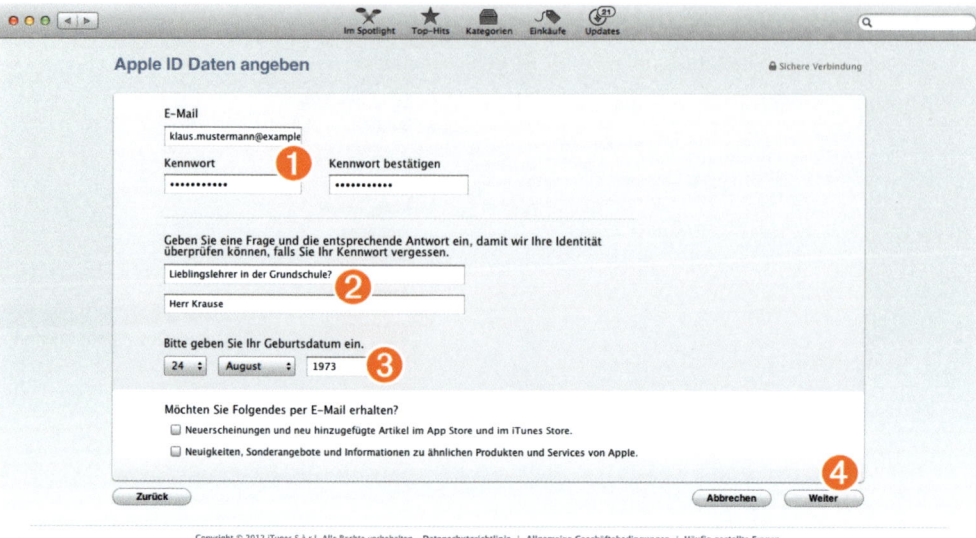

5 Nun folgen die Zahlungsdaten ❶. Als Zahlungsmethode stehen Ihnen diverse Kreditkarten sowie der Zahlungsdienst ClickandBuy zur Verfügung (siehe dazu die Tippbox). Geben Sie zum Schluss noch Ihre Rechnungsadresse sowie Ihre Telefonnummer ein ❷ und klicken Sie auf den Button *Apple-ID erstellen* ❸. Sie erhalten daraufhin eine E-Mail, in der Sie auf den Link *Jetzt überprüfen* klicken, um den Anmeldevorgang abzuschließen. Ab sofort können Sie Ihre Apple-ID zum Herunterladen von Apps sowie für weitere Zwecke nutzen!

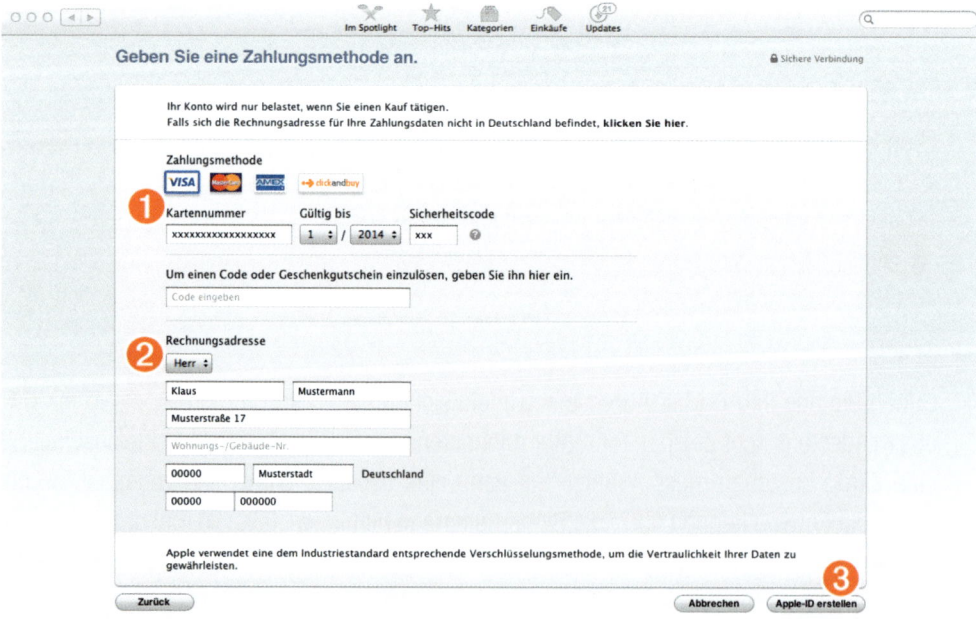

Sie verfügen bereits über eine Apple-ID und möchten sich im App Store lediglich anmelden? Entscheiden Sie sich in diesem Fall in der Menüleiste des App Stores für *Store/Anmelden*. Geben Sie im folgenden Fenster Ihre

Apple-ID sowie das zugehörige Passwort ein und bestätigen Sie mit einem Mausklick auf *Anmelden*.

ClickandBuy statt Kreditkarte – ist das empfehlenswert?

ClickandBuy ist ein seriöser Zahlungsdienst (seit 2010 ist die 1999 gegründete Firma ein Tochterunternehmen der Deutschen Telekom), der von Ihnen zu bezahlende Beträge zunächst „vorstreckt" und dann von Ihrem Konto ab-

bucht. Falls Sie nicht über eine Kreditkarte verfügen, ist ClickandBuy eine gute Alternative. Die Registrierung erfolgt unter der Webadresse *http://www.clickandbuy.com*.

Keine Kreditkarte vorhanden? Dann gehen Sie zum Erstellen Ihrer Apple-ID folgendermaßen vor

Besonders für Anfänger kann es empfehlenswert sein, zunächst keine Zahlungsdaten anzugeben, um keine versehentlichen Käufe zu tätigen und nicht das Risiko einzugehen, unnütze Apps und Co. zu kaufen. Eine Apple-ID lässt sich auf folgende Weise auch ohne die Angabe von Zahlungsdaten anlegen:

* **Gratis-App herunterladen:** Öffnen Sie den App Store und wählen Sie rechts unter *Top-Gratis-Apps* eine beliebige App aus; bewegen Sie den Mauszeiger darüber und klicken Sie auf den erscheinenden *Gratis*-Button ❶; bestätigen Sie mit *App installieren* ❷ und klicken Sie im folgenden Fenster auf *Apple-ID erstellen* ❸; es öffnet sich der in der Schrittanleitung kennengelernte Assistent, wobei Sie in diesem Fall aber als Zahlungsmethode die Option *Keine* auswählen können.

✳ **Apple-ID auf Webseite anlegen:** Oder legen Sie die Apple-ID einfach im World Wide Web an, indem Sie die Webadresse *https://appleid.apple.com* laden und auf der Webseite den Button *Apple ID erstellen* anklicken und im Folgenden die erforderlichen Angaben machen.

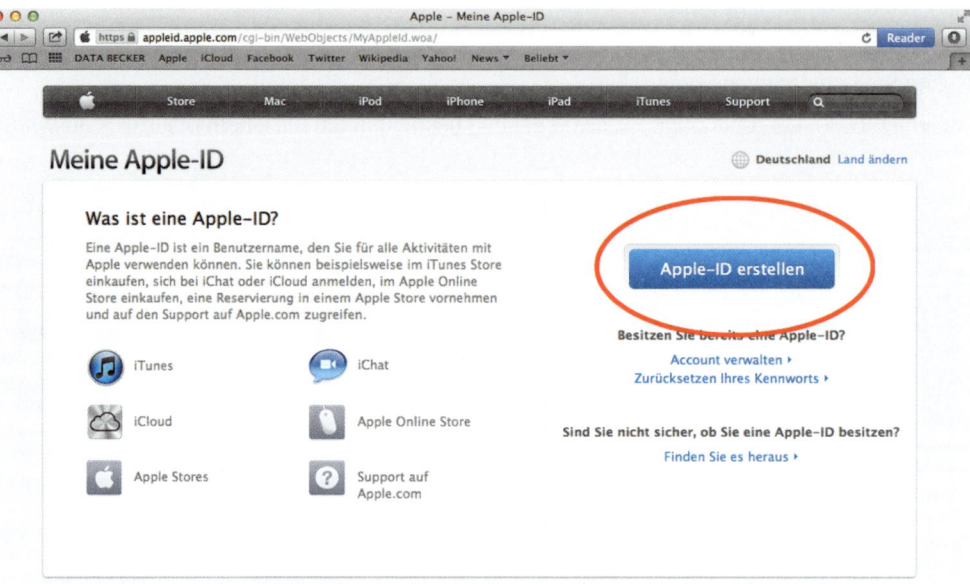

So klappt es: kostenlose Apps auch aus dem amerikanischen App Store herunterladen

Sie möchten eine ausländische, beispielsweise eine amerikanische Apple-ID anlegen, um Downloads im entsprechenden App Store und iTunes Store tätigen zu können? Klicken Sie dazu ganz rechts unten im App Store auf das Fahnensymbol (für Deutschland: 🇩🇪) ❶ und wählen Sie das gewünschte Land aus, hier etwa *United States* ❷. Starten Sie dann, wie oben beschrieben, den Download einer Gratis-App, um die Apple-ID anzulegen. Voraussetzung ist allerdings, dass Sie eine gültige Adresse im Ausland angeben können.

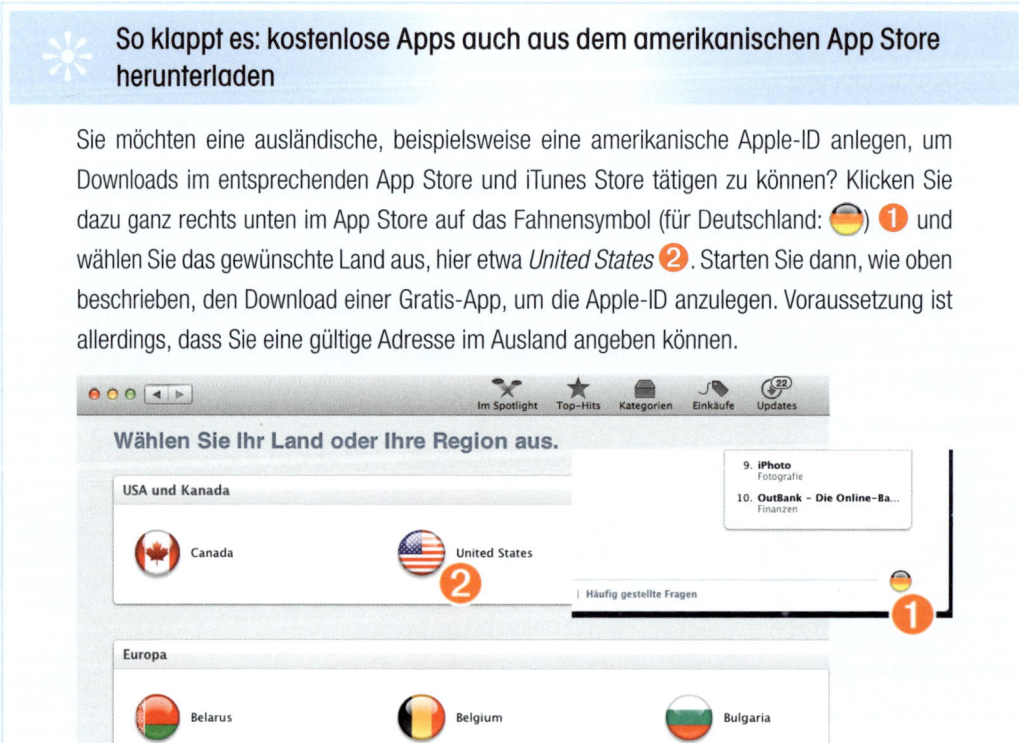

Apps kaufen auch ohne Kreditkarte oder ClickandBuy: Besorgen Sie sich dazu im Elektronikfachmarkt, an der Tankstelle sowie in manchen Supermärkten eine iTunes-Guthabenkarte. Sie finden rechts im App Store unter *Alles auf einen Klick* die Option *Einlösen*, um den entsprechenden Code einzugeben und das Guthaben für Ihre Einkäufe im App Store oder bei iTunes nutzen zu können. Achten Sie auf

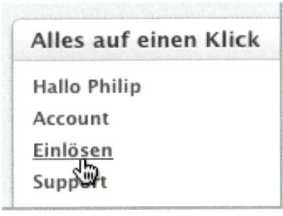

Rabattaktionen, die von Supermärkten, Elektronikfachmärkten und Co. in regelmäßigen Abständen angeboten werden – die iTunes-Guthabenkarten gibt es oft 20 Prozent billiger!

Passwort ändern, Adresse aktualisieren usw.: Ihr Apple-Konto verwalten

Ich empfehle Ihnen, Ihr Passwort aus Sicherheitsgründen regelmäßig, beispielsweise einmal pro Monat oder vierteljährlich, zu ändern. Um das zu bewerkstelligen oder um beispielsweise nach einem Umzug Ihre Anschrift anzupassen, entscheiden Sie sich in der Menüleiste des App Stores für *Store/Meinen Account anzeigen* und geben im Folgenden nochmals Ihr Passwort ein. Zum Ändern Ihrer Daten klicken Sie beim jeweiligen Abschnitt auf *Bearbeiten*.

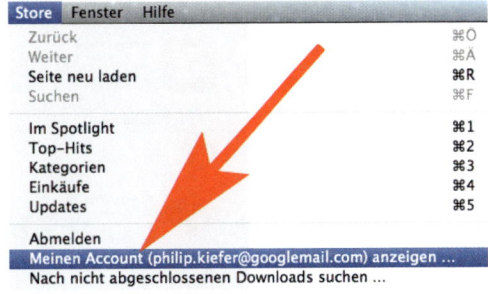

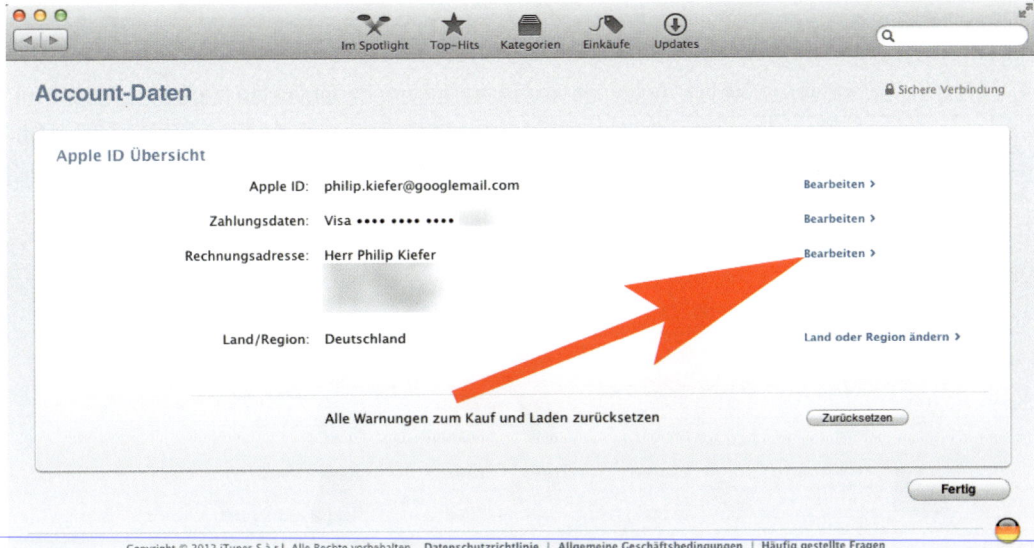

Um noch weitere Daten zu ändern wie etwa Ihre Passwortfrage, rufen Sie die Webadresse *https://appleid.apple.com* auf und klicken dort auf *Account verwalten*. Und falls Sie mal das zu Ihrer Apple-ID gehörende Passwort vergessen haben? Setzen Sie das Passwort dann mithilfe der Passwortfrage oder per E-Mail zurück, indem Sie den Anweisungen unter der Webadresse *https://iforgot.apple.com* folgen.

So finden Sie im App Store sofort jede gewünschte App

Im Mac App Store stehen zwar nicht so viele Apps zum Download bereit wie im App Store für iPhone, iPad und iPod touch, aber es sind doch viele Tausend Programme – Gratis-Apps sowie kostenpflichtige Apps. Um für Sie lohnenswerte Apps aufzuspüren, empfehle ich Ihnen folgende drei Methoden:

✳ **Suchfeld:** Sie finden rechts oben im App Store ein Suchfeld; tippen Sie dort ein, wonach Sie suchen, und betätigen Sie die (Eingabe)-Taste; passende Apps werden daraufhin für Sie aufgelistet. Tipp: Suchen Sie nicht nur nach deutschen, sondern auch nach englischen Begriffen, um ein noch größeres App-Angebot zu erhalten.

✳ **Meistgeladene Apps:** Welche Apps haben andere Nutzer am häufigsten heruntergeladen? Klicken Sie unter *Top-Hits* ❶ bei *Meistgeladen* auf *Alle* ❷, um sich diese Apps anzusehen. Oftmals handelt es sich um besonders empfehlenswerte Apps, die auch für Sie interessant sein könnten. Weitere empfehlenswerte – allerdings ausschließlich kostenpflichtige – Apps machen Sie ausfindig, indem Sie bei *Meistgekauft* auf *Alle* ❸ klicken.

✳ **Kategorien:** Oder sind Sie auf der Suche nach Apps aus einem bestimmten Themenbereich? In diesem Fall lassen Sie sich die *Kategorien* anzeigen, um die im Mac App Store verfügbaren Apps nach Themen zu durchstöbern.

Besonders bei kostenlosen Apps können Sie im Normalfall bedenkenlos zugreifen, denn die Apps werden von Apple überprüft, bevor Sie im App Store zur Verfügung gestellt werden. Um die Apps herunterzuladen und bei Nichtgefallen wieder von Ihrem Computer zu entfernen, sind jeweils nur wenige Schritte notwendig, die Sie im Folgenden noch kennenlernen werden.

So einfach gelingt das Installieren eines Programms aus dem App Store

Eine App aus dem App Store herunterzuladen funktioniert immer auf die gleiche Weise, wobei Sie bei kostenpflichtigen Apps im Gegensatz zu Gratis-Apps noch die Zahlung bestätigen müssen. So einfach funktioniert die App-Installation:

1 Klicken Sie im App Store bei einer App, die Ihr Interesse weckt, auf den Namen oder auf das zugehörige Symbol, ...

2 ... um sich Details zur jeweiligen App anzeigen zu lassen. Prüfen Sie hier Infos wie Speichergröße, Sprache usw. ❶ sowie, falls verfügbar, Bewertungen durch andere Nutzer, bevor Sie auf den *Gratis*-Button ❷ bzw. bei kostenpflichtigen Apps auf den angezeigten Preis klicken.

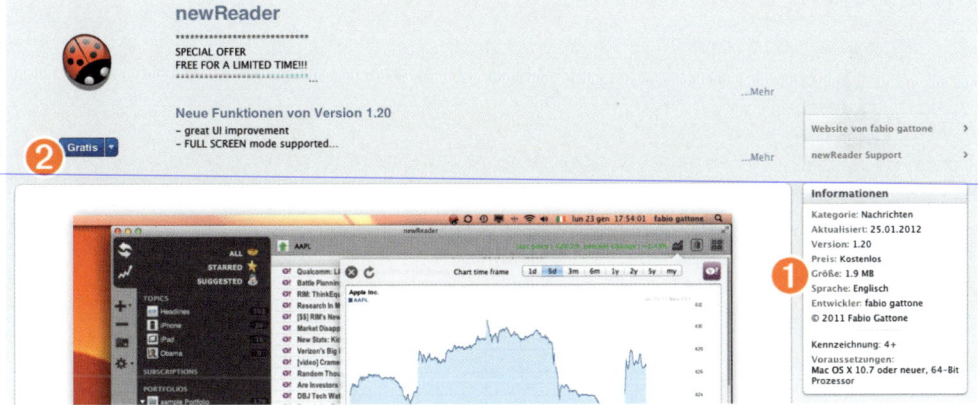

3 Bestätigen Sie mit *App installieren* ❶ bzw. bei kostenpflichtigen Apps mit *App kaufen*, geben Sie das Passwort zu Ihrer Apple-ID ein ❷ und klicken Sie auf *Anmelden* ❸.

4 Die App wird aus dem Internet heruntergeladen und steht nach dem Download im Launchpad zu Ihrer Verfügung.

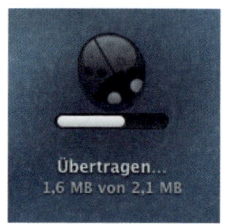

☀ **Der App Store vergisst nicht: bereits einmal gekaufte Apps jederzeit erneut herunterladen**

Programme, die Sie aus dem App Store herunterladen, sind nicht mit Ihrem Computer, sondern mit Ihrer Apple-ID verknüpft, d. h., Sie können einmal heruntergeladene Apps später jederzeit erneut herunterladen. Die gekauften sowie natürlich auch die kostenlos heruntergeladenen Apps finden Sie im App Store unter *Einkäufe* ❶; klicken Sie bei einer App auf den *Installieren*-Button ❷, um einen erneuten Download durchzuführen.

Ihre Mac-Grundausstattung: 100 Top-Apps, die Sie einfach haben müssen

Damit Sie nicht lange nach empfehlenswerten Apps suchen müssen, habe ich in der folgenden Tabelle 100 Top-Apps in alphabetischer Reihenfolge für Sie zusammengestellt. Die Apps in der Tabelle waren im Sommer 2012 zum Nulltarif zu haben – allerdings muss dies nicht so bleiben, sodass Sie bei plötzlich kostenpflichtigen Apps selbst entscheiden, ob sich das Herunterladen lohnt. Viele Apps gibt es außerdem gleichzeitig in einer kostenlosen (meist mit „Lite" oder „Free" betitelt) und einer kostenpflichtigen Version (häufig mit „Pro" betitelt), wobei die kostenpflichtige Version im Funktionsumfang meist eingeschränkt ist – solche Apps habe ich in die Tabelle nur aufgenommen, wenn auch die kostenlose Version viel zu bieten hat. Einige der Apps benötigen ein in manchen Fällen kostenpflichtiges Gegenstück auf iPhone und Co.

Symbol	Programmname	Kurzbeschreibung
	AirBeam	Diese App verwandelt iPhone, iPad oder iPod touch in eine Überwachungskamera. Auf dem mobilen Gerät muss die App allerdings ebenfalls installiert werden, und dort ist sie leider kostenpflichtig (Kostenpunkt im Sommer 2012: 2,99 Euro).
	Alfred	Programme schneller starten, dem Computer Sofortbefehle geben und Web oder Festplatte durchsuchen – Alfred ist ein nützlicher App-Klassiker, der auf keinem Computer fehlen sollte.
	Apple Configurator	Dieses Tool dient dazu, mehrere Apple-Geräte (iPhones und Co.) gleichzeitig zu konfigurieren und zu synchronisieren.
	AppyDays	Diese App hilft Ihnen dabei, Sonderangebote im Mac App Store aufzustöbern: Sie zeigt Ihnen aktuell preisreduzierte Apps an – inklusive der Ersparnis im Vergleich zum vorherigen Preis.

Symbol	Programmname	Kurzbeschreibung
	Audio Note-Std	Mithilfe dieser App verwandeln Sie Ihren Mac in ein Diktiergerät: Nehmen Sie Gesprochenes über das Mikrofon auf und speichern Sie Ihre Aufzeichnungen in verschiedenen Formaten ab.
	AudioBook Binder	Ein Muss für Hörbuch-Fans! Fügen Sie mit dieser App mehrere MP3-Dateien zu einem Hörbuch zusammen und machen Sie diese automatisch iTunes-kompatibel.
	Bandwidth+	Eine kleine, aber feine App, die Ihnen in der Menüleiste die übertragene Datenmenge für Up- und Downloads anzeigt
	Battery Health	Haben Sie mit dieser App die Leistung des MacBook-Akkus stets unter Kontrolle!
	Bitdefender Virus Scanner	Das System auf Mac-Malware sowie Windows-Viren scannen – große Gefahren sind aktuell zwar noch nicht bekannt, aber es kann doch nicht schaden vorzubeugen!
	Caffeine	Ruhezustand gerade nicht gewünscht? Diese App liefert ein Menulet, mit dessen Hilfe Sie den automatischen Ruhezustand verhindern, ohne die Energieeinstellungen zu ändern.
	Calendar	Diese App sorgt dafür, dass Sie auf Ihre im Mac-Kalender angelegten Termine zukünftig über ein Menulet zugreifen können – schnell und übersichtlich!

Symbol	Programmname	Kurzbeschreibung
	CCleaner	Mit diesem Tool räumen Sie Ihren ganzen Computer auf und befreien ihn von sämtlichem Datenballast. Für die regelmäßige Kehrwoche auf Ihrem Mac!
	CheatSheet	Lassen Sie sich mithilfe dieser App, die in einem Programm verfügbaren Tastenkombinationen anzeigen – für effizienteres Arbeiten an Ihrem Mac.
	ClamXav	Wie bereits erwähnt, ist ein Virenscanner für Ihren Mac (noch) kein Muss. Die Nutzung dieses kostenlosen Virenscanners aus dem Mac App Store gibt Ihnen jedoch zusätzliche Sicherheit.
	Clean	Eine App, die Ihnen beim Aufräumen des Schreibtischs behilflich ist: Verschieben Sie Elemente, die Sie auf dem Schreibtisch abgelegt haben, automatisch in einen von Ihnen festgelegten Ordner.
	CleanMyDrive	Externe Festplatten und weitere Laufwerke vom Datenmüll befreien – mit diesem Tool ist das ganz einfach.
	Click.to	Nach dem kurzen Einrichten dieser App können Sie nach von Ihnen mit cmd+C in die Zwischenablage kopierten Texten im Web suchen, diese in einer E-Mail verwenden, bei Facebook posten und noch mehr.
	Cobook	Schneller Zugriff auf Ihre Kontakte und optimale Ordnung im Adressbuch – Cobook ist eine gute Alternative zu den Mac-Kontakten.
	CopyKnights	Diese App erlaubt das einfache, zeitgesteuerte Kopieren von Ordnern – ideal geeignet zum Anlegen von Sicherheitskopien.
	CPU LED	Wenn Sie diese App installieren und starten, wird Ihnen in der Menüleiste die Auslastung der CPU, also des Prozessors, Ihres Macs angezeigt.

Symbol	Programmname	Kurzbeschreibung
	Das Örtliche	Ein Telefonbuch für ganz Deutschland erhalten Sie mit dieser App. Geben Sie einfach ein, wen und wo Sie suchen und betätigen Sie die Eingabe-Taste, um sich das Suchergebnis anzeigen zu lassen.
	Daum Equation Editor	Formeln aller Art erstellen und auch in Dokumenten einsetzen – hierzu dient diese in vielen Fällen nützliche App. Ein exzellentes Mathe-Programm, der Grapher, ist unter OS X Mountain Lion übrigens bereits vorhanden; Sie finden es im Launchpad unter *Andere*.
	DMG Architect	Eine App für fortgeschrittene Nutzer: Sie dient Ihnen dazu, eigene DMG-Dateien zu erstellen – auch für die kommerzielle Verbreitung.
	DropCopy	Dateien von einem Speicherort zum anderen Kopieren – mithilfe dieser App gelingt dies ganz einfach.
	EasyFind	Diese App bringt gegenüber der bereits verfügbaren Spotlight-Suche zusätzliche Suchfunktionen auf Ihren Mac – damit finden Sie wirklich alles!
	Evernote	Evernote ist ein beliebtes Programm, um (auch umfangreiche) Notizen zu erstellen und zwischen mehreren Plattformen auszutauschen. Auch für den professionellen Einsatz bestens geeignet!

Symbol	Programmname	Kurzbeschreibung
	FreeMemory	Lassen Sie sich mit dieser App den verfügbaren Arbeitsspeicher in der Menüleiste anzeigen, und bereinigen Sie diesen per Mausklick, falls Sie für eine bestimmte Anwendung mal mehr Arbeitsspeicher benötigen sollten.
	GarageBuy	Dieses Tool hilft eBay-Käufern, zukünftig kein Schnäppchen mehr zu verpassen – erstellen Sie einfach eine Erinnerung kurz vor dem Auktionsende!
	gAssistant	Diese App ist insbesondere für Musiker gedacht: Verändern Sie damit komfortabel die Tonhöhe oder das Tempo von Musikstücken.
	GeekTool	Dieses Tool erfordert fortgeschrittene Mac-Kenntnisse; es lassen sich damit alle möglichen Informationen in den Schreibtisch integrieren.
	Go2Shell	Mit dieser App öffnen Sie ein Terminal-Fenster mit dem Verzeichnis, das Sie gerade im Finder geöffnet haben – für fortgeschrittene Mac-Nutzer eine wirkliche Hilfe!
	Graph	Diagramme aller Art erstellen – mit dieser App ist das ganz einfach, und ganz ohne komplexes Tabellenkalkulationsprogramm möglich.
	iBooks Author	Diese Apple-App dient dazu, eigene E-Books für die Nutzung auf dem iPad zu erstellen und im iBookstore zu veröffentlichen.

Symbol	Programmname	Kurzbeschreibung
	Image Tricks Lite	Ein empfehlenswertes Bildbearbeitungsprogramm – bereits die kostenlose Version der App hat zahlreiche Funktionen zu bieten, mit denen Sie Ihre Fotos optimieren und schön gestalten.
	iMedia Browser	Mit dieser App erhalten Sie den ultimativen Überblick über die auf Ihrem Computer sowie auch im Internet gespeicherten Mediendateien, also Fotos, Videos, Musik sowie Links.
	iProcrastinate	Prokrastination – im Volksmund auch als Aufschieberitis bekannt: Hiergegen hilft diese Apps, mit der Sie Ihre Aufgaben übersichtlich verwalten und kontrollieren.
	iText Express	Ein sehr guter Text-Editor, der selbst mit dem gängigen ePub-Format für E-Books kein Problem hat.
	Kamin	Verwandeln Sie Ihren Mac mit dieser App in einen knisternden Kamin – per Mausklick schaffen Sie damit eine wohlige, romantische Atmosphäre.

Symbol	Programmname	Kurzbeschreibung
	kaufDA Navigator	Blättern Sie auf Ihrem Mac in Werbeprospekten von Geschäften in Ihrer Umgebung und lassen Sie sich Informationen zum jeweiligen Geschäft anzeigen wie Adresse oder Öffnungszeiten.
	Kindle	Um bei Amazon (*http://www.amazon.de*) erworbene E-Books lesen zu können, benötigen Sie nicht zwingend einen E-Book-Reader – mit dieser App lesen Sie die E-Books direkt auf Ihrem Mac, übrigens auch Leseproben aktueller Bücher sowie komplette Klassiker zum Nulltarif!
	LanScan	Ein nützliches Helferlein für fortgeschrittene Nutzer, das – inklusive IP- und MAC-Adresse – anzeigt, welche Geräte aktuell im Netzwerk verfügbar sind.
	Launch it!	Tastenkombinationen ganz nach eigenem Bedarf kreieren – dank dieser App können Sie auf Dauer ganz schön viel Zeit bei der Arbeit mit Ihrem Mac sparen!
	Lep's World	Jump'n'Run-Spaß für den Mac: Helfen Sie dem kleinen Kobold Lep dabei, wieder an sein verlorenes Gold zu gelangen.
	Lock Me Now	Damit während des Toilettengangs oder der Kaffeepause niemand auf Ihre Dateien zugreifen kann: Sperren Sie den Bildschirm auf die Schnelle per Menulet.

Symbol	Programmname	Kurzbeschreibung
	Mactracker	Eine geniale App, mit deren Hilfe Sie Details zu allen möglichen Apple-Geräten in Erfahrung bringen, also zu Mac, iPhone, iPad, Apple-TV und vielen weiteren Geräten.
	MailTab for Gmail	Sie nutzen Google Mail? Greifen Sie mit dieser App per Menulet auf Ihre E-Mails zu – ohne extra ein E-Mail-Konto in Mail einrichten zu müssen.
	MeinProspekt	Lassen Sie sich Geschäfte in Ihrer Umgebung auf einer Karte anzeigen und rufen Sie – ähnlich wie in der App kaufDA – Werbeprospekte einzelner Geschäfte auf.
	Meme Generator	Memes auf der Basis von Vorlagen oder aus eigenen Bildern und Texten erstellen – mit dieser App das reinste Kinderspiel!
	MenuTab for Facebook	Toll für Facebook-Nutzer: Rufen Sie Ihren Facebook-Account über ein Menulet auf und bleiben Sie so stets darüber auf dem Laufenden, was sich bei Ihren Facebook-Freunden Neues tut.

Symbol	Programmname	Kurzbeschreibung
	MindNode Lite	Mindmaps zum Lernen, für das Brainstorming in der Firma oder zu anderen Zwecken erstellen – mit dieser App gelingt dies ganz leicht.
	MiroVideoConverter	Ihre Videos aus verschiedenen Formaten in verschiedene Formate konvertieren – nutzen Sie hierzu beispielsweise diese App.
	Mixxx	Eine geniale App nicht nur für Profi-Djs: Verwandeln Sie Ihren Mac damit in ein Mischpult mit großem Funktionsumfang.
	Mobile Mouse Server	Verwandeln Sie iPhone, iPad oder iPod touch mit der App Mobile Mouse in eine drahtlose Maus – die App Mobile Mouse Server auf dem Mac ist das Gegenstück dazu.
	Movie Effects	Videos mit verschiedenen Effekten versehen – dazu braucht es nicht unbedingt eine kostenflichtige App. Verwenden Sie stattdessen diese Gratis-Variante!
	MplayerX	Der Player schlechthin für die Medienwiedergabe auf Ihrem Mac – er spielt eine Vielzahl von Formaten ab und ist eine gute Alternative zum bekannten VLC Media Player.
	Nag	Ein einfach zu handhabender Timer – lassen Sie sich von dieser App an die fertige Pizza oder das Ende Ihrer Kaffeepause erinnern.

Symbol	Programmname	Kurzbeschreibung
	NetSpot	Die optimale App, um mit dem MacBook WLANs in der Umgebung aufzuspüren, deren Signalstärke zu messen und noch mehr.
	Norton Identity Safe (for Safari)	Ihre diversen Zugangsdaten sicher speichern und mit anderen Geräten synchronisieren – das kann diese App.
	Opera	Sie sind mit dem Mac-Browser Safari nicht zufrieden? Laden Sie den alternativen Browser Opera aus dem App Store und nutzen Sie neben einer pfiffigen Bedienoberfläche jede Menge Konfigurationsmöglichkeiten, die Sie in der Menüleiste des Programms aufrufen.
	Ordinatore	Ein nettes kleines Tool, um die Icons von Dateien oder Ordnern zu ändern; auch eigene Grafiken können dazu eingesetzt werden. (Hinweis: Um das Original-Icon wiederherzustellen, klicken Sie ein Element an, drücken cmd+I, klicken im folgenden Fenster oben das aktuelle Icon an und drücken cmd+delete; ein neues Icon lässt sich im Infofenster übrigens auch per Copy & Paste einfügen.)

Symbol	Programmname	Kurzbeschreibung
	PhotoSync	Diese App hilft Ihnen beim Austausch Ihrer Fotos zwischen Mac und iPhone, iPad oder iPod touch. Das Gegenstück auf dem mobilen Gerät schlägt allerdings mit 1,59 Euro zu Buche (Stand: Sommer 2012).
	Preispiraten	Preisvergleiche im Internet anstellen – mit dieser App ist das ganz einfach; auch Angebote beim Internetauktionshaus eBay können mit der App durchforstet werden.
	Producteev	Mit dieser App haben Sie Ihre To-Dos jederzeit im Griff – sowohl auf Ihrem Mac als auch auf Ihren mobilen Geräten. Für die Nutzung ist allerdings eine Registrierung erforderlich.
	QREncoder	Diese App dient zum Erstellen sogenannter QR-Codes; für iPhone und Co. gibt es entsprechende QR-Scanner als App ebenfalls zum Nulltarif.
	Quick Note	Sind Sie mit dem Mac-Programm Notizen unzufrieden? Holen Sie sich mit dieser App ein alternatives Notizbuch auf den Computer.
	Rail Maze	Ein intelligentes Spiel für zwischendurch: Bauen Sie Bahnstrecken so, dass ein Zug ungehindert vom Start ins Ziel fahren kann.

Symbol	Programmname	Kurzbeschreibung
	Relax Melodies	Diese App liefert Ihnen eine ganze Reihe entspannender Hintergrundsounds, beispielsweise Wellenrauschen, Vogelgezwitscher oder das Prasseln des Regens. Für lau in jedem Fall empfehlenswert!
	Remind Me Later	Mit dieser App tragen Sie neue Termine zukünfig noch schneller in den Mac-Kalender ein – ganz einfach per Menulet in der Menüleiste.
	Resizelt	Die Größe mehrerer Bilder gleichzeitig anpassen – mit dieser App kein Problem.
	Screen Recorder Tool	Sämtliche Vorgänge auf dem Bildschirm aufzeichnen und später als Video wiedergeben – hierzu dient diese App.
	Shrook	Ein einfach gestrickter RSS-Reader, der auch Twitter unterstützt. Ideal, wenn Sie nicht das Programm Mail als RSS-Reader verwenden möchten.
	Simple HTTP Server	Mit dieser App erhalten Sie einen kleinen aber feinen HTTP-Server, der Ihnen den Austausch von Dateien zwischen mehreren Computern ungemein erleichtert.
	SiteSucker	Sie möchten komplette Websites ganz unkompliziert auf Ihren Computer herunterladen? Bewerkstelligen Sie dies mit der App SiteSucker.

Symbol	Programmname	Kurzbeschreibung
	SketchBook Express	Dieses kostenlose Zeichenprogramm sollten Sie sich nicht entgehen lassen! Damit lassen sich richtig gute Zeichnungen erstellen.
	Skitch	Mit dieser App erstellen Sie Bildschirmfotos, versehen diese mit eigenen Notizen und veröffentlichen diese, wenn Sie es wünschen, bei Twitter.
	Smart Converter	Eine weitere empfehlenswerte App zum Konvertieren Ihrer Videos; auf kostenpflichtige Software für die Konvertierung können Sie getrost verzichten!
	Social Pro	Diese App ist ideal, um mehrere soziale Netzwerke gleichzeitig im Blick zu behalten: Auf Facebook, Twitter sowie Google+ greifen Sie dank dieser App in einem einzigen Menulet zu.
	Sofortbild	Diese App ist zwar nur für Besitzer einer Nikon-Digitalkamera interessant, für diese aber sehr: Kontrollieren Sie Ihre Kamera mit dieser App von Ihrem Mac-Computer aus.
	Solitaire!	Eine von mehreren kostenlosen Solitaire-Apps im Mac App Store: Ein kurzweiliges Kartenspiel, für das Sie keine Mitspieler benötigen.

Symbol	Programmname	Kurzbeschreibung
	StreamToMe	Ganz ohne vorherige Konvertierung: Videos oder Musik vom Mac auf iPhone, iPad oder iPod touch übertragen. Das Gegenstück der App auf dem mobilen Gerät schlägt allerdings mit 2,39 Euro zu Buche (Stand: Sommer 2012).
	Stufflt Expander	Ein einfaches Tool zum Entpacken der verschiedensten Archivformate wie beispielsweise ZIP.
	swackett	Eine wirklich hübsche Wetter-App; schade aber, dass sie derzeit (Stand: Sommer 2012) wie so viele andere Mac-Apps lediglich in englischer Sprache verfügbar ist.
	Tab for Google+	Für alle Nutzer des sozialen Netzwerks Google Plus: Holen Sie sich mit dieser App ein entsprechendes Menulet in die Menüleiste Ihres Macs.
	Telephone	Diese App dient zum Telefonieren übers Internet; dazu werden allerdings entsprechende Zugangsdaten des sogenannten SIP-Providers benötigt. Hinweis: Suchen Sie im App Store nach dem englischen Namen der App.
	TextWrangler	Diese App bringt einen leistungsstarken Editor für Texte und Codes auf Ihren Mac; sogar das Laden und Speichern von Dateien direkt auf dem FTP-Server ist möglich.

Symbol	Programmname	Kurzbeschreibung
	The Unarchiver	Wie bei der App StuffIt Expander handelt es sich hier um ein Programm zum Entpacken von Archivformaten. Entscheiden Sie selbst, welche der beiden Apps Ihnen mehr zusagt.
	Trillian	Instant Messaging wird mit dieser App leicht gemacht. Eine gute Alternative zum Mac-eigenen Programm Nachrichten.
	Twitter	Zaubern Sie mit dieser App ein Twitter-Menulet in die Menüleiste Ihres Macs, greifen Sie auf die Tweets anderer Personen zu oder posten Sie eigene Beiträge.
	Universal Translator	Eine Übersetzungs-App für über 50 verschiedene Sprachen, die auf dem Google Übersetzer beruht (*http://translate.google.de*).
	viaverbi free	Ein guter Vokabeltrainer, mit dem Sie Fremdsprachen zukünftig noch schneller erlernen. Die kostenlose Version ist im Funktionsumfang allerdings etwas eingeschränkt.

Symbol	Programmname	Kurzbeschreibung
	VirtualDJ Home	Eine empfehlenswerte App für jeden DJ und alle, die es werden wollen; sogar das Scratchen stellt damit kein Problem dar.
	WeatherSimple	Wie der Name schon sagt: Eine einfache Wetter-App, mit deren Hilfe Sie die aktuelle Wetterprognose per Menulet aufrufen.
	Windows Phone Connector	Mac und Windows Phone – geht das zusammen? Mit dieser App schon: Verwenden Sie sie, um Ihre Musik, Videos, Fotos und mehr zwischen Smartphone und Computer zu synchronisieren.
	Won Tube Free Video Converter	Auch diese App für die Videokonvertierung ist empfehlenswert; neben der Konvertierung von Videos ist auch das Extrahieren von MP3s aus Videodateien im Angebot.
	WorldExplorer	Diese App vereint Google Maps und Wikipedia zu einer informativen Geo-App. Derzeit (Stand: Sommer 2012) stehen allerdings nur englische Texte zur Verfügung.
	Wunderlist	Mit dieser App lassen sich To-Dos sehr komfortabel verwalten – nicht nur auf Mac, iPhone, iPad oder iPod touch, sondern auch unter Android, Windows, Linux oder per Web-App.
	Xcode	Eine App für Mac-Profis: Erstellen Sie mit Xcode eigene Mac-Apps oder Apps für die mobilen Apple-Geräte.

Symbol	Programmname	Kurzbeschreibung
	Xlog	Noch eine App für Mac-Profis: Xlog zeigt Ihnen die Systemdateien direkt auf dem Schreibtisch an – nützlich beispielsweise für die Fehleranalyse.
	Xmenu	Diese App erzeugt ein nützliches Menulet in der Mac-Menüleiste, und zwar rechts neben der Uhrzeit. Bestimmen Sie selbst, welche Elemente unter diesem Menulet angezeigt werden.
	xType	Weniger Tipparbeit: Diese App nimmt Ihnen viel Tipparbeit ab – legen Sie einfach fest, welche Kürzel welchen Text erzeugen sollen, den Rest erledigt xType.

Auch diese Apple-Apps sollten Sie in jedem Fall kennen

Neben den kostenlosen Apps gibt es im Mac App Store natürlich auch eine Menge Apps, für die Sie bezahlen müssen: Steuer-Software (empfehlenswert: WISO Steuer), Bildbearbeitungsprogramme (empfehlenswert: Adobe Photoshop Elements), Spiele und was Sie sonst noch so benötigen. Auch Apple selbst bietet verschiedene Apps an, die Sie kennen sollten:

* **iWork:** Die Office-Suite aus dem Hause besteht aus den Programmen Pages (für Textverarbeitung), Numbers (für Tabellenkalkulation) und Keynote (für Präsentationen). Kostenpunkt pro App im Sommer 2012: 15,99 Euro. Ich persönlich bevorzuge allerdings für den professionellen Gebrauch Microsoft Office für Mac, da diese Office-Suite immer noch den weltweiten Standard darstellt. Mehr zu den verschiedenen Office-Programmen gibt es in Kapitel 7. Die Abbildung zeigt als Beispiel die App Pages im App Store.

* **iLife:** Diese Medien-Suite besteht aus dem umfangreichen Bilder-Tool iPhoto, der Videobe-arbeitungs-Software iMovie sowie dem Programm GarageBand zum Erstellen und Abmischen eigener Musikstücke. Jede App schlug im Sommer 2012 mit 11,99 Euro zu Buche, sofern Sie nicht bereits auf einem neuen Mac vorinstalliert war. Mit den iLife-Apps mache ich Sie in den Kapiteln 8 und 9 noch näher vertraut.

* **Aperture:** Dieses Fotoprogramm ist eher für professionelle Fotografen gedacht und dem Opti-mieren und Verwalten auch zahlreicher Aufnahmen. Im Sommer 2012 stand das Programm für 62,99 Euro im Mac App Store zum Download zur Verfügung.

* **Final Cut Pro:** Ein Programm für den professionellen Videoschnitt – es bietet in diesem Zusam-menhang alle denkbaren Funktionen, kostete im Sommer 2012 aber dafür immerhin 239,99 Euro. Laden Sie eine 30-Tage-Testversion unter dieser Webadresse herunter: *http://www.apple.com/ finalcutpro*. Als zusätzliche Erweiterungen stehen noch die Apps Motion und Compressor zur Verfügung, die jeweils 39,99 Euro kosten (ebenfalls Stand: Sommer 2012).

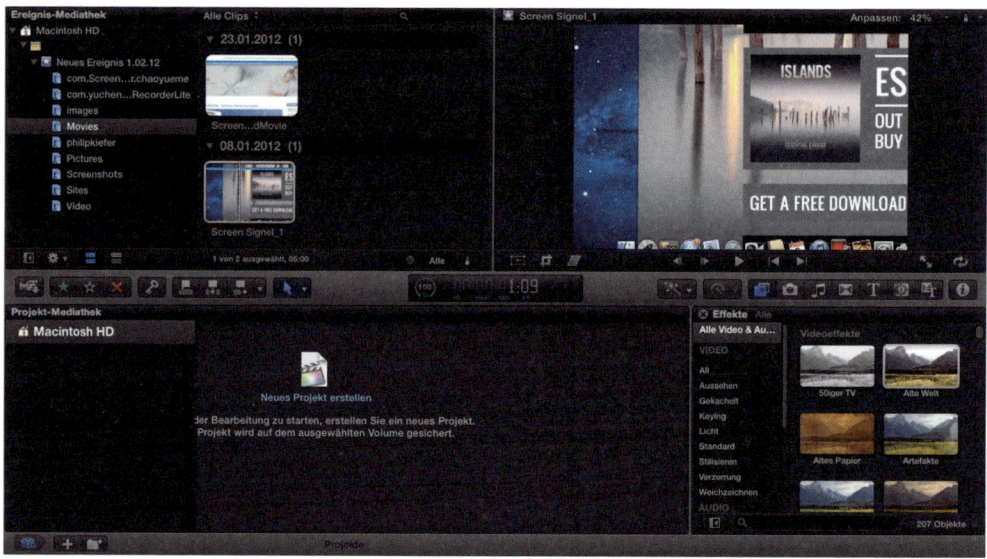

* **Logic Pro:** Wem GarageBand nicht weit genug geht, der verwendet Logic Pro – ein Programm für die professionelle Musikproduktion. Kostenpunkt im Sommer 2012: 149,99 Euro.

* **MainStage:** Auch diese – mit 23,99 Euro (Stand: Sommer 2012) – einigermaßen erschwing-liche App dient zum Musizieren mit dem Mac. Für professionelle Musiker fast schon ein Muss!

* **Apple Remote Desktop:** Diese App schließlich macht Sinn, wenn Sie mehrere Macs im Netz-werk verwalten – mittels dieser Software für die Fernverwaltung gelingt dies ganz leicht. Kos-tenpunkt für die App im Sommer 2012: 62,99 Euro.

Sie sehen: Man kann für Apps auch eine ganze Menge Geld liegen lassen – überlegen Sie sich aber stets gut, welche Apps Sie wirklich benötigen, bevor Sie zugreifen!

Programme sollen beim Starten des Macs automatisch geöffnet werden?

Ein Programm soll automatisch gestartet werden, wenn Sie Ihren Computer einschalten? Gar kein Problem: Klicken Sie dazu das Programmsymbol im Dock bei gedrückter ctrl-Taste an. Im Menü, das sich öffnet, wählen Sie *Optionen/Bei der Anmeldung öffnen* – schon wird das Programm zukünftig automatisch gestartet. Um das

automatische Starten wieder zu beenden, klicken Sie den Eintrag *Bei der Anmeldung öffnen* einfach erneut an.

Wünschen Sie einen Überblick darüber, welche Programme automatisch gestartet werden? Öffnen Sie dazu die Systemeinstellungen und klicken Sie auf *Benutzer & Gruppen*. Wählen Sie *Anmeldeobjekte* ❶, um sich die Autostart-Liste ❷ anzusehen. Um der Liste ein Programm oder auch einzelne Ordner und Dateien hinzuzufügen, klicken Sie auf das Plussymbol + ❸. Um ein markiertes Element aus der Liste zu entfernen, klicken Sie entsprechend auf das Minussymbol − ❹.

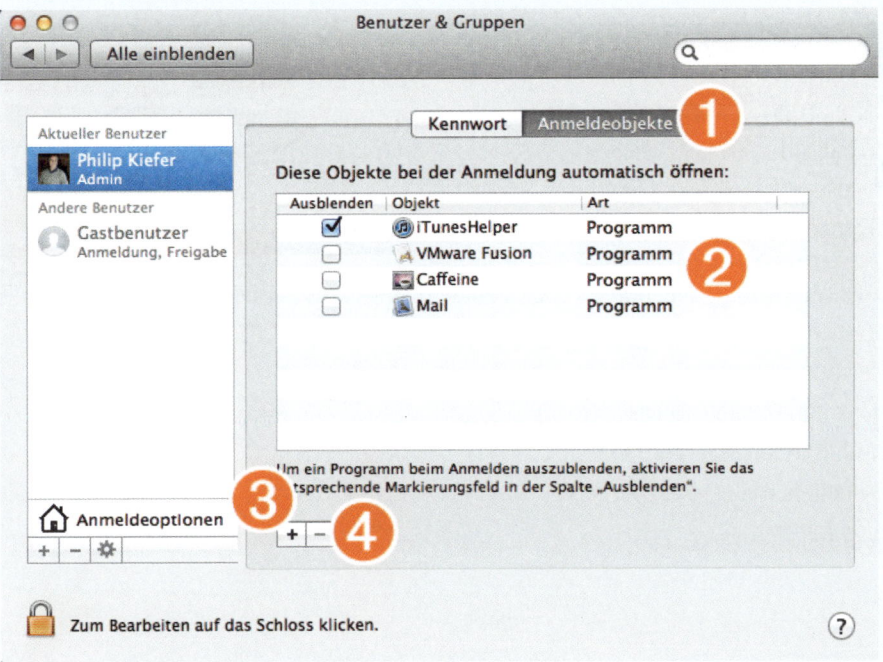

Weitere Programme gewünscht? So funktioniert die Software-Installation via DVD oder Internet

Der App Store ist zwar bereits recht umfangreich, allerdings werden Sie bestimmt nicht jedes Programm finden, das Sie suchen. Da hilft nur die herkömmliche Installation weiter, entweder mithilfe eines Installationsdatenträgers oder einer Installationsdatei, die Sie beispielsweise aus dem Internet herunterladen. Beide Formen der Installation sind leicht zu bewerkstelligen, wie ich Ihnen auf den folgenden Seiten zeigen werde. Beachten Sie, dass Sie für einige Installationen die Einstellungen des Gatekeepers lockern müssen (in den Systemeinstellungen unter *Sicherheit*, Register *Allgemein*, vgl. Seite 53).

Ein Mac-Programm von DVD installieren – nichts einfacher als das

Wenn Sie ein Programm im Laden kaufen, ist es zunächst entscheidend, dass es auf einem Mac installiert werden kann. Lesen Sie sich deshalb beim Softwarekauf die Systemvoraussetzungen durch. Hier zeige ich Ihnen am Beispiel von Microsoft Office für Mac, wie einfach Sie ein Programm (bzw. in diesem Fall eine Programm-Suite) auf Ihrem Mac installieren:

1 Legen Sie den Installationsdatenträger in das Laufwerk ein. Bereits nach wenigen Sekunden sollte Ihnen eine Installationsdatei angezeigt werden, auf die Sie doppelklicken. (Falls Sie Datei nicht automatisch angezeigt werden sollte, doppelklicken Sie im Finder darauf.)

2 Ein Assistent führt Sie nun durch den gesamten Installationsvorgang. Folgen Sie den jeweils angezeigten Hinweisen und klicken Sie sich im Assistenten weiter, hier per *Fortfahren*-Button.

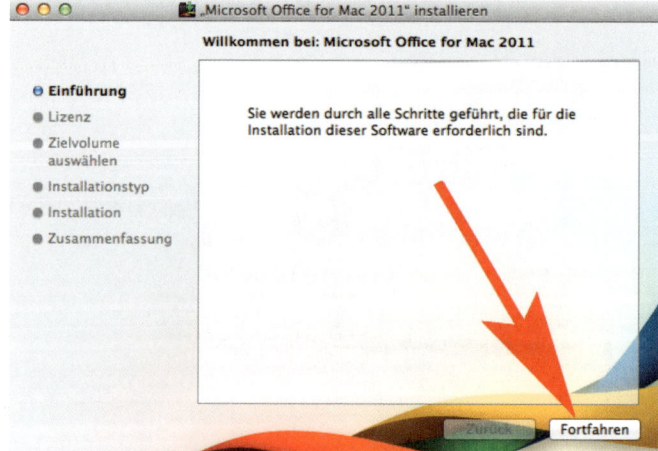

3 Nachdem Sie die Lizenzbedingungen akzeptiert und den Installationsort bestätigen haben, führen Sie die Installation durch und beenden zum Schluss den Assistenten, hier mit einem Mausklick auf *Schließen*.

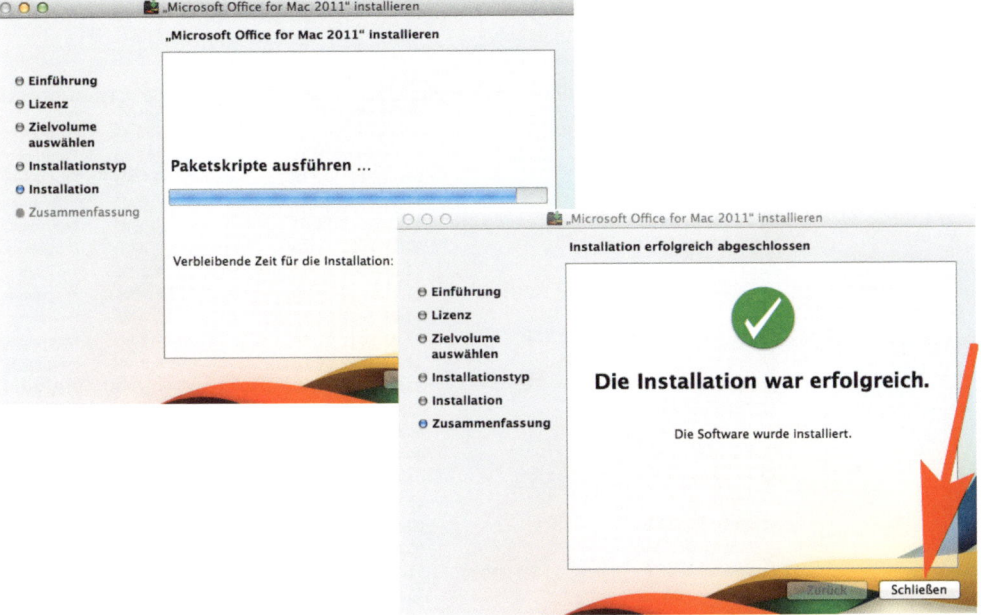

4 Bei den meisten Programmen ist noch die Eingabe eines Produktschlüssels (englisch: Product Key) notwendig, die das Verbreiten von Raubkopien eindämmen soll. Manche Programme – so auch Microsoft Office für Mac – müssen zusätzlich übers Internet „aktiviert" werden, um voll funktionsfähig zu sein.

Das war es bereits. Sie finden die installierten Programme nach der Installation im Launchpad – das läuft genau so wie bei den Apps aus dem App Store – sowie gegebenenfalls auch im Dock. Generell finden Sie einen Programmeintrag – dies gilt für Apps aus dem Mac App Store genauso wie für anderweitig installierte Programme – auch im Finder unter *Programme*.

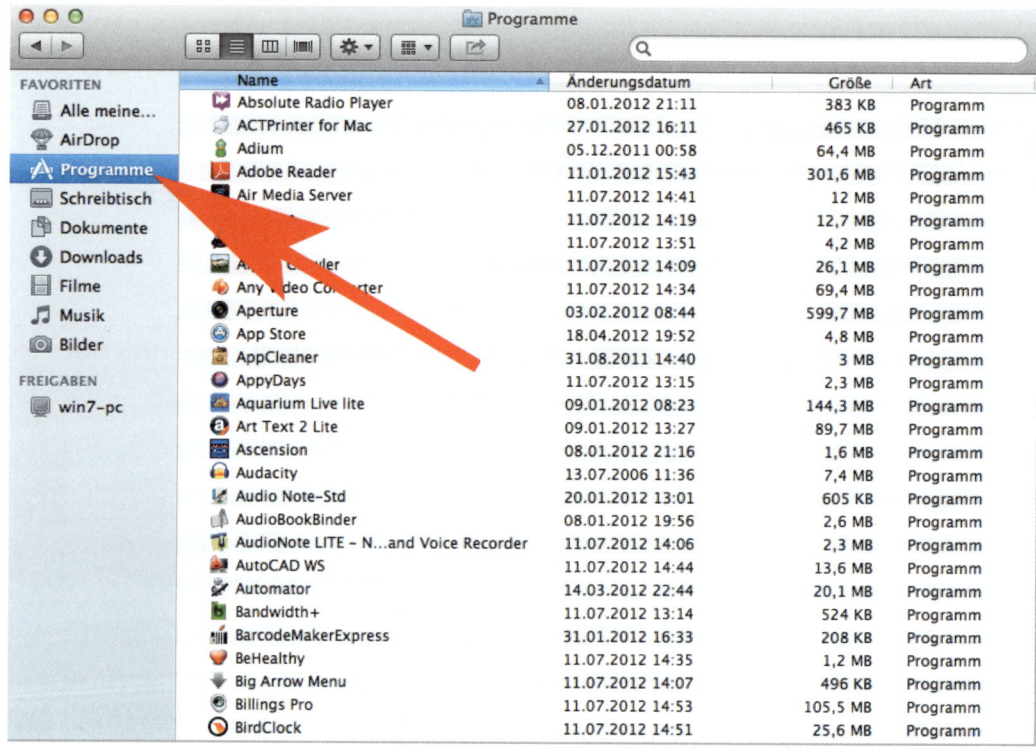

▲ *Die von Ihnen auf Ihrem Mac installierten Programme finden Sie im Finder unter Programme.*

Software aus dem Internet herunterladen und auf Ihrem Mac zum Laufen bringen

Viele geniale Programme müssen Sie nicht kaufen – sie stehen Ihnen als Open-Source-Software oder Freeware kostenlos zur Verfügung. Fündig werden Sie beispielsweise unter der Webadresse *http:// www.opensource4mac.de*; Google liefert bei der Suche nach *mac freeware* oder *mac open source* noch mehr Links. Die folgende Schrittanleitung zeigt Ihnen, wie Sie ein Programm aus dem Internet herunterladen und – in den meisten Fällen – auf Ihrem Computer installieren:

1 Sie haben eine interessante Software entdeckt, die Sie gerne auf Ihrem Mac verwenden würden? Dann klicken Sie auf den entsprechenden Download-Button bzw. Download-Link.

Wie kann ich festlegen, mit welchem Programm bestimmte Dateien geöffnet werden sollen?

Sie haben auf Ihrem Mac mehrere Programme installiert, mit denen Sie beispielsweise
Bilder öffnen können? Um festzulegen, welches Programm standardmäßig zum Öffnen
eines bestimmten Dateityps verwendet wer-

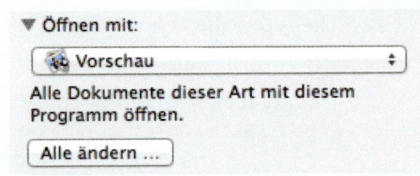

den soll, klicken Sie eine Datei bei gedrückter ⌃ctrl⌄-Taste an und wählen im Menü *Informationen*. Unten im Infofenster wählen Sie das gewünschte Programm im Menü *Öffnen mit* aus
und bestätigen Ihre Auswahl mit *Alle ändern*.

Sie möchten einen anderen Standard-Browser oder ein anderes Programm zum Senden und
Empfangen von E-Mails festlegen? Öffnen Sie dazu Safari bzw. Mail und wählen Sie in der
Menüleiste *Safari/Einstellungen* bzw. *Mail/Einstellungen*. Jeweils unter *Allgemein* ändern Sie
– wiederum per Menü – das Standardprogramm.

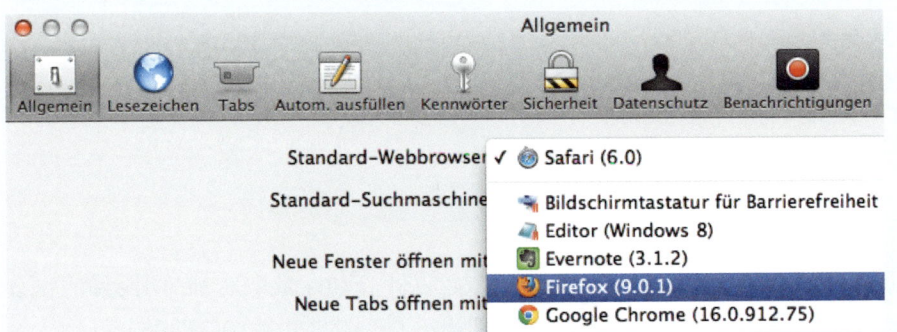

2 Der Download sollte nach wenigen Sekunden gestartet werden. Klicken Sie
rechts oben in Safari auf das Download-
Symbol ⬇, das eingeblendet wird. Ihnen werden der Ladefortschritt und die
voraussichtliche Restdauer des Downloads angezeigt.

3 Sobald der Download der Installationsdatei
erfolgt ist, doppelklicken Sie auf diese (Sie
finden sie in der Safari-Downloadliste sowie
im Finder unter *Downloads*) ...

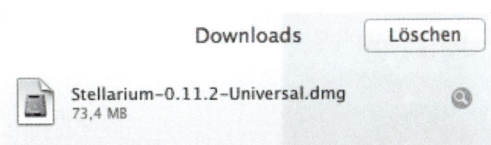

4 ... und nehmen mit wenigen Handgriffen die Installation vor: Meist genügt es hierzu, die Programmdatei in den Programme-Ordner des Finders zu kopieren; in anderen Fällen wird eine Software-Installation durchgeführt, die der oben dargestellten Programminstallation von DVD ähnelt.

Hinweis: Manchmal erscheint bei der Programminstallation kein Fenster zum Verschieben der Datei in den Programme-Ordner. Öffnen Sie in diesem Fall den Finder und ziehen Sie die Programmdatei dort vom Download-Ordner in den Programme-Ordner.

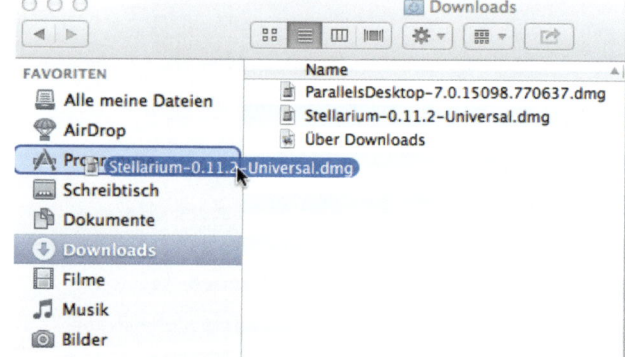

Hin und wieder ist eine Installationsdatei auch „gepackt". Entpacken Sie sie in diesem Fall zunächst per Doppelklick, bevor Sie – wie oben beschrieben – die Installation vornehmen.

Die 25 besten Kostenlos-Programme zum Downloaden für Ihren Mac

Bevor Sie nun losziehen, um sich teure Programme für Ihren Mac anzuschaffen, schauen Sie sich die Software an, die ich Ihnen in der folgenden Tabelle vorstelle. Es handelt sich dabei um richtig gute Programme, die Ihnen von den Herstellern völlig kostenlos – und natürlich legal – zur Verfügung gestellt werden.

Symbol	Programmname	Kurzbeschreibung
	Adium	Hierbei handelt es sich um ein Chat-Programm für alle wichtigen Instant Messaging-Dienste wie ICQ, Yahoo! und Co. Die Software bietet eine gute Alternative zu Apples Programm Nachrichten. Der Download erfolgt unter der Webadresse *http://adium.im*.

Symbol	Programmname	Kurzbeschreibung
	Adobe Reader	Der umfassende PDF-Reader steht auch für Ihren Mac zur Verfügung. Laden Sie ihn unter der Webadresse *http://get.adobe.com/de/reader* aus dem Internet.
	Audacity	Ein kostenloses Programm zur Aufnahme und Bearbeitung von Sounds, das jeder Musiker kennen sollte! Download unter *http://audacity.sourceforge.net*.
	calibre	Mit diesem kostenlosen Programm erstellen und verwalten Sie E-Books aller Art; auch das Konvertieren von E-Books ist kein Problem. Download unter *http://calibre-ebook.com*.
	FileZilla	Eines der besten FTP-Programme überhaupt gibt es auch für den Mac – die Übertragung Ihrer Dateien gelingt damit kinderleicht. FileZilla laden Sie unter der Webadresse *http://filezilla-project.org* aus dem Internet. (Falls Ihnen FileZilla nicht zusagt, nutzen Sie alternativ das Programm Cyberduck, das Sie hier herunterladen: *http://cyberduck.ch*.)
	Firefox	Diese Browser-Alternative zu Safari habe ich bereits erwähnt. Den Firefox von Mozilla finden Sie unter dieser Webadresse: *http://www.mozilla.org/de/firefox*.

Symbol	Programmname	Kurzbeschreibung
	Gimp	Eine sehr umfangreiche Bildbearbeitungs-Software zum Nulltarif. Der Download für Mac erfolgt unter dieser Webadresse: *http://www.gimp.org/macintosh*.
	Google Chrome	Wer Googe liebt, wird auch diesen Browser lieben, der sich durch einfaches Handling und geniale Suchfunktionen auszeichnet. Download unter der Webadresse *http://www.google.de/chrome*.
	Google Earth	Ein digitaler Globus der Extraklasse: Fliegen Sie Örtlichkeiten auf aller Welt an und lassen Sie sich nützliche Informationen, Straßenansichten und mehr anzeigen. Google Earth auch für Mac finden Sie unter der Webadresse *http://www.google.de/earth*.
	iBackup	Mit diesem kostenlosen Programm gelingt die Datensicherung auf Ihrem Mac schnell und einfach. Download unter *http://www.grapefruit.ch/iBackup*. Eine Alternative zu Time Machine (vgl. Kapitel 12).
	LibreOffice	Eine kostenlose Office-Suite, die mit iWork und Microsoft Office für Mac mithalten kann. Download unter *http://de.libreoffice.org*.

Symbol	Programmname	Kurzbeschreibung
	LionDesigner	Mit diesem Programm passen die das Design von OS X Lion ganz Ihren Wünschen an. Download unter *http://www.moritzwette.com/liondesigner*. (Hinweis: Bei Redaktionsschluss lag nur eine Version für das Vorgänger-Betriebssystem OS X Lion vor, die aber auch unter OS X Mountain Lion gut funkionierte.)
	Lion DiskMaker	Mit diesem Programm erstellen Sie einen bootfähigen USB-Stick mit OS X Mountain Lion für die schnelle Systemwiederherstellung im Notfall. Der Download erfolgt unter *http://blog.gete.net/lion-diskmaker-us*.
	Macfusion	Server aus dem Internet direkt im Finder finden – hierzu dient dieses kostenlose Programm, das Sie unter der Webadresse *http://macfusionapp.org* herunterladen.
	Mountain Tweaks	Bestimmte Systemfunktionen bequem ein- oder ausschalten – eine einfache Sache mit dem Programm Mountain Tweaks, das Sie unter der Webadresse *http://ifredrik.com* kostenlos herunterladen.
	OmniDiskSweeper	Für den Frühjahrsputz auf Ihrem Mac: Installieren Sie für die Datenträgerbereinigung dieses Programm, das Sie unter der folgenden Webadresse herunterladen: *http://www.omnigroup.com/products/omnidisksweeper*.
	OnyX	Ein beliebtes Programm für die Systemoptimierung, das ich allerdings nur fortgeschrittenen Nutzern empfehle. Sie finden es unter dieser Webadresse: *http://www.titanium.free.fr*.

Symbol	Programmname	Kurzbeschreibung
	OpenOffice	Wie LibreOffice ist auch OpenOffice eine kostenlose Office-Suite; genau genommen ist es das Original, von dem sich LibreOffice abgespalten hat. Für welche der beiden Suiten Sie sich entscheiden ist eher eine Glaubensfrage. Download unter *http://www.openoffice.org/de*.
	Picasa	Ein geniales Programm zur Verwaltung und Optimierung Ihrer Bilder aus dem Hause Google. Sie finden es hier: *http://picasa.google.de*.
	Scribus	Ein professionelles Desktop-Publishing-Programm komplett zum Nulltarif. Laden Sie Scribus unter dieser Webadresse herunter: *http://www.scribus.net*.
	SimplyBurns	Ein sehr gutes, einfach zu handhabendes Programm zum Brennen von CDs und DVDs. Laden Sie SimplyBurns unter der folgenden Webadresse aus dem Internet: *http://simplyburns.sourceforge.net*.

Symbol	Programmname	Kurzbeschreibung
	Skype	Videotelefonie übers Internet auch dann, wenn andere Personen nicht über FaceTime verfügen: Nutzen Sie in solchen Fällen Skype – die Software holen Sie sich kostenlos unter *http://www.skype.com*.
	Thunderbird	Dieses E-Mail-Programm vom Firefox-Hersteller Mozilla kann als Alternative zu Mail dienen. Das Herunterladen erfolgt unter dieser Webadresse: *http://www.mozilla.org/de/thunderbird*.
	TinkerTool	Auch versteckte Mac-Funktionen kinderleicht aktivieren und de-aktivieren: Das TinkerTool, das Sie hierzu verwenden, laden Sie unter der Webadresse *http://www.bresink.com/products-de.html* aus dem Internet.
	VLC Media Player	Ein sehr beliebtes Programm zum Abspielen von Mediendateien – kaum ein Format, das es nicht erkennt. Laden Sie den VLC Media Player unter dieser Webadresse herunter: *http://www.videolan.org*.

Ein allgemeiner Tipp: Bevor Sie ein kostenpflichtiges Programm für Ihren Mac erwerben, prüfen Sie zunächst stets, ob es eventuell eine Open Source-Variante zum Nulltarif gibt! Mit der wachsenden Beliebtheit der Mac-Computer ist dies immer häufiger der Fall. Wo es früher Programme ausschließlich für Windows-Computer gab, gibt es diese heute häufig auch für den Mac. Und falls nicht: Nutzen Sie auf Ihrem Mac einfach Windows-Programme – wie das geht, erfahren Sie auf den nächsten Seiten.

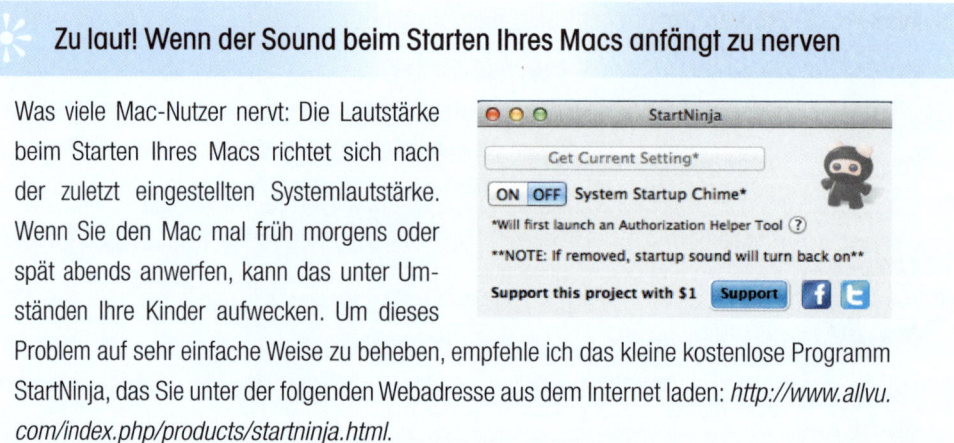

Zu laut! Wenn der Sound beim Starten Ihres Macs anfängt zu nerven

Was viele Mac-Nutzer nervt: Die Lautstärke beim Starten Ihres Macs richtet sich nach der zuletzt eingestellten Systemlautstärke. Wenn Sie den Mac mal früh morgens oder spät abends anwerfen, kann das unter Umständen Ihre Kinder aufwecken. Um dieses Problem auf sehr einfache Weise zu beheben, empfehle ich das kleine kostenlose Programm StartNinja, das Sie unter der folgenden Webadresse aus dem Internet laden: *http://www.allvu.com/index.php/products/startninja.html.*

Spielend leicht: Windows-Programme auch unter OS X nutzen

Sie haben für Windows teure Programme erworben und möchten diese selbstverständlich auch auf Ihrem Mac-Computer weiter verwenden? Das geht! Verwenden Sie dazu eine „virtuelle Maschine" direkt unter OS X Mountain Lion, um Ihre Windows-Programme ohne den Neustart des Computers zu nutzen, oder installieren Sie Windows einfach parallel zu OS X auf dem Computer – ein Assistent unter OS X Mountain Lion hilft Ihnen dabei. Beide Varianten – die Virtualisierung und die Parallelinstallation von Windows – stelle ich Ihnen auf den folgenden Seiten ausführlich vor.

Windows in einer virtuellen Maschine installieren und unter OS X laufen lassen

Wenn Sie auf Ihrem Mac eine „virtuelle Maschine" laufen lassen, können Sie darin Windows (oder andere Betriebssysteme) mit wenigen Handgriffen installieren und unter OS X Mountain Lion verwenden, und zwar ohne den Computer neu zu starten. Das wohl beste Programm hierfür ist Parallels Desktop, das allerdings mit rund 80 Euro zu Buche schlägt (Stand: Sommer 2012). Meine Empfehlung: Laden Sie unter *http://www.parallels.com* zunächst die kostenlose 14-Tage-Testversion herunter, bevor Sie sich für diese oder eine andere virtuelle Maschine entscheiden. Integrieren Sie mit Parallels Desktop Windows und die unter Windows installierten Programme ganz einfach in OS X Mountain Lion:

1 Entscheiden Sie sich beim ersten Start von Parallels Desktop zunächst für eine Variante, wie Sie Windows installieren möchten: Sie können Windows komplett neu von DVD installieren, eine Migration z. B. via Netzwerk durchführen oder eine bereits mithilfe von Boot Camp erstellte Parallelinstallation verwenden (siehe Seite 182). Bestätigen Sie Ihre Auswahl mit einem Mausklick auf *Fortfahren*. (Um später weitere Betriebssysteme hinzuzufügen, wählen Sie in der Menüleiste *Datei/Neu*.)

2 Folgen Sie den Hinweisen in Parallels Desktop, um Windows auf Ihrem Mac nutzbar zu machen. In diesem Fall entscheide ich mich für eine Neuinstallation von Windows 7 und die Option „Wie ein Mac" als Standard – die meisten Nutzer werden diese Variante bevorzugen, die es erlaubt, die Betriebssysteme auf der Mac-Bedienoberfläche gleichzeitig zu nutzen.

3 Nachdem Sie im Assistenten Ihre Auswahl getroffen haben, wird die Windows-Installation durchgeführt, was etwa eine halbe Stunde in Anspruch nimmt.

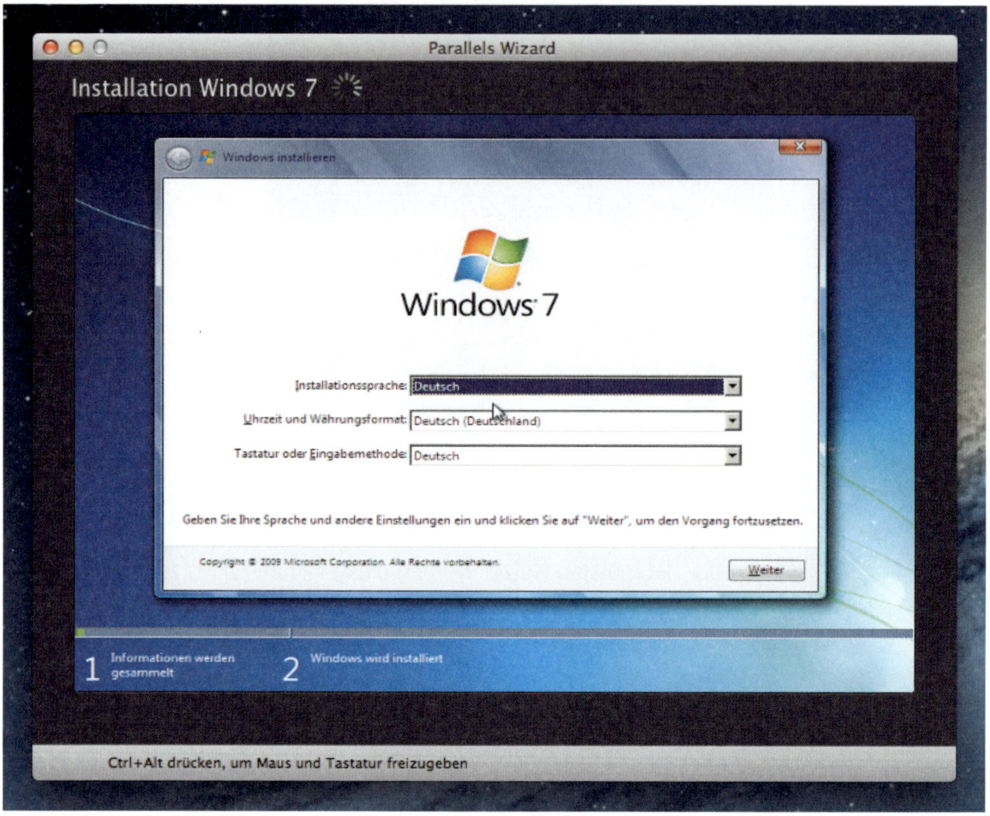

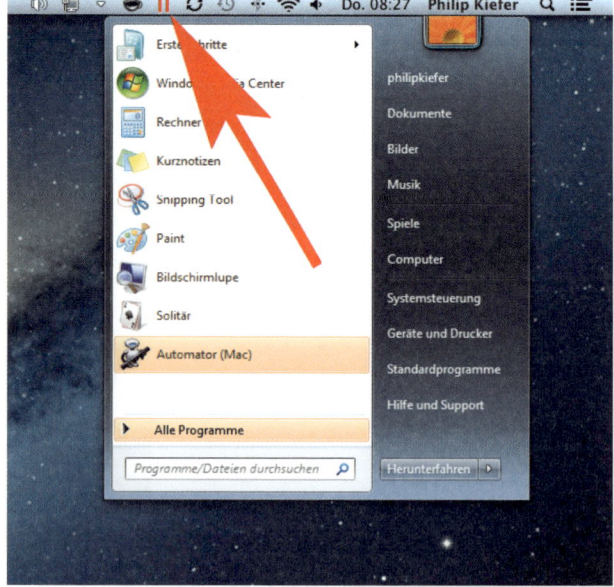

4 Nachdem Sie die Installation beendet haben, steht Ihnen Windows unter OS X Mountain Lion zur Verfügung, und zwar in zwei Varianten: die Nutzung wie ein Mac, die auch als „Coherence-Variante" bezeichnet wird – hierbei greifen Sie unter dem Parallels-Menulet auf das Windows-Startmenü zu, um Programme zu öffnen, die Sie unter Windows installiert haben; Windows-Symbole werden ebenfalls als Menulets angezeigt ...

5 ... sowie die Fenster-Variante (wählen Sie dazu unter dem Menulet ▮▮ den Eintrag *Coherence verlassen*; das Umschalten von der Fenster- auf die Coherence-Variante erfolgt rechts unten im Fenster per Mausklick auf das [⊡]-Symbol) – hierbei wird Ihnen der Windows-Desktop in einem eigenen Fenster angezeigt, und Sie nutzen das Betriebssystem wie auf einem Windows-Computer.

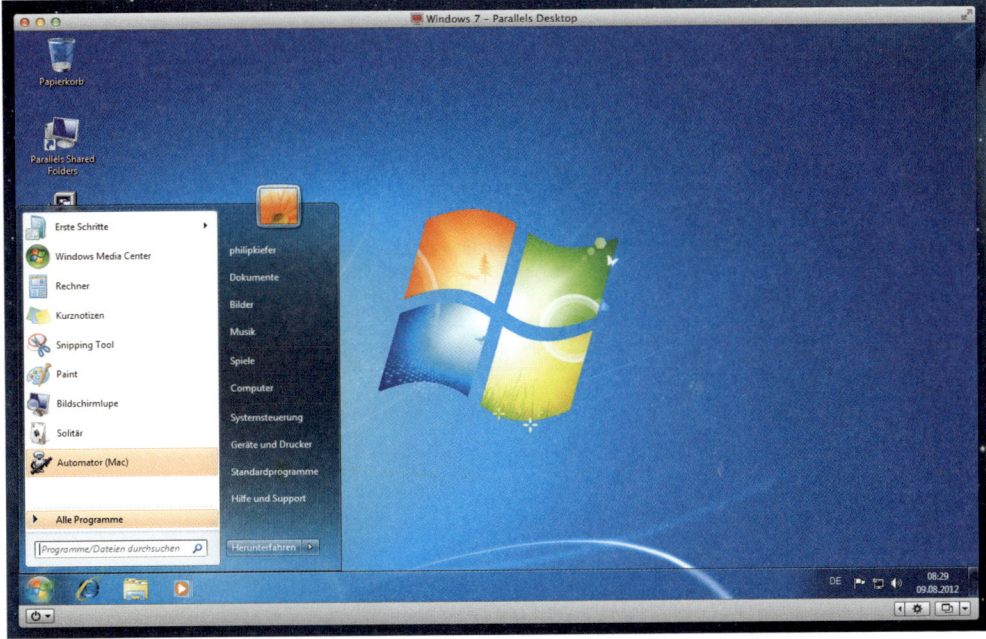

Nun können Sie Windows-Programme auf Ihrem Mac installieren: entweder von DVD bzw. CD, indem Sie den Hinweisen auf dem Windows-Desktop folgen (hier, um die Installation eines Bildbearbeitungsprogramms durchzuführen) ...

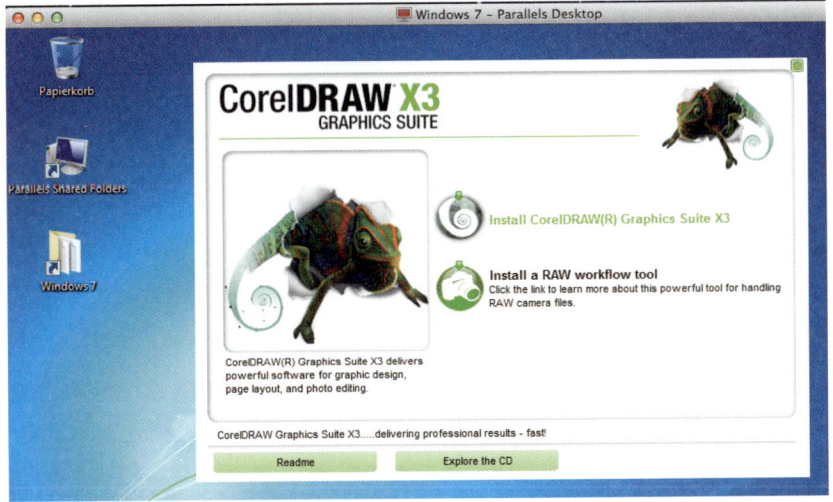

... oder indem Sie einfach auf eine Windows-Installationsdatei doppelklicken, um die Installation vorzunehmen – Parallels Desktop erkennt automatisch, dass es sich um eine Windows-Datei handelt, und installiert die Datei entsprechend.

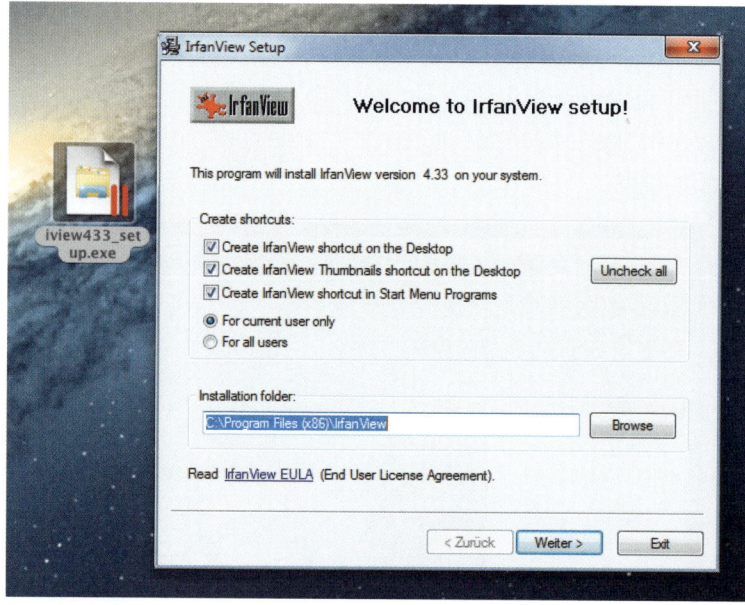

Kann ich auf Windows-Programme auch im Launchpad zugreifen?

Für den schnellen Zugriff auf Windows-Programme lassen sich diese selbstverständlich auch dem Launchpad oder dem Dock hinzufügen. Starten Sie dazu das gewünschte Windows-Programm, klicken Sie das im Dock angezeigte Symbol bei gedrückter ctrl-Taste an und wählen Sie im Menü *Zu Launchpad hinzufügen* bzw. *Optionen/Im Dock behalten*.

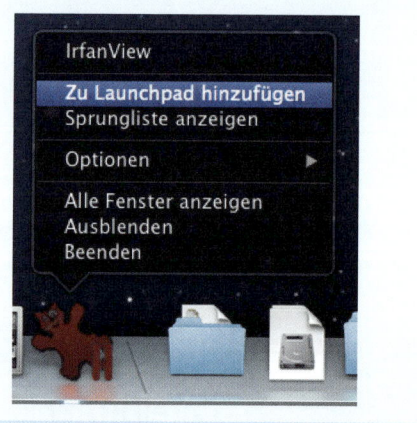

Falls Ihnen Parallels Desktop nicht zusagt: Verwenden Sie die Software VMWare Fusion, die mit rund 45 Euro (Stand: Sommer 2012) günstiger ist. Im Funktionsumfang müssen Sie dafür gegenüber Parallels Desktop nur relativ wenige Einbußen in Kauf nehmen. Sie finden VMWare Fusion unter der Webadresse *http://www.vmware.com/de/products/desktop_virtualization/fusion*. Nutzen Sie die 30-Tage-Testversion, um die Software auszuloten.

Ganz ohne Windows-Installation kommt die Software CrossOver aus, die Sie unter der Webadresse *http://www.codeweavers.com/products* finden. Der Nachteil bei dieser Software ist, dass zwar viele, aber nicht alle Windows-Programme installiert werden können. Kostenpunkt im Sommer 2012:

51 Euro. Ich empfehle auch hier, zunächst die Testversion zu verwenden. Tüftler können sich auch an eine aufwendige, aber dafür kostenlose Variante heranwagen, die unter der Webadresse *http://www.davidbaumgold.com/tutorials/wine-mac* ausführlich beschrieben wird.

Kostenlose Alternative: Windows oder andere Betriebssysteme in VirtualBox laufen lassen

Wenn Sie auf die Integration Ihrer Windows-Programme keinen großen Wert legen, tut es auch eine „normale" virtuelle Maschine, und das komplett zum Nulltarif. Entscheiden Sie sich in diesem Fall für die Software VirtualBox, die Sie unter dieser Webadresse finden: *https://www.virtualbox.org*. Auch hierzu eine kleine Schrittanleitung:

1 Starten Sie VirtualBox nach der Installation und klicken Sie links oben in der Bedienoberfläche auf die *Neu*-Schaltfläche.

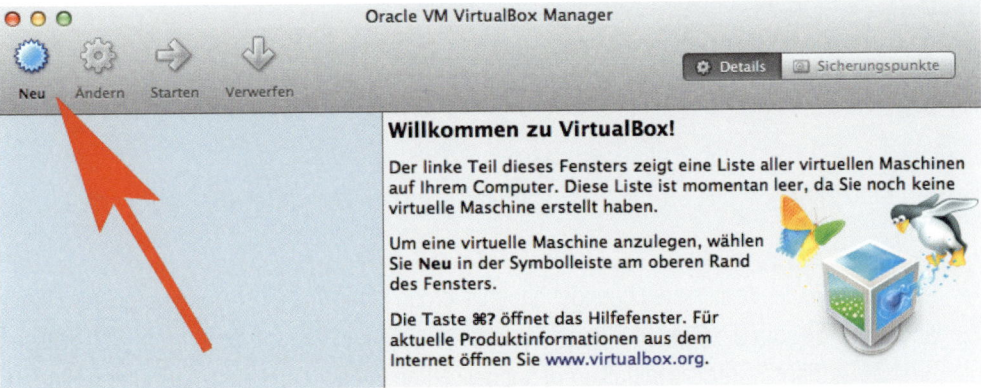

2 Im Assistenten, der sich öffnet, wählen Sie zunächst das Betriebssystem aus (hier: Windows XP Professionell), das Sie installieren möchten, und benennen dieses.

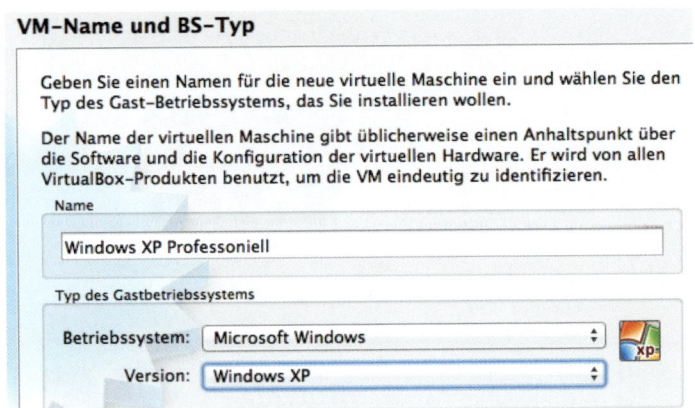

3 Machen Sie im Assistenten desweiteren Angaben zum Arbeitsspeicher sowie zur Festplatten-größe, wobei Sie in vielen Fällen einfach die Vorgaben übernehmen können.

4 Nachdem Sie den Assistenten beendet haben, werden Ihnen Ihre Einstellungen rechts in VirtualBox angezeigt ❶; um die Einstellungen zu bearbeiten, klicken Sie auf die *Ändern*-Schaltfläche ❷; um das Betriebssystem zu installieren, doppelklicken Sie auf den links angezeigten Betriebssystem-Eintrag ❸.

5 Im Installations-Assistenten bestimmen Sie, ob die Installation von einem Datenträger oder – per 🖻-Symbol – mithilfe einer entsprechenden Datei erfolgen soll. Nehmen Sie daraufhin die Installation des Betriebssystems vor ...

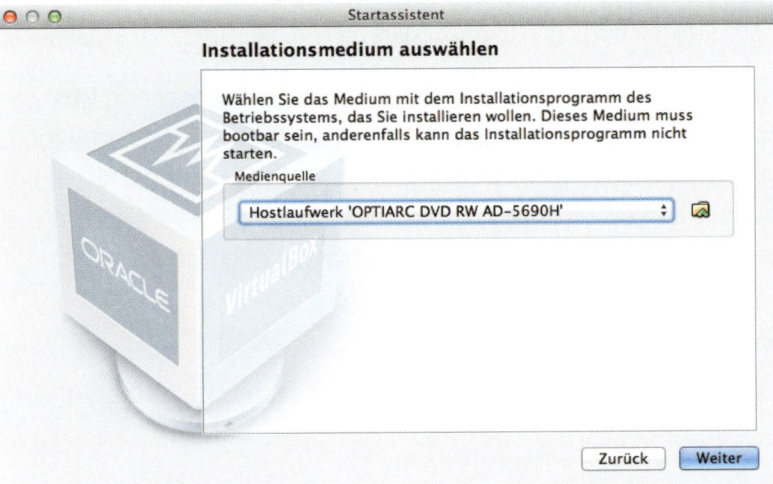

6 ... und verwenden Sie dieses anschließend auf Ihrem Mac, indem Sie jeweils in VirtualBox starten. Mit den Fenster-Funktionen in VirtualBox werden Sie sich rasch vertraut machen.

Auch mit VirtualBox können Sie selbstverständlich nicht nur verschiedene Windows-Betriebssystem installieren, sondern auch ältere Mac-OS-Versionen, Linux-Betriebssysteme und weitere – so bringen Sie sämtliche Programme zum Laufen, die Sie gerade benötigen!

Dank Boot Camp kein Problem: Windows parallel zu OS X auf dem Mac-Computer installieren

Sie möchten sowohl OS X als auch Windows als vollwertige Betriebssysteme auf Ihrem Computer verwenden? In diesem Fall entscheiden Sie sich für eine Parallelinstallation, die Sie mithilfe des auf Ihrem Mac bereits vorhandenen Programms Boot Camp-Assistent durchführen, und zwar folgendermaßen:

1 Starten Sie den Boot Camp-Assistenten, indem Sie im Launchpad im Ordner *Andere* das entsprechende Symbol anklicken. Achten Sie darauf, dass das Kontrollkästchen *Laden der neuesten Apple-Software zur Unterstützung von Windows* ❶ sowie – im Sommer 2012 – *Windows 7 installieren* ❷ aktiviert ist, bevor Sie auf *Fortfahren* ❸ klicken. (Hinweis: Sie können später durch entsprechende Boot-Auswahl auch andere Windows-Versionen installieren.)

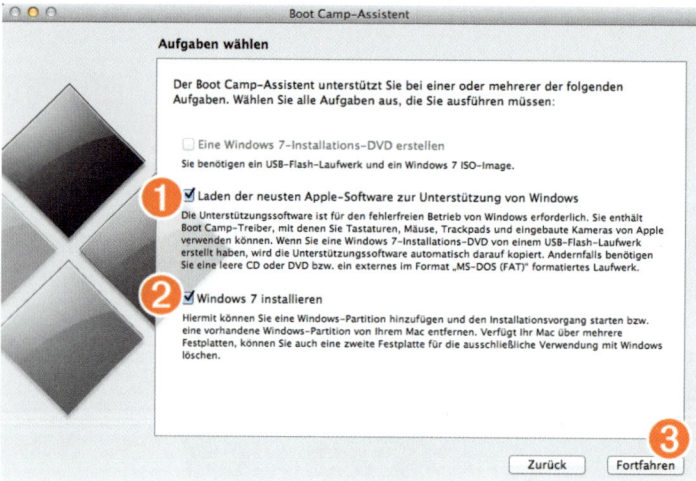

2 Bestätigen Sie das Speichern der anschließend herunterzuladenden Dateien und klicken Sie wiederum auf *Fortfahren*.

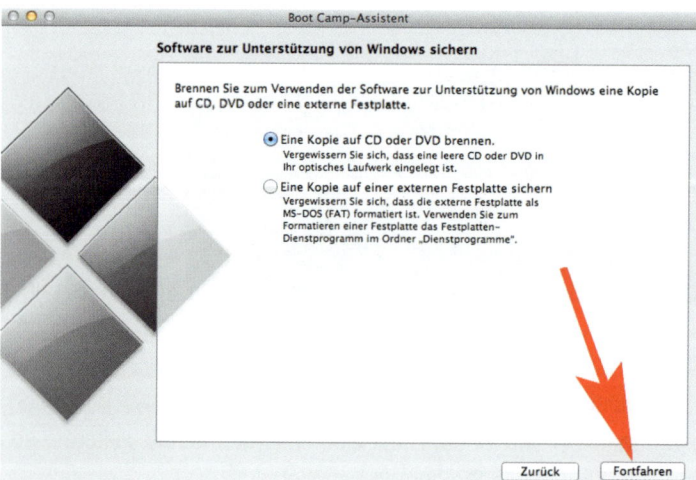

3 Als Nächstes erfolgt das Herunterladen und Speichern der entsprechenden Dateien – dieser Vorgang nimmt einige Zeit in Anspruch, jedoch kann er im Hintergrund ablaufen.

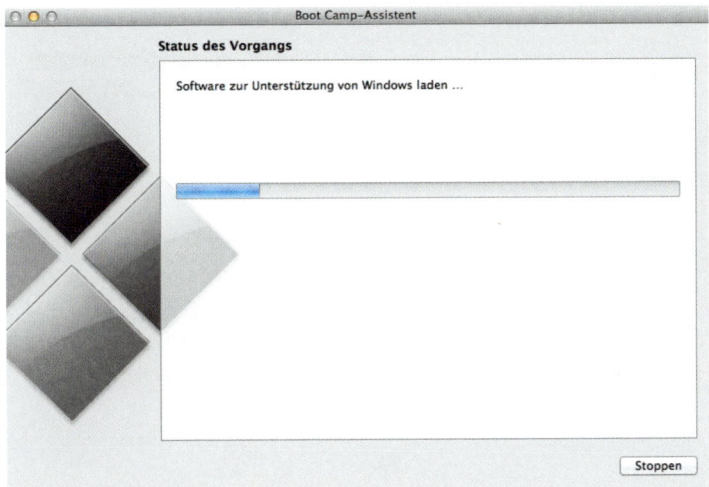

4 Nun kann es losgehen: Ziehen Sie die Windows-Partition in die gewünschte Größe ❶ und klicken Sie auf *Installieren* ❷, um die Windows-Installation vom eingelegten Datenträger vorzunehmen.

Nach der Installation des Betriebssystems und der erforderlichen Treiber können Sie sowohl OS X als auch Windows auf Ihrem Mac-Computer nutzen. Halten Sie nach dem Einschalten die (alt)-Taste so lange gedrückt, bis Ihnen die Auswahl des Startvolumes angezeigt wird. (Um vom Installationsdatenträger zu booten, halten Sie hingegen nach dem Einschalten die (C)-Taste gedrückt.) Das Standard-Startvolume – es enthält das Betriebssystem, das gestartet wird, wenn Sie nicht die (alt)-Taste betätigen – bestimmen Sie unter OS X Mountain Lion in den Systemeinstellungen unter *Startvolume*.

Und so entfernen Sie eine nicht mehr gewünschte Parallelinstallation wieder

Sie möchten das parallel installierte Windows wieder von Ihrem Computer entfernen? Kein Problem: Starten Sie dazu den Boot Camp-Assistenten erneut und entscheiden Sie sich für die Option *Win-* *dows 7 entfernen.* Bestätigen Sie anschließend das Löschen der entsprechenden Festplatten-Partition mit einem Mausklick auf *Wiederherstellen.*

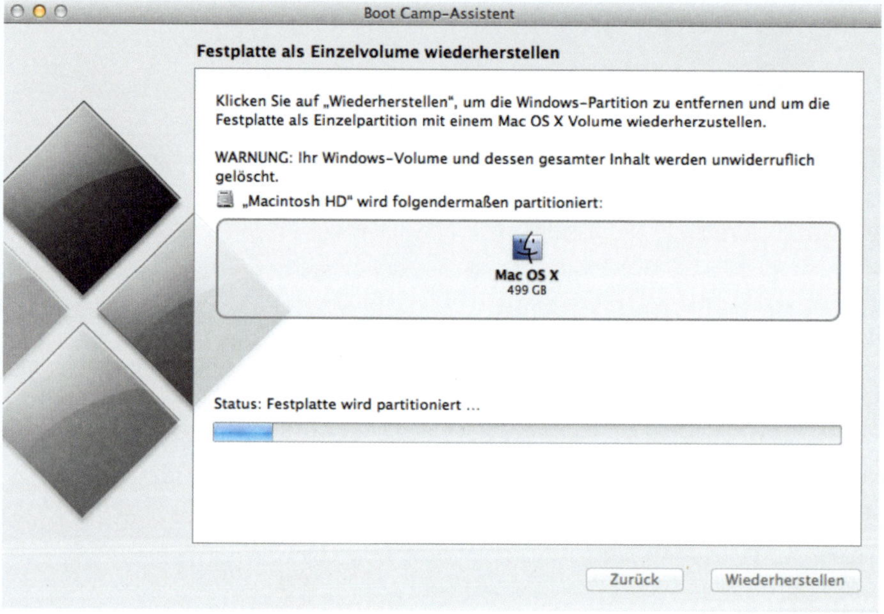

Boot Camp-Assistent

Festplatte als Einzelvolume wiederherstellen

Klicken Sie auf „Wiederherstellen", um die Windows-Partition zu entfernen und um die Festplatte als Einzelpartition mit einem Mac OS X Volume wiederherzustellen.

WARNUNG: Ihr Windows-Volume und dessen gesamter Inhalt werden unwiderruflich gelöscht.

„Macintosh HD" wird folgendermaßen partitioniert:

Mac OS X
499 GB

Status: Festplatte wird partitioniert ...

Zurück   Wiederherstellen

Stets auf dem aktuellsten Stand: Programme aktualisieren, wenn eine neue Version vorliegt

Halten Sie die von Ihnen installierte Software stets auf dem neuesten Stand, indem Sie Updates (= Aktualisierungen) installieren, sobald diese verfügbar sind. Dies geschieht unter OS X Mountain Lion auf drei Wegen:

* ***Betriebssystem und Systemprogramme aktualisieren:*** Öffnen Sie die Systemeinstellungen und klicken Sie auf *Softwareaktualisierung* (Sie finden diese Option auch im Apfel-Menü). Achten Sie darauf, dass die Kontrollkästchen für die automatische Suche und Installation der Updates aktiviert sind,

Software-
aktualisierung

wie es standardmäßig bereits der Fall ist. Wichtige Aktualisierungen werden vom Betriebssystem automatisch vorgenommen. Unter dem Button *Updates anzeigen* können Sie sich alle aktuell verfügbaren Updates im App Store ansehen.

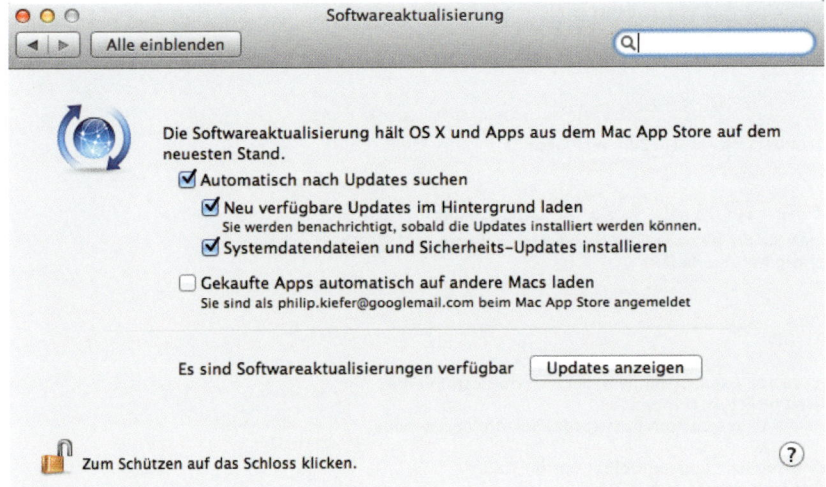

* **Apps aktualisieren:** Die Aktualisierung der von Ihnen installierten Apps nehmen Sie am besten direkt im App Store vor. Entscheiden Sie sich dort für *Updates* ❶ und wählen Sie *Alle aktualisieren* ❷, um sämtliche Updates zu installieren, bzw. klicken Sie auf den jeweiligen *Aktualisieren*-Button ❸, um nur einzelneUpdates zu installieren. Wenn Updates verfügbar sind, wird Ihnen dies übrigens auf dem App-Store-Symbol im Dock durch eine Zahl (z. B. 33) angezeigt. Mein Tipp: Löschen Sie nicht mehr benötigte Apps sofort, um nicht nur Platz auf der Festplatte zu schaffen, sondern auch um, den Aktualisierungsbedarf einzudämmen; zum Löschen von Apps siehe Seite 187.

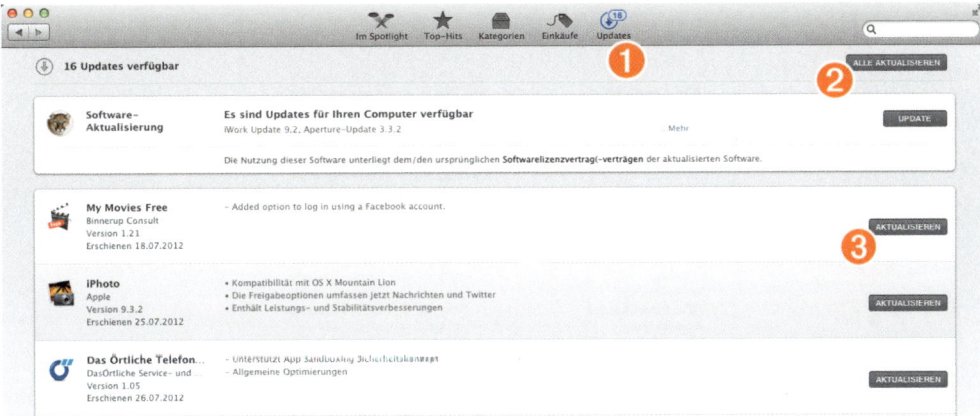

* **Weitere Programme aktualisieren:** Was die von Ihnen anderweitig installierten Programme betrifft, müssen Sie sich selbst um die Updates kümmern. Häufig kann in Programmen die automatische Suche nach Aktualisierungen aktiviert werden, in anderen Fällen finden Sie in der Menüleiste des Programms unter *Hilfe* die entsprechende Option, eher selten müssen Sie die Webseite des Herstellers aufsuchen, um sich über mögliche Updates zu informieren.

Die Abbildung zeigt ein verfügbares Update des Programms FileZilla, das mithilfe eines Assistenten heruntergeladen und installiert wird.

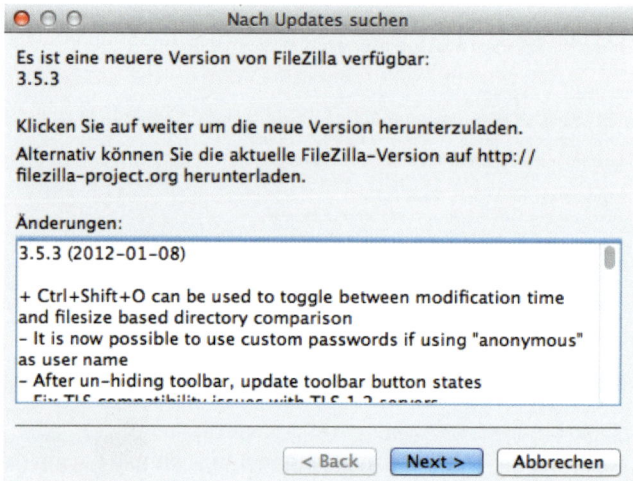

Mit diesem Programm verpassen Sie keine Programm-Updates mehr

Ein äußerst nützliches Programm für das rasche Aktualisieren von Programmen ist AppFresh (Download unter *http://metaquark.de/appfresh*). Dieses Programm analysiert die vorhandenen Programme und listet die verfügbaren Updates auf. Per Klick auf das ⬇-Symbol können diese dann direkt aus dem Internet heruntergeladen und installiert werden.

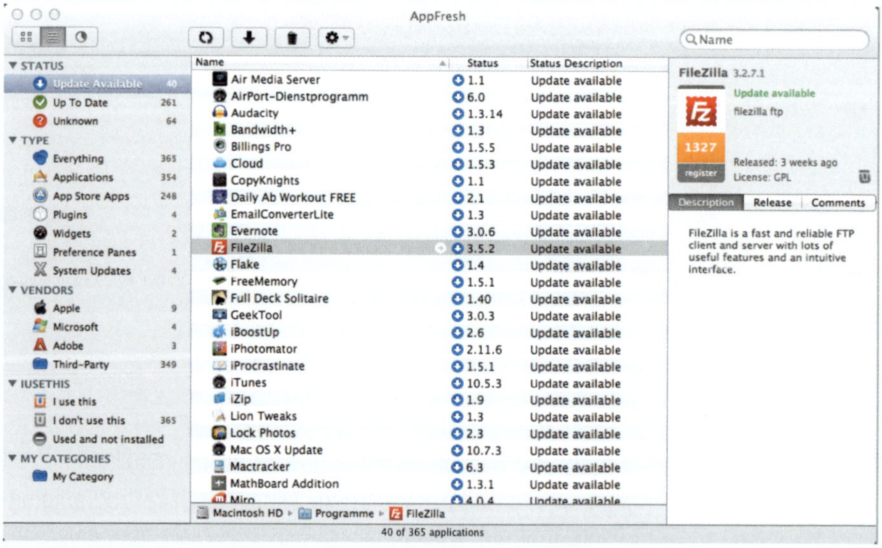

Programme gekonnt verwalten: Deinstallation und Launchpad-Verwaltung

Wie Sie Ihre Programme auf dem Mac aktualisieren, wissen Sie nun. Auf den folgenden Seiten zeige ich Ihnen als Nächstes noch, wie Sie nicht mehr benötigte Programme wieder loswerden, und wie Sie diese im Launchpad so ordnen, dass Sie auch bei vielen installierten Programmen stets den Überblick behalten.

So entfernen Sie nicht mehr benötigte Programme wieder von Ihrem Mac

Das Deinstallieren von Programmen gestaltet sich auf dem Mac erfreulich einfach und ist mit wenigen Handgriffen erledigt. So gehen Sie vor …

* **um eine App zu löschen:** Klicken Sie eine App im Launchpad an und halten Sie sie so lange gedrückt, bis die Symbole anfangen, zu „wackeln" und ein Kreuzsymbol ⊗ erscheint. Klicken Sie das Symbol an und bestätigen Sie im Abfragefenster mit *Löschen*.

The Island: Castaway

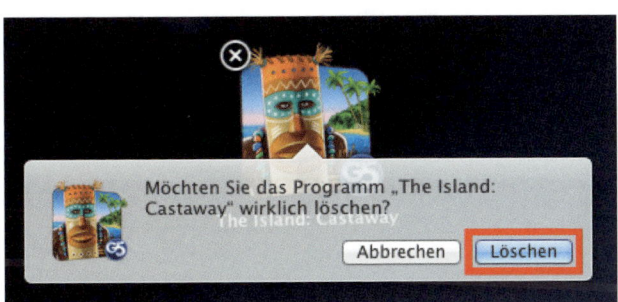

* **um weitere Programme zu deinstallieren:** Öffnen Sie im Finder den Ordner Programme. Klicken Sie ein Programm, das Sie von Ihrem Mac entfernen möchten, bei gedrückter ⌃ctrl⌄-Taste an und wählen Sie die Option *In den Papierkorb legen*. Alternativ ziehen Sie das Programm einfach bei gedrückter Maustaste auf das Papierkorbsymbol im Dock.

Tipp: Öffnen Sie die Programm-Ansicht im Finder mit der Tastenkombination (cmd)+(Umschalt)+(A) noch schneller.

Hinweis: Manche Programme bieten auch eine Deinstallationsroutine an. Klicken Sie in so einem Fall auf das Deinstallations-Symbol im Launchpad, um ein Programm zu entfernen.

Manchmal notwendig: Programmüberbleibsel gekonnt beseitigen

Leider wird jeweils nur das Programm gelöscht, nicht die vom Programm eventuell angelegten Dateien und Ordner. Löschen Sie auch diese Elemente im Finder, wobei Sie häufig im Ordner *Library* fündig werden. Um diesen zu öffnen, halten Sie die (alt)-Taste gedrückt und klicken in der Finder-Menüleiste auf *Gehe zu*.

Der Eintrag *Library* wird angezeigt; halten Sie die (alt)-Taste weiterhin gedrückt, während Sie diesen anklicken. In der Library durchkämmen Sie insbesondere auch die Unterordner *Application Support*, *Caches*, *PreferencePanes* und *Preferences* nach Programmüberbleibseln. Auch die Spotlight-Suche (vgl. Seite 211) hilft Ihnen bei der Suche nach Programmüberbleibseln weiter.

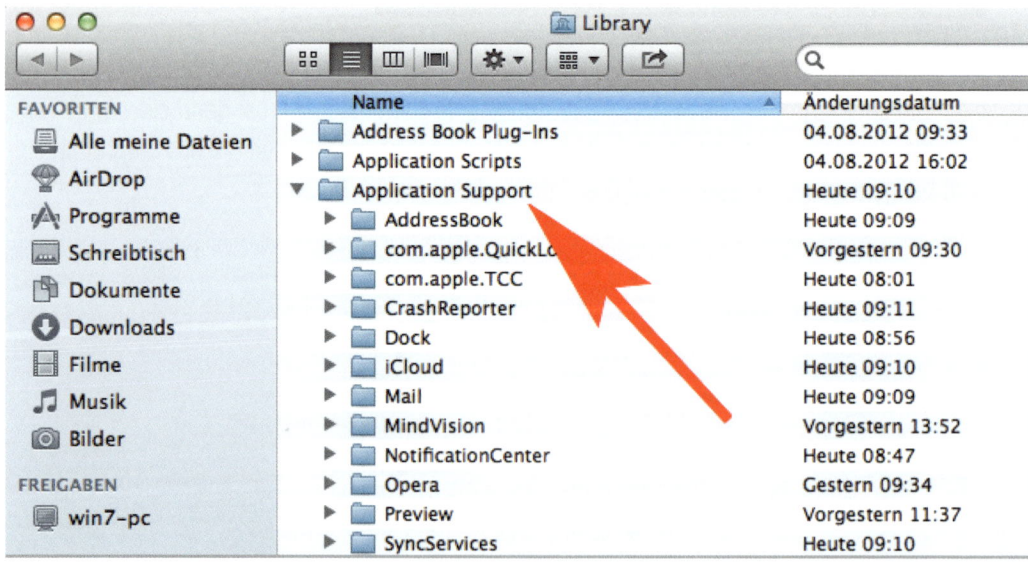

Mit dieser Software: Programme noch einfacher und gründlicher deinstallieren

Vielleicht haben Sie gar keine Lust, manuell nach Programmüberbleibseln zu fahnden? Dann empfehle ich Ihnen das kostenlose Tool AppCleaner, das Sie unter der Webadresse *http://www.freemacsoft.net* finden. Und so einfach funktioniert die Deinstallation eines Programms mit AppCleaner:

1 Starten Sie die App, nachdem Sie Sie heruntergeladen und in den Programme-Ordner kopiert haben. Entscheiden Sie in der Leiste oben ❶, ob Sie Programme, Widgets oder andere Elemente deinstallieren möchten. Per Kontrollkästchen wählen Sie dann die zu deinstallierenden Elemente aus ❷ und klicken anschließend auf den *Suche*-Button ❸.

2 Ihnen werden nun die Programmdateien nebst den verknüpften Elementen angezeigt. Wiederum treffen Sie Ihre Auswahl per Kontrollkästchen, bevor Sie mit einem Mausklick auf *Löschen* die *Deinstallation* starten.

Oder so: Ziehen Sie einfach ein Programm aus dem Finder-Fenster in den AppCleaner, um die Deinstallation durchzuführen.

Mehr Überblick im Launchpad: Programme nach Kategorien ordnen

Spätestens, wenn Sie mehrere Hundert Programme auf Ihrem Mac installiert haben, wird Ihnen der Überblick im Launchpad verloren gehen. Steuern Sie gegen, indem Sie von Anfang an Ordnung in die Programmsymbole bringen. Hierzu drei Tipps, die Gold wert sind – wer bereits ein iPhone, ein iPad oder einen iPod touch nutzt, dem kommen diese Funktionen sicherlich bekannt vor:

* *Symbole verschieben:* Ziehen Sie ein Symbol im Launchpad einfach bei gedrückter Maustaste in eine andere Position, um es mit anderen gleichartigen Symbolen zu gruppieren.

* *Symbole auf eigenen Screen ziehen:* Sie möchten Symbole, die zusammengehören, jeweils auf einem eigenen Launchpad-Screen anordnen? Ziehen Sie ein Symbol bei gedrückter Maustaste jeweils rechts über den Bildschirmrand hinaus, um zum nächsten Screen zu wechseln.

* *Symbole in Ordnern sortieren:* Ziehen Sie bei gedrückter Maustaste ein Symbol auf ein anderes; es wird im Launchpad daraufhin ein automatisch benannter Ordner erstellt. Um die Benennung zu ändern, klicken Sie diese an und geben den gewünschten Ordnernamen ein. Tipp: Wählen Sie keinen zu langen Ordnernamen, da dieser ansonsten im Launchpad nicht vollständig angezeigt wird.

So greifen Sie auf Ihre sämtlichen Programme direkt im Dock zu

Es geht auch ohne Launchpad: Ziehen Sie den Ordner *Programme* aus dem Finder rechts ins Dock – Sie erhalten dadurch in einem „Stapel" (vgl. Seite 200) noch schneller Zugriff auf die von Ihnen installierten Programme, wobei Sie allerdings auf die im Zusammenhang mit dem Launchpad kennengelernten Ordnungsfunktionen verzichten müssen.

6. Dateien ordnen & suchen: So verwalten Sie gekonnt die auf dem Mac gespeicherten Dateien

Alles Wichtige auf einen Blick:

* ✳ Einblick in den Finder: das Mac-Ordnersystem für Sie entschlüsselt
* ✳ Einfach mehr Ordnung: neue Ordner erstellen und managen
* ✳ Nicht mehr benötigte Dateien löschen und den Papierkorb verwalten
* ✳ Datensicherung: Ihre Dateien und Ordner auf eine CD oder DVD brennen
* ✳ Spotlight: dank der genialen Suchfunktion alle Dateien sofort finden

In diesem Buch war bereits des Öfteren vom Finder die Rede. Nun ist es an der Zeit, dass ich Ihnen dieses wichtige Programm noch etwas näherbringe. Machen Sie sich mit dem Ordnersystem auf Ihrem Mac vertraut und erfahren Sie, wie Sie Dateien kopieren, archivieren oder auf einen Datenträger brennen. Auch den Papierkorb sowie die exzellente Suchfunktion Spotlight werden Sie in diesem Kapitel kennenlernen.

Einblick in den Finder: das Mac-Ordnersystem für Sie entschlüsselt

Der Finder ist vergleichbar mit dem Windows-Explorer, den viele Leser bereits vom Windows-Computer her kennen. Sie verwalten damit die Dateien auf Ihrem Computer sowie auf angeschlossenen Geräten (DVD-Laufwerk usw.) und im Netzwerk. Der Finder ist stets geöffnet, und nach dem Start Ihres Macs wird Ihnen die Menüleiste des Finders oben in der Bedienoberfläche angezeigt. Um ein Finder-Fenster zu öffnen, klicken Sie

* ✳ entweder auf das Finder-Symbol links im Dock; wenn der Finder aktiv ist, können Sie dazu auch die Tastenkombination cmd+N verwenden, oder

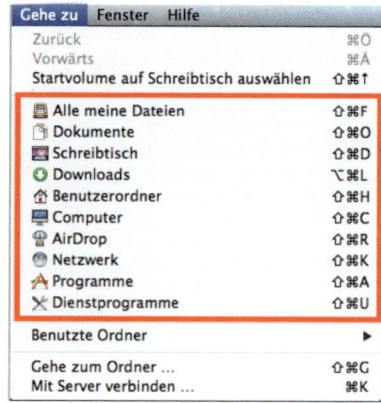

* ✳ in der Finder-Menüleiste auf den Eintrag *Gehe zu.* Wählen Sie den gewünschten Eintrag aus – oder drücken Sie eine der im Menü angezeigten Tastenkombinationen, um den Finder an einem bestimmten Ort zu öffnen. (Halten Sie beim Anklicken des *Gehe zu*-Eintrags die alt-Taste gedrückt, damit auch der *Library*-Ordner angezeigt wird.)

Übrigens: Im Menü finden Sie auch den Eintrag *Benutzte Ordner* – greifen Sie mit dieser Funktion bequem auf die von Ihnen zuletzt verwendeten Ordner zu.

Die Finder-Bedienoberfläche im schnellen Überblick

Wenn Sie bereits den Windows-Explorer genutzt haben, wird Ihnen vieles am Finder bekannt vorkommen, einiges jedoch werden Sie für verwirrend erachten. Gerne mache ich Sie zunächst mit der Bedienoberfläche des Finders vertraut. Neben den normalen Fenster-Elementen sehen Sie:

✳ **Anzeigebereich** ❶: Dieser Bereich nimmt den größten Teil der Finder-Bedienoberfläche ein; in ihm werden Ihnen die Inhalte der von Ihnen geöffneten Ordner angezeigt.

✳ **Seitenleiste** ❷: Links neben dem Anzeigebereich finden Sie eine Seitenleiste, die neben den Ordnern auf dem Computer auch Freigaben, Geräte sowie gegebenenfalls weitere Elemente beinhaltet.

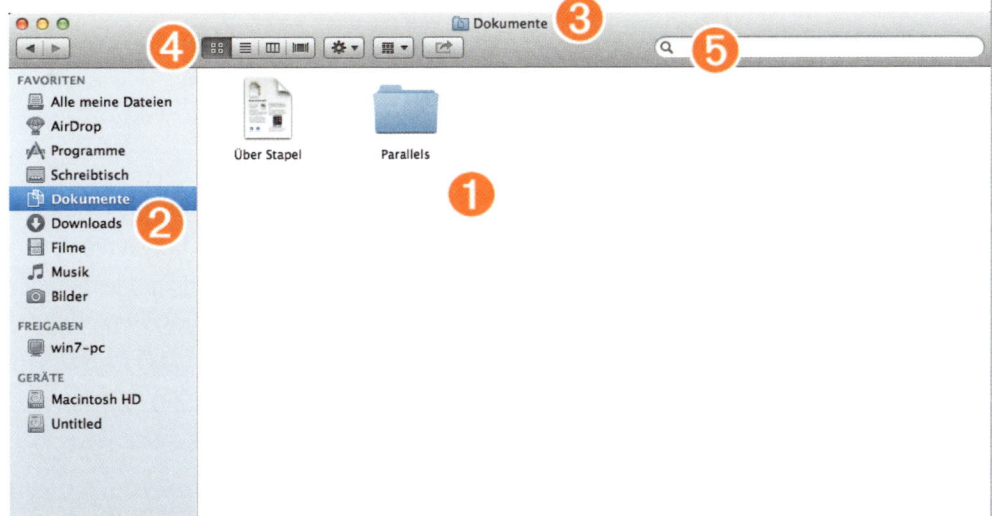

✳ **Titelleiste** ❸: Ganz oben im Finder-Fenster wird Ihnen der Name des jeweils geöffneten Ordners angezeigt. Klicken Sie den Ordnernamen bei gedrückter ⌷cmd⌷-Taste an, um sich – sofern verfügbar – die jeweils übergeordneten Ordner anzeigen zu lassen.

✳ **Symbolleiste** ❹: Die Standard-Symbole dienen der Navigation zwischen den Ordnern (◄ und ►), dem Einstellen einer anderen Ansichtsoption (⊞ , ≡ , ▥ und ▦), dem Aufrufen verschiedener Ordner-Optionen (⚙▾), dem Sortieren der Ordnerinhalte nach den von Ihnen festgelegten Kriterien (▦▾) sowie dem Versenden bzw. Freigeben ausgewählter Elemente (↪). Die Abbildung zeigt die Cover-Flow-Ansicht – entscheiden Sie selbst, welche Ansichtsoption Ihnen am meisten zusagt.

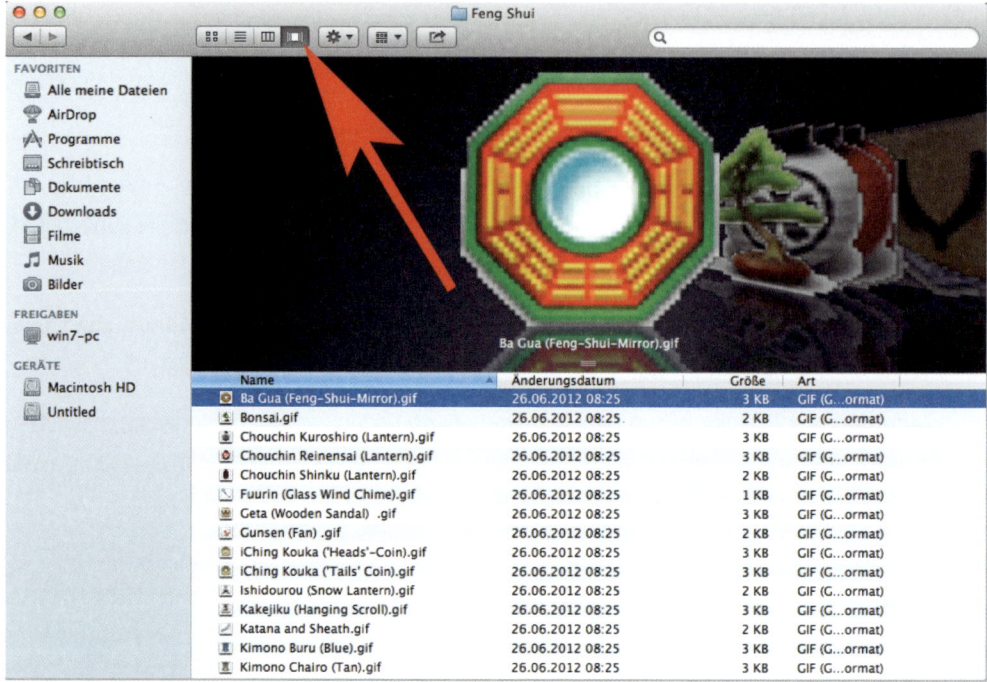

✳ **Suchfeld ❺**: Last, but not least, hilft Ihnen das in den Finder eingebaute Suchfeld weiter, wenn Sie nicht mehr wissen, wo Sie eine bestimmte Datei gespeichert haben. Tippen Sie einfach Ihren Suchbegriff ein und entscheiden Sie, ob nur im gerade geöffneten Ordner oder auf dem gesamten Computer nach der Datei gesucht werden soll. Tipp: Auch gängige Suchoperatoren wie OR, AND NOT können bei der Suche zum Einsatz kommen.

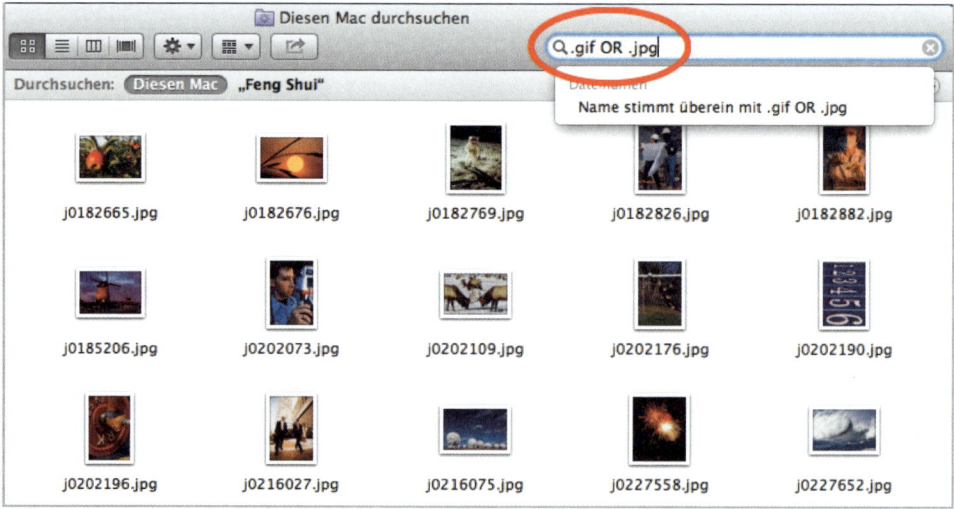

Klicken Sie im Finder auf einen Ordner, um sich dessen Inhalte anzeigen zu lassen, doppelklicken Sie auf eine Datei, um diese zu öffnen – die Verwaltung Ihrer Dateien mit dem Finder ist wirklich einfach!

Sie möchten den übergeordneten Ordner eines Ordners aufrufen? Klicken Sie einen Ordner dazu bei gedrückter [ctrl]-Taste an und wählen Sie im Menü die
Option *Übergeordneten Ordner öffnen*. Sie finden diese Option ebenfalls in der Menüleiste unter *Gehe zu*.

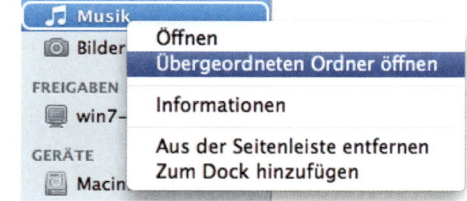

Die Standard-Ordner sofort im Griff

Was Ihnen sicher sofort aufgefallen ist: In der Finder-Seitenleiste unter *Favoriten* werden Ihnen nicht
alle Ordner angezeigt, die Sie in der Menüleiste unter *Gehe zu* finden. Standardmäßig fehlen in den
Favoriten folgende Einträge:

✳ **Benutzerordner:** Für jeden Benutzer auf dem Mac werden Ordner für *Bilder*, *Dokumente*, *Downloads*, *Filme* und *Musik* angelegt, die sich hier nebst einem Ordner *Öffentlich* (zum Austauschen
von Dateien mit anderen Benutzern) sowie diversen weiteren Ordnern, die auch von installierten
Programmen angelegt werden können, finden lassen. Einige dieser Unterordner finden Sie in
den *Favoriten*, nicht jedoch den Benutzerordner selbst.

✳ **Library:** In diesem Ordner finden Sie Systemdateien, auf die Sie nur in Ausnahmefällen zugreifen. Er ist deshalb standardmäßig ausgeblendet und wird Ihnen nur angezeigt, wenn Sie den
Eintrag *Gehe zu* in der Finder-Menüleiste bei gedrückter [alt]-Taste anklicken. (Ein Tipp für fortgeschrittene Nutzer, welche den Ordner *Library* häufiger benötigen: Blenden Sie diesen in Ihrem
Benutzerordner ein, indem Sie im Terminal den Befehl *chflags nohidden ~/Library/* ausführen,
der Befehl zum Verstecken lautet entsprechend *chflags hidden ~/Library/*; das Zeichen ~ erzeugen Sie per [alt]+[N] und anschließendes Drücken der [Leer]-Taste.)

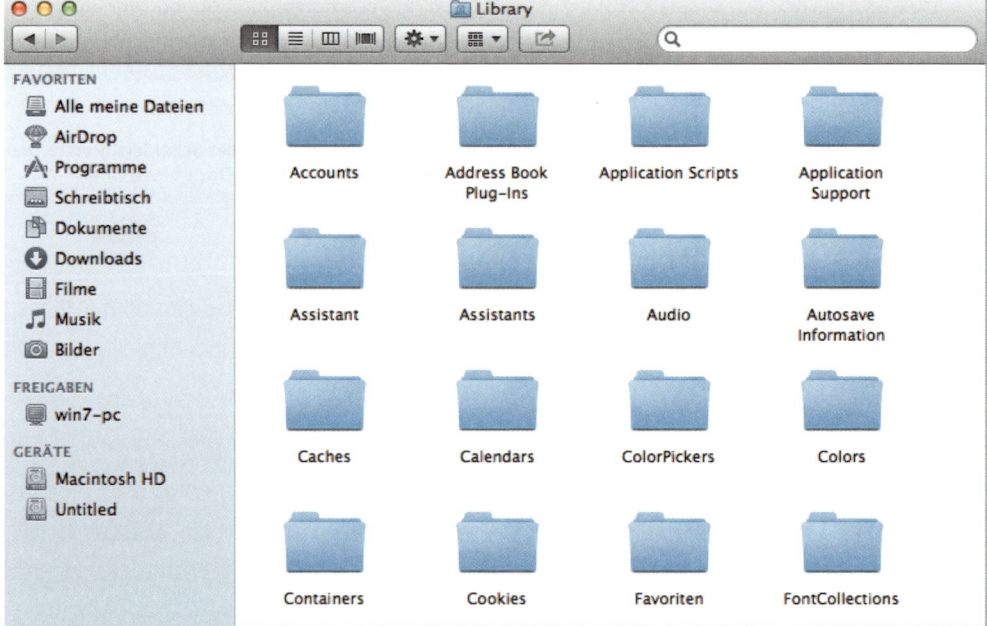

* **Computer:** Bei der Computer-Ansicht handelt es sich nicht eigentlich um einen Ordner. Wenn Sie sich unter *Gehe zu* für diesen Eintrag entscheiden, werden Ihnen die auf Ihrem Mac verfügbaren Laufwerke – Festplatte bzw. Partitionen, DVD-Laufwerk usw. – angezeigt.

* **Netzwerk:** Diese Ansicht entspricht nicht ganz dem Eintrag unter *Freigaben* – mit einem Mausklick auf diese Option werden Ihnen die im Netzwerk verfügbaren Geräte angezeigt.

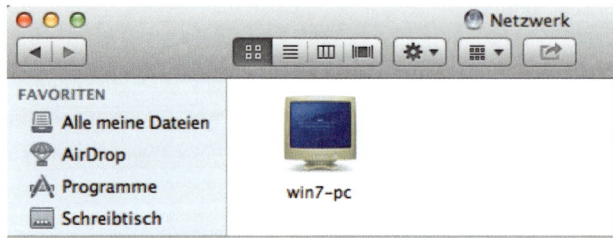

* **Dienstprogramme:** Dieser Ordner schließlich beinhaltet die verschiedenen Dienstprogramme, die Sie auch im Launchpad im Ordner *Andere* finden sowie gegebenenfalls weitere Dienstprogramme, die Sie nachträglich installieren.

Standardmäßig sowohl unter *Gehe zu* als auch in den *Favoriten* zu finden sind darüber hinaus die folgenden Elemente:

* **Alle meine Dateien:** Wenn Sie sich für diesen „Ordner" entscheiden, werden Ihnen die in Ihrem Benutzerordner verfügbaren Dateien angezeigt, jedoch keine Systemdateien.

* **AirDrop:** Diese Funktion haben Sie bereits auf Seite 79 kennengelernt; sie dient zum einfachen Dateiaustausch zwischen mehreren Macs.

* **Schreibtisch:** Hier finden Sie schließlich – übersichtlich sortiert – die Dateien, die Sie auf Ihrem Schreibtisch abgelegt haben.

Ebenfalls unter *Favoriten* zu finden sind die Benutzerordner *Dokumente*, *Downloads*, *Filme*, *Musik* und *Bilder*, um Ihre eigenen Dateien einzusortieren. Sie stellen fest: Das Ordnersystem ist recht gut durchdacht und richtet sich nach der gängigen Verwendung des Computers bei den meisten Mac-Nutzern.

Favoriten und Verknüpfungen: So greifen Sie schneller auf häufig genutzte Ordner zu

Die Favoriten im Finder sind nicht festgemeißelt. Ziehen Sie einen Eintrag unter *Favoriten* bei gedrückter cmd-Taste in den Anzeigebereich, um ihn zu löschen. (Alternativ klicken Sie einen Eintrag bei gedrückter ctrl-Taste an und wählen im Menü *Aus der Seitenleiste entfernen*; beides gilt nicht nur für die Favoriten, sondern auch für andere Einträge in der Seitenleiste.) Selbstverständlich lassen sich die Favoriten auch anders platzieren, indem Sie diese einfach bei gedrückter Maustaste in die gewünschte Position ziehen.

Oder möchten Sie den Favoriten einen Ordner hinzufügen? Hierzu ziehen Sie den gewünschten Ordner einfach bei gedrückter Maustaste aus dem Anzeigebereich in die Seitenleiste. Meine Empfehlung: Nehmen Sie sich etwas Zeit, um die Favoriten in der Seitenleiste ganz nach Ihrem Bedarf einzurichten – diese Zeit sparen Sie später im Mac-Alltag beim Öffnen der entsprechenden Ordner.

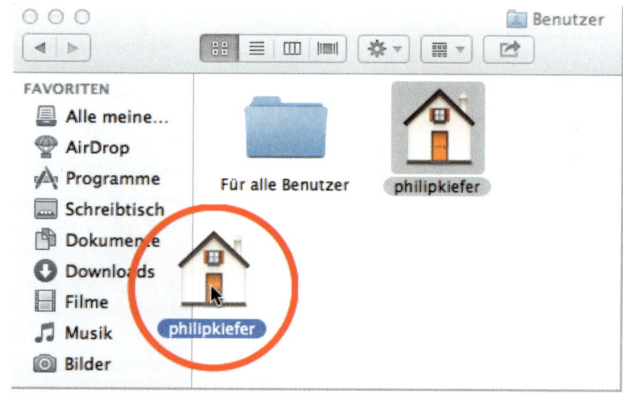

Die Seitenleiste per Kontrollkästchen einrichten: Entscheiden Sie sich dazu in der Finder-Menüleiste für *Finder/ Einstellungen*.

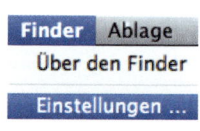

Klicken Sie auf *Seitenleiste* ❶ und bestimmen Sie per Kontrollkästchen ❷, welche Elemente in der Seitenleiste angezeigt werden sollen und welche nicht.

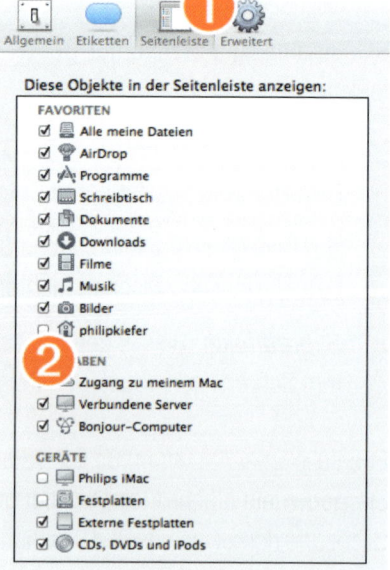

Verknüpfungen zu Ordnern oder einzelnen Dateien direkt auf dem Schreibtisch ablegen

Um einen Ordner oder eine einzelne Datei direkt auf dem Schreibtisch verfügbar zu machen, muss diese nicht als solche in den Ordner *Schreibtisch* verschoben werden. Erstellen Sie stattdessen eine entsprechende Verknüpfung:

1 Klicken Sie das gewünschte Element dazu bei gedrückter ⌃ctrl⌄-Taste an und wählen Sie im Menü den Eintrag *Alias erzeugen*. (Alternativ lässt sich zum Erzeugen der Verknüpfung auch die Tastenkombination ⌃cmd⌄+⌃L⌄ einsetzen.)

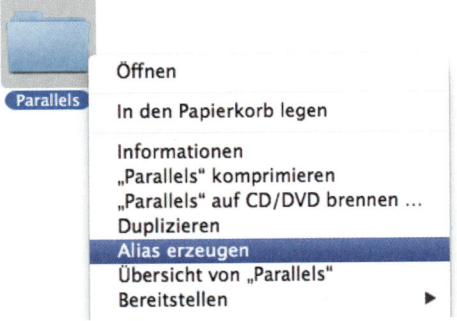

2 Die Verknüpfung wird im gleichen Ordner erzeugt. Klicken Sie sie an ...

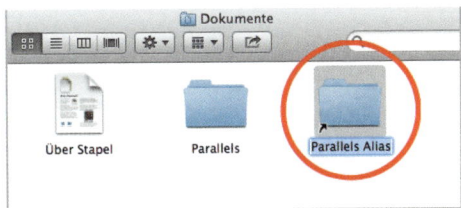

3 ... und ziehen Sie sie bei gedrückter Maustaste auf den Schreibtisch.

4 Fertig! Die Verknüpfung steht Ihnen nun auf dem Schreibtisch zur Verfügung. Zum Öffnen genügt ein Doppelklick.

Mein Tipp, um Verknüpfungen noch schneller zu erstellen: Ziehen Sie ein Element dazu einfach bei gedrückter ⌃alt⌄+⌃cmd⌄-Taste auf den Schreibtisch!

Das Löschen von Elementen auf dem Schreibtisch erfolgt übrigens wie im Finder selbst auch, d. h., Sie ziehen ein Element einfach bei gedrückter Maustaste auf das Papierkorbsymbol im Dock oder wählen ein Element aus und drücken ⌃cmd⌄+⌃delete⌄.

Für den Schnellzugriff: Ordner und Dateien direkt im Dock ablegen

Sie arbeiten gerade an einer Datei oder verwenden regelmäßig einen bestimmten Ordner? Besonders häufig genutzte Elemente legen Sie im Dock ab, indem Sie diese bei gedrückter Maustaste aus dem Finder in den rechten Bereich des Docks ziehen (ich habe das bereits kurz mit dem Programmordner gezeigt).

Meine Empfehlung allerdings: Platzieren Sie hier nur ausgewählte Elemente, denn ansonsten kann das Dock schnell unübersichtlich werden!

Ordner werden im Dock als „Stapel" angelegt, d. h., wenn Sie den Ordner anklicken, werden Ihnen die Dateien in Form eines Stapels angezeigt. Es gibt drei verschiedene Stapel-Varianten, nämlich den Fächer, das Gitter und die Liste.

Am pfiffigsten ist sicherlich der Fächer, der auch in der Abbildung gezeigt wird. Klicken Sie einen Ordner im Dock bei gedrückter ctrl-Taste an, um die gewünschte Stapel-Variante auszuwählen.

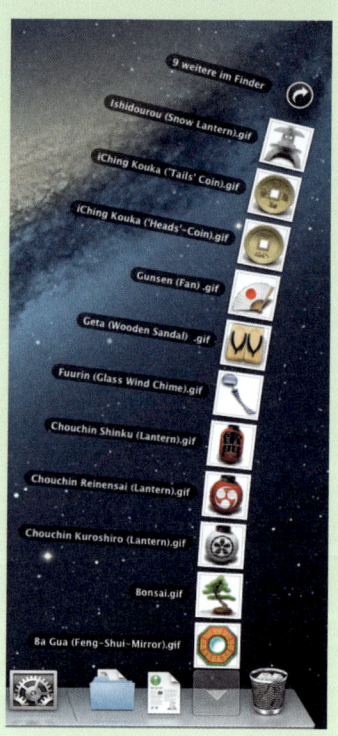

Ordnerpfade anzeigen und mehr: Richten Sie den Finder für Ihren Mac-Alltag ein

Was Sie im Finder vielleicht noch vermissen, ist eine Anzeige des jeweiligen Ordnerpfads (ohne diese, wie bereits erwähnt, durch Anklicken des Ordnernamens bei gedrückter cmd-Taste zu erhalten) sowie eine Statusleiste, in der Sie Angaben zu den im gerade geöffneten Ordner enthaltenen Elementen finden. Kein Problem: Sowohl eine „Pfadleiste" als auch eine „Statusleiste" lassen sich in der Finder-Menüleiste unter *Darstellung* einblenden. Übrigens: Per Doppelklick auf einen Eintrag in der Pfadleiste wechseln Sie zum jeweiligen Ordner.

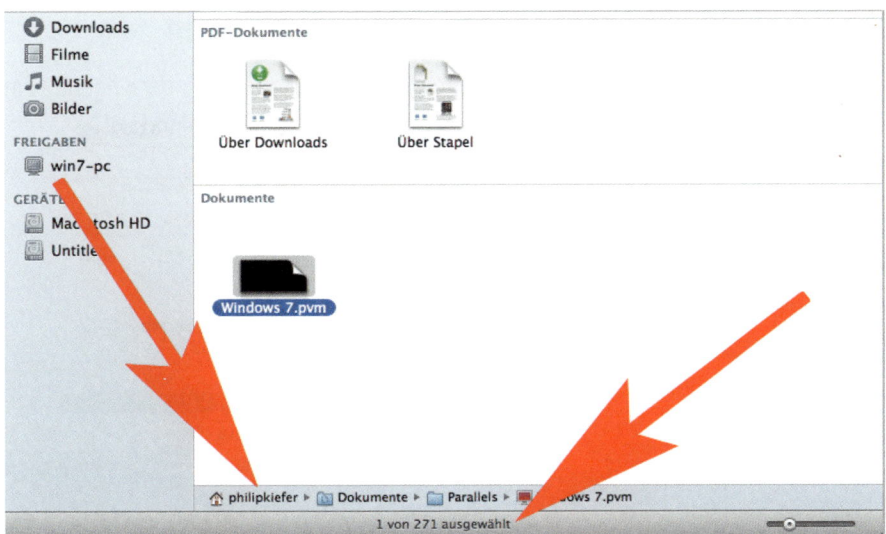

Den exakten Ordnerpfad finden Sie ansonsten auch im Infofenster, das Sie aufrufen, indem Sie einen Ordner bei gedrückter ⌃ctrl⌄-Taste anklicken und im Menü *Informationen* wählen.

Passen Sie auch die Symbolleiste im Finder ganz Ihren Bedürfnissen an: Entscheiden Sie sich dazu in der Finder-Menüleiste für *Darstellung/Symbolleiste anpassen*. Die Symbole, die Sie benötigen, ziehen Sie nun einfach bei gedrückter Maustaste in die Symbolleiste, wobei Sie diese innerhalb der Leiste beliebige positionieren. Schließen Sie das Fenster für die Anpassung der Symbolleiste dann mit einem Mausklick auf *Fertig*.

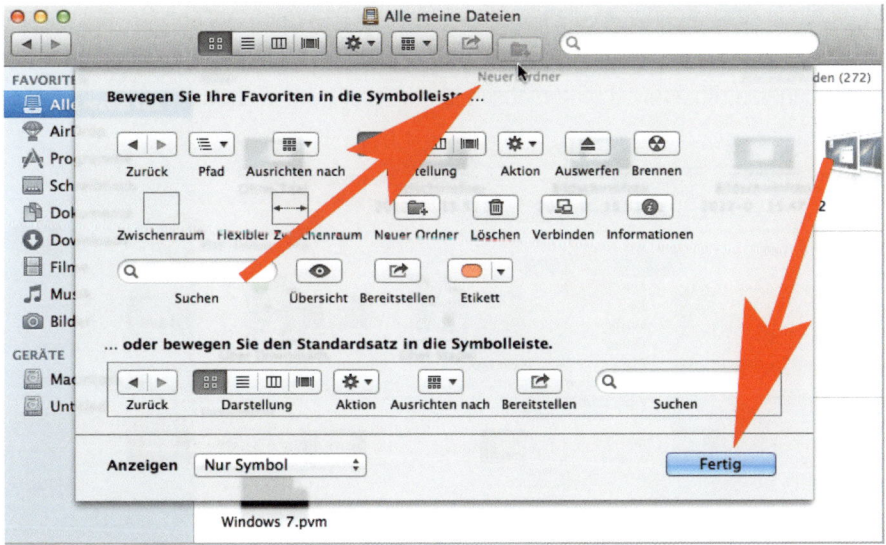

Einfach mehr Ordnung: neue Ordner erstellen und managen

Sie sind nun firm, was den Umgang mit den bereits vorhandenen Ordnern im Finder angeht. Nun bringen Sie Ordnung in Ihre eigenen Dateien. Erstellen Sie in diesem Zusammenhang:

* **Ordner:** Klicken Sie bei gedrückter ⌃ctrl-Taste auf eine freie Fläche des Anzeigebereichs und wählen Sie *Neuer Ordner* (bzw. entscheiden Sie sich in der Menüleiste für *Ablage/Neuer Ordner*), um am aktuell geöffneten Speicherort einen neuen Ordner zu erstellen und diesen zu benennen. Oder so: Wählen Sie bei gedrückter ⌘cmd-Taste mehrere Dateien aus, klicken Sie diese ebenfalls bei gedrückter ⌃ctrl-Taste an und wählen Sie den Eintrag *Neuer Ordner mit Auswahl* – statt eines leeren Ordners wird dann ein Ordner erstellt, der die ausgewählten Elemente enthält.

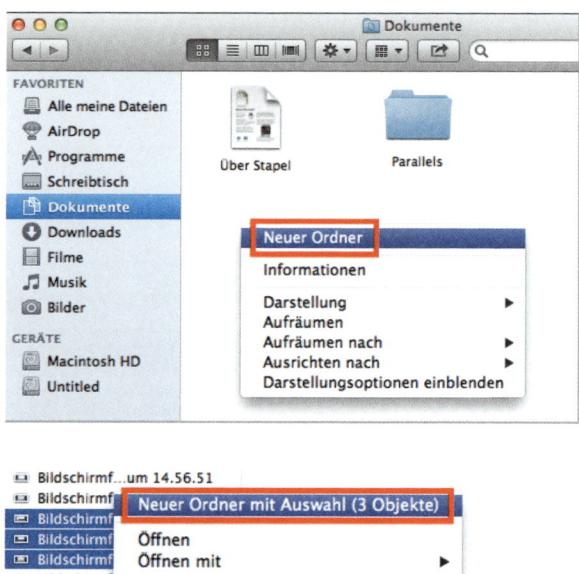

* **Intelligente Ordner:** Der „intelligente Ordner" ist einfach eine von Ihnen im Finder durchgeführte und gespeicherte Suche. Die Abbildung rechts zeigt beispielsweise, wie ich nach dem Begriff *bildschirmfoto* suche ❶, per Plussymbol ⊕ ❷ eine Filterleiste für die Suche aufrufe und die Suche per Menü auf die Option *Bild* ❸ begrenze. Mit *Sichern* ❹ und dem nachfolgenden Benennen und erneuten Bestätigen wird die jeweilige Suche gespeichert. Anschließend steht die Suche als „Ordner" in der Seitenleiste zur Verfügung – Elemente, die neu hinzukommen und auf welche die Suche zutrifft, werden automatisch in den intelligenten Ordner aufgenommen.

* ***Etiketten:*** Auch die Etiketten sind hilfreich, um zusammengehörige Dateien und Ordner im Finder – unabhängig vom jeweiligen Speicherort – zu gruppieren. Um ein Element mit einem Etikett zu versehen, klicken Sie es bei gedrückter ⌃ctrl⌄-Taste an und wählen dann einfach die Etikettenfarbe aus. Nutzen Sie nun das Suchfeld im Finder, um nach einer Etikettenfarbe zu suchen (hier z. B. *Gelb* – die Farbnamen werden Ihnen auch jeweils

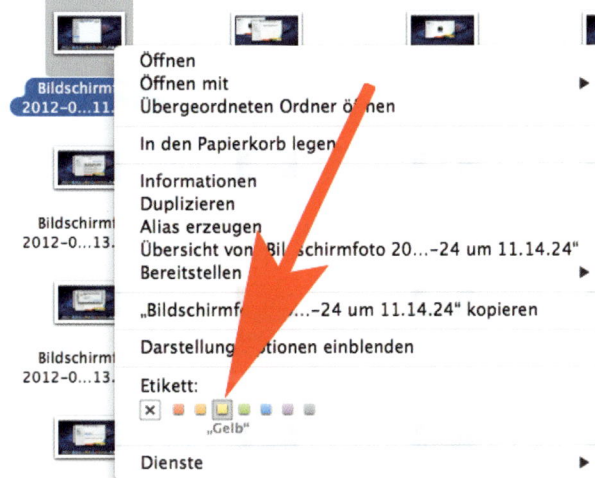

im Menü angezeigt, wenn Sie den Mauszeiger über ein Etikett bewegen), oder klicken Sie unter dem Symbol ▦▾ auf *Etikett*, um sich die etikettierten Element gruppiert anzeigen zu lassen.

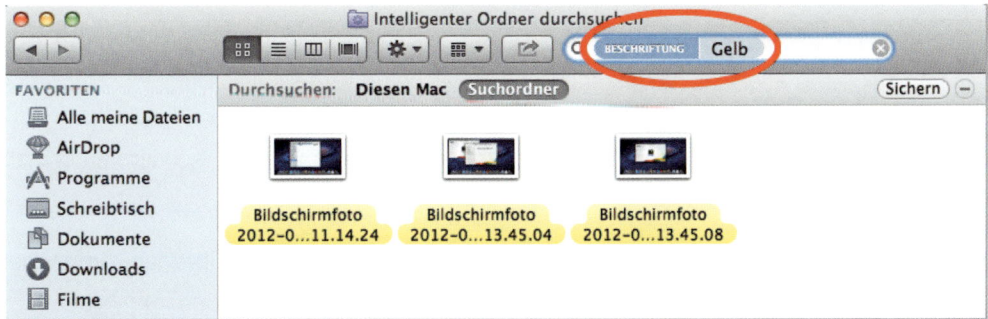

Sie sehen: An Überblick wird es Ihnen bei der Mac-Nutzung nicht mangeln, selbst dann, wenn Sie im Laufe der Zeit sehr viele Dateien auf Ihrem Computer speichern!

Copy & Paste: Elemente in einen Ordner kopieren oder verschieben – so geht es am schnellsten

Um eine Datei im Finder von einem Speicherort zum anderen zu kopieren, wählen Sie diese aus und entscheiden sich dann in der Finder-Menüleiste unter *Bearbeiten* für die gewünschte Option, also „Kopieren" und „Einsetzen", um eine Datei am ursprünglichen Speicherort zu behalten und eine zusätzliche Kopie zu erstellen.

Zum Verschieben einer Datei wählen Sie auf Ihrem Mac ebenfalls das Kopieren aus; wechseln Sie dann zum neuen Speicherort und klicken Sie den *Bearbeiten*-Eintrag in der Finder-Menüleiste bei gedrückter [alt]-Taste an. Entscheiden Sie sich für den nun erscheinenden Eintrag *Objekt hierher bewegen*. (Hinweis: Die Optionen *Ausschneiden* und *Einsetzen* im Menü gelten nicht für Dateien und Ordner.)

Noch etwas bequemer und schneller funktioniert das Ganze mithilfe der entsprechenden Tastenkombinationen. Markieren Sie eine Datei und verwenden Sie

* *zum Kopieren:* [cmd]+[C] – die ausgewählte Datei (dies gilt auch für Ordner oder andere Elemente) wird mit dieser Tastenkombination in die Zwischenablage kopiert.

* *zum Einsetzen:* [cmd]+[V] – eine Kopie der in der Zwischenablage befindlichen Datei wird damit am neuen Speicherort erzeugt.

* *zum Verschieben:* [alt]+[cmd]+[V] – die in der Zwischenablage befindliche Datei wird am neuen Speicherort abgelegt, am ursprünglichen Speicherort wird sie gelöscht.

Und natürlich können Sie nicht nur eine Datei kopieren oder verschieben, sondern auch mehrere Dateien gleichzeitig. Wählen Sie

* *alle Dateien:* [cmd]+[A] – mit dieser Tastenkombination werden alle in einem Ordner befindlichen Elemente markiert.

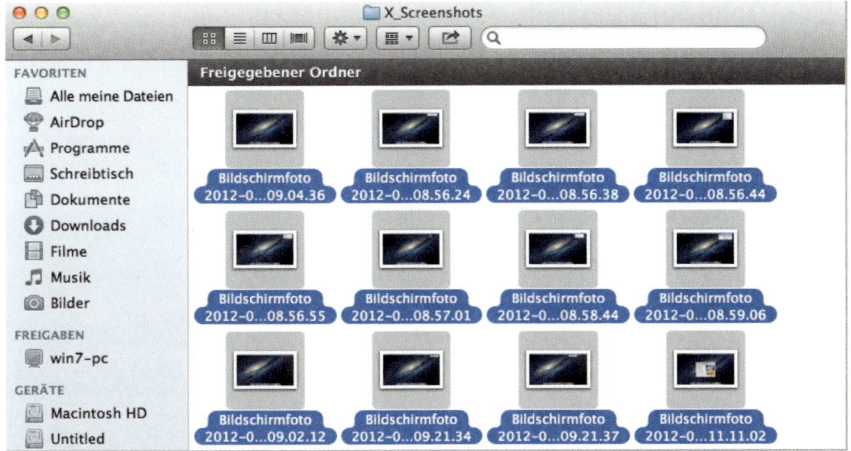

* **mehrere Dateien:** Klicken Sie die Dateien hierzu einfach bei gedrückter ⌘cmd⌘-Taste an.

* **mehrere Dateien in einer Reihe:** Klicken Sie hierzu die erste Datei in der Reihe an, drücken Sie dann die ⌘Umschalt⌘-Taste und klicken Sie die letzte Datei in der Reihe an. (Funktioniert nicht in der Symbolansicht!)

Um eine der Dateien wieder von der Auswahl auszuschließen, klicken Sie diese erneut bei gedrückter ⌘cmd⌘-Taste an. Sie werden diese Funktionen im Mac-Alltag schnell verinnerlichen.

Welche Elemente befinden sich gerade in der Zwischenablage? So lassen Sie es sich anzeigen

Befinden sich alle Elemente in der Zwischenablage, die Sie kopieren oder verschieben möchten? Entscheiden Sie sich in der Finder-Menüleiste für *Bearbeiten/Zwischenablage einblenden*, um sich dessen zu versichern.

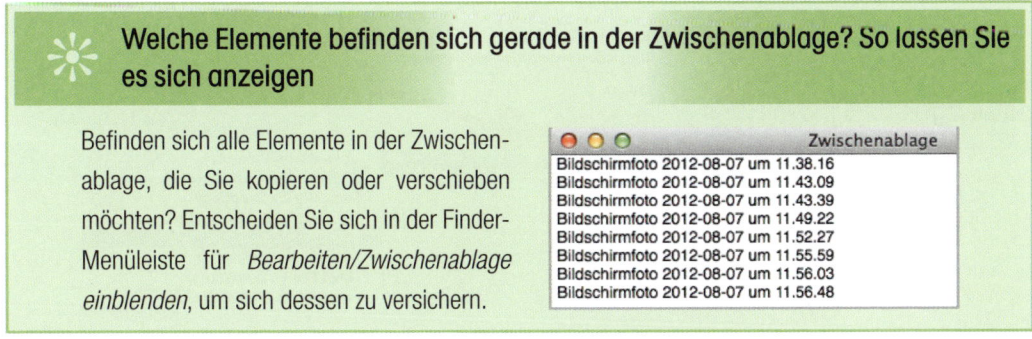

Weitere nützliche Datei-Funktionen im schnellen Überblick

Einige weitere nützliche Funktionen rund um Dateien und Ordner möchte ich Ihnen nicht vorenthalten:

* **Dateien umbenennen:** Um das zu bewerkstelligen, klicken Sie eine Datei im Finder zweimal langsam hintereinander an. Tippen Sie dann einfach die neue Bezeichnung ein.

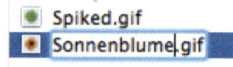

* **Kommentare einfügen:** Mithilfe von Kommentaren finden Sie eine Datei später leichter wieder! Um diese einzugeben, klicken Sie eine Datei bei gedrückter ⌃ctrl-Taste an und wählen *Informationen*. Oben im Infofenster geben Sie nun die gewünschten Kommentare oder einzelne Schlagwörter ein.

* **Dateien schützen:** Verhindern Sie, dass eine wichtige Datei versehentlich gelöscht wird! Aktivieren Sie im Infofenster das Kontrollkästchen *Geschützt*. Vor dem Löschen erscheint dann ein Abfragefenster, in dem Sie das Löschen der Datei zunächst bestätigen müssen.

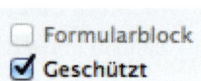

* **Zugriffsrechte anpassen:** Dürfen auch andere Benutzer auf eine Datei zugreifen und diese gegebenenfalls sogar ändern? Die Zugriffsrechte (*Nur Lesen* oder *Lesen & Schreiben*) legen Sie ebenfalls im Infofenster fest. Um dort Benutzer hinzuzufügen, klicken Sie auf das Plussymbol ➕ . Mehr zum Thema Benutzer gibt es noch in Kapitel 12.

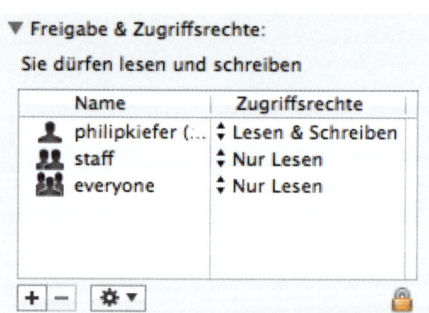

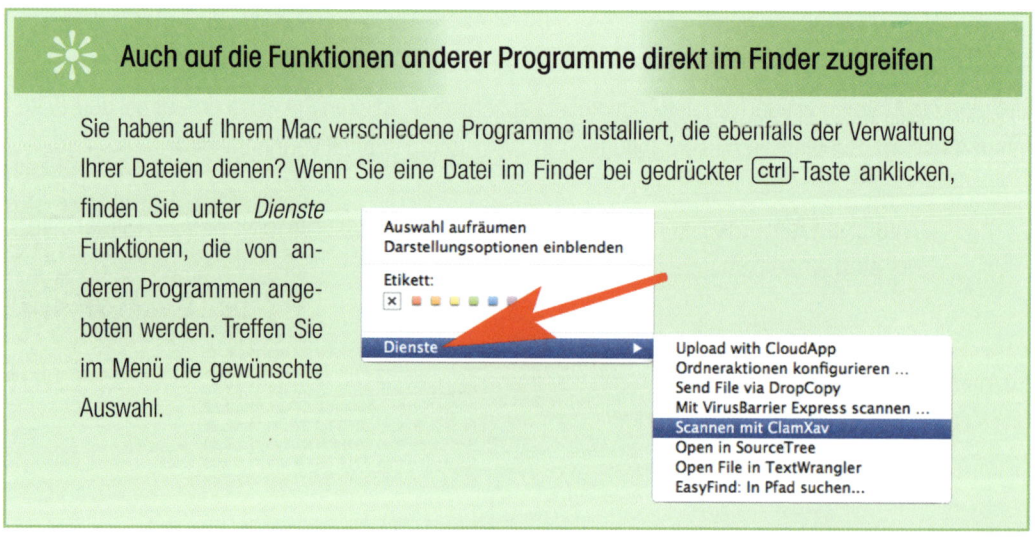

Auch auf die Funktionen anderer Programme direkt im Finder zugreifen

Sie haben auf Ihrem Mac verschiedene Programme installiert, die ebenfalls der Verwaltung Ihrer Dateien dienen? Wenn Sie eine Datei im Finder bei gedrückter ⌃ctrl-Taste anklicken, finden Sie unter *Dienste* Funktionen, die von anderen Programmen angeboten werden. Treffen Sie im Menü die gewünschte Auswahl.

Dateien im komprimierten Format archivieren oder entpacken

Praktisch beispielsweise, wenn Sie mehrere Dateien per E-Mail versenden möchten: „Packen" Sie diese zuvor im ZIP-Format.

Auf Ihrem Mac ist das eine simple Sache: Markieren Sie die Dateien oder Ordner, die Sie packen möchten, und klicken Sie sie bei gedrückter ⌃ctrl⌄-Taste an. Im Menü entscheiden Sie sich für die „Komprimieren"-Option – die ZIP-Datei wird daraufhin prompt auf dem Schreibtisch erstellt.

Das „Entpacken" der ZIP-Datei ist sogar noch einfacher: Doppelklicken Sie darauf, um die Elemente in einem Ordner öffnen zu können.

Nicht mehr benötigte Dateien löschen und den Papierkorb verwalten

Von Kurt Tucholsky stammt das Zitat: „Die Basis jeder gesunden Ordnung ist ein großer Papierkorb". Das gilt selbstverständlich auch für Ihren Computer: Löschen Sie Dateien, die Sie nicht mehr benötigen, möglichst gleich, damit sich im Laufe der Zeit kein unnötiger Ballast auf der Festplatte ansammelt.

Auf Ihrem Mac finden Sie den Papierkorb rechts unten im Dock. Seine Handhabung ist der auf einem Windows-Computer ähnlich, aber doch etwas anders.

Wenn Sie eine Datei per ⌃cmd⌄+⌃delete⌄ löschen oder indem Sie diese einfach bei gedrückter Maustaste auf das Papierkorbsymbol ziehen, ist diese noch nicht vollständig gelöscht. Sie liegt im Papierkorb und kann dort wiederhergestellt werden. Bildlich gesprochen: Die Altpapier-Abfuhr war noch nicht da.

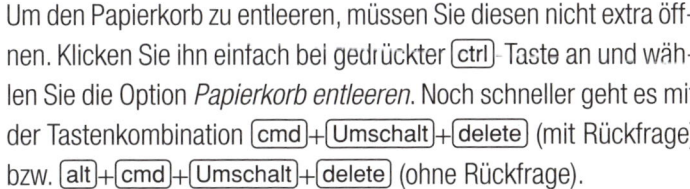

Um den Papierkorb zu entleeren, müssen Sie diesen nicht extra öffnen. Klicken Sie ihn einfach bei gedrückter ⌃ctrl⌄-Taste an und wählen Sie die Option *Papierkorb entleeren*. Noch schneller geht es mit der Tastenkombination ⌃cmd⌄+⌃Umschalt⌄+⌃delete⌄ (mit Rückfrage) bzw. ⌃alt⌄+⌃cmd⌄+⌃Umschalt⌄+⌃delete⌄ (ohne Rückfrage).

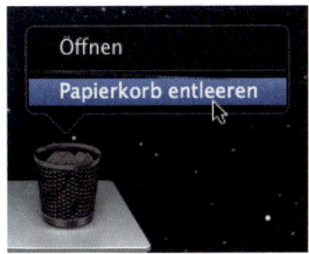

Sollen auch geschützte Dateien aus dem Papierkorb gelöscht werden? Halten Sie dazu beim Entleeren die ⌃alt⌄-Taste gedrückt.

Ohne Überbleibsel auf der Festplatte: Dateien sicher löschen

Wichtig zu wissen: Auch Dateien, die aus dem Papierkorb gelöscht
wurden, befinden sich noch auf der Festplatte und können unter
Umständen wiederhergestellt werden. Wenn Sie dies nicht wünschen, entscheiden Sie sich für das sichere Entleeren des Papier-
korbs – hierbei werden die Dateien auf der Festplatte zusätzlich
überschrieben. Um dies zu bewerkstelligen, klicken Sie das Papier-
korbsymbol bei gedrückter ctrl-Taste an, drücken dann die cmd-Taste, um die Option *Papierkorb
entleeren* in die Option *Papierkorb sicher entleeren* umzuwandeln.

Sie möchten, dass der Papierkorb stets sicher entleert
wird? Entscheiden Sie sich dazu in der Finder-Menüleiste
für *Finder/Einstellungen*. Unter *Erweitert* ❶ aktivieren
Sie das Kontrollkästchen *Papierkorb sicher entleeren* ❷.
Hier können Sie übrigens auch, ebenfalls per Kontrollkästchen, die Rückfrage beim Entleeren des Papier-
korbs abschalten.

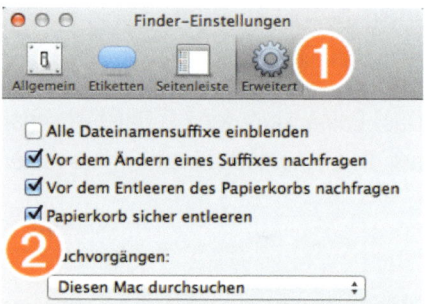

☀ So lassen Sie sich auf Ihrem Mac auch die versteckten Dateien anzeigen

Möchten Sie sich auch versteckte Dateien auf Ihrem Mac anzeigen lassen, um diese gegebenenfalls löschen zu können?
Fortgeschrittenere Mac-Nutzer öffnen hierzu das Terminal
und führen den folgenden Befehl aus: *defaults write com.
apple.finder AppleShowAllFiles true*. Anschließend wird mit
killall Finder der Finder beendet und neu gestartet. Die versteckten Dateien werden Ihnen nun
angezeigt. Um sie wieder auszublenden, tauschen Sie im Befehl das *true* durch ein *false* aus.

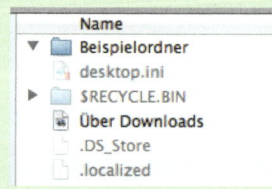

Sie haben eine Datei versehentlich gelöscht? So einfach stellen Sie sie wieder her

Falls eine Datei versehentlich in den Papierkorb geraten ist: Stellen Sie diese mit wenigen Handgriffen am ursprünglichen Speicherort wieder her. Das ist eine simple Sache – öffnen Sie dazu den
Papierkorb und verwenden Sie eine der folgenden drei Methoden:

* Klicken Sie die Datei (oder auch mehrere ausgewählte Dateien) bei gedrückter ctrl-Taste an
  und entscheiden Sie sich im Menü für den Eintrag *Zurücklegen*.

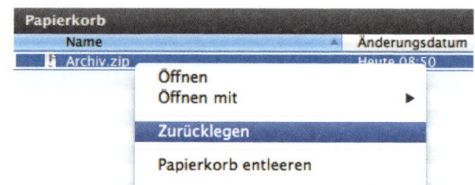

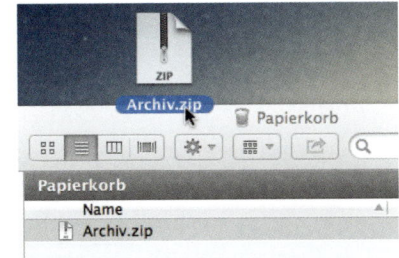

* Verwenden Sie zum Wiederherstellen der ausgewählten Datei(en) am ursprünglichen Speicherort die Tastenkombination ⌘cmd⌘+⌘delete⌘.

* Oder ziehen Sie eine Datei einfach bei gedrückter Maustaste aus dem Papierkorb heraus, entweder auf den Schreibtisch oder in einen beliebigen Ordner.

Das Wiederherstellen von Dateien, die bereits aus dem Papierkorb gelöscht wurden, kann gegebenenfalls mit einer Recovery-Software wie beispielsweise TestDisk (*http://www.cgsecurity.org*) erfolgen, aber nur dann, wenn Sie den Papierkorb nicht sicher entleert haben!

Datensicherung: Ihre Dateien und Ordner auf eine CD oder DVD brennen

Insbesondere durch versehentliches Löschen, im schlimmeren Fall aber auch durch Hardware-Defekte können unter Umständen wichtige Dateien verloren gehen. Wie Sie mit dem Mac-Programm Time Machine ein vollständiges Backup erstellen, zeige ich Ihnen in Kapitel 12. Um ausgewählte wichtige Dateien auf einer CD-ROM oder DVD-ROM zu sichern, gehen Sie folgendermaßen vor:

1 Legen Sie einen leeren Datenträger – hier eine CD-ROM – ins Laufwerk ein. Im Hinweisfenster, das sich kurz darauf öffnet, bestätigen Sie die Aktion *Finder öffnen* ❶ mit *OK* ❷.

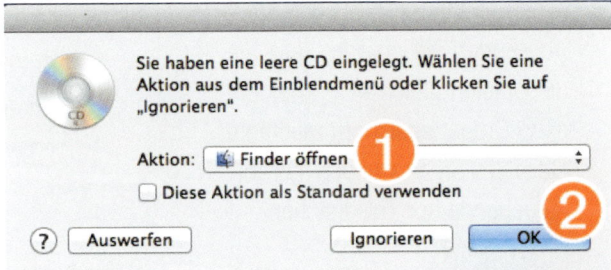

2 Auf dem Schreibtisch wird ein CD-Symbol angezeigt. Ziehen Sie bei gedrückter Maustaste die Elemente darauf, die Sie brennen möchten, ...

3 ... oder fügen Sie die Elemente direkt im Finder-Fenster ein, wo ebenfalls ein entsprechender Eintrag eingeblendet wird – gehen Sie dabei ganz genauso vor, als ob Sie die Dateien in einen Ordner auf der Festplatte kopieren wollten.

4 Wenn Sie Ihre Auswahl beendet haben, klicken Sie rechts oben im Finder auf den *Brennen*-Button (oder klicken Sie das CD-Symbol auf dem Schreibtisch bei gedrückter ⌃-Taste an und wählen die entsprechende Option).

5 Geben Sie dem Datenträger nun noch eine beliebige Bezeichnung ❶, bevor Sie den Brennvorgang mit einem Mausklick auf den *Brennen*-Button ❷ starten. Falls Sie die Dateien gleichzeitig in einem extra Ordner speichern möchten, aktivieren Sie zuvor noch das entsprechende Kontrollkästchen.

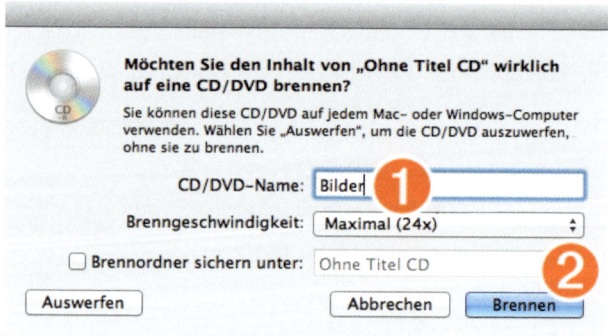

6 Fertig! Nach dem Brennen wird die CD-ROM im Finder wie ein normaler Datenträger aufgeführt.

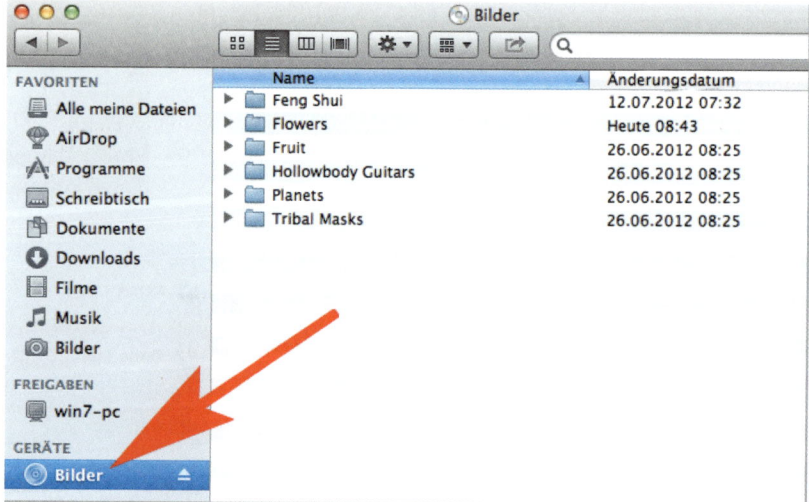

☀ **Sie möchten ein Disk Image brennen? Nutzen Sie hierzu das Festplatten-Dienstprogramm**

Wenn Sie mit Ihrem Mac ein Disk Image (DMG-Datei) brennen möchten, verwenden Sie das Festplatten-Dienstprogramm, das Sie im Launchpad unter *Dienstprogramme* finden. In der Menüleiste des Festplatten-Dienstprogramms entscheiden Sie sich für *Images/Brennen*. Wählen Sie anschließend das Disk Image aus, das Sie auf CD oder DVD brennen möchten, und starten Sie den Brennvorgang.

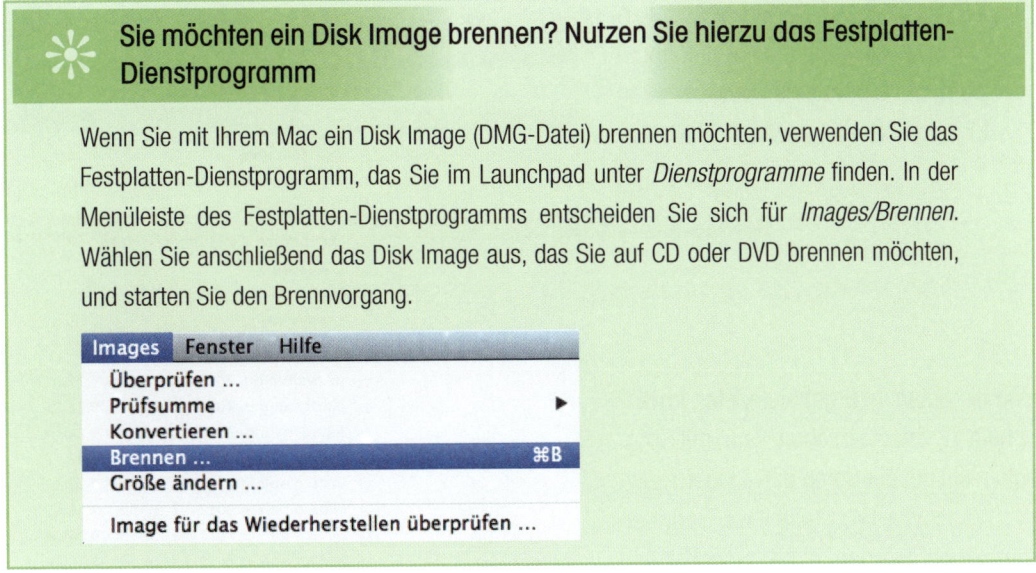

Spotlight: dank der genialen Suchfunktion alle Dateien sofort finden

Mit den exzellenten Suchfunktionen Ihres Macs haben Sie sich ein Stück weit bereits im Finder vertraut gemacht. Lernen Sie nun die Spotlight-Suche kennen, die sich unter dem unscheinbaren Lupensymbol 🔍 rechts oben auf dem Bildschirm verbirgt. Damit suchen Sie nicht nur nach Dateien überall auf Ihrem Computer, sondern auch nach Systemeinstellungen, Musik, E-Mails oder Webseiten. Die Funktionsweise ist denkbar einfach:

1 Klicken Sie auf das Lupensymbol 🔍 rechts oben auf dem Bildschirm oder drücken Sie die Tasten (cmd)+(Leer)-Taste. (Hinweis: Wenn Sie (alt)+(cmd)+(Leer)-Taste drücken, wird die Spotlight-Suche in einem Finder-Fenster durchgeführt – entscheiden Sie selbst, welche Variante für Sie günstiger ist.)

2 Das Spotlight-Suchfeld wird eingeblendet. Geben Sie nun einfach Ihren Suchbegriff ein.

3 Bereits während des Eintippens werden Ihnen die passenden Treffer angezeigt; die Auswahl des gewünschten Eintrags erfolgt per Mausklick.

Wie Sie unten im Ergebnisfenster, im Abschnitt *Websuchen* sehen, kann mit Spotlight nicht nur der Computer, sondern auch das World Wide Web nach Ihren Begriffen durchsucht werden, ohne zunächst den Browser aufzurufen. Auch Lexikon-Einträge werden, wenn verfügbar, angezeigt.

Wie bereits im Zusammenhang mit der Finder-Suche beschrieben, können auch gängige Operatoren wie AND, OR, AND NOT eingesetzt werden, um nach mehreren Begriffen gleichzeitig zu suchen bzw. einzelne Begriffe von der Suche auszuschließen – werden Sie auf diese Weise noch schneller fündig!

So bestimmen Sie, wonach Spotlight suchen soll und wonach nicht

Bestimmte Ergebnisse machen die Spotlight-Suche für Sie unübersichtlich? Mit wenigen Handgriffen schließen Sie bestimmte Kategorien von der Spotlight-Suche aus. Öffnen Sie dazu die Systemeinstellungen und entscheiden Sie sich für *Spotlight*. Im Fenster, das sich öffnet, entscheiden Sie per Kontrollkästchen, wonach Spotlight suchen soll und wonach nicht.

Oder sollen bestimmte Ergebnisse einfach nur weiter oben in der Trefferliste angezeigt werden? Ziehen Sie eine Kategorie einfach bei gedrückter Maustaste in die gewünschte Position.

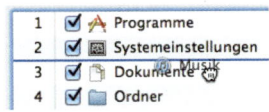

Einzelne Speicherorte von der Spotlight-Suche ausschließen – kein Problem!

Statt ganzer Kategorien lassen sich auch einzelne Speicherorte von der Spotlight-Suche ausschließen. Auch das ist mit wenigen Handgriffen zu bewerkstelligen:

1 Klicken Sie in den Systemeinstellungen wiederum auf *Spotlight* ...

2 ... und entscheiden Sie sich im Fenster der Spotlight-Einstellungen für *Privatsphäre*.

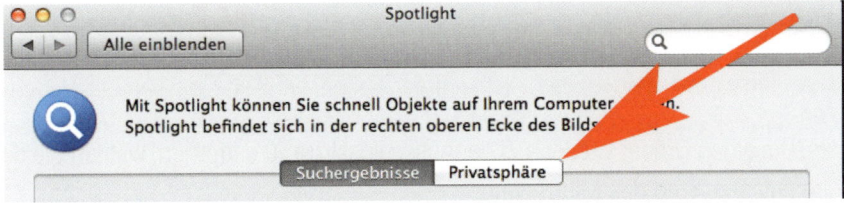

3 Um einen Ordner von der Suche auszuschließen, klicken Sie auf das Plussymbol ⊞.

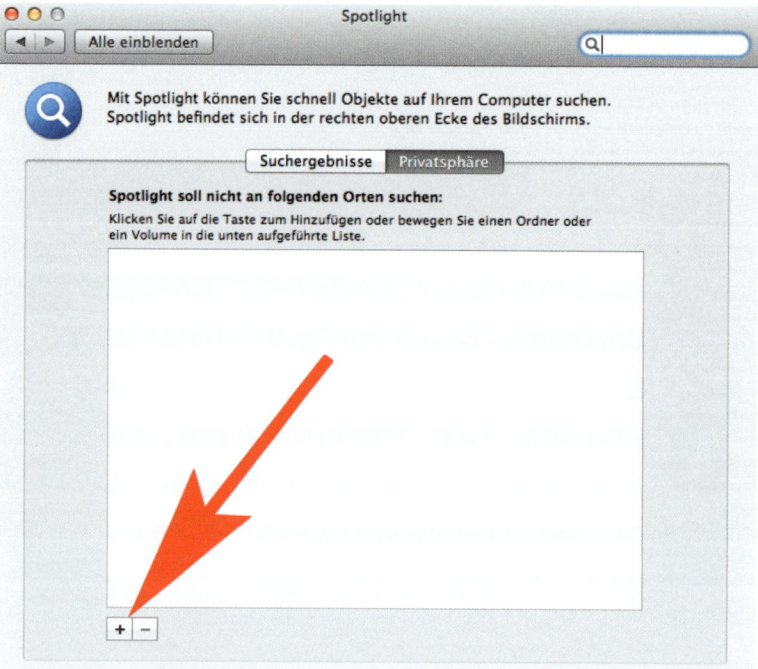

4 Geben Sie an, welcher Ordner von der Suche ausgeschlossen werden soll ❶, und bestätigen Sie mit *Auswählen* ❷.

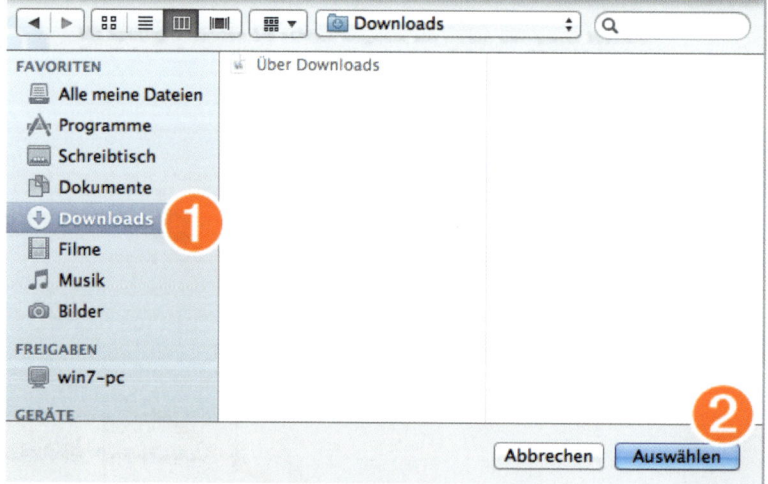

So einfach ist das. Um einen Ordner wieder aus der Ausschlussliste zu entfernen, wählen Sie diesen aus und betätigen entsprechend das Minussymbol ⊟.

7. Texte, Tabelle & Präsentationen: Ihr Office-Paket für den Mac

Alles Wichtige auf einen Blick:

* **Apple, Microsoft oder eine kostenlose Variante? Wählen Sie zunächst Ihr Office-Paket**

* **Ihre unter Windows erstellten Office-Dateien auch auf dem Mac weiter nutzen**

* **Völlig ohne Kompatibilitätsprobleme: Dokumente als PDF-Datei speichern**

* **Erste Schritte mit Word: einen Brief ans Amt schreiben und ausdrucken**

* **Erste Schritte mit Excel: Ihre Autokosten in einer Tabelle auflisten und berechnen**

* **Erste Schritte mit PowerPoint: eine ansprechende Präsentation erstellen und auf den Beamer übertragen**

Neben der Internetnutzung zählen sicherlich Office-Anwendungen zu den am häufigsten genutzten Programmen auf dem Computer: hier insbesondere Programme zum Schreiben (Textverarbeitungsprogramme), Programme zum Erstellen und Berechnen von Tabellen und Diagrammen (Tabellenkalkulationsprogramme) sowie Programme zum Erstellen von Präsentationen. In diesem Kapitel möchte ich Ihnen die für die Nutzung auf Ihrem Mac besten Office-Pakete vorstellen. Lernen Sie außerdem in wenigen Schritten die Grundfunktionen der Standardprogramme kennen.

Apple, Microsoft oder eine kostenlose Variante? Wählen Sie zunächst Ihr Office-Paket

Ein Office-Paket ist auf Ihrem Mac noch nicht an Bord, sodass Sie die Software zunächst installieren müssen. Hier ein kleiner Überblick über die besten Office-Pakete für Ihren Mac mit den jeweiligen Vor- und Nachteilen – für welche Variante Sie sich letztlich entscheiden, bleibt Ihnen überlassen:

* ***iWork:*** Dieses Office-Paket aus dem Hause Apple habe ich Ihnen bereits kurz im Kapitel mit den besten Apps vorgestellt. Ein großer Vorteil dieses Office-Pakets ist, dass Sie es einfach aus dem App Store herunterladen können, und zwar in Form der einzelnen Apps Pages (Textverarbeitung), Numbers (Tabellenkalkulation)

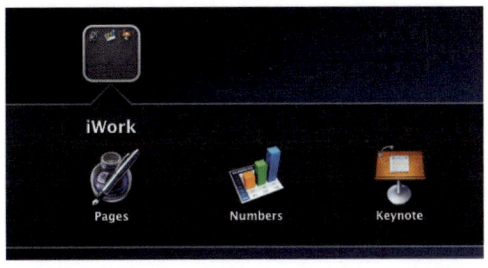

und Keynote (Präsentationen). Die Apps schlagen mit jeweils 15,99 Euro zu Buche (Stand: Sommer 2012), sodass Sie durchaus als erschwinglich bezeichnet werden können. Ein weiterer Vorteil: Die Apps stehen auch für iPhone, iPad und iPod touch zur Verfügung, was einen einfachen Austausch der von Ihnen erstellten Dokumente, Tabellen oder Präsentationen ermöglicht. Das Office-Paket iWork bietet Ihnen für den Normalgebrauch alle notwendigen Office-Funktionen.

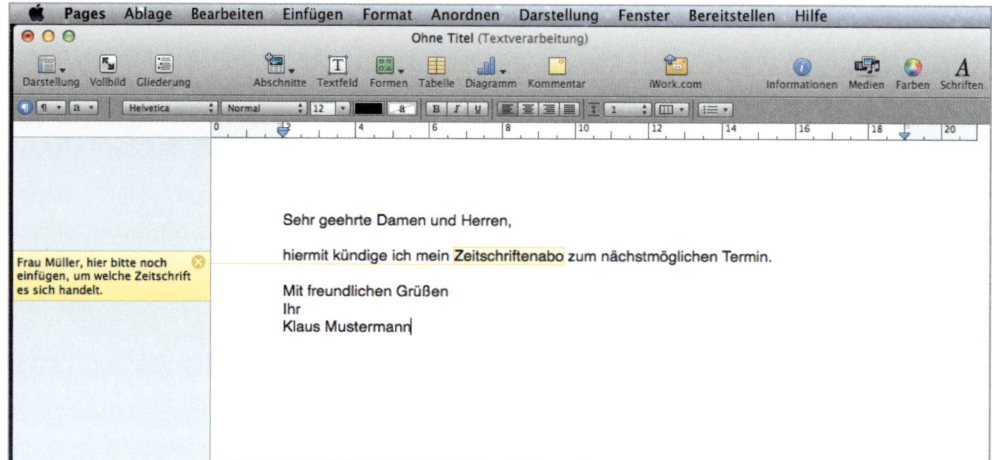

* **Microsoft Office für Mac:** Dieses Office-Paket ist der unangefochtene Marktführer und weltweiter Standard mit den Programmen Word (Textverarbeitung), Excel (Tabellenkalkulation), PowerPoint (Präsentationen) sowie gegebebenenfalls Outlook

(E-Mails, Termine, Kontakte). Es bietet den größten Funktionsumfang, und im Office-Paket ist noch eine Reihe von Zusatzprogrammem wie der Microsoft Messenger enthalten. Besonders Nutzer, die Microsoft Office schon auf Ihrem Windows-Computer verwendet haben, werden sich darüber freuen, dass sie auch auf dem Mac nicht auf diese Software verzichten müssen (wobei in diesem Fall überlegenswert wäre, ein bereits vorhandenes Office-Paket – wie auf Seite 174 beschrieben – in einer virtuellen Maschine zu installieren). Der offizielle Preis für die Home & Student-Edition (ohne Outlook) lag im Sommer 2012 bei 119 Euro; bei Amazon und Co. ist das Office-Paket von Microsoft aber deutlich günstiger erhältlich (Sommer 2012: rund 90 Euro bei Amazon). Von Microsoft Office für Mac gibt es übrigens eine kostenlose 30-Tage-Testversion, die Sie unter dieser Webadresse herunterladen: *http://www.microsoft.com/germany/mac/trial*. Ich werde mir erlauben, bei den nachfolgenden Ausführungen Microsoft Office für Mac zugrunde zu legen, da sich die meisten Leser für dieses Office-Paket entscheiden werden. Gut zu wissen, falls Ihr Mac nicht über ein DVD-Laufwerk verfügt: Wenn Sie die Software auf DVD kaufen, lässt sie sich auch jederzeit aus dem Internet herunterladen.

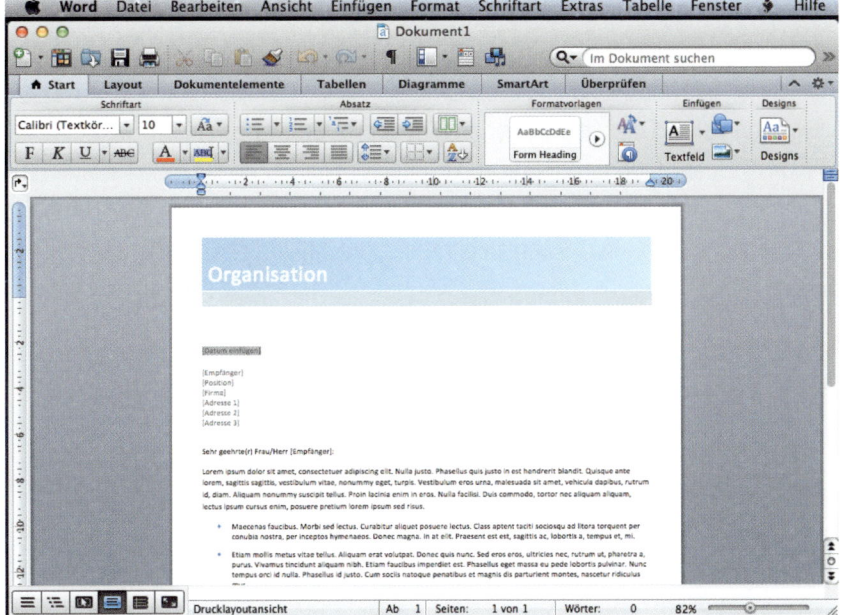

* ***OpenOffice:*** Wer gar kein Geld ausgeben, aber dennoch ein professionelles Office-Paket verwenden möchte, kann beispielsweise auf OpenOffice setzen. Laden Sie dieses freie Office-Paket hier herunter *http://www.openoffice.org/de*. Neben den Programmen Writer (Textverarbeitung), Calc (Tabellenkalkulation) und Impress (Präsentationen) sind noch zahlreiche weiterer Programme enthalten. Nach der Installation von OpenOffice auf Ihrem Mac greifen Sie auf diese Programme in einem Startfenster zu, das Sie per Klick auf das OpenOffice-Symbol im Launchpad öffnen.

✳ ***LibreOffice:*** Dieses Office-Paket basiert auf OpenOffice und ist diesem noch sehr ähnlich, da die Abspaltung erst im Jahr 2010 erfolgte. Grund dafür war, dass hinter OpenOffice ein großes Unternehmen stand (Oracle), was den Entwicklern nicht behagte. Inzwischen wurde OpenOffice aber an die Apache Software Foundation übergeben, sodass OpenOffice und LibreOffice unter Umständen bald schon wieder zusammengeführt werden könnten. Für welches der beiden freien Office-Pakete Sie sich bis dahin entscheiden, ist letztlich nur eine Geschmacksfrage. LibreOffice gibt es unter der Webadresse *http://de.libreoffice.org*.

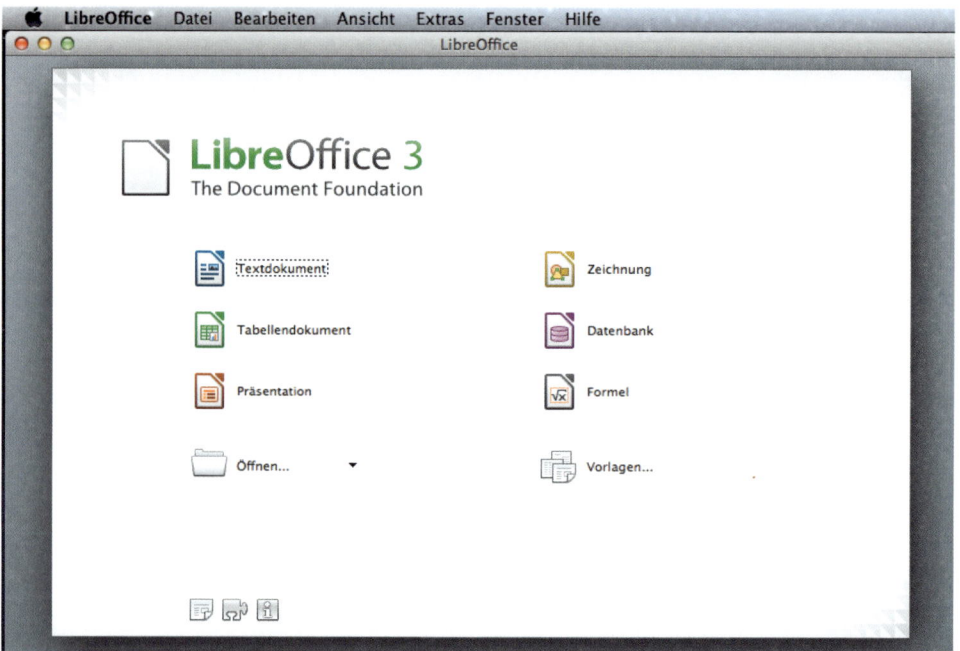

Unabhängig davon, für welches Office-Paket Sie sich entscheiden, empfehle ich Ihnen die Office-Standardformate von Microsoft zu verwenden, insbesondere dann, wenn Sie die Dateien weiterreichen möchten! Die Abbildungen zeigen als Beispiel, wie ich mit *Ablage/Exportieren* ein Pages-Dokument ins Word-Format exportiere. Aufgepasst: Manche Formatierungen werden beim Exportieren nicht übernommen!

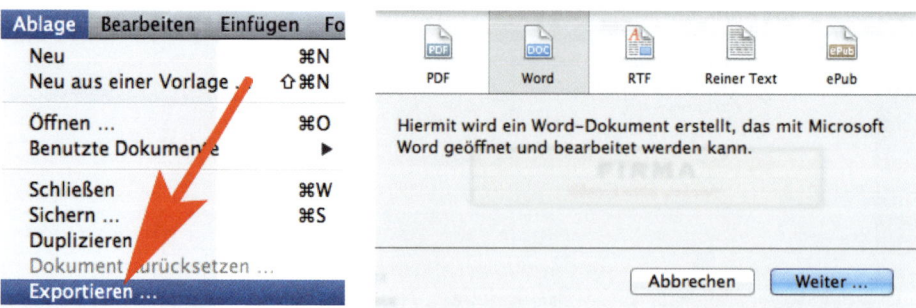

Ihre unter Windows erstellten Office-Dateien auch auf dem Mac weiter nutzen

Sie haben auf Ihrem Windows-Computer Word-, Excel- und PowerPoint-Dateien erstellt und möchten diese auch auf Ihrem Mac weiterhin verwenden? Dies ist grundsätzlich mit allen oben vorgestellten Office-Paketen möglich, wobei die höchste Kompatibilität naturgemäß Microsoft Office für Mac bietet.

Zur Veranschaulichung habe ich unter Windows eine PowerPoint-Datei erstellt, diese anschließend auf den Mac kopiert und in den vorgestellten Office-Paketen geöffnet:

✳ **iWork:** Entscheiden Sie sich in diesem Fall im Programm Keynote für *Ablage/Öffnen*. Wählen Sie die PowerPoint-Datei aus – sie wird Ihnen daraufhin angezeigt und kann in Keynote weiterbearbeitet werden.

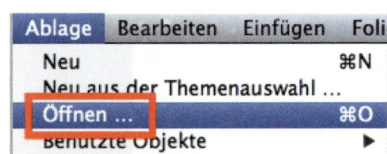

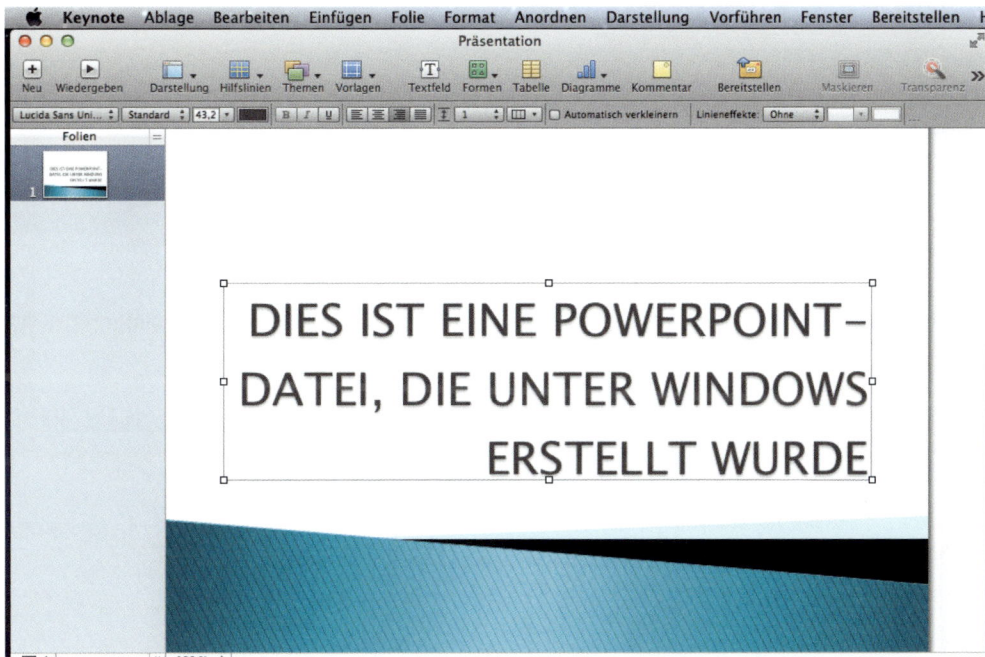

✳ **Microsoft Office für Mac:** In PowerPoint entscheiden Sie sich in der Menüleiste für *Datei/Öffnen*. Auch in diesem Fall kann die unter Windows erstellte Datei geöffnet und problemlos auch auf dem Mac verwendet werden.

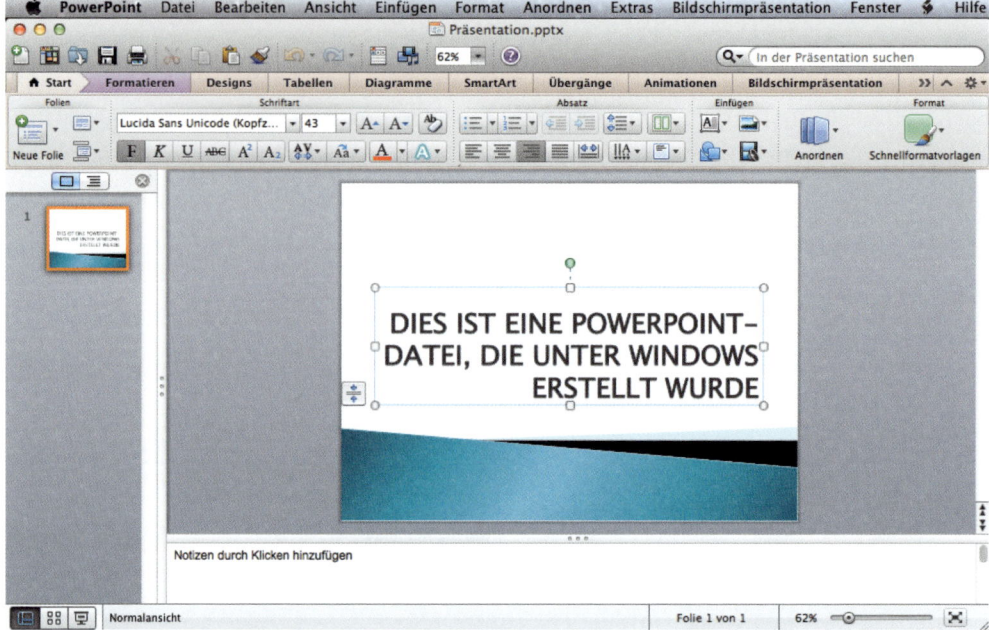

✳ **OpenOffice und LibreOffice:** Auch in den beiden freien Office-Paketen wählen Sie *Datei/Öffnen*. In diesem Fall kommt es zu Kompatibilitätsproblemen, weil sowohl OpenOffice als auch LibreOffice Probleme mit dem Format *.pptx* haben; beheben

Sie dieses Problem, indem Sie die Dateien unter Windows im Kompatibilitätsformat für ältere Programmversionen (in diesem Fall also *.ppt*) speichern.

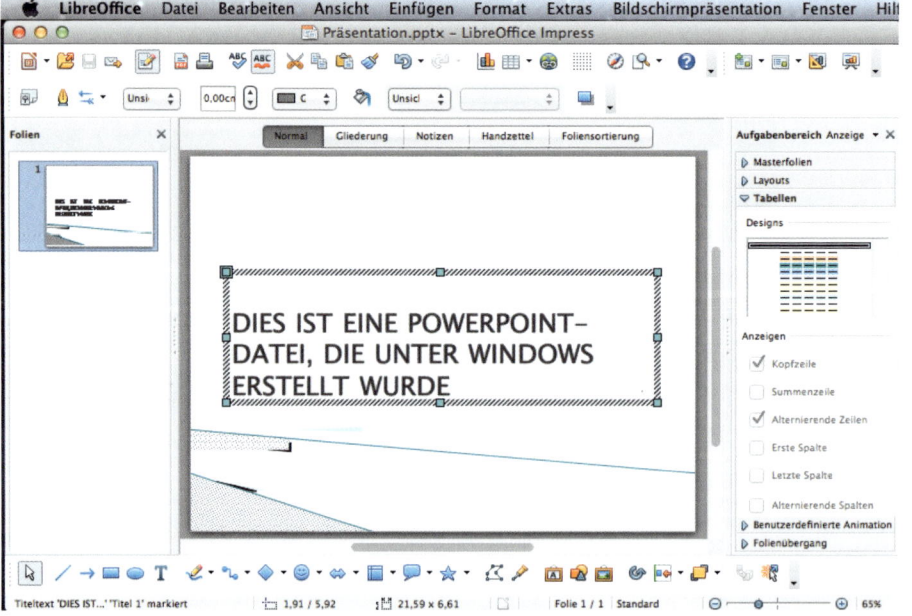

Insgesamt kann festgestellt werden, dass es bei den freien Office-Paketen eher zu Problemen kommen kann; bei iWork halten sich Kompatibilitätsprobleme in engen Grenzen, und mit Microsoft Office für Mac gibt es diese in noch geringerem Ausmaß.

> ### ☼ Sie möchten ein Dokument auf die Schnelle mit einem anderen Office-Paket bearbeiten?
>
> Ich habe Ihnen oben gezeigt, wie Sie eine Office-Datei jeweils aus dem Programm heraus öffnen. Um sie mit dem Standardprogramm aufzurufen, können Sie natürlich auch einfach auf die Datei doppelklicken. Um sie schließlich mit einem bestimmten Programm zu öffnen, ohne dieses zuvor aufzurufen, klicken Sie die Datei bei gedrückter [ctrl]-Taste an und wählen das gewünschte Programm im Menü unter *Öffnen mit* aus.
>
>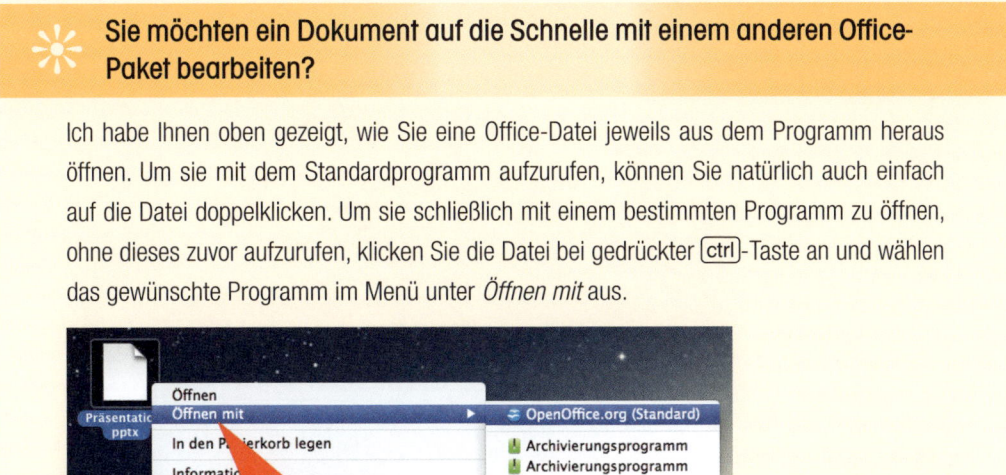

Völlig ohne Kompatibilitätsprobleme: Dokumente als PDF-Datei speichern

Wenn Sie ganz sicher gehen möchten, dass Dokumente, die Sie weiterreichen, auf dem Computer des Empfängers genauso angezeigt werden wie auf Ihrem Mac, dann sollten Sie sich für die Weitergabe als PDF-Datei entscheiden. Die Abkürzung PDF steht für **P**ortable **D**ocument **F**ormat – „portables Dokumentenformat"; es handelt sich dabei um ein von Adobe entwickeltes Format, das sich durch seine Plattformunabhängigkeit auszeichnet.

Alle vier genannten Office-Pakete verfügen über eine eingebaute Funktion zum Speichern als PDF-Dateien. Das Erstellen eines PDF-Dokuments kann auf Ihrem Mac jedoch auch unabhängig vom verwendeten Programm erfolgen und zwar folgendermaßen:

1 Öffnen Sie ein beliebiges Dokument und wählen Sie die jeweils verfügbare Druckfunktion aus. Hier entscheide ich mich in der Pages-Menüleiste für *Ablage/Drucken*.

2 Im Druckfenster findet sich links unten das *PDF*-Menü – klicken Sie es an und entscheiden Sie sich für die Option *Als PDF sichern*.

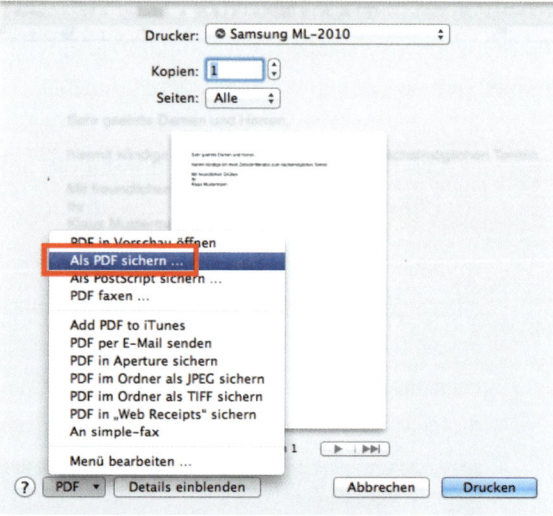

3 Geben Sie zum Schluss den Speicherort ❶ sowie den Dateinamen ❷ und gegebenenfalls weitere Informationen zum Dokument an, bevor Sie die PDF-Datei mit einem Mausklick auf den *Sichern*-Button ❸ erstellen.

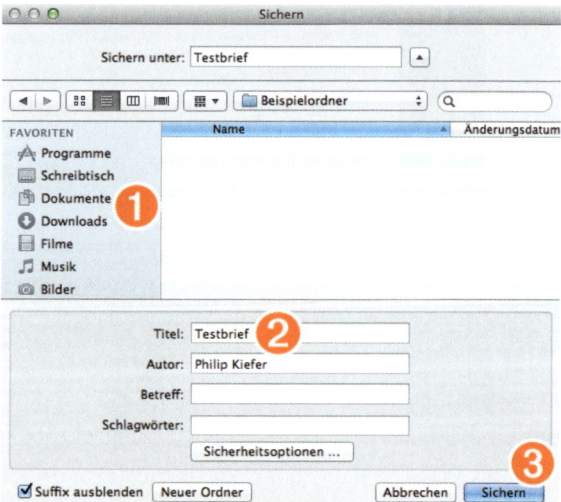

☀ Sie möchten Ihr PDF-Dokument mit einem Kennwort schützen?

Damit Ihr PDF-Dokument nicht in falsche Hände gerät: Schützen Sie es mit einem Kennwort. Um dies zu bewerkstelligen, klicken Sie im Fenster aus Schritt 3 auf den Button *Sicherheitsoptionen*. Aktivieren Sie dann das Kontrollkästchen *Kennwort erforderlich zum Öffnen des Dokuments*. Geben Sie das Kennwort zweimal ein und bestätigen Sie mit *OK*.

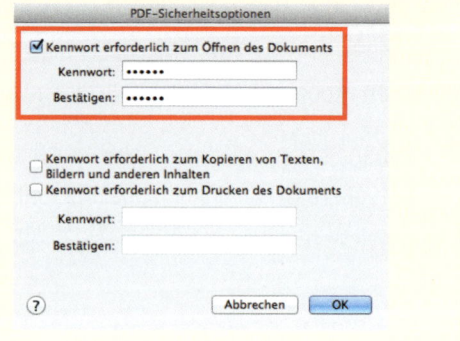

Erste Schritte mit Word: einen Brief ans Amt schreiben und ausdrucken

Wie erwähnt, empfehle ich, das Office-Paket von Microsoft auch auf dem Mac zu nutzen; iWork würde ich eher als Ergänzung sehen, bzw. es ist für die Nutzung insbesondere auf dem iPad in jedem Fall empfehlenswert. Lassen Sie mich Ihnen im Folgenden die Grundfunktionen der Programme Word, Excel und PowerPoint vorstellen – zu iWork und den freien Office-Paketen ergeben sich dabei zahlreiche Parallelen.

Hier zunächst eine Anleitung für Einsteiger und Umsteiger zum Erstellen und Ausdrucken eines Dokuments mit Word:

1 Starten Sie Word durch einen Klick auf das Symbol im Launchpad bzw. im Dock. Wählen Sie zunächst eine Vorlage für das neue Dokument aus ❶ – in diesem Fall wähle ich ein leeres Word-Dokument; nutzen Sie das eingebaute Suchfeld ❷, um Vorlagen zu bestimmten Themen blitzschnell ausfindig zu machen – und bestätigen Sie mit *Auswählen* ❸. (Alternativ können Sie auch einfach auf eine Vorlage doppelklicken, um diese auszuwählen.)

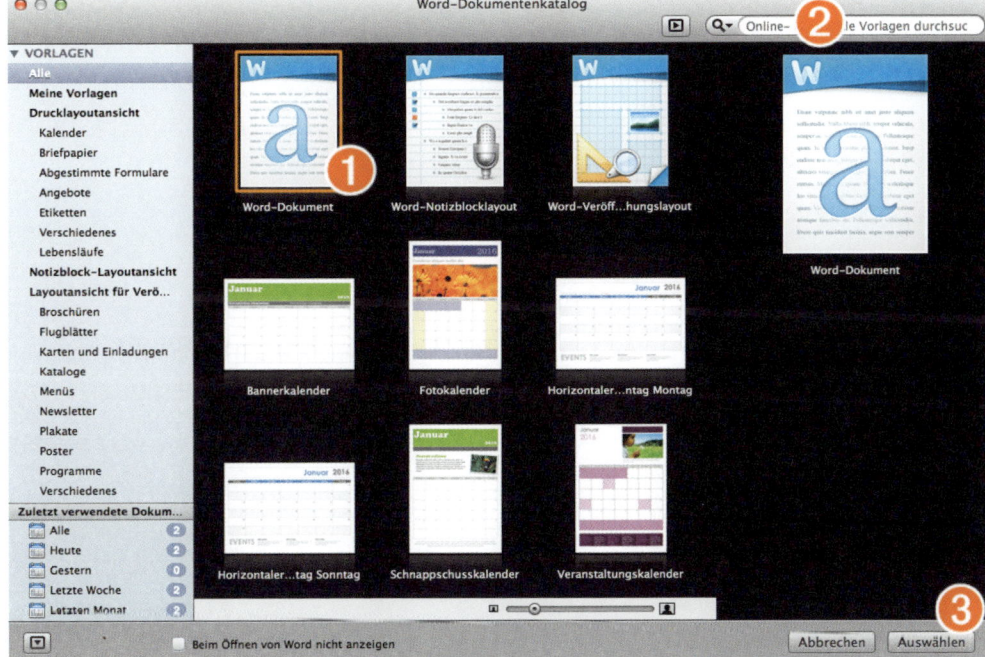

2 Machen Sie sich im nächsten Schritt mit der Word-Bedienoberfläche auf Ihrem Mac vertraut: Sie finden, wie in allen Textverarbeitungsprogrammen, ein großes Feld zum Eintippen des Texts vor ❶, wobei die Größe des Felds hier dem ausgewählten Papierformat (in der Regel DIN A4) entspricht. Oberhalb des Textfelds befindet sich ein „Menüband" ❷, das in mehrere Register-karten untergliedert ist und zum Aufrufen der verschiedenen Textverarbeitungsfunktionen dient. In der Symbolleiste ❸ oberhalb des Menübands rufen Sie weitere wichtige Funktionen auf wie etwa die Neuanlage 🗋, das Speichern 🖫 oder das Ausdrucken 🖶 eines Dokuments; außerdem ist ein Suchfeld für die Suche innerhalb eines Dokuments eingebaut. Die Mac-typische Menüleiste ❹ zum Aufrufen von Programmfunktionen und -einstellungen fehlt auch bei Word für Mac nicht. Schließlich findet sich unten in der Bedienoberfläche eine Statusleiste ❺ mit Informationen zum aktuellen Dokument sowie Ansichts- und Zoomoptionen.

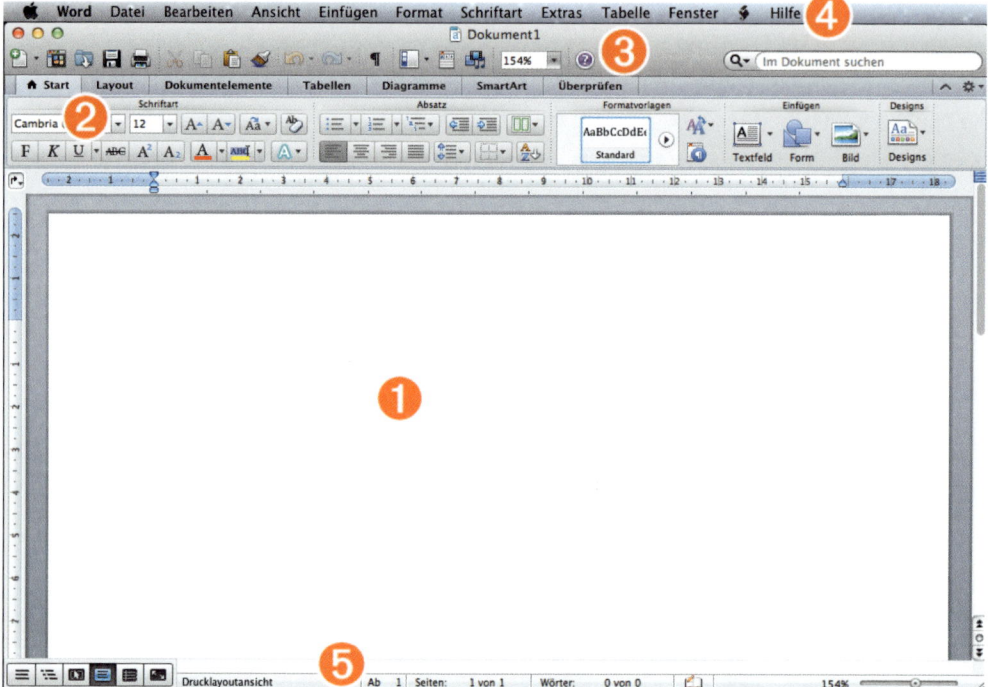

3 Tippen Sie nun einfach Ihren Text in das Feld ein, wobei Sie – wie am Windows-Computer – per Eingabe-Taste Absätze bzw. per Umschalt + Eingabe-Taste „weiche" Absätze erzeugen.

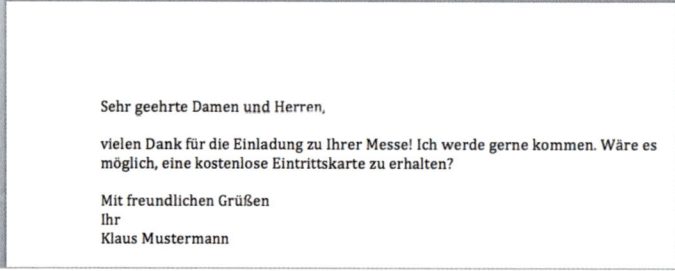

4 Den markierten Text formatieren, Bilder und andere Elemente einfügen oder eine Designvorlage auswählen – diese Optionen finden Sie im Menüband unter *Start*. Hier beispielsweise sorge ich per ⎁-Symbol für eine Unterstreichung des markierten Texts. (Falls Sie sich wegen der Bedeutung der einzelnen Symbole unsicher sind: Bewegen Sie einfach den Mauszeiger auf ein Symbol, um einen kurzen Infotext dazu zu erhalten.)

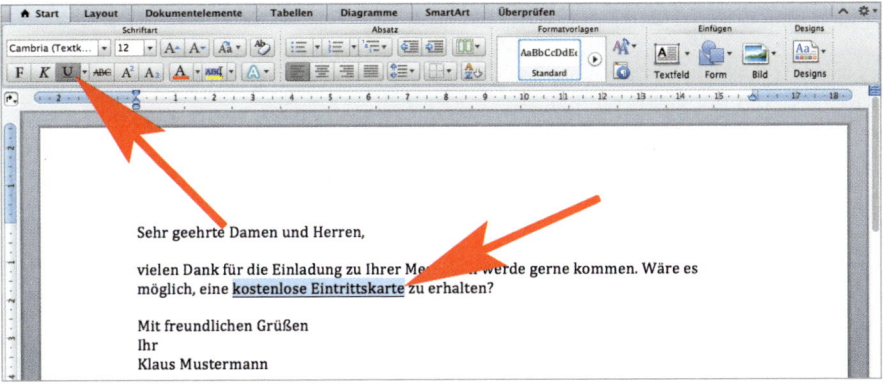

5 Möchten Sie noch die Seitenränder anpassen, ein anderes Papierformat auswählen oder einen Rahmen einfügen? Dies bewerkstelligen Sie im Menüband unter *Layout*.

6 Bevor Sie Ihr Dokument per ⎙-Symbol zum Ausdruck bringen, lassen Sie es sich in der standardmäßigen „Drucklayoutansicht" als ganze Seite anzeigen, um zu ermitteln, wie es auf einem Blatt Papier dargestellt werden wird. Ziehen Sie dazu einfach den Zoom-Schieberegler rechts unten in Word bei gedrückter Maustaste nach links oder entscheiden Sie sich in der Menüleiste für *Ansicht/Zoom* und wählen Sie *Ganze Seite*. Korrigieren Sie gegebenenfalls das Layout.

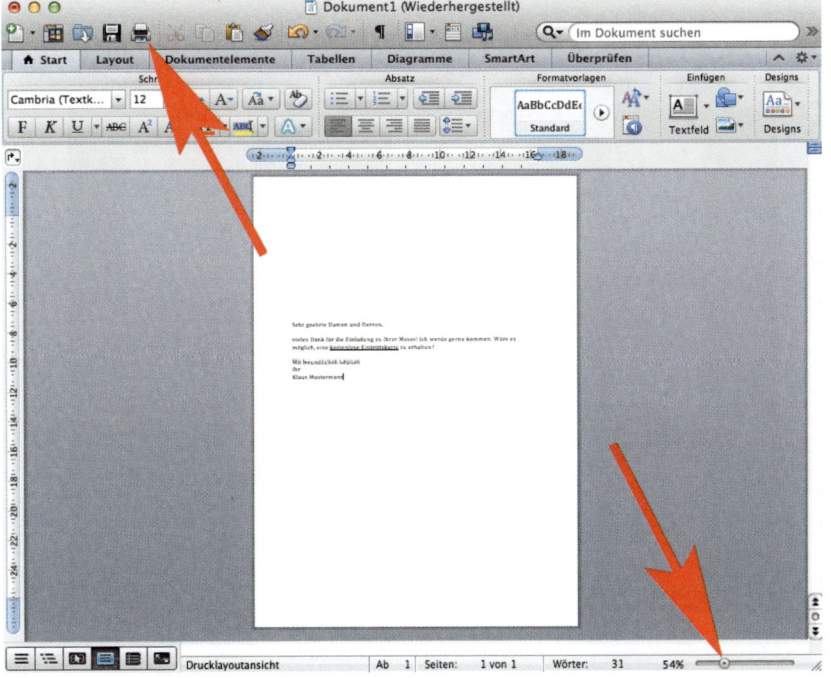

7 Sie möchten eine weitere Druckvorschau, bevor Ihr Dokument zu Papier gebracht wird? Dann wählen Sie in der Word-Menüleiste *Datei/Drucken* und bestätigen den Ausdruck in der Druckvorschau mit *Drucken*.

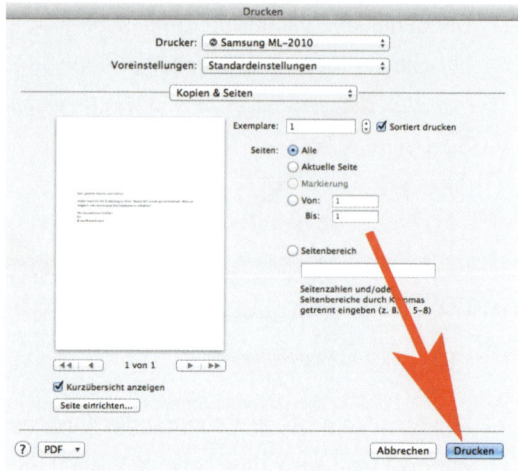

Wenn Sie bereits einmal mit einem Textverarbeitungsprogramm gearbeitet haben, wird Ihnen das Erstellen von Dokumenten mit Word für Mac keine Probleme bereiten, und auch wenn Sie zum ersten Mal Dokumente auf dem Computer erstellen, wird Ihnen dies nach kurzer Einübung leicht gelingen. Mein Tipp dazu: Nehmen Sie sich die einzelnen Funktionen Schritt für Schritt vor!

Erste Schritte mit Excel: Ihre Autokosten in einer Tabelle auflisten und berechnen

Zwar lassen sich auch mit Word Tabellen und Diagramme erstellen und in ein Word-Dokument einfügen. Für richtig professionelle Tabellen und Diagramme verwenden Sie jedoch das Programm Excel. Hier zeige ich Ihnen, wie Sie mit Excel eine Tabelle anlegen und damit Ihre Autokosten berechnen:

1 Wie bei Word: Wählen Sie nach dem Excel-Start zunächst eine Vorlage aus – hier die (leere) Excel-Arbeitsmappe ❶ – und bestätigen Sie mit einem Mausklick auf *Auswählen* ❷.

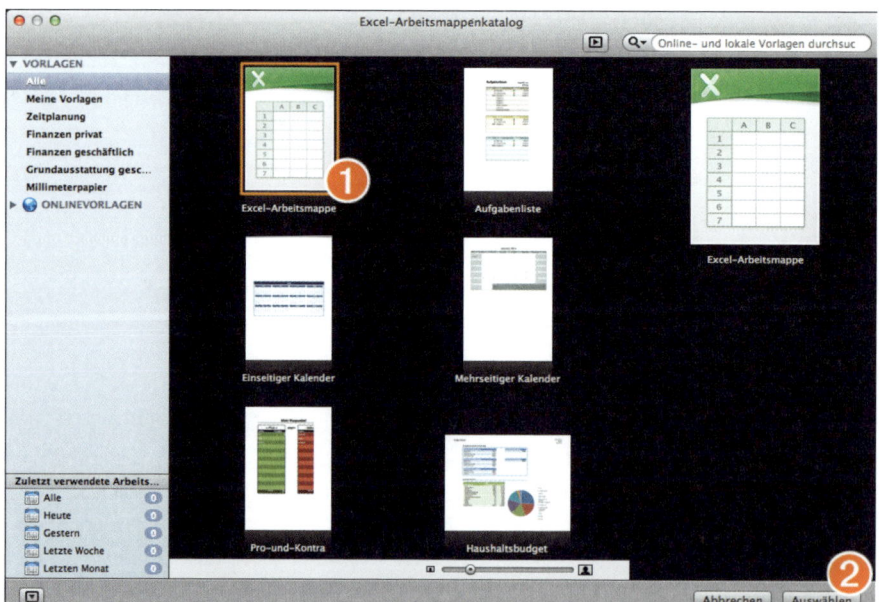

2 Die Bedienoberfläche von Excel ist ähnlich aufgebaut wie die von Word: Statt des Textfelds finden Sie ein Tabellenfeld ❶ zur Eingabe Ihrer Daten vor; darüber sehen Sie das Menüband zum Aufrufen der verschiedenen Tabellenkalkulationsfunktionen ❷, darüber wiederum eine Symbolleiste ❸ zum Aufrufen weiterer Funktionen wie Neuanlage 📄, Speichern 💾 oder Ausdrucken 🖨 einer Tabelle; wie die meisten Programme verfügt auch Excel über die Mac-typische Menüleiste ❹ zum Zugriff auf die Programmfunktionen; unten in der Bedienoberfläche wird außerdem eine Statusleiste ❺ mit Ansichtsoptionen, einer Option zum Anlegen neuer „Arbeitsblätter" sowie Infos zur aktuell geöffneten Datei eingeblendet.

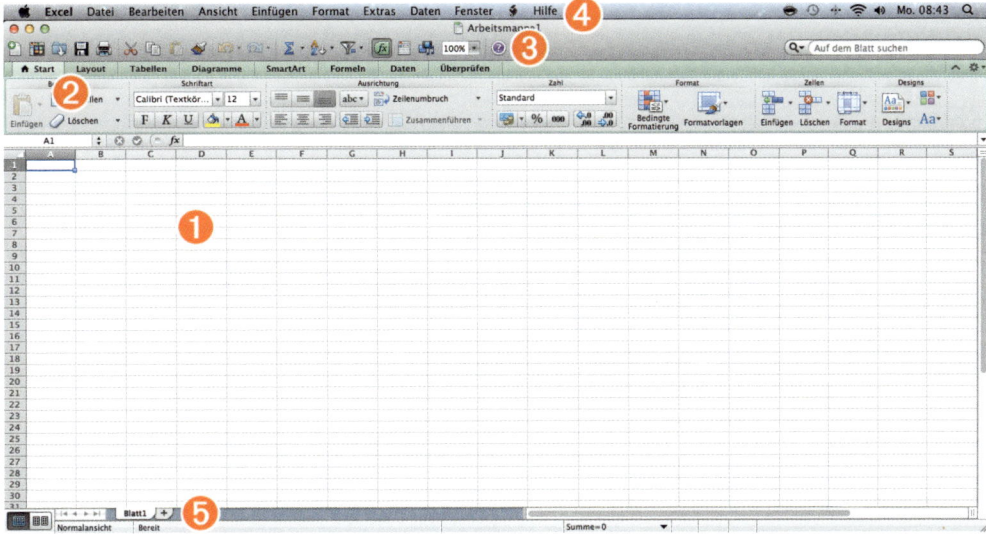

3 In diesem Fall sollen Autokosten berechnet werden: Geben Sie dazu in die Felder der ersten Spalte den jeweiligen Posten ein, also z. B. „Benzin", „Kfz-Steuer", „Kfz-Versicherung" usw. In der Spalte rechts daneben ordnen Sie den einzelnen Posten einen Wert zu. Klicken Sie jeweils in ein Feld, um es auszufüllen, oder wechseln Sie per Pfeiltasten zwischen den Feldern.

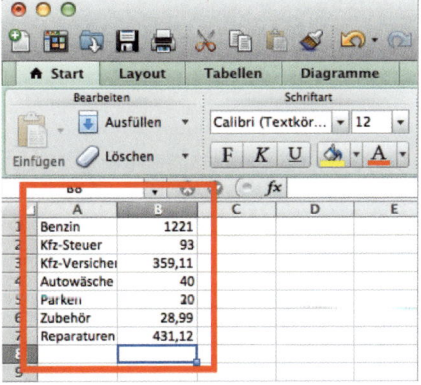

4 Zum Kalkulieren der Tabellen zwar nicht unbedingt notwendig, aber für den besseren Überblick doch empfehlenswert: Formatieren Sie die Zellen und Zelleninhalte mithilfe der Funktionen im Menüband. Hier etwa entscheide ich mich für das automatische Anpassen der Spaltenbreite in der mit der Maus markierten Spalte.

	A	B
1	Benzin	1221
2	Kfz-Steuer	93
3	Kfz-Versiche	359,11
4	Autowäsche	40
5	Parken	20
6	Zubehör	28,99
7	Reparaturen	431,12
8		

5 Um die Autokosten zusammenzurechnen, markieren Sie mit der Maus die Werte und klicken dann in der Symbolleiste auf das Symbol ∑ ▾ zum Berechnen der Summe bzw. wählen gegebenenfalls unter dem zum Symbol ∑ ▾ gehörenden Pfeil andere Berechnungsoptionen aus.

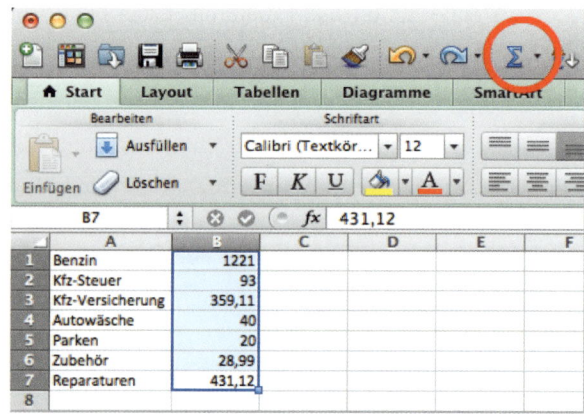

6 Das Rechenergebnis wird Ihnen nun unterhalb der markierten Werte angezeigt. Der Clou dabei ist, dass das Ergebnis automatisch angepasst wird, wenn Sie die einzelnen Werte verändern.

☼ Diagramm gewünscht? Mit Excel ist dieses schnell erstellt

Auch Diagramme aller Art sind mit Excel schnell erstellt – diese lassen sich dann auch in Word-Dokumente einbauen oder in PowerPoint-Präsentationen zur Veranschaulichung von Sachverhalten einsetzen. Um in Excel ein Diagramm zu erstellen, markieren Sie zunächst mit der Maus die entsprechenden Daten; wählen Sie dann unter *Diagramme* einen Diagrammtyp aus.

Das Diagramm wird automatisch eingefügt. Doppelklicken Sie auf ein Element des Diagramms, um es ganz Ihren Vorstellungen anzupassen. Klicken Sie das Diagramm bei gedrückter ctrl-Taste an und wählen Sie die Option *Als Bild speichern*, um es in anderen Programmen einsetzen zu können.

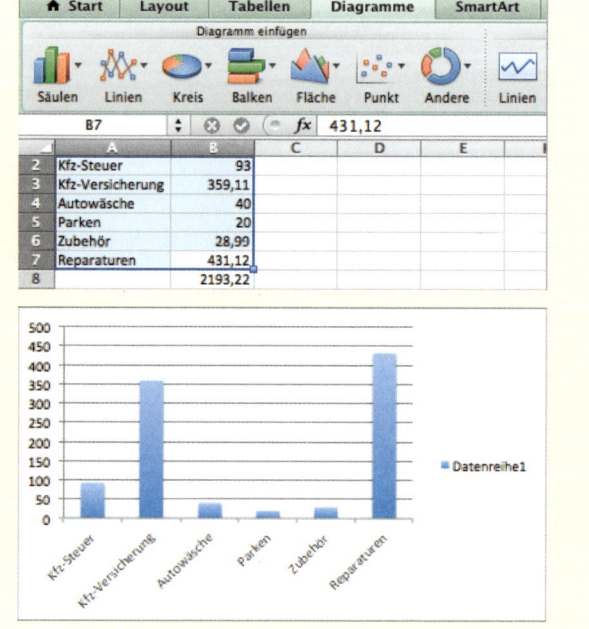

Natürlich bietet Ihnen das Programm Excel noch viel mehr Funktionen, auch zum Durchführen äußerst komplexer Berechnungen, zum Sortieren Ihrer Daten sowie zur Überprüfung derselben – machen Sie sich auch mit Excel Schritt für Schritt und ganz nach Ihrem Bedarf vertraut!

Erste Schritte mit PowerPoint: eine ansprechende Präsentation erstellen und auf den Beamer übertragen

Für ansprechende Präsentationen im Betrieb oder an der Uni ist das Programm PowerPoint die ideale Lösung. Sie erstellen damit „Folien" und füllen diese mit Texten, Bildern und weiteren Inhalten. Lassen Sie die Präsentationen automatisch ablaufen oder speichern Sie sie ab, um Sie auf Ihrer Website zum Herunterladen zur Verfügung zu stellen. So einfach erfolgt das Erstellen einer Präsentation mit PowerPoint:

1 Nach dem Starten von PowerPoint erscheint das bereits von Word und Excel bekannte Vorlagenfenster. Wählen Sie hier nicht nur die Vorlage aus ❶, sondern bestimmen Sie auch die Designfarben, die Standardschriftart und die Foliengröße ❷, bevor Sie auf *Auswählen* ❸ klicken.

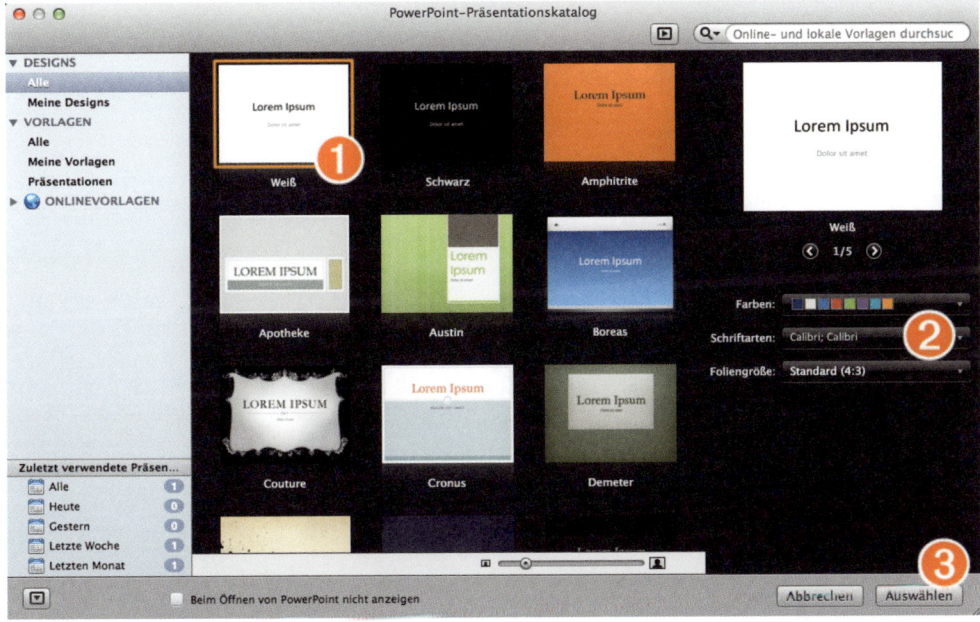

2 Die Bedienoberfläche von PowerPoint ähnelt ebenfalls der von Word und Excel: Sie finden auch hier das Menüband, die Symbolleiste, die Menüleiste sowie die Statusleiste vor. Der Anzeigebereich ist hier allerdings zweigeteilt: Rechts wird die aktuelle „Folie" angezeigt; in der Leiste links daneben werden die verfügbaren Folien ausgewählt und sortiert.

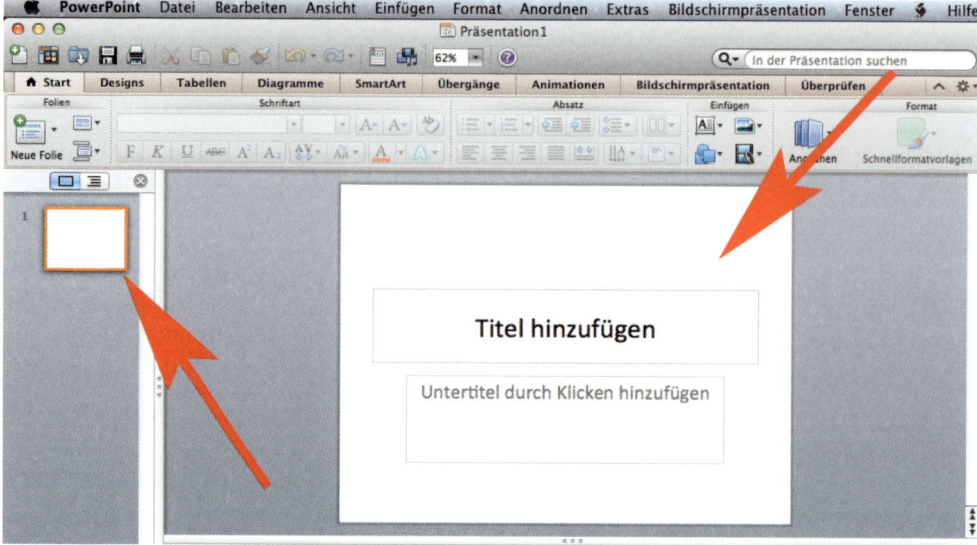

3 Um eine Folie mit Ihren Inhalten zu füllen, klicken Sie die einzelnen Elemente auf der Folie einfach an und machen Ihre Eingaben. Weitere Elemente (Texte, Formen, Bilder, Videos usw.) fügen Sie mithilfe der Funktionen im Menüband ein. Durch Ziehen bei gedrückter Maustaste lässt sich außerdem die Position der einzelnen Elemente verändern.

4 Weitere Folien gewünscht? Klicken Sie im Menüband unter *Start* auf den Pfeil bei *Neue Folie* ❶. Wählen Sie per Mausklick eine Folien-Vorlage aus ❷, um die entsprechende Folie zu erstellen.

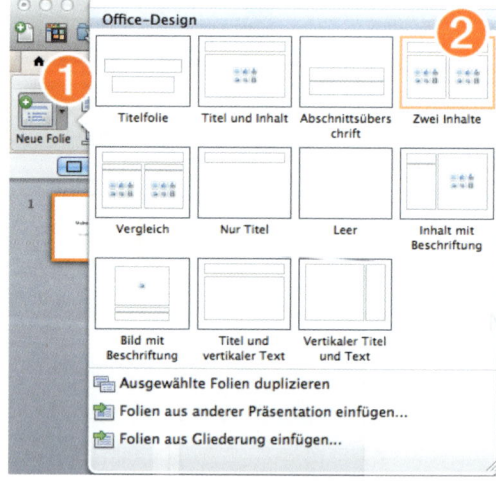

5 Standardmäßig werden die Folien per Mausklick in die Folie gewechselt. Soll der Wechsel stattdessen automatisch erfolgen? Bestimmen Sie dann im Menüband unter *Übergänge* die gewünschte Anzeigedauer.

6 Nun kann es losgehen: Schließen Sie einen Beamer an Ihren Mac an und entscheiden Sie sich im PowerPoint-Menüband für *Bildschirmpräsentation*, um die Präsentation für die Wiedergabe auf dem Beamer einzurichten und mit einem Klick auf das Symbol ⟳ zu starten.

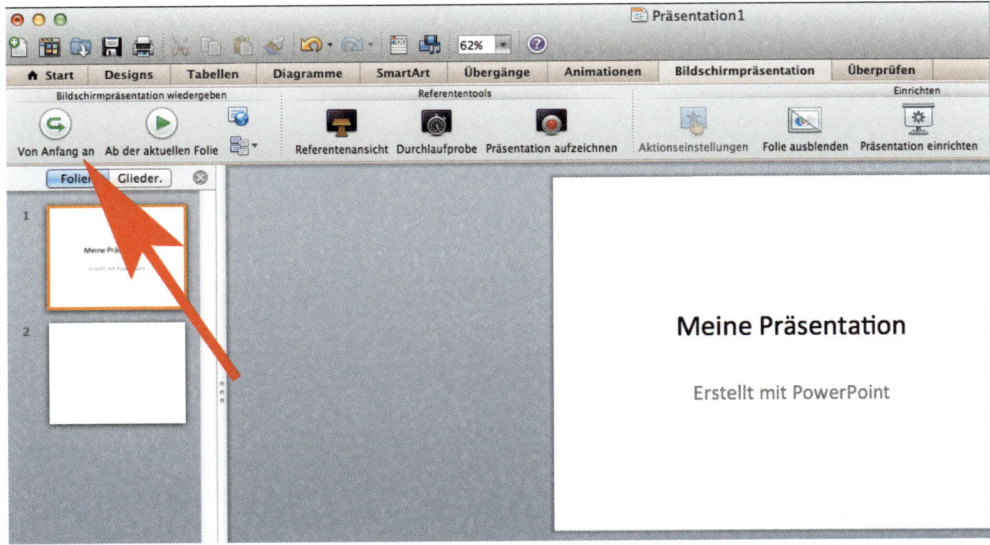

Sie sehen: Auch der Umgang mit PowerPoint ist grundsätzlich einfach, wobei Sie die für Sie weiteren wichtigen Funktionen des Programms je nach Bedarf ausloten – im Menüband sowie in der Menüleiste des Programms sind diese vollständig ersichtlich.

☀ **Dank Medienbrower: Bilder, Videos, Sounds und mehr blitzschnell einbinden**

Sowohl in Word, Excel als auch PowerPoint verfügbar: der Medienbrowser, aus dem Sie Mediendateien ganz einfach in ein Dokument, eine Tabelle oder eine PowerPoint-Folie ziehen. Um den Medienbrowser aufzurufen, klicken Sie in Word, Excel oder PowerPoint jeweils auf das Symbol 🖼 in der Symbolleiste.

◀ *Der Medienbrowser ermöglicht den raschen Zugriff auf Mediendateien aus Word, Excel und PowerPoint heraus.*

8. Ihre Fotos von der Digitalkamera auf den Mac übertragen, bearbeiten und übersichtlich verwalten

Alles Wichtige auf einen Blick:

* ✴ Bilder von der Digitalkamera auf den Mac importieren: So gehen Sie vor
* ✴ Fotos zuschneiden, aufhellen und mehr: Bildbearbeitung in der Vorschau
* ✴ Ihre Fotos optimal in Ereignissen oder Alben sortieren und jederzeit wiederfinden
* ✴ Beeindrucken Sie Ihre Freunde: Ihre Bilder als attraktive Diashow wiedergeben
* ✴ Mit wenigen Handgriffen: Ihre Bilder an andere Personen weiterreichen
* ✴ Professionelle Filme zaubern: Videos bearbeiten mit iMovie

Sie möchten Ihre Fotos von der Digitalkamera auf den Mac importieren und sie dort gekonnt bearbeiten und verwalten? In diesem Kapitel erfahren Sie dazu alles, was Sie wissen müssen: wie einfach das Importieren der Bilder abläuft und welche Funktionen Ihnen für die Bildbearbeitung zur Verfügung stehen; wie Sie Ihre Bilder optimal ordnen; außerdem, wie Sie die Fotos als ansprechende Diashow präsentieren. Alle, die nicht nur Fotos, sondern auch Videos aufnehmen, mache ich außerdem mit der Videobearbeitung mit iMovie vertraut.

Bilder von der Digitalkamera auf den Mac importieren: So gehen Sie vor

Zunächst mal möchten Sie die Bilder von Ihrer Digitalkamera auf dem Mac verfügbar zu machen, um sie auf der Festplatte zu sichern, um sie zu bearbeiten oder um sie ins Internet hochladen zu können. Schließen Sie die Digitalkamera – in der Regel per USB-Kabel – an den Computer an; gegebenenfalls muss außerdem noch die Verbindung zum Computer an der Digitalkamera aktiviert werden.

Öffnen Sie als Nächstes den Finder. Die Digitalkamera wird Ihnen dort unter *Geräte* angezeigt, in diesem Fall als *Untitled*. (Klicken Sie gegebenenfalls den Eintrag unter *Geräte* bei gedrückter ctrl-Taste an und entscheiden Sie sich für die „Umbenennen"-Option.) Kopieren Sie die auf der Digitalkamera gespeicherten Dateien nun einfach wie auf Seite 204 beschrieben auf die Festplatte Ihres Macs.

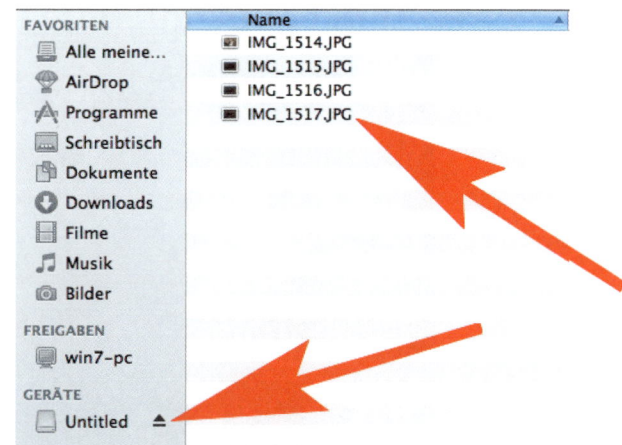

Eine gute Alternative: Zum Importieren von Bildern – auch zum Einscannen von Bildern – finden Sie im Launchpad unter *Andere* das Programm Digitale Bilder.

Ihre Bilder noch komfortabler importieren mit iPhoto

Um die Bilder noch etwas komfortabler zu importieren, verwenden Sie das Programm iPhoto. Schließen Sie die Digitalkamera auch hierzu an den Computer an und öffnen Sie iPhoto. Damit iPhoto zukünftig automatisch gestartet wird, wenn Sie Ihre Digitalkamera anschließen, entscheiden Sie sich in der iPhoto-Menüleiste für *iPhoto/Einstellungen* und nehmen die gewünschte Einstellung unter *Allgemein* im Menü *Anschließen einer Kamera öffnet* vor.

Auch in iPhoto werden Ihnen die Digitalkamera ❶ sowie die auf der Digitalkamera enthaltenen Bilder ❷ angezeigt. Treffen Sie hier eine Bildauswahl und klicken Sie auf *Auswahl importieren* ❸ oder entscheiden Sie sich für *Alle importieren* ❹, um sämtliche enthaltenen Bilder auf die Festplatte zu kopieren. Meine Empfehlung: Geben Sie vor dem Importieren noch einen Oberbegriff (ein „Ereignis") für die Bilder ein ❺, um sie in iPhoto entsprechend zu gliedern.

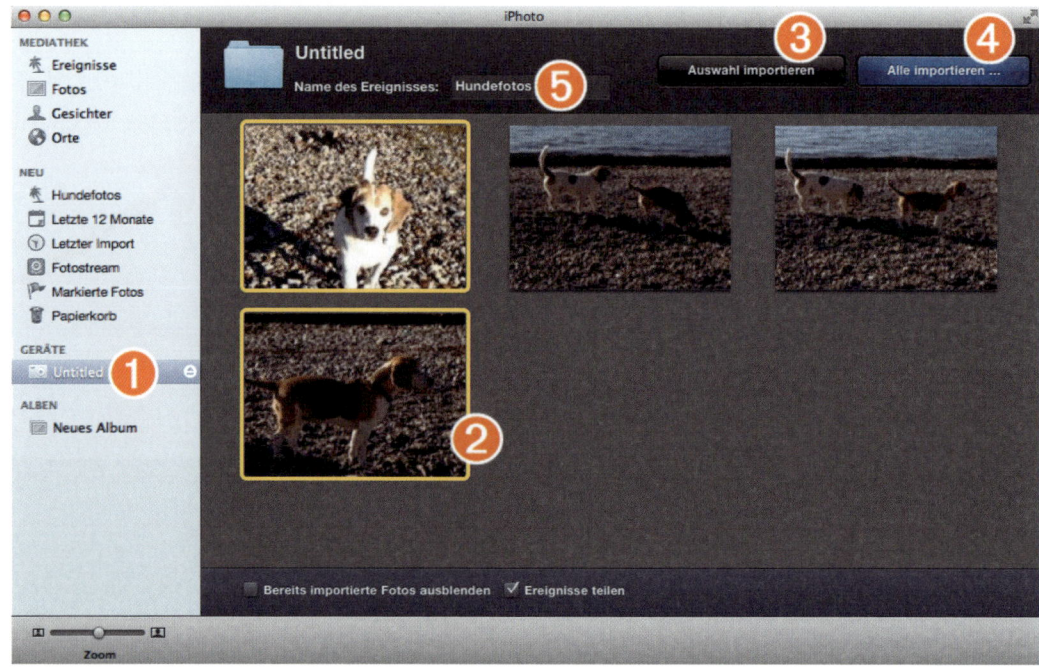

Die Bilder werden daraufhin Ihren Vorgaben entsprechend importiert. Entscheiden Sie zum Schluss noch, ob die Bilder nach dem Import auf Ihren Mac von der Digitalkamera gelöscht werden sollen oder nicht. Die Bilder stehen nach dem Import in iPhoto sowie auch im Finder unter *Alle meine Dateien* zur Verfügung.

Fotos zuschneiden, aufhellen und mehr: Bildbearbeitung in der Vorschau

Nachdem Sie Ihre Bilder auf dem Mac verfügbar gemacht haben, lassen sich diese dort bearbeiten. Doppelklicken Sie auf ein Bild, um es in der Vorschau zu öffnen. Ihnen bieten sich die folgenden Bildbearbeitungsoptionen:

* **Beschneiden:** Klicken Sie in ein Bild und ziehen Sie die Maus bei gedrückter Maustaste. Sie stellen fest, dass eine Auswahlform auf dem Bild eingefügt wird. Drücken Sie die Tasten cmd+K, um die Beschneidung durchzuführen und das beschnittene Bild zu speichern. (Die Alternative: Kopieren Sie die Auswahl mit cmd+C in die Zwischenablage und wählen Sie in der Vorschau-Menüleiste *Ablage/Neu aus der Zwischenablage*, um das beschnittene Bild aufzurufen und mit *Ablage/Sichern* zu speichern.)

* **Farbkorrektur:** Sie möchten ein Bild aufhellen oder die Farbtemperatur bearbeiten? Diese und weitere Farbfunktionen erhalten Sie, wenn Sie sich in der Vorschau-Menüleiste für *Werkzeuge/Farbkorrektur* entscheiden. Bewegen Sie für die Bearbeitung einfach die einzelnen Schieberegler bei gedrückter Maustaste nach links oder rechts. Alternativ klicken Sie einfach auf *Automatisch anpassen*, um dem Computer die Farbkorrektur zu überlassen.

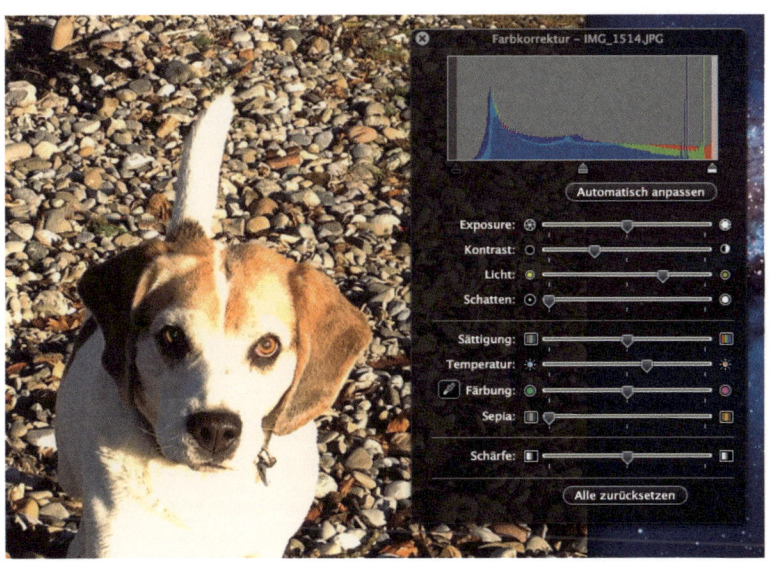

* *Größenkorrektur*: Sie möchten ein Bild verkleinern, beispielsweise um es per E-Mail versenden oder in eine Webseite einbauen zu können? Entscheiden Sie sich dazu in der Vorschau-Menüleiste für *Werkzeuge/Größenkorrektur*. Wählen Sie im Menü die Größeneinheit aus ❶ und bestimmen Sie die neue Größe und Auflösung ❷, bevor Sie das Bild mit *OK* ❸ neu erstellen.

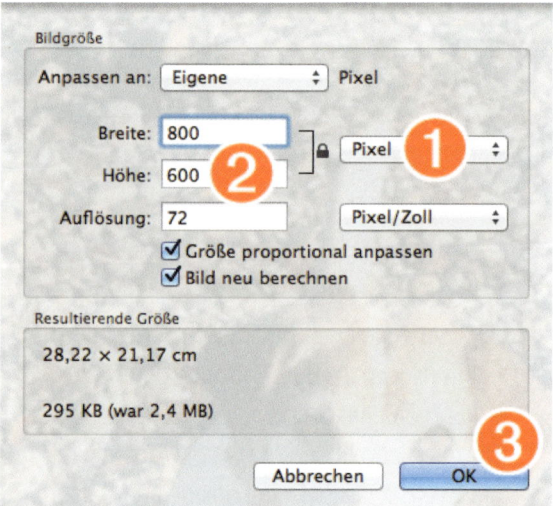

* *Drehen:* Um ein Bild – jeweils um 90 Grad – gegen den Uhrzeigersinn oder im Uhrzeigersinn zu drehen, wählen Sie in der Vorschau-Menüleiste *Werkzeuge/Links drehen* bzw. *Werkzeuge/Rechts drehen*. Den gleichen Zweck erfüllen die Tastenkombinationen cmd+L bzw. cmd+R.

* *Spiegeln:* Ein Bild horizontal oder vertikal spiegeln – auch diese Optionen werden Ihnen in der Vorschau-Menüleiste unter *Werkzeuge* geboten. Die Abbildung zeigt als Beispiel, wie ich das Foto von meinem Beagle Pluto horizontal gespiegelt habe; was zuvor links war, ist nun rechts und umgekehrt.

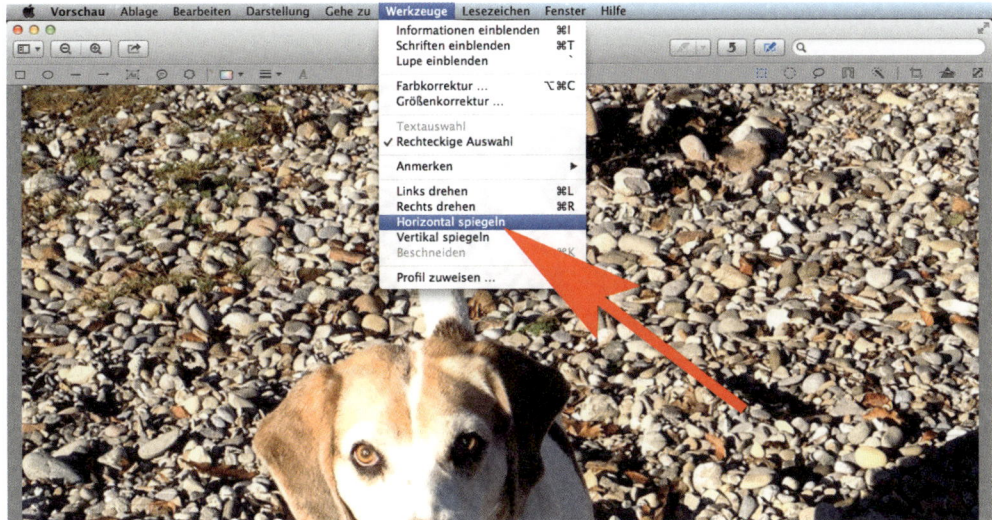

✳ **Form einfügen:** Um das Foto mit einer Form zu versehen, klicken Sie in der Symbolleiste der Vorschau auf das Symbol [ ]. Klicken Sie zunächst auf das gewünschte Formsymbol, hier [ ], und bestimmen Sie anschließend per Symbol [ ]▾ die Farbe für die Form und per Symbol [ ]▾ die Randstärke. Ziehen Sie die Form dann bei gedrückter Maustaste auf das Foto.

✳ **Text einfügen:** Ideal für den kreativen Geburtstagsgruß! Fügen Sie mit wenigen Handgriffen Text in ein Foto ein. Hier beispielsweise erstelle ich Text in einer Sprechblase, indem ich unter dem Symbol [ ] zunächst auf das Symbol [ ] klicke und dann bei gedrückter Maustaste die

Sprechblase auf das Bild ziehe. Ein normales Textfeld erstellen Sie per Aa -Symbol. Doppelklicken Sie in das Textfeld, um den Text einzugeben; unter dem Symbol A lassen sich Textformat, Textgröße usw. anpassen.

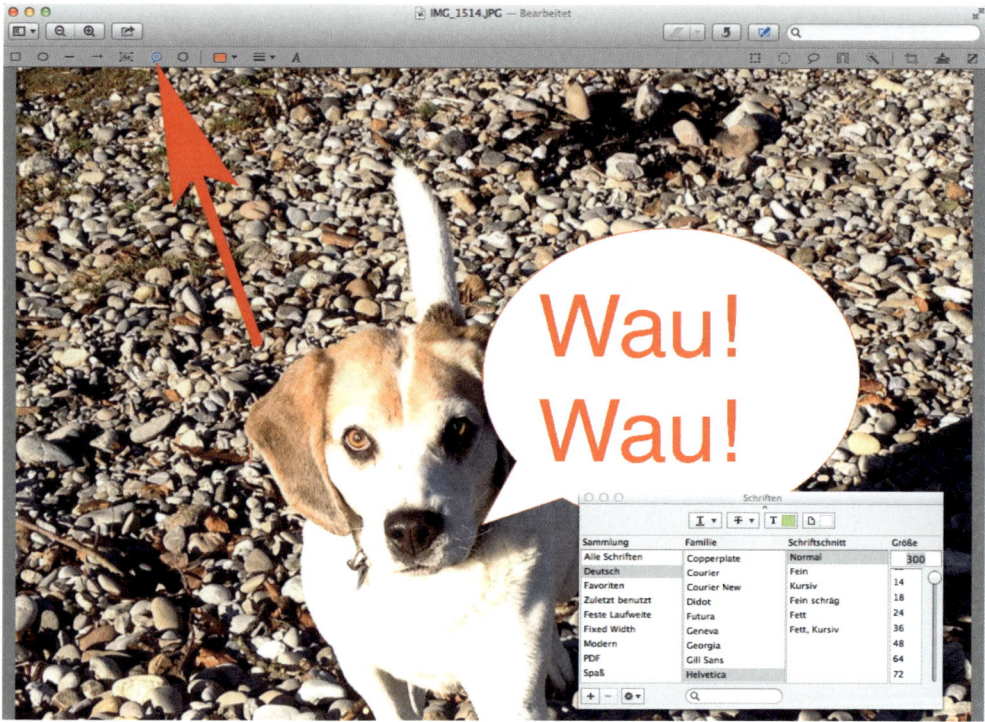

Sie haben eine nicht gewünschte Änderung durchgeführt? Um diese zu widerrufen, entscheiden Sie sich in der Vorschau-Menüleiste unter *Bearbeiten* für den „Widerrufen"-Eintrag oder Sie verwenden zum Widerrufen einfach die – übrigens auch in anderen Programmen verwendbare – Tastenkombination cmd+Z. Wenn Sie sich in der Vorschau-Menüleiste für *Ablage/Zurücksetzen auf* entscheiden, erhalten Sie außerdem die Möglichkeit, eine frühere Dateiversion wiederherzustellen.

Sie möchten ein Foto in elnem anderen Format speichern?

Ein Bild soll im TIFF- statt im JPG-Format gespeichert werden? Um den Dateityp zu ändern, öffnen Sie das Foto wiederum in der Vorschau. Wählen Sie in der Vorschau-Menüleiste *Ablage/Exportieren*. Nun müssen Sie nur noch im Menü das gewünschte

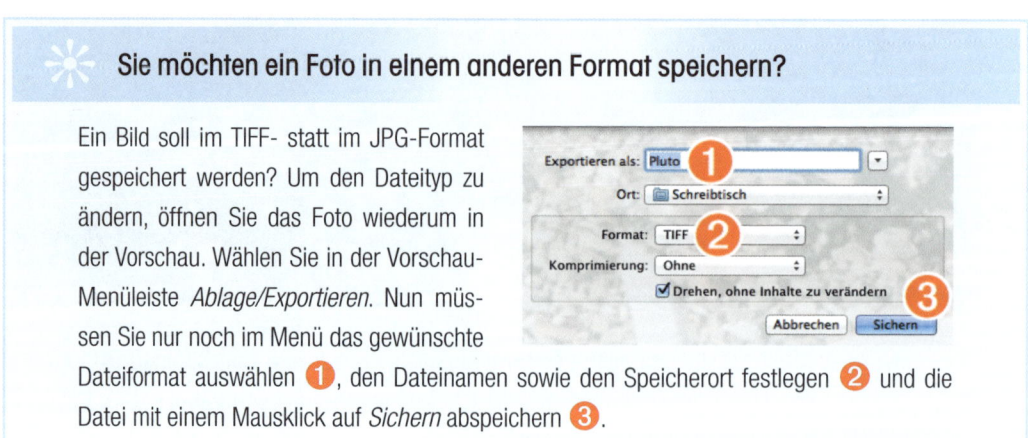

Dateiformat auswählen ❶, den Dateinamen sowie den Speicherort festlegen ❷ und die Datei mit einem Mausklick auf *Sichern* abspeichern ❸.

Sie benötigen weitere Bildbearbeitungsfunktionen? So verwenden Sie iPhoto

Mehrere Fotos gleichzeitig bearbeiten und noch auf viel mehr Bildbearbeitungsfunktionen zugreifen als bei der Vorschau – dazu verwenden Sie das Programm iPhoto. Wählen Sie dazu eines oder mehrere Fotos in iPhoto aus und klicken Sie unten auf die *Bearbeiten*-Schaltfläche bzw. wählen Sie eine Bearbeitungsfunktion in der iPhoto-Menüleiste unter *Fotos* aus.

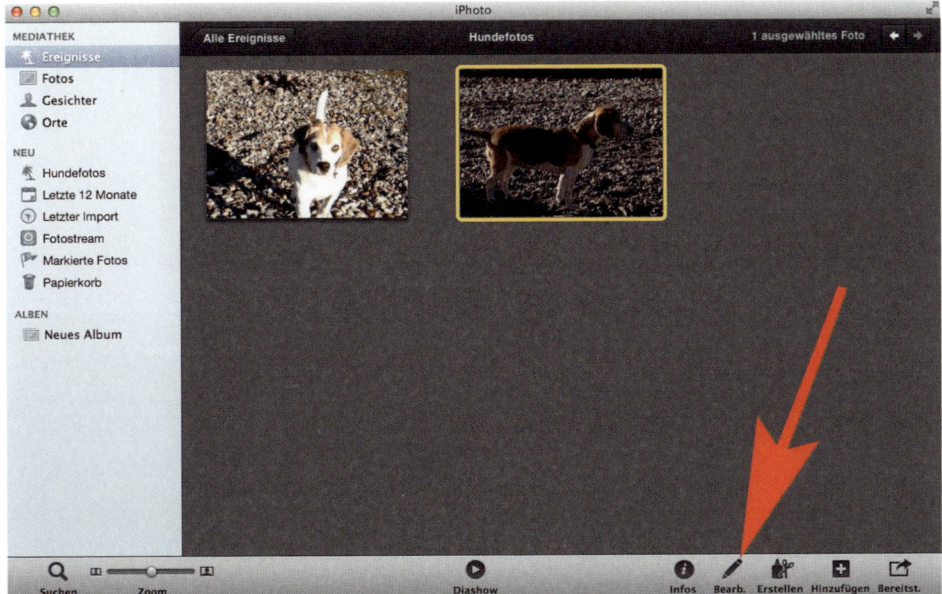

Gegenüber der Vorschau finden Sie nun weitere nützliche Bildbearbeitungsfunktionen vor wie

＊ **Rote Augen korrigieren:** Dieser sehr störende Effekt auf Porträtfotos lässt sich mit iPhoto einfach beseitigen. Wählen Sie die Bearbeitungsoption *Rote Augen korrigieren* unter *Einfache Korrekturen* aus. Bestimmen Sie per Schieberegler die Korrekturgröße und klicken Sie daraufhin das Auge an, um die Rotfärbung zu beseitigen.

＊ **Begradigen:** Sie haben die Kamera bei der Aufnahme etwas schief gehalten? Kein Problem, denn das Foto lässt sich nachträglich begradigen. Entscheiden Sie sich für diese Option ebenfalls in iPhoto unter *Einfache Korrekturen*. Bestimmen Sie per Schieberegler den optimalen Neigungswinkel, um die Begradigung durchzuführen.

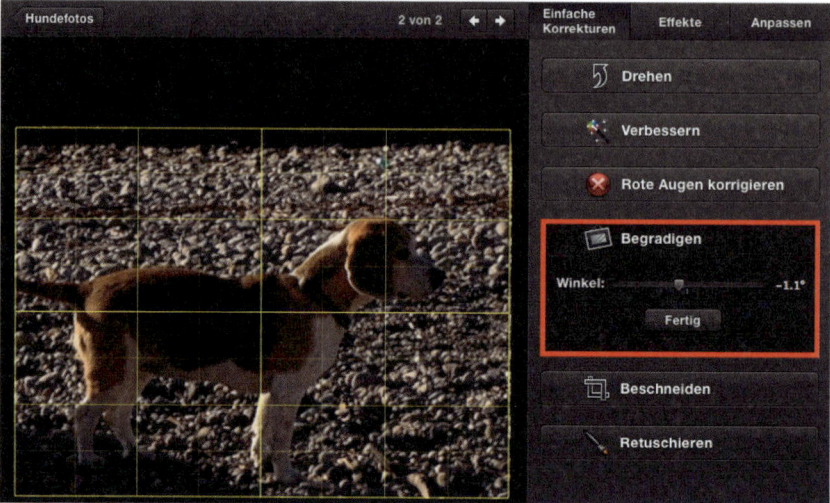

* **Retuschieren:** Äußerst praktisch, z. B. um den Ex-Partner von Ihren Fotos zu entfernen! Nutzen Sie die Option *Retuschieren*, die Sie in iPhoto ebenfalls unter *Einfache Korrekturen* finden. Bestimmen Sie die Pinselstärke und malen Sie mit der Maus über die Elemente, die aus dem Foto entfernt werden sollen. Insbesondere kleinflächigeres Retuschieren gelingt recht gut und relativ unauffällig.

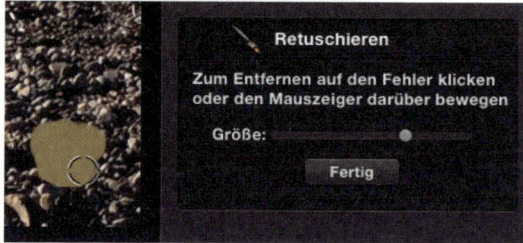

* **Effekte:** Bilder schrittweise aufhellen oder mit Kontrast versehen und hübsche Bildeffekte einsetzen – klicken Sie im Bearbeitungsfenster von iPhoto auf *Effekte*, um die entsprechenden Bildbearbeitungsoptionen zu erhalten.

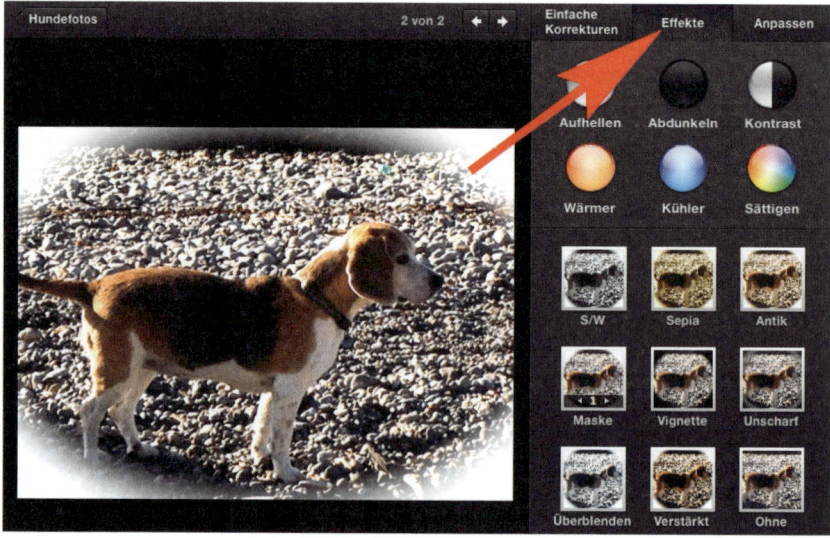

✳ **Anpassen:** Farben und Helligkeit Ihrer Bilder optimieren oder die Bildschärfe bearbeiten – dies gelingt mit diversen Schiebereglern, die Sie im Bearbeitungsfenster von iPhoto unter *Anpassen* aufrufen.

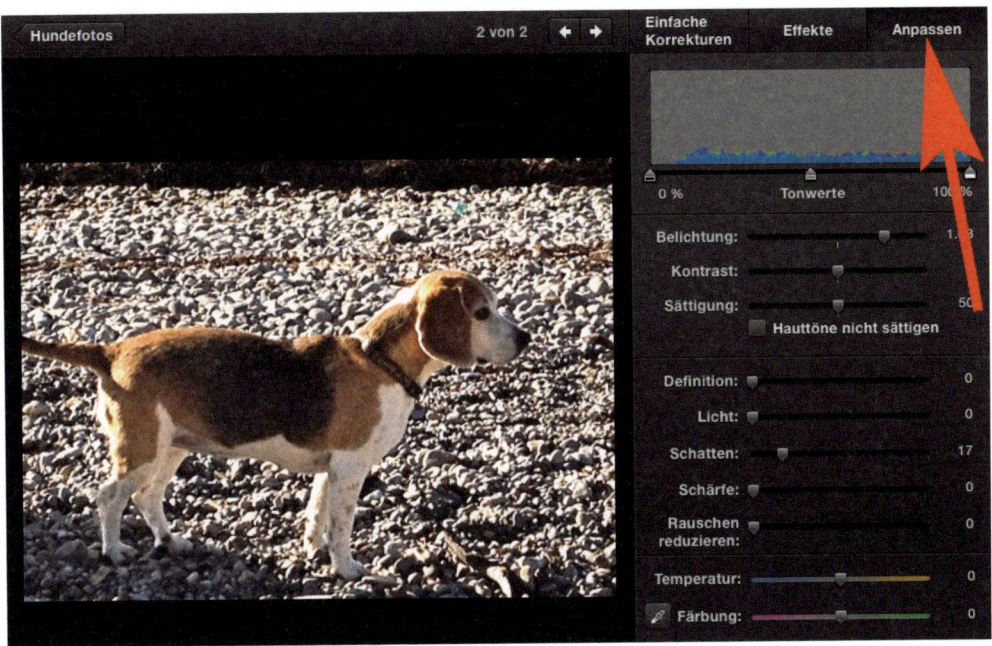

✳ Auch das ist mit iPhoto kein Problem: die Größe mehrerer Fotos gleichzeitig anpassen

Falls Sie mehrere Fotos gleichzeitig in der Größe bearbeiten möchten, nutzen Sie in jedem Fall lieber iPhoto statt der Vorschau. Wählen Sie hier die Bilder aus, deren Größe Sie anpassen wollen. Klicken Sie dann in der iPhoto-Menüleiste unter *Ablage* auf *Exportieren*. Nun brauchen Sie nur noch die Bildgröße ❶ sowie gegebenenfalls das Bildformat und die Bildqualität ❷ festzulegen, bevor Sie den Bearbeitungsprozess mit einem Mausklick auf *Exportieren* ❸ in Gang bringen.

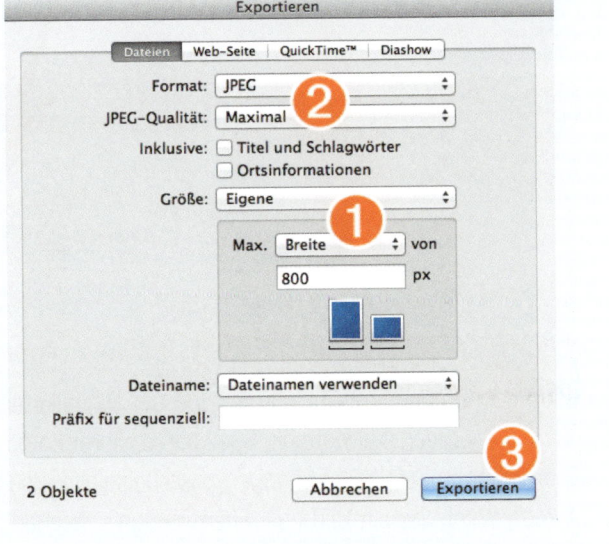

Ihre Fotos optimal in Ereignissen oder Alben sortieren und jederzeit wiederfinden

Obwohl iPhoto die wichtigsten Bildbearbeitungsfunktionen mitbringt, ist es in erster Linie kein Bildbearbeitungsprogramm, sondern ein Programm zum Verwalten – und raschen Wiederfinden – all Ihrer Fotos. Hierzu müssen die entsprechenden Bilder zunächst mal in iPhoto verfügbar gemacht werden, indem Sie diese in die iPhoto-„Mediathek" importieren. Wie dies von einer Digitalkamera geschieht, habe ich Ihnen bereits gezeigt. Um Bilder auch von einem bereits vorhandenen Ordner auf der Festplatte zu übernehmen, entscheiden Sie sich in der iPhoto-Menüleiste für *Ablage/In die Mediathek importieren*. Wählen Sie dann einfach den zu importierenden Ordner oder ein einzelnes Bild aus (wobei übrigens nicht nur Fotos, sondern auch Videos importiert und mit iPhoto verwaltet werden können).

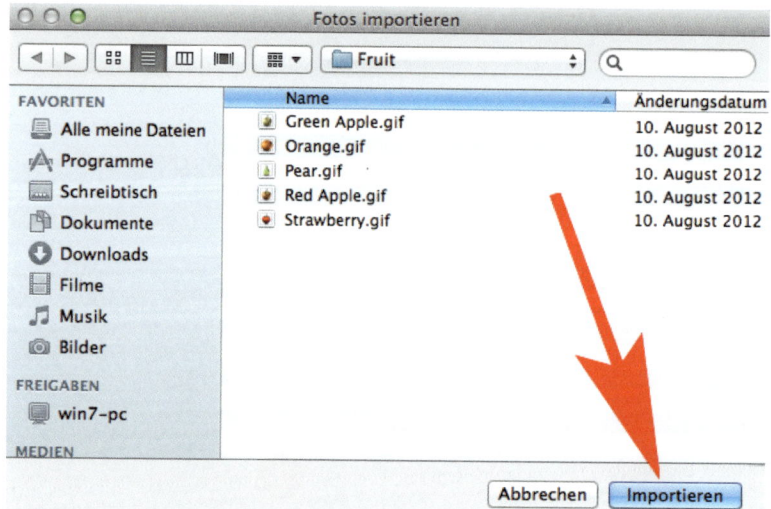

Überblick jederzeit: Ihre Bilder in Ereignissen, Alben und Ordnern organisieren

Sie haben beim Importieren Ihrer Fotos von der Digitalkamera bereits den Begriff „Ereignis" kennengelernt. So werden in iPhoto die Speicherorte Ihrer Fotos genannt, die Sie am besten nach dem jeweiligen Aufnahmeereignis benennen, also beispielsweise „Urlaub in Kalifornien" oder „Hochzeit von Marco". Wenn Sie ein Bild aus einem Ereignis löschen, wird dieses in den iPhoto-Papierkorb verschoben – und kann dort, wie im Mac-Papierkorb auch, gelöscht oder wiederhergestellt werden.

Ereignisse werden jeweils beim Importieren der Bilder erstellt, jedoch können Bilder auch (bei gedrückter Maustaste) aus einem Ereignis in ein anderes verschoben werden, bzw. aus einem oder mehreren Bildern können neue Ereignisse erstellt werden. Wählen Sie die Bil-

der hierzu in iPhoto aus und entscheiden Sie sich in der Menüleiste für *Ereignisse/Ereignis erstellen*.

Oder möchten Sie ein vorhandenes Ereignis umbenennen? Klicken Sie dazu einfach den Titel an und geben Sie den neuen Titel ein. Einen Überblick über die verfügbaren Ereignisse erhalten Sie, wenn Sie sich links in iPhoto unter *Mediathek* für den Eintrag *Ereignisse* entscheiden. Für die Organisation Ihrer Fotos aus dem Computer ist eine Sortierung nach Ereignissen in vielen Fällen bereits ausreichend.

Bilder unabhängig vom Speicherort in Alben einsortieren

Gegenüber den Ereignissen sind „Alben" keine Speicherorte, sondern eine Art „Wiedergabeliste". Bilder, die Sie in Alben einsortieren, werden dort unabhängig von ihrem Speicherort abgelegt, und sie können aus Alben gelöscht werden, ohne dass sie von ihrem ursprünglichen Speicherort gelöscht werden. So könnten Sie beispielsweise ein Album „Schönste Momente 2012" erstellen und darin Bilder von verschiedenen Ereignissen wie Urlauben, Feiern usw. aufnehmen. Hier ein kleiner Überblick über die in diesem Zusammenhang wichtigen Funktionen:

✳ **Neues Album:** Entscheiden Sie sich in der iPhoto-Menüleiste für *Ablage/Neues Album* oder drücken Sie die Tasten $\boxed{\text{cmd}}$+$\boxed{\text{N}}$, um ein neues Album zu erstellen.

(Halten Sie beim Anklicken oder Drücken zusätzlich die $\boxed{\text{Umschalt}}$-Taste gedrückt, um ein leeres Album zu erstellen.) Geben Sie dem Album, das in der Leiste links angezeigt wird, dann einen beliebigen Namen. Um Bilder in ein Album aufzunehmen, ziehen Sie diese bei gedrückter Maustaste dort hinein.

✳ **Neues intelligentes Album:** Bilder automatisch in die passenden Alben einsortieren – erstellen Sie hierzu intelligente Alben, indem Sie sich in der iPhoto-Menüleiste für *Ablage/Neues intelligentes Album* entscheiden bzw. die Tastenkombination ⌥+⌘+N verwenden. Geben Sie dem Album wiederum einen beliebigen Namen ❶ und legen Sie die Kriterien fest, nach denen die Aufnahme in das Album erfolgen soll ❷, bevor Sie das Album mit einem Mausklick auf *OK* ❸ erstellen.

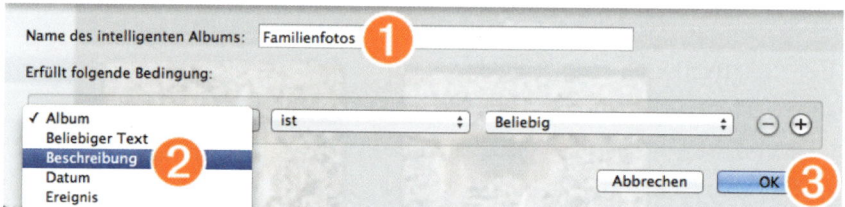

✳ **Neuer Ordner:** Ordner schließlich dienen dazu, auch bei zahlreichen Alben den Überblick zu bewahren, indem Sie die Alben thematisch in Ordner untergliedern. Um einen neuen Ordner zu erstellen, klicken Sie in der iPhoto-Menüleiste auf *Ablage/Neuer Ordner* bzw. drücken ⌥+⌘+Umschalt+N. Benennen Sie den Ordner beliebig und ziehen Sie die Alben bei gedrückter Maustaste auf den Ordner, um sie diesem zuzuordnen.

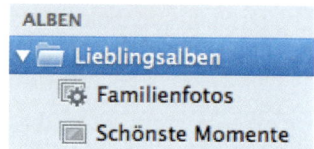

Für die schnelle Bildauswahl zwischendurch: Ein bereits in iPhoto vorhandenes Album nennt sich „markierte Fotos" Hier werden alle Bilder angezeigt, die Sie mit einer Markierung versehen. Um eines oder mehrere Bilder zu markieren wählen Sie diese aus und entscheiden sich in der iPhoto-Menüleiste für *Fotos/Foto markieren*. Die Markierung wird durch ein Fähnchensymbol 🚩 links oben im Bild angezeigt.

Sehr nützlich insbesondere für die Sortierung von Bildern (unter *Darstellung/Fotos sortieren*): Bewerten Sie die Bilder mit eins bis fünf Sternen, um deren Qualität zu beurteilen. Dies erfolgt in der iPhoto-Menüleiste unter *Fotos/Meine Wertung* – klicken Sie dort einfach die gewünschte Bewertung an.

Private von beruflichen Fotos trennen: Organisieren Sie Ihre Bilder in mehreren Mediatheken

Sie verwalten mit iPhoto sowohl Ihre privaten als auch Ihre beruflichen Fotos? Um diese strikt voneinander zu trennen, erstellen Sie am besten eine zusätzliche Mediathek. Halten Sie dazu beim Starten von iPhoto einfach die [alt]-Taste gedrückt und klicken Sie im folgenden Fenster auf den Button *Neue erstellen*. Wenn Sie mehrere Mediatheken erstellt haben, wählen Sie in diesem Fenster außerdem diejenige aus, mit der Sie iPhoto starten möchten. Wenn Sie keine Mediathek auswählen, wird automatisch die zuletzt genutzte verwendet. Falls nicht mehr benötigt, kann eine Mediathek im Finder gelöscht werden.

Sie stellen Fehler in der iPhoto-Mediathek fest? Halten Sie beim Starten von iPhoto die Tasten [alt]+[cmd] gedrückt, um verschiedene Reparaturoptionen zu erhalten. Je nach Umfang Ihrer Mediathek kann der automatische Reparaturvorgang jedoch einiges an Zeit beanspruchen.

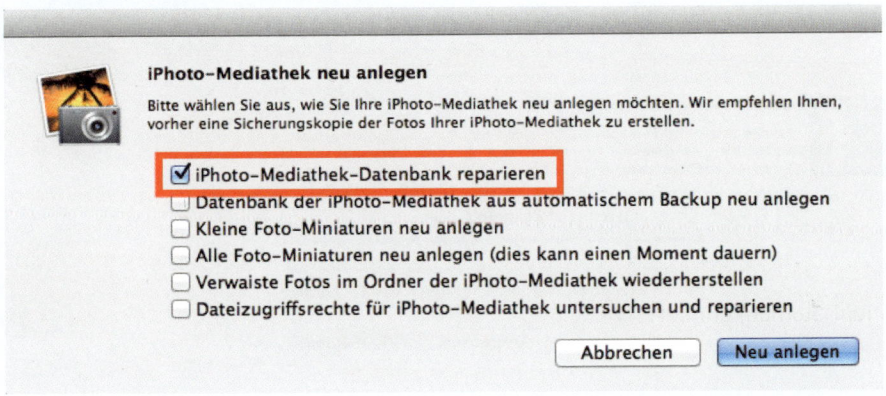

Auch das geht: im Internet gespeicherte Bilder in iPhoto einbinden

Vielleicht haben Sie bereits eine Menge Bilder zum Foto-Portal Flickr hochgeladen oder besonders schöne Fotos auf Facebook veröffentlicht? Diese lassen sich mit wenigen Handgriffen in iPhoto einbinden – anhand von Facebook zeige ich Ihnen den Vorgang Schritt für Schritt:

1 Klicken Sie in der iPhoto-Menüleiste auf *iPhoto/Einstellungen*.

2 Im *Einstellungen*-Fenster klicken Sie unter *Accounts* **1** auf das Plussymbol ➕ **2** ...

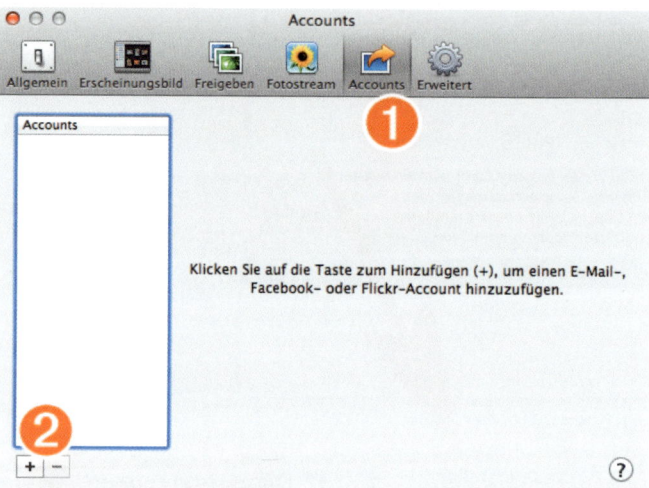

3 ... und wählen Ihren Anbieter aus, in diesem Fall also *Facebook* **1**. Bestätigen Sie mit *Hinzufügen* **2** ...

4 ... und melden Sie sich mit den entsprechenden Zugangsdaten an.

5 Fertig! Der Eintrag wird nun ebenfalls in der Leiste links angezeigt – klicken Sie ihn an, um sich die online gespeicherten Fotos anzusehen.

☼ Oder so: Fotos direkt aus iPhoto heraus auf Facebook & Co. veröffentlichen

Nicht nur im Internet gespeicherte Fotos in iPhoto anzeigen, sondern Fotos aus iPhoto ins Internet hochladen: Wählen Sie dazu ein Ereignis, ein Album oder ein einzelnes Bild aus und klicken Sie rechts unten in iPhoto auf die *Bereitstellen*-Schaltfläche. Bestimmen Sie anschließend, ob das Bild bzw. die Bilder einem bereits vorhandenen Album hinzugefügt werden sollen oder ob ein neues Album erstellt werden soll, bevor Sie den Upload starten. Bei Facebook ist übrigens auch die Verwendung von Fotos als Profilbild möglich.

In vielen Fällen praktisch: Fotos nach Beschreibungen, Gesichtern und Orten organisieren

Besonders spannend sind weitere Organisationsfunktionen, die Sie in iPhoto aufrufen, indem Sie ein Bild auswählen und sich dann mit einem Mausklick auf die Schaltfläche *Infos* unten in iPhoto die Info-Leiste anzeigen lassen. Die folgenden Optionen werden Ihnen geboten:

* **Bescheibung:** Geben Sie eine zusätzliche Beschreibung ❶ zum Bild ein, um es mit der eingebauten Suchfunktion leichter auffindbar zu machen. Hierzu können auch Schlagwörter ❷ dienen – blenden Sie im Infofenster eine entsprechende Zeile ein, indem Sie sich in der iPhoto-Menüleiste für *Darstellung/Schlagwörter* entscheiden. In diesem Zusammenhang ist auch die Vergabe eines schlüssigen Dateinamens ❸ empfehlenswert.

* **Gesichter:** Zur Verwaltung von Fotos Ihrer Familienmitglieder oder Freunde ebenfalls äußerst praktisch ist die Gesichtserkennung von iPhoto. Wählen Sie ein Foto aus und klicken Sie im Infofenster auf *Gesicht hinzufügen* ❶. Markieren Sie das Gesicht mit dem erscheinenden Rahmen ❷ und ordnen Sie dem Gesicht einen Namen zu ❸. Klicken Sie anschließend in der Leiste links auf *Gesichter*, um die automatisch erkannten auf weiteren Fotos anzusehen bzw. zu bestätigen.

* **Orte:** Um Fotos auch mit Ortsangaben zu verknüpfen, achten Sie darauf, dass unter *iPhoto/Einstellungen*, Register *Erweitert* im Menü *Suche nach Orten* die Option *Automatisch* aktiviert ist. Im Infofenster wird Ihnen dann eine Karte zum ausgewählten Bild angezeigt. Falls der Aufnahmeort nicht automatisch erkannt wird, klicken Sie entweder auf *Ort zuweisen*, um den Ort bzw. die genaue Adresse einzutippen. Per Stecknadelsymbol 📍 lässt sich der Aufnahmeort übrigens auch bei gedrückter Maustaste feinjustieren.

Tipp: Alle genannten Funktionen lassen sich auch als Kriterien für die intelligenten Alben einsetzen – sortieren Sie so automatisch bestimmte Personen oder Aufnahmen von bestimmten Orten in ein Album ein!

Ihre Bilder suchen und sofort finden – die besten Tipps

Sie haben bereits in Kapitel 6 die Spotlight-Suche kennengelernt, mit der Sie natürlich auch Bilder auf Ihrem Mac aufspüren. Tippen Sie dazu den Dateinamen und/oder einen Dateityp in das Spotlight-Suchfeld ein und lassen Sie sich die Treffer anzeigen. Mithilfe der Vorschau, die erscheint, wenn Sie den Mauszeiger auf einen Eintrag bewegen, ermitteln Sie, ob es sich um die gesuchte Datei handelt, die Sie dann per Doppelklick auf den Eintrag öffnen.

Für die Bildersuche noch besser geeignet ist allerdings die Suchfunktion in iPhoto: Klicken Sie links unten in iPhoto auf die Schaltfläche *Suchen* oder betätigen Sie die Tasten cmd+F,

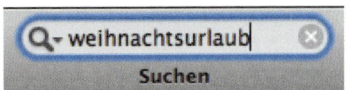

um das Suchfeld einzublenden. Geben Sie Ihren Suchbegriff dort ein – bereits während der Suche werden Ihnen die passenden Bilder angezeigt, wobei nicht nur nach dem Dateinamen, sondern auch nach Beschreibungen, Schlagwörtern, Datumsangaben sowie Ortsangaben gesucht werden kann.

Möchten Sie die Suche auf ein bestimmtes Datum, ein bestimmtes Schlagwort oder eine bestimmte Bewertung eingrenzen? Dann klicken Sie links im iPhoto-Suchfeld auf das Lupensymbol  und treffen Sie Ihre Auswahl – hier etwa das Anzeigen von Bildern, die zu einem bestimmten Zeitpunkt aufgenommen wurden (doppelklicken Sie auf einen Monat, um sogar eine Auswahl nach Tag treffen zu können).

Beeindrucken Sie Ihre Freunde: Ihre Bilder als attraktive Diashow wiedergeben

Besser als das Herumreichen eines Fotoalbums mit eingeklebten Bildern: Lassen Sie auf dem Bildschirm eine Diashow ablaufen, die beeindruckt. Um eine Diashow direkt aus dem Finder heraus zu starten, markieren Sie dort die gewünschten Bilder. Halten Sie dann die [alt]-Taste gedrückt, um in der Finder-Menüleiste unter *Ablage* die „Diashow"-Option angezeigt zu bekommen. Klicken Sie den Eintrag an, um die Diashow im Vollbildmodus zu starten.

Für eine richtig pfiffige Diashow inklusive Musikuntermalung lassen Sie diese in iPhoto ablaufen, und zwar folgendermaßen:

1 Wählen Sie in iPhoto ein Album aus, das Sie als Diashow wiedergeben möchten, und entscheiden Sie sich in der iPhoto-Menüleiste für *Ablage/Neue Diashow*. (Sie können einer Diashow weitere Bilder hinzufügen, indem Sie diese einzeln auswählen und dann rechts unten in iPhoto die Schaltfläche *Hinzufügen* und dann für *Diashow* wählen.)

2 Geben Sie der Diashow, die nun in der Leiste links angezeigt wird, eine beliebige Bezeichnung ❶ und passen Sie gegebenenfalls den automatischen Text an, der im Foto angezeigt wird ❷ – hierzu einfach den Text anklicken und Ihren Wünschen entsprechend umändern. Entscheiden Sie sich als Nächstes für die Schaltfläche *Themen* ❸ ...

3 ... und wählen Sie eines der ansprechenden Diashow-Themen aus, die verschiedene Darstellungen, Übergänge sowie Musik beinhalten. Hier beispielsweise wähle ich das Thema *Gleitende Flächen* ❶ aus und bestätige mit *Auswählen* ❷.

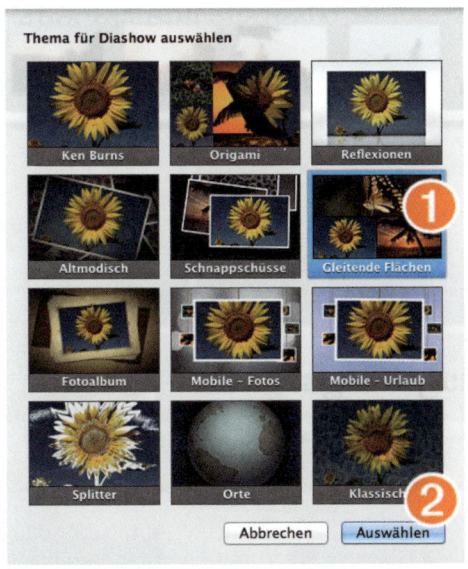

4 Klicken Sie im nächsten Schritt auf die Schaltfläche *Musik*, um die Hintergrundmusik für Ihre Diashow auszuwählen. Hier entscheide ich mich für einen der Standardsongs ❶, per Menü ❷ können Sie jedoch auch einen beliebigen anderen Titel auf dem Computer festlegen. Bestätigen Sie wiederum mit einem Mausklick auf *Auswählen* ❸.

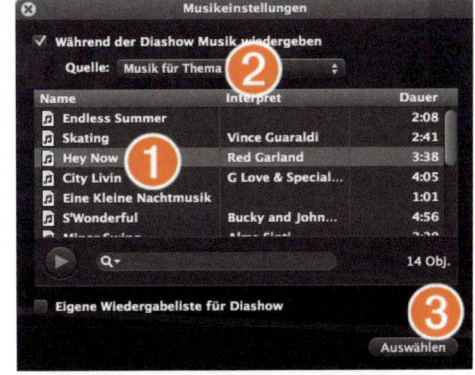

5 Wie lange soll jedes Bild angezeigt werden? Welche Hintergrundfarbe möchten Sie festlegen? Soll die Diashow am Ende wiederholt werden? Diese und weitere Einstellungen treffen Sie zum Schluss unter der Schaltfläche *Einstellungen*.

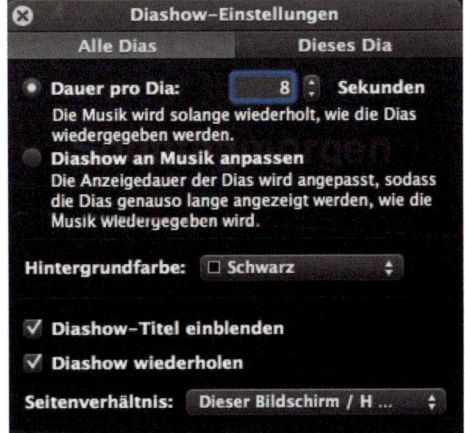

6 Jetzt kann es losgehen: Klicken Sie auf die Schaltfläche *Starten*, um die Diashow im Vollbildmodus wiederzugeben. Per (esc)-Taste beenden Sie sie wieder. Falls Sie die Diashow zunächst im kleineren Format betrachten möchten, klicken Sie auf die Schaltfläche *Vorschau*.

Eine Diashow sofort mit den Standardeinstellungen wiedergeben: Wählen Sie dazu ein Album aus und klicken Sie bei gedrückter ⸨alt⸩-Taste auf die Schaltfläche *Diashow* unten in iPhoto.

☀ So geht's: Diashows zum Verschenken als Videodatei speichern

Die von Ihnen zusammengestellte Diashow lässt sich problemlos auch als Videodatei exportieren: Klicken Sie dazu bei ausgewählter Diashow unten in iPhoto auf die *Exportieren*-Schaltfläche. Nun müssen Sie nur noch per Kontrollkästchen die Videogröße auswählen ❶ und mit einem Klick auf *Exportieren* ❷ das Erstellen der Videodatei starten. Je nach Umfang der Diashow kann das ein paar Minuten dauern.

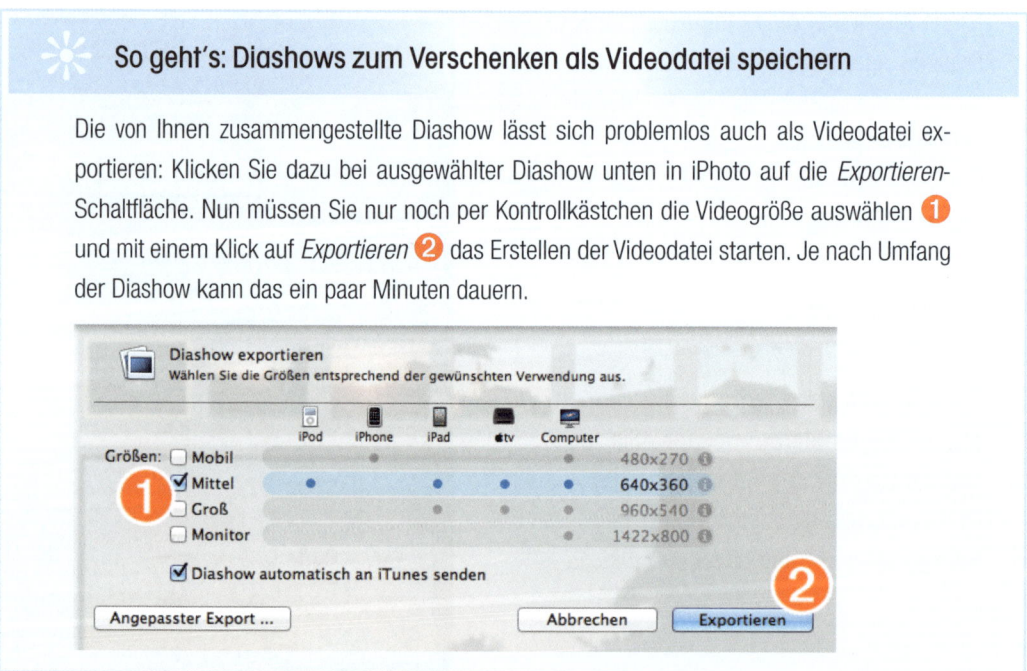

Mit wenigen Handgriffen: Ihre Bilder an andere Personen weiterreichen

Neben dem Veröffentlichen Ihrer Bilder im Internet oder dem Erstellen von Diashows bietet Ihnen iPhoto noch eine Reihe weiterer Optionen, um Ihre Bilder mit anderen Personen zu teilen. Gestatten Sie mir, Ihnen diese Optionen in einem schnellen Überblick zu präsentieren:

✻ **Fotostream:** Der Fotostream ermöglicht es Ihnen, Ihre Fotos in iCloud (vgl. Kapitel 10) hochzuladen und via Internet mit anderen Geräten darauf zuzugreifen. Das Aktivieren des Fotostreams erfolgt unter *iPhoto/Einstellungen*, Registerkarte *Fotostream*. Entscheiden Sie per Kontrollkästchen, ob Up- und Downloads von Fotos automatisch erfolgen sollen. Auf den Fotostream greifen Sie in der Leiste links in iPhoto unter Fotostream zu. Das manuelle Hochladen von Fotos in den Fotostream erfolgt unter der *Bereitst.*-Schaltfläche rechts unten in iPhoto.

✻ **E-Mail:** Mit iPhoto pfiffige Foto-E-Mails versenden – legen Sie dazu unter *iPhoto/Einstellungen*, Registerkarte *Accounts* Ihr E-Mail-Konto an. Um ein Bild (oder auch mehrere Bilder) per E-Mail zu versenden, wählen Sie dieses dann in iPhoto aus und klicken Sie rechts unten auf die *Bereitst.*-Schaltfläche. Klicken Sie auf *E-Mail* und entscheiden Sie sich für ein Layout, das Ihnen zusagt. Füllen Sie die E-Mail mit Ihren Inhalten und bringen Sie sie mit *Senden* auf den Weg.

✳ **Brennen:** Brennen Sie Ihre Bilder ohne Umweg über den Finder auf eine CD-ROM oder DVD-ROM. Sie finden diese Option in der iPhoto-Menüleiste unter *Bereitstellen/Brennen*. Geben Sie dem Datenträger einen schlüssigen Namen und starten Sie mit einem Mausklick auf *Brennen* den Brennvorgang.

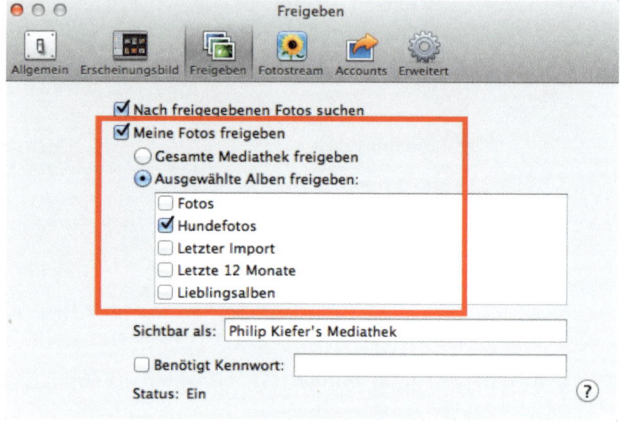

✳ **Freigabe:** Auf Ihre Fotos soll auch im Netzwerk zugegriffen werden dürfen? Entscheiden Sie sich in der iPhoto-Menüleiste für *iPhoto/Einstellungen* und aktivieren Sie die Freigabe unter *Freigeben* – entweder das Freigeben der gesamten Mediathek oder nur einzelner Alben. Falls der Zugriff zusätzlich beschränkt werden soll, geben Sie für die Freigabe außerdem noch ein Kennwort ein.

✳ **Druckerzeugnisse:** Auch Foto-Abzüge sowie Karten, Kalender oder Fotobücher lassen sich direkt aus iPhoto heraus bestellen. Zum Bestellen von Abzügen, wählen Sie eines oder mehrere Fotos aus und wählen in der iPhoto-Menüleiste *Ablage/Abzüge bestellen*; die Optionen *Neues Buch*, *Neue Karte* und *Neuer Kalender* finden Sie ebenfalls unter *Ablage*. Die Preise werden Ihnen vor dem Kauf angezeigt.

Vielleicht besitzen Sie selbst einen Foto-Drucker? Dann drucken Sie Ihre Fotos direkt aus iPhoto aus, indem Sie die Bilder auswählen und sich dann in der iPhoto-Menüleiste für *Ablage/Drucken* entscheiden. Druckgröße und Co. passen Sie mit wenigen Handgriffen im folgenden Fenster an.

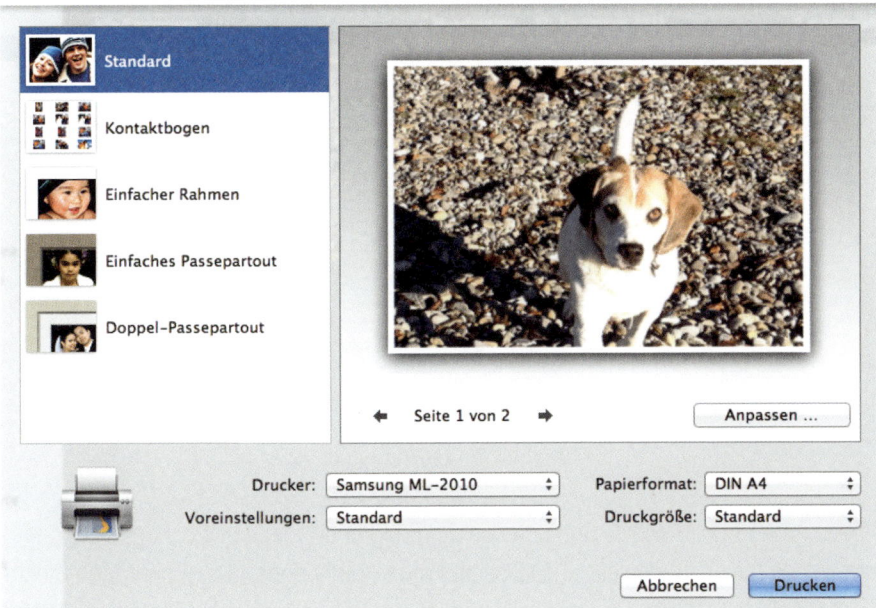

Professionelle Filme zaubern: Videos bearbeiten mit iMovie

Wie bereits kurz erwähnt, lassen sich mit iPhoto nicht nur Fotos, sondern auch Videos verwalten. Wenn Sie Videos nicht nur verwalten, sondern auch bearbeiten möchten, verwenden Sie jedoch das Programm iMovie, das wie iPhoto zur iLife-Suite gehört. Lassen Sie mich Ihnen im Folgenden einige Highlights des Programms vorstellen, auf deren Basis Sie die weiteren Funktionen dann selbstständig erkunden können.

Zunächst müssen Sie das Videomaterial in iMovie importieren, das Sie bearbeiten möchten. Der Import kann sowohl von einem digitalen Camcorder (auch iPhone & Co.) erfolgen als auch aus einer auf dem Computer gespeicherten Datei. Die ent-

sprechende Auswahl in der iMovie-Menüleiste lautet *Ablage/Aus Kamera importieren* bzw. *Ablage/Importieren/Filme*.

255

Hier entscheide ich mich für den Import der zuvor aus iPhoto exportierten Diashow, um diese in iMovie weiterzubearbeiten.

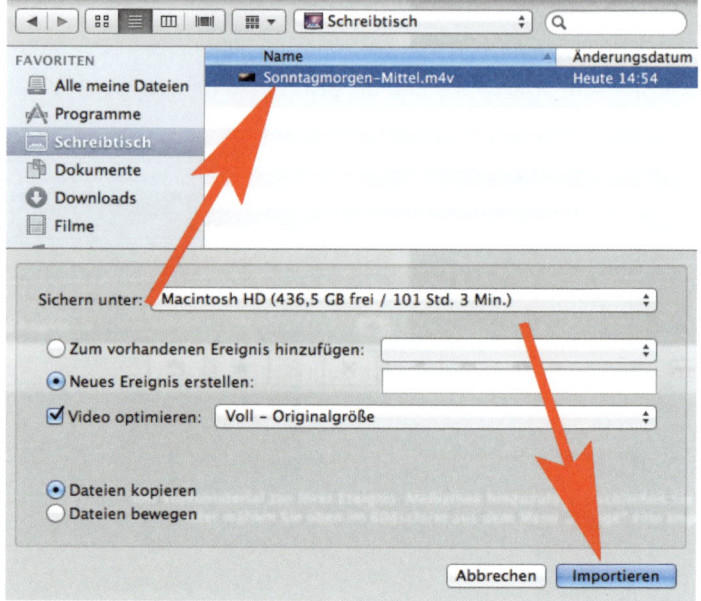

Das importierte Video findet sich in iMovie nun unten in der Ereignis-Mediathek ❶. Fügen Sie gegebenenfalls weitere Videos hinzu, etwa wenn Sie Clips aus mehreren Videos zusammenfügen möchten. Erstellen Sie im nächsten Schritt ein Projekt, indem Sie rechts unten in der Projektmediathek auf das Plussymbol ❷ klicken …

… und eines der Projektthemen auswählen. In diesem Fall wähle ich das Projektthema *Pinnwand* aus ❶, gebe den passenden Projektnamen ein ❷ und bestätige mit einem Mausklick auf *Erstellen* ❸.

Markieren Sie nun bei gedrückter Maustaste diejenigen Elemente, die Sie in Ihrem Video verwenden möchten, in der Ereignis-Mediathek und ziehen Sie sie – wiederum bei gedrückter Maustaste – in die Projekt-Mediathek, um sie dort einzufügen. Lassen Sie sich dabei je-

derzeit per Play-Button ▶ eine Vorschau anzeigen, um eine genaue Auswahl treffen zu können.

Mit dem Material in der Projekt-Mediathek erstellen und bearbeiten Sie im Folgenden Ihr Video. Sie rufen die jeweiligen Funktionen in der Menüleiste sowie über Symbole in der iMovie-Bedienoberfläche auf.

iMovie – die wichtigsten Funktionen für die Videobearbeitung auf einen Blick

Alles Wichtige im Überblick – mit iMovie stehen Ihnen eine Menge Videobearbeitungsfunktionen zur Verfügung. Besonders interessant für Sie werden sein:

✳ **Trimmen:** Markieren Sie mit der Maus das Video vom gewünschten Anfang bis zum gewünschten Ende, wobei die Markierung durch einen gelben Rahmen angezeigt wird. Entscheiden Sie sich dann in der iMovie-Menüleiste für die Option *Auf Auswahl trimmen*. Um störende Elemente mitten im Video zu entfernen, markieren Sie diese ebenfalls und wählen in der Menüleiste *Bearbeiten/Auswahl löschen*. Tipp: Hilfreich für eine bessere Übersicht ist der Clip-Trimmer, den Sie in der Menüleiste unter *Fenster/Clip-Trimmer* einblenden.

✳ **Drehen:** Ihr mit dem Smartphone aufgenommenes Video erscheint im Querformat? Um es zu drehen, wählen Sie es in der Projekt-Mediathek aus und entscheiden sich in der iMovie-Menüleiste für *Fenster/Beschneiden, Ken Burns & Drehen*. Ihnen werden nun im Vorschaubereich (dem „Viewer") die Symbole

und zum Drehen des Videos angezeigt.

✳ **Musik:** Um Ihr Video mit Musik zu untermalen, entfernen Sie zunächst die gegebenenfalls bereits vorhandene Tonspur, indem Sie das Video markieren, dann in der Menüleiste *Clip/Audio trennen* wählen, schließlich die Tonspur markieren und diese mit *Bearbeiten/Auswahl löschen* entfernen. Blenden Sie dann mit *Fenster/Musik und Toneffekte* (bzw. per 🎵-Symbol)

das Sound-Fenster ein, wählen Sie den gewünschten Hintergrundsound aus und ziehen Sie ihn bei gedrückter Maustaste in die Projekt-Mediathek. Tipp: Per Mikrofonsymbol ![Mikrofon] lassen sich auch Kommentare direkt via Mikrofon in das Video einsprechen.

* **Bilder:** Auch das Einfügen von Bildern ist mit iMovie eine einfache Sache – blenden Sie hierzu mit *Fenster/Fotos* (bzw. per ![Kamera]-Symbol) das *Fotos*-Fenster ein und ziehen Sie die gewünschten Fotos in der Projekt-Mediathek an die gewünschte Stelle des Videos.

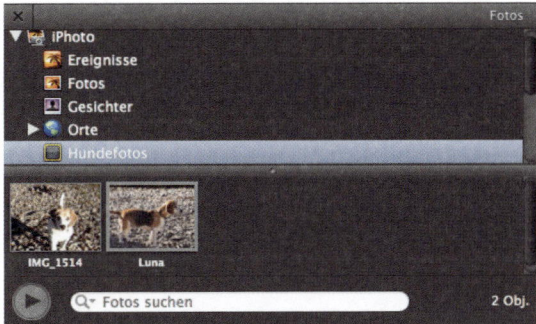

Im Menü, das daraufhin angezeigt wird, entscheiden Sie sich für die Option *Einfügen*.

* **Titel:** Einen Abspann oder sonstige Texte in das Video einbauen – ebenfalls ein Leichtes! Blenden Sie dazu mit *Fenster/Titel* (bzw. per ![T]-Symbol) das *Titel*-Fenster ein. Wählen Sie ein Thema aus und ziehen Sie es bei gedrückter Maustaste in die gewünschte Position. Geben Sie dann im Viewer Ihren eigenen Text ein.

✳ **Übergänge:** Ideal, um zwei getrennte Videoclips zu verbinden – blenden Sie unter *Fenster/Übergänge* (bzw. per ▣-Symbol) das *Übergänge*-Fenster ein und ziehen Sie einen Übergang zwischen zwei Clips. Klicken Sie auf den so erstellten Übergang, um ihn gegebenenfalls noch, insbesondere im Hinblick auf die Dauer, anzupassen. (Hinweis: Bei nicht getrennten Clips schaffen Sie zunächst eine Trennung per Menüwahl *Clip/Clip teilen*.)

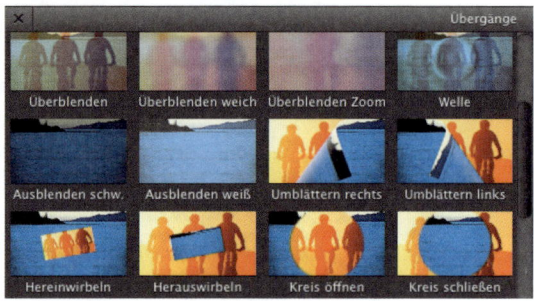

Dies ist nur eine Auswahl besonders wichtiger Funktionen für die Videobearbeitung. Entdecken Sie in iMovie selbstständig noch eine ganze Reihe weiterer pfiffiger Funktionen, etwa das Einfügen von Karten (Symbol 🌐) oder das Mitschneiden von Videos aus der FaceTime-Kamera heraus (Symbol 📹).

Schnell erledigt: Ihr persönliches Meisterwerk als Videodatei exportieren, brennen oder auf YouTube hochladen

Sie haben Ihr Video fertig gestellt? Dann entscheiden Sie zum Schluss, was Sie damit machen möchten. Die entsprechenden Optionen werden Ihnen in der iMovie-Menüleiste unter *Bereitstellen* angezeigt. Ich empfehle grundsätzlich, das Video mit *Film exportieren* als Videodatei zu speichern. Die Export-Qualität richtet sich dabei grundsätzlich nach dem Ausgangsmaterial sowie natürlich auch nach dem Verwendungszweck des Videos – falls Sie beispielsweise ein Urlaubsvideo auf Ihrer Website zum Herunterladen zur Verfügung stellen möchten, sollte es nicht zu groß sein.

Desweiteren können Sie Ihr Video auch direkt auf YouTube, Facebook sowie auf andere Plattformen hochladen, indem Sie sich unter *Bereitstellen* für die jeweilige Option entscheiden.

Oder möchten Sie Ihr Video auf eine DVD brennen? Exportieren Sie die Videodatei hierzu und verwenden Sie zum Brennen z. B. die kostenlose Software DVDStyler, die Sie hier herunterladen: *http://dvdstyler.org/de.*

▲ Der DVDStyler ist ein simples Programm zum Erstellen und Brennen von Video-DVDs – damit kommt jeder klar.

9. Werden Sie zum iTunes-Experten: Musik, Videos und weitere Inhalte herunterladen und auf dem Mac wiedergeben

Alles Wichtige auf einen Blick:

* Medien importieren und mit iTunes wiedergeben – eine einfache Sache

* Albuminfo, Cover und mehr: Informationen zu Ihren Mediendateien ergänzen

* Wiedergabelisten erstellen und clevere Funktionen wie Genius und Co. nutzen

* Shopping im iTunes Store: Musik kaufen oder Filme ausleihen, ohne das Haus zu verlassen

* Kostenlose Inhalte finden: Podcasts, Univorlesungen und E-Books gratis & legal downloaden

* Webradio mit iTunes: So einfach fügen Sie Ihre Lieblingssender hinzu

* Audio-CDs brennen und das dazu passende CD-Booklet ausdrucken – so wird's gemacht

* Ihr Mac als Musikstudio: Aufnahme und Bearbeitung mit GarageBand

Machen Sie sich in diesem Kapitel mit einer mächtigen Software zum Verwalten, Abspielen und sogar Kaufen von Musik, Filmen und weiteren Medien vertraut: iTunes. Diese Apple-Software, die auf Ihrem Mac bereits mit an Bord ist, ist ein echter Alleskönner, die Sie zusätzlich auch noch zum Datenaustausch mit mobilen Geräten einsetzen (dazu dann mehr in Kapitel 10). Lassen Sie mich Ihnen auf den folgenden Seiten zeigen, wie Sie iTunes für den optimalen Mediengenuss auf Ihrem Mac einsetzen!

Medien importieren und mit iTunes wiedergeben – eine einfache Sache

Wenn Sie iTunes zum ersten Mal starten, ist Ihre „Mediathek" zunächst leer. Ihnen bieten sich drei Möglichkeiten, um die iTunes-Mediathek mit Mediendateien zu füllen:

* **Kaufen:** Laden Sie Musik, Filme und weitere Mediendateien aus dem iTunes Store. In vielen Fällen praktisch: Filme können nicht nur gekauft, sondern auch „geliehen" werden. Wie der Einkauf im iTunes Store abläuft, zeige ich Ihnen ab Seite 287.

✳ **Dateien importieren:** Die Mediendateien befinden sich bereits auf Ihrem Computer? Mit wenigen Handgriffen lassen sich diese – kompatible Formate vorausgesetzt – in die iTunes-Mediathek importieren. Auf den folgenden Seiten erfahren Sie, wie einfach das geht.

✳ **CDs importieren:** Um Ihre Audio-CDs auf dem Computer verfügbar zu machen, gibt es ebenfalls eine Importfunktion in iTunes, die ich Ihnen auf den nächsten Seiten vorstelle.

▲ Beim ersten Programmstart ist die iTunes-Mediathek noch leer, doch sie lässt sich auf verschiedene Weise mit Inhalten füllen.

Mediendateien und -ordner in iTunes importieren – so einfach funktioniert es

Um Mediendateien, die bereits auf Ihrem Computer gespeichert sind, in iTunes zu bekommen, können Sie diese einfach bei gedrückter Maustaste aus dem Finder in die Mediathek ziehen. Ich empfehle jedoch die übersichtlichere Variante:

1 Entscheiden Sie sich in der iTunes-Menüleiste für *Ablage/Zur Mediathek hinzufügen*.

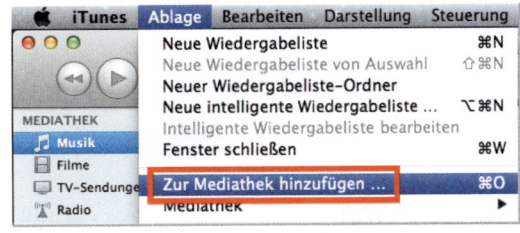

2 Wählen Sie die Datei oder den Ordner aus (bzw. mehrere Elemente bei gedrückter [cmd]-Taste), den Sie der Mediathek hinzufügen möchten ❶, und bestätigen Sie mit einem Mausklick auf den *Öffnen*-Button ❷.

3 Sie werden oben in iTunes über den Import-Status in Kenntnis gesetzt ❶. Nach dem Importieren befinden sich die Dateien in der entsprechenden Mediathek, hier *Musik* ❷. Doppelklicken Sie auf eine Datei ❸, um diese wiederzugeben. (Hinweis: Nur kompatible Dateien werden importiert; Dateien, die iTunes nicht wiedergeben kann, werden vom Programm einfach ignoriert.)

Kaputte CDs gehören der Vergangenheit an: Audio-CDs auf Ihren Mac importieren

Sie haben noch gar keine Mediendateien auf Ihrem Computer gespeichert? Zumindest Musikdateien lassen sich mit iTunes kinderleicht importieren. Wenn Sie die Musikdateien im Format AAC importieren möchten, genügt es dazu, die Audio-CD ins Laufwerk einzulegen und den Hinweisen auf dem Bildschirm zu folgen. AAC-Dateien haben eine sehr gute Qualität, können jedoch nicht auf allen MP3-Playern wiedergegeben werden. Hier zeige ich Ihnen deshalb Schritt für Schritt, wie Sie zunächst die Importeinstellungen anpassen und anschließend eine Audio-CD in iTunes importieren:

1 Klicken Sie in der iTunes-Menüleiste auf *iTunes/Einstellungen* ...

Jederzeit den gewünschten Titel finden: Diese iTunes-Funktionen sollten Sie kennen!

Bei sehr vielen importierten Mediendateien kann schnell der Überblick in der Mediathek verloren gehen, dies betrifft insbesondere Musiktitel. Verwenden Sie das eingebaute Such-feld rechts oben in iTunes, um die Mediathek nach Alben, Titeln, Interpreten oder Genres zu durchsuchen. Bereits während des Eintippens werden Ihnen die passenden Treffer angezeigt. Wichtig: Vergessen Sie nicht, den Suchbegriff anschließend per ⊗-Symbol rechts im Such-feld zu löschen, um wieder Zugriff auf alle Dateien zu erhalten.

Hilfreich für eine bessere Übersicht sind die verschiedenen Ansichtsoptionen in der Musik-Mediathek, die Sie in der Menüleiste unter *Darstellung* bzw. per Symbol (☰ für Liste, ☷ für Albenliste, ▦ für Raster, ▥ für Cover Flow) festlegen. Die Abbildung zeigt beispielhaft die Ansichtsoption Cover Flow, die eine einfache Auswahl nach Albumcover erlaubt.

Ebenfalls hilfreich zur Organisation Ihrer Mediathek sind die Wiedergabelisten, die ich Ihnen dann ab Seite 277 vorstelle.

2 ... und entscheiden Sie sich im folgenden Fenster unter *Allgemein* ❶ für den Button *Importeinstellungen* ❷.

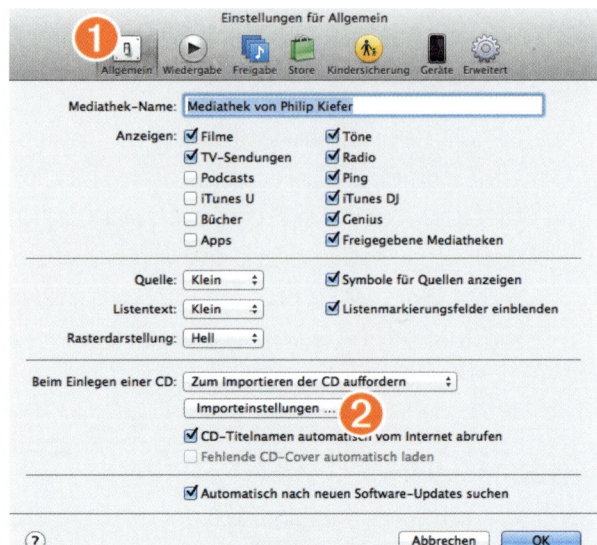

3 Wählen Sie nun gegebenenfalls die Option *MP3-Codierer* aus ❶ und wählen Sie im zweiten Menü die Einstellung *Höhere Qualität (192 kBit/s)* ❷; ich empfehle außerdem, das Kontrollkästchen *Beim Lesen von Audio-CDs Fehlerkorrektur anwenden* ❸ zu aktivieren, bevor Sie Ihre Einstellungen mit *OK* ❹ bestätigen (im gezeigten Fenster sowie im Fenster aus Schritt ❷).

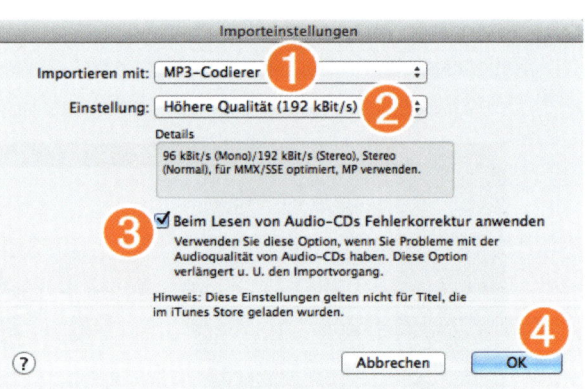

4 Nun kann es losgehen: Legen Sie eine Audio-CD ins Laufwerk ein. Diese wird von iTunes automatisch erkannt, und Sie werden gefragt, ob Sie die CD in Ihre Mediathek importieren möchten. Klicken Sie auf *Ja*, um den Importvorgang zu starten. Optional können Sie zunächst noch per Kontrollkästchen bestimmen, welche Titel von der CD aufgenommen werden sollen und welche nicht.

5 Die Titel werden nun von der CD eingelesen, was einige Zeit in Anspruch nimmt. Wiederum werden Sie über den Importstatus oben in iTunes in Kenntnis gesetzt. Per ✓-Symbol wird dargestellt, welche Titel bereits importiert wurden. Greifen Sie darauf ab sofort in der Musik-Mediathek zu!

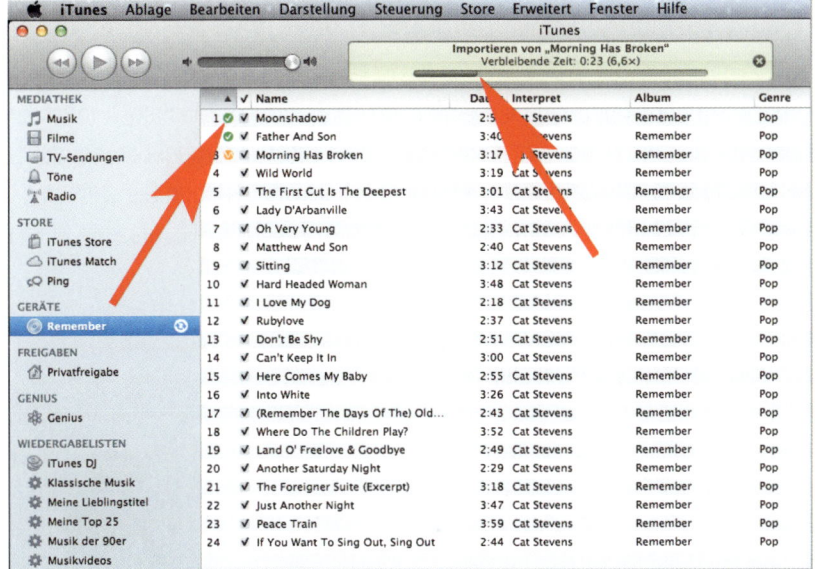

Gut zu wissen: Je höher die Datenrate (Angabe kBit/s), desto besser ist in der Regel die Audioqualität. Eine Datenrate von 192 kBit/s wie bei den MP3-Dateien ist aber für das normale Gehör vollkommen ausreichend. MP3-Dateien lassen sich auf fast allen Geräten abspielen, für AAC-Dateien gilt dies hingegen leider nicht – entscheiden Sie selbst, auf welches Format Sie setzen möchten.

☀ AAC-Dateien nachträglich ins MP3-Format konvertieren

Sie haben bereits Audio-CDs im AAC-Format importiert und benötigen nun zusätzlich MP3-Versionen? Das ist mit iTunes einfach zu bewerkstelligen: Wählen Sie zunächst wie oben in Schritt 3 beschrieben den MP3-Codierer aus. Markieren Sie dann in der Musik-Mediathek die AAC-Dateien, die Sie umwandeln möchten, und entscheiden Sie sich in der iTunes-Menüleiste für *Erweitert/MP3-Version* erstellen. Die MP3-Dateien werden daraufhin erstellt und neben den AAC-Dateien in die Mediathek aufgenommen.

AAC- oder MP3-Datei? Klicken Sie bei gedrückter ctrl-Taste in die Sortierleiste der Musik-Mediathek und aktivieren Sie das Feld *Art* – Ihnen wird nun zusätzlich zu Album, Titel, Interpret usw. auch der jeweilige Dateityp angezeigt.

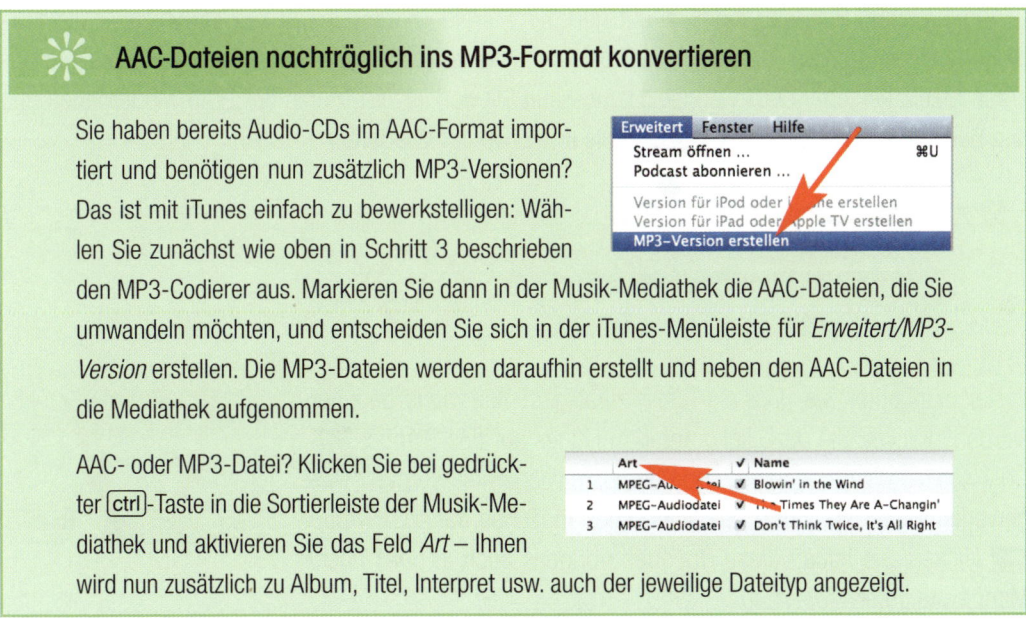

Sie suchen die importierten Dateien im Finder? Machen Sie diese unter dem Pfad *Musik/iTunes/ iTunes Media* ausfindig – dort werden übrigens nicht nur Ihre Musikdateien, sondern auch Ihre Filme und weiteren Mediendateien gespeichert.

Musik und Filme auf dem Computer wiedergeben – alles, was Sie dazu wissen müssen

Sie wissen bereits, dass Sie per Doppelklick auf einen Titel in der Musik-Mediathek (oder auf ein Album) dessen Wiedergabe starten. Dabei wird nicht nur der eine Titel wiedergegeben, sondern auch die weiteren Titel in der Mediathek. Statt auf den Titel doppelzuklicken, können Sie auch das Play-symbol ▶ links oben in iTunes betätigen, um den ausgewählten Titel bzw. die gesamte Mediathek von Anfang an wiederzugeben.

Um die Wiedergabe anzuhalten, klicken Sie ent-sprechend auf das Symbol ❙❙. (Zum Starten und Stoppen lässt sich übrigens auch die F8 -Taste auf Ihrer Mac-Tastastur einsetzen.) Die weite-ren Symbole ◀◀ und ▶▶ links oben in iTunes (oder die Tasten F7 und F9) dienen dazu, zwi-schen den einzelnen Titeln zu wechseln; mit dem Schieberegler ◀ ━━━━━◉◀ (oder den Tas-

ten F11 und F12 bzw. F10 zum Stummschalten) verändern Sie die Lautstärke der Wiedergabe – wer bereits einmal einen CD-Player bedient hat, dürfte mit diesen Funktionen keine Probleme haben!

Was Sie gegenüber dem CD-Player vermissen werden, ist das Stoppsymbol, das in iTunes nicht zur Verfügung steht. Hier wird lediglich pausiert, bis Sie die Wiedergabe erneut starten oder die Wie-dergabe eines anderen Titels wählen. Die Stoppfunktion erhalten Sie jedoch, wenn Sie zu einer an-deren Mediathek oder Liste wechseln bzw. wenn Sie den letzten Titel in der Liste wiedergeben und den Schieberegler in der Statusanzeige bis ans Ende der Wiedergabe ziehen.

Vielleicht möchten Sie, dass die Titel in zufälliger Folge wiedergegeben werden? Klicken Sie dazu links unten in iTunes auf das Symbol ⤨. Oder soll die Wiedergabe am Ende der Liste wiederholt werden? Dies bewerkstelligen Sie, indem Sie links unten in iTunes auf das Symbol ⤸ klicken. Sie finden diese Optionen übrigens auch in der iTunes-Menüleiste unter *Steuerung*.

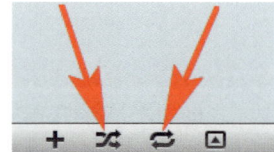

Entspricht der Klang bei der Musikwiedergabe ganz Ihren Vorstellungen?
Falls nicht, blenden Sie in der iTunes-
Menüleiste unter *Fenster/Equalizer* den
Equalizer ein. Wählen Sie im Menü die
aktuelle Musikrichtung aus oder verschieben Sie die Klangregler bei gedrückter Maustaste manuell.

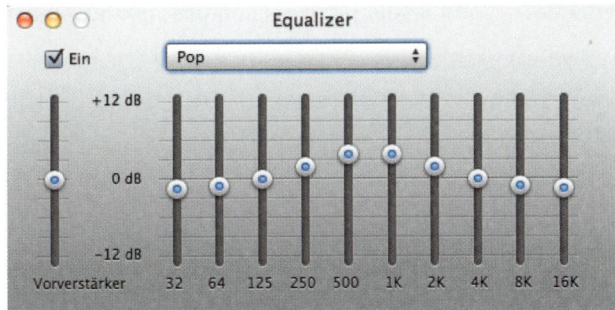

Schließen Sie das iTunes-Fenster – die Musik
wird im Hintergrund weiterlaufen. Falls Sie die
Steuerelemente während der Wiedergabe ver-

fügbar haben möchten, entscheiden Sie sich – per ⊕-Symbol – für den Mini-Player, der sich auf
dem Bildschirm unauffällig platzieren lässt. Durch einen erneuten Mausklick auf das ⊕-Symbol gelangen Sie zurück zum normalen iTunes-Fenster. Auf die Wiedergabefunktionen greifen Sie ansonsten auch einfach zu, indem Sie bei gedrückter (ctrl)-Taste auf das iTunes-Symbol im Dock klicken.

Bei der Musikwiedergabe sehr schön anzusehen, sind die Visualisierungen, die Sie in der iTunes-
Menüleiste unter *Darstellung/Visuelle Effekte einblenden* aktivieren und die ich in Kombination mit
dem Vollbildmodus (*Darstellung/Vollbildmodus ein*) empfehle. Durch Streichen mit zwei Fingern auf
der Magic Mouse bzw. durch Streichen mit vier Fingern auf dem Trackpad gelangen Sie zurück zur
Mediathek.

▲ *Die Visualisierungen schaffen Atmosphäre und sind insbesondere im Vollbildmodus der Hit – auch für den*
Einsatz auf Partys durchaus zu empfehlen!

Videos in iTunes wiedergeben – ebenfalls kein Hexenwerk

Zur Wiedergabe von Videodateien (sowie TV-Sendungen) wählen Sie in iTunes die entsprechende Mediathek aus und doppelklicken auf die Datei (oder betätigen das Symbol ▶ links oben in iTunes). Die Wiedergabe wird daraufhin im iTunes-Fenster gestartet.

Die Symbole zum Pausieren (⏸) und Wiederaufnehmen der Wiedergabe (▶) sowie zum Wechseln zwischen Dateien (◀ und ▶|) werden daraufhin auch direkt im Video eingeblendet, nebst dem Schieberegler für die Laustärke (🔊) sowie einer Statusanzeige für die Videowiedergabe.

Darüber hinaus bieten sich Ihnen weitere Funktionen:

* ❋ **Spulen:** Zum Zurück- bzw. Vorspulen im Video dienen Ihnen die Symbole ◀◀ und ▶▶. Alternativ bringen Sie einfach den Regler in der Statusanzeige in die gewünschte Position.

* ❋ **Kapitelauswahl:** Das Video ist in mehrere Kapitel untergliedert? Dann klicken Sie auf das Symbol ☰▾, um eines der Kapitel auszuwählen.

* ❋ **Sprachauswahl:** Stehen für das Video mehrere Sprachspuren zur Verfügung? Um eine andere Sprache auszuwählen, klicken Sie auf das Symbol 💬.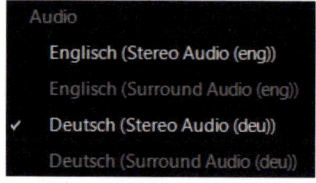

* ❋ **Vollbildmodus:** Um das Video schließlich im Vollbildmodus wiederzugeben, klicken Sie auf das Symbol ⤢.

Um die Wiedergabe des Videos zu beenden und gleichzeitig zur iTunes-Mediathek zurückzukehren, klicken Sie entweder auf das Symbol ⊗, das erscheint, wenn Sie den Mauszeiger auf das Video bewegen, oder betätigen einfach die [esc]-Taste. Sie stellen fest: Das alles ist überhaupt nicht kompliziert! Wie Sie Ihre Videos auch aufs TV-Gerät übertragen können, zeige ich Ihnen ab Seite 314.

> ### ☀ Kann ich in iTunes auch Film-DVDs wiedergeben?
>
> Zur Wiedergabe von Film-DVDs verwenden Sie nicht iTunes, sondern das auf Ihrem Mac verfügbare Programm DVD-Player. Wenn Sie eine DVD ins Laufwerk einlegen, wird das Programm automatisch gestartet, und Sie können sich sofort dem Filmgenuss hingeben. Werden Sie nach dem Ländercode befragt, wählen Sie für Europa die Option *2*.
>
> **Ländercode des Laufwerks**
>
> **Sie müssen einen Ländercode für Ihr DVD-Laufwerk auswählen.**
>
> Da Sie das erste Mal eine DVD verwenden, müssen Sie einen Ländercode für Ihr DVD-Laufwerk festlegen. Sie können die Einstellung für den Ländercode noch 5 mal ändern.
>
> Ländercode des Laufwerks ändern in: **2**
>
> Klicken Sie auf das Schloss, um Änderungen zu verhindern
>
> **Abbrechen** **Ländercode ändern** ?

Albuminfo, Cover und mehr: Informationen zu Ihren Mediendateien ergänzen

Besonders dann, wenn Sie eine Audio-CD in iTunes importieren, kann es durchaus sein, dass das Cover oder wichtige Informationen zum Album fehlen. Praktisch: Das Albumcover lässt sich in den meisten Fällen automatisch laden. Voraussetzung hierfür ist lediglich, dass Sie zunächst in der iTunes-Menüleiste auf *Store/Anmelden* klicken und sich mit Ihrer Apple-ID (vgl. Seite 136) einloggen.

Melden Sie sich am iTunes Store an, um Objekte zu laden.

Besitzen Sie eine Apple-ID und ein Kennwort, geben Sie diese hier ein. Wenn Sie beispielsweise den iTunes Store oder iCloud verwendet haben, besitzen Sie eine Apple-ID. Klicken Sie dann auf „Überprüfen", um gekaufte Objekte zu laden.

Apple-ID
klaus.mustermann@google

Kennwort Vergessen?
●●●●●●●●●●●

? **Apple-ID erstellen** **Abbrechen** **Anmelden**

Um ein CD-Cover automatisch zu laden, markieren Sie die Dateien und klicken diese bei gedrückter `ctrl`-Taste an. Im Menü entscheiden Sie sich für den Eintrag *CD-Cover laden* ...

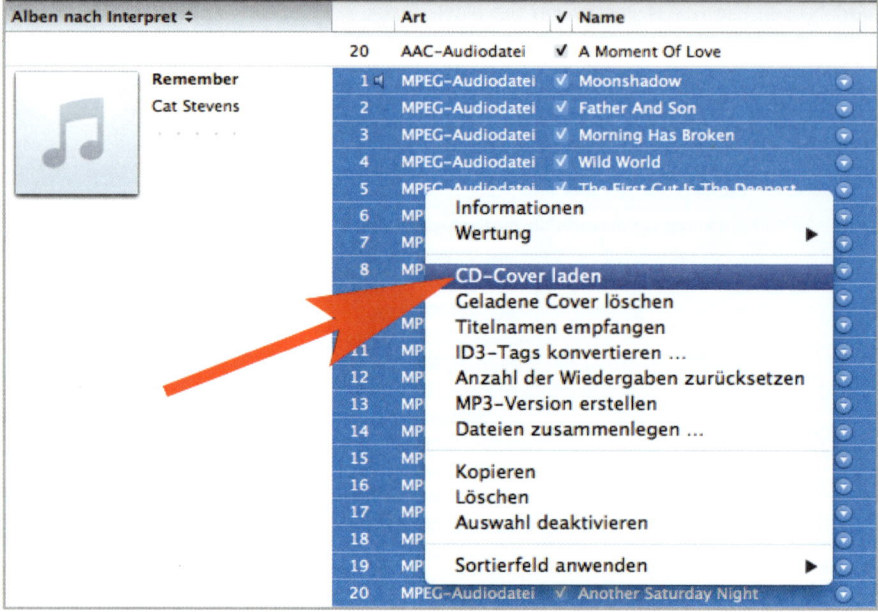

... und bestätigen im folgenden Abfragefenster per Button *CD-Cover laden*. Das Cover wird Ihren Musikdateien anschließend hinzugefügt.

Auf ähnliche Weise lassen sich auch Titelnamen herunterladen, indem Sie sich im obigen Menü entsprechend für den Eintrag *Titelnamen empfangen* entscheiden, wobei dies unter *iTunes/Einstellungen*, Register *Allgemein* bereits standardmäßig festgelegt ist.

Das CD-Cover und weitere Informationen manuell ergänzen

Wenn bestimmte Informationen zu Ihren Musikalben und -titeln nicht automatisch erstellt werden, müssen Sie von Hand ran. Ich empfehle Ihnen, diese Angaben jeweils gleich nach dem Importieren von Alben und Titeln zu machen, damit Sie von Anfang an Ordnung in Ihrer Musiksammlung haben. Hier zeige ich Ihnen exemplarisch, wie ich bei einem Titel den Namen des Interpreten und ein nicht automatisch heruntergeladenes Cover ergänze – übrigens lassen sich bei zahlreichen Informationen mehrere Titel gleichzeitig markieren und bearbeiten:

1 Klicken Sie den zu bearbeitenden Titel bei gedrückter ⌃ctrl⌄-Taste an und wählen Sie im Menü den Eintrag *Informationen*.

2 Im Fenster, das sich öffnet, klicken Sie auf *Infos* ❶ und machen in den einzelnen Feldern Ihre Angaben ❷.

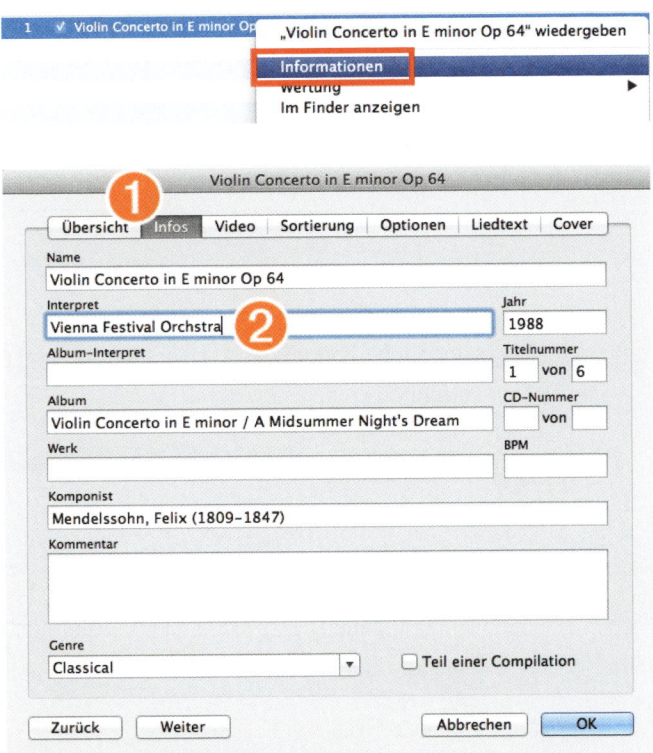

3 In diesem Fall soll noch ein CD-Cover eingefügt werden. Via Google Bilder (*http:// images.google.de*) werden Sie schnell fündig. Klicken Sie das Cover im Browser bei gedrückter ⌃ctrl⌄-Taste an und wählen Sie *Bild kopieren*.

273

4 Im Infofenster klicken Sie anschließend auf *Cover* ❶, fügen das Bild aus der Zwischenablage mit ⌘cmd+Ⓥ ein ❷ und bestätigen mit einem Mausklick auf *OK* ❸.

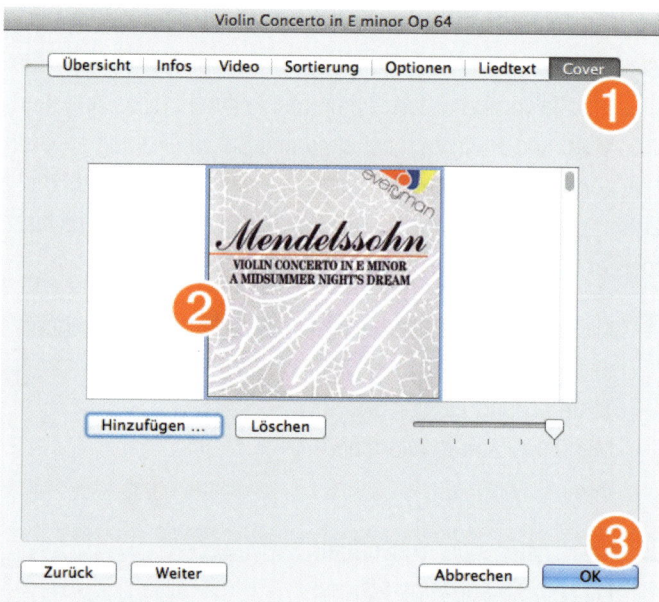

5 Fertig! Die geänderten Informationen – hier Interpret und Cover – stehen ab sofort für den oder die Titel zur Verfügung.

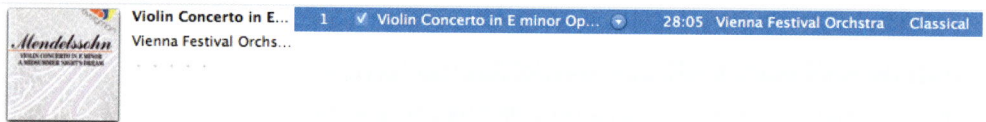

Sicher ist Ihnen nicht entgangen, dass sich im Infofenster noch einige weitere Registerkarten befinden. Hierüber ein kleiner Überblick:

✳ **Übersicht:** Hier finden Sie Informationen zur ausgewählten Datei, beispielsweise zur Datenrate, zur Speichergröße oder zum Speicherort.

✳ **Video:** Diese Registerkarte betrifft lediglich Videos – geben Sie dazu eine Beschreibung und weitere Informationen ein.

✳ **Sortierung:** Normalerweise erfolgt die Sortierung in der iTunes-Mediathek nach Ihren Angaben unter *Infos*. Unter *Sortierung* lässt sich jedoch eine alternative Sortierung festlegen (nach *Beatles* statt *The Beatles* usw.).

✳ **Optionen:** Diese Registerkarte beinhaltet eine Reihe verschiedener Optionen wie das Festlegen einer bestimmten Equalizer-Einstellung für den Titel, die Anpassung der Lautstärke oder das Auswählen der Medienart, wie ich es im Folgenden noch näher beschreibe.

✳ **Liedtext:** Hier können schließlich noch die Lyrics zu einem Song eingefügt werden, die Sie mit Google in der Regel schnell ausfindig machen oder mit einem Tool wie TuneLyrics (Download unter *http://waterdrop.tk*) per Accept-Button automatisch einfügen.

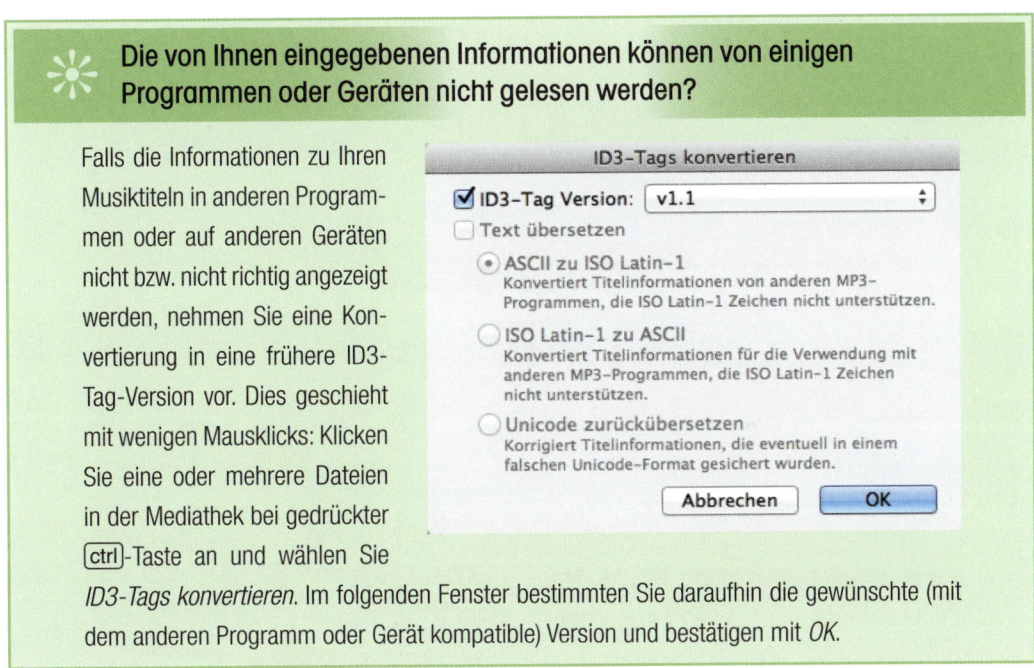

Die von Ihnen eingegebenen Informationen können von einigen Programmen oder Geräten nicht gelesen werden?

Falls die Informationen zu Ihren Musiktiteln in anderen Programmen oder auf anderen Geräten nicht bzw. nicht richtig angezeigt werden, nehmen Sie eine Konvertierung in eine frühere ID3-Tag-Version vor. Dies geschieht mit wenigen Mausklicks: Klicken Sie eine oder mehrere Dateien in der Mediathek bei gedrückter ⌃ctrl-Taste an und wählen Sie *ID3-Tags konvertieren*. Im folgenden Fenster bestimmten Sie daraufhin die gewünschte (mit dem anderen Programm oder Gerät kompatible) Version und bestätigen mit *OK*.

Damit ein Hörbuch in iTunes nicht in der Musik-Mediathek eingeordnet wird

Dieses Problem betrifft insbesondere Hörbücher, die Sie in die iTunes-Mediathek importieren – statt in einer Bücher-Mediathek werden diese wie Ihre Musiktitel in der Musik-Mediathek abgelegt. Am Beispiel eines Hörbuchs, das sich kostenlos unter der Webadresse *http://www.vorleser.net* findet, zeige ich Ihnen, wie einfach Sie dieses Problem beheben:

1 Markieren Sie die importierten Hörbuch-Dateien in der iTunes-Mediathek, klicken Sie sie bei gedrückter ⌃ctrl⌄-Taste an und entscheiden Sie sich im Menü wiederum für den Eintrag *Informationen*.

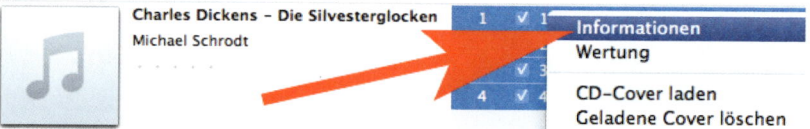

2 Klicken Sie im Infofenster auf *Optionen* ❶ und entscheiden Sie sich im Menü *Medienart* für den Eintrag *Hörbuch* ❷. Bestätigen Sie abschließend mit *OK* ❸.

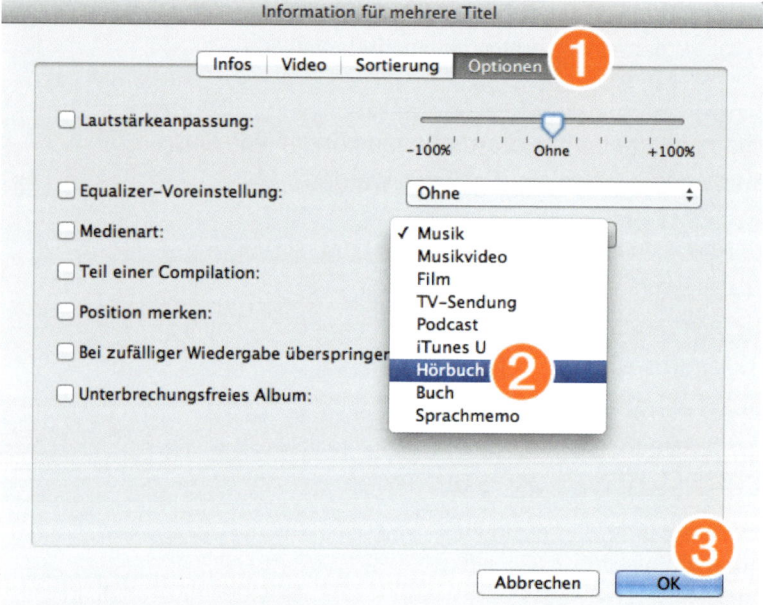

3 Das Hörbuch steht nun in der Bücher-Mediathek zur Verfügung. Fügen Sie gegebenenfalls noch – wie oben beschrieben – ein Cover ein und machen Sie weitere Angaben zum Hörbuch, um Ihre Mediathek zu perfektionieren.

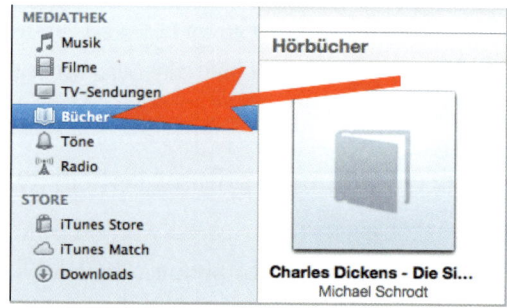

Wichtig: Verwechseln Sie in Schritt 2 nicht die Rubriken „Hörbuch" und „Buch" – die Rubrik „Buch" bezieht sich nämlich nicht auf Hörbücher, sondern auf E-Books.

Wiedergabelisten erstellen und clevere Funktionen wie Genius und Co. nutzen

Wenn Sie Ihre Musikdateien erst einmal in der iTunes-Mediathek haben, lassen sich diese ganz nach Ihren Wünschen zusammenstellen. Vielleicht benötigen Sie Musik für eine Party, eine Hochzeitsfeier oder einen romantischen Abend? Oder Sie möchten einfach all Ihre Lieblingslieder sofort im Blick haben?

Dank Wiedergabelisten lässt sich das ganz einfach bewerkstelligen, und mit „intelligenten Wiedergabelisten" können Sie Ihre Musiksammlung sogar völlig automatisch sortieren. Lassen Sie mich Ihnen auf den nächsten Seiten zeigen, wie Sie Wiedergabelisten gekonnt anlegen und wie Sie weitere clevere iTunes-Funktionen wie Genius, iTunes DJ, Ping sowie iTunes Match optimal einsetzen.

Für lange Autofahrten oder die nächste Party: Wiedergabelisten für jeden Anlass erstellen

Jede Wette: Mit der Zeit wird Ihre Musiksammlung in iTunes sehr umfangreich werden – und die Musik-Mediathek entsprechend unübersichtlich. Die Gliederung nach Alben, Interpret oder Genre hilft nicht immer weiter, da heutzutage nicht mehr nur komplette Alben, sondern viele Einzeltitel erworben werden. Legen Sie für einen besseren Überblick Wiedergabelisten an und fügen Sie den Listen die gewünschten Titel hinzu. So einfach geht's:

1 Klicken Sie links unten in iTunes auf das **+**-Symbol (oder entscheiden Sie sich alternativ in der Menüleiste für *Ablage/Neue Wiedergabeliste* bzw. verwenden Sie die Tastenkombination [cmd]+[N]).

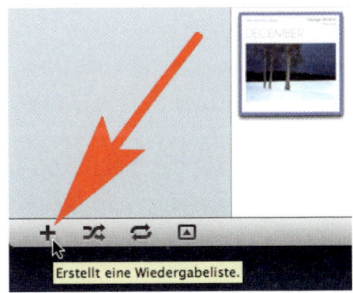

2 Die Wiedergabeliste wird in der Leiste links im Abschnitt *Wiedergabelisten* erstellt. Geben Sie ihr eine beliebige Bezeichnung und betätigen Sie die [Eingabe]-Taste; hier nenne ich meine Wiedergabeliste z. B. „Zum Entspannen".

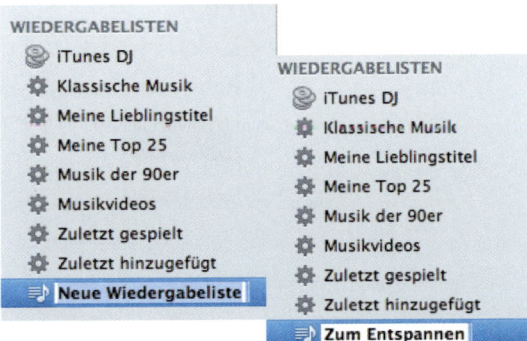

3 Klicken Sie in der Leiste links im Abschnitt *Mediathek* auf *Musik* ❶ und wählen Sie die Titel aus, die Sie der Wiedergabeliste hinzufügen möchten ❷ (mehrere Titel wie im Finder bei gedrückter cmd-Taste).

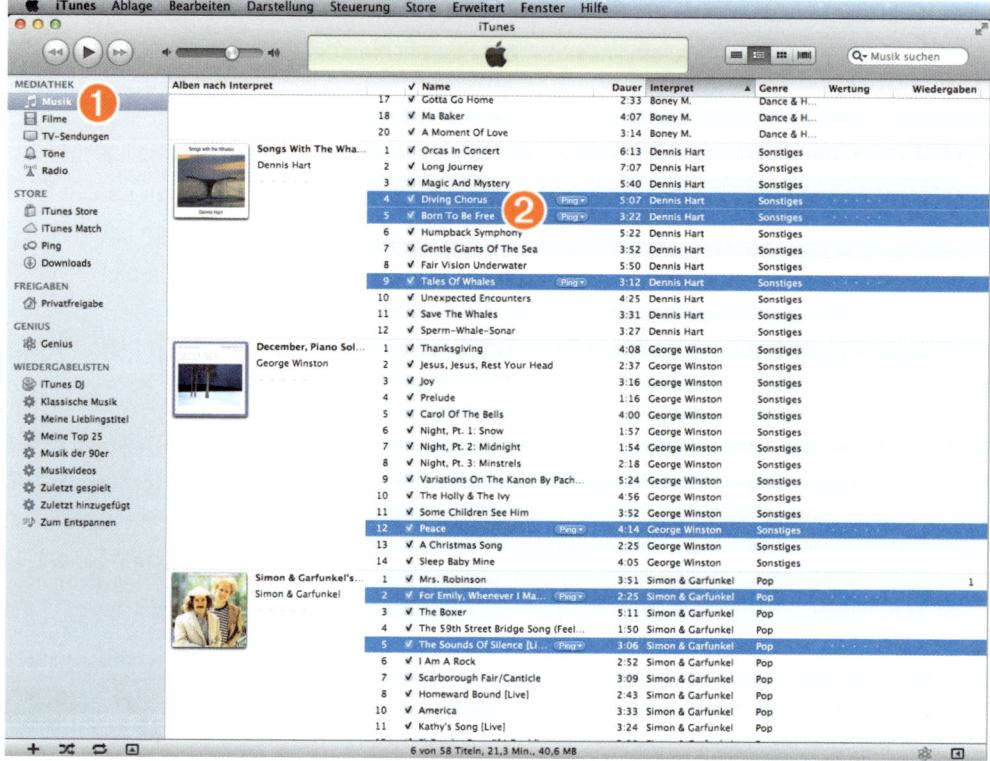

4 Klicken Sie die Titel bei gedrückter ctrl-Taste an und entscheiden Sie sich im Menü unter *Zur Wiedergabeliste hinzufügen* für die gewünschte Wiedergabeliste. Oder so: Ziehen Sie die markierten Titel einfach bei gedrückter Maustaste auf die Wiedergabeliste.

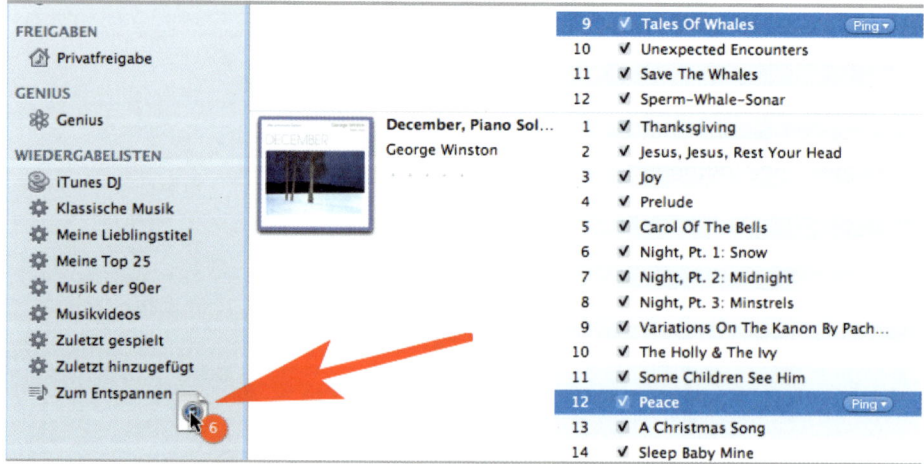

5 Schon fertig! Die Titel stehen nun in der Wiedergabeliste zur Verfügung, natürlich ohne dass der ursprüngliche Speicherort der Musikdateien verändert wird. Der Wiedergabeliste lassen sich auf die in Schritt 4 beschriebene Weise nachträglich noch weitere Titel hinzufügen.

▲	✓	Name	Dauer	Interpret	Album	Genre
1	✓	Diving Chorus	5:07	Dennis Hart	Songs With The Whales	Sonstiges
2	✓	Born To Be Free	3:22	Dennis Hart	Songs With The Whales	Sonstiges
3	✓	Tales Of Whales	3:12	Dennis Hart	Songs With The Whales	Sonstiges
4	✓	Peace	4:14	George Winston	December, Piano Solos: 20th...	Sonstiges
5	✓	For Emily, Whenever I May Find H...	2:25	Simon & Garfunkel	Simon & Garfunkel's Greatest...	Pop
6	✓	The Sounds Of Silence [Live]	3:06	Simon & Garfunkel	Simon & Garfunkel's Greatest...	Pop

Das Löschen von Wiedergabelisten sowie auch das Löschen einzelner Titel aus der Wiedergabeliste erfolgt wie üblich mit der Tastenkombination (cmd)+(delete). In der iTunes-Mediathek bleiben die aus einer Wiedergabeliste gelöschten Titel erhalten.

Musiktitel, die bestimmte Kriterien erfüllen, automatisch in eine Wiedergabeliste aufnehmen

Sicherlich haben Sie schon festgestellt, dass sich bereits einige Wiedergabelisten in der Leiste links finden, die Sie nicht selbst erstellt haben, etwa *Meine Top 25* oder *Zuletzt gespielt*.

Statt durch ein ▤♪-Symbol wie bei den normalen Wiedergabelisten sind diese durch ein ✿-Symbol gekennzeichnet – es handelt sich nämlich um „intelligente" Wiedergabelisten. Intelligente Wiedergabelisten nehmen Musiktitel automatisch nach bestimmten Kriterien auf. Um wel-

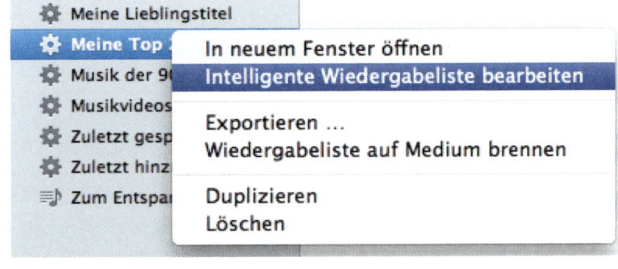

che Kriterien es sich bei den bereits vorhandenen intelligenten Wiedergabelisten handelt, finden Sie heraus, indem Sie diese bei gedrückter (ctrl)-Taste anklicken und dann *Intelligente Wiedergabeliste bearbeiten* wählen. Auch das Erstellen eigener intelligenter Wiedergabelisten ist schnell erledigt:

1 Halten Sie die (alt)-Taste gedrückt und klicken Sie auf das Symbol ✿, das links unten in iTunes erscheint. (Alternativ entscheiden Sie sich in der Menüleiste für *Ablage/Neue intelligente Wiedergabeliste* bzw. verwenden die Tastenkombination (alt)+(cmd)+(N).)

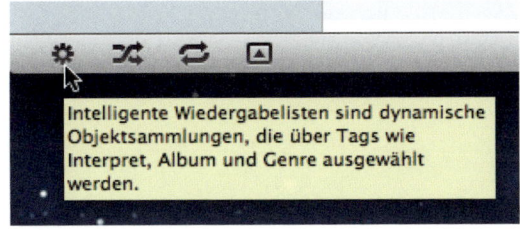

2 Im folgenden Fenster legen Sie die Aufnahmekriterien für die intelligente Wiedergabeliste fest, indem Sie per Menü und Eingabefeld bestimmen, welche Bedingung für die Aufnahme erfüllt werden muss ❶. Per ⊕-Symbol fügen Sie bei Bedarf weitere Kriterien hinzu, die zusätzlich erfüllt werden müssen ❷. Begrenzen Sie gegebenenfalls die Aufnahme von Musiktiteln ❸ und achten Sie darauf, dass das Kontrollkästchen *Automatisch aktualisieren* ❹ aktiviert bleibt, bevor Sie die intelligente Wiedergabeliste mit *OK* ❺ erstellen.

3 Geben Sie zum Schluss auch der intelligenten Wiedergabeliste eine beliebige Bezeichnung und bestätigen Sie per Eingabe -Taste. Das manuelle Hinzufügen von Musiktiteln zu einer intelligenten Wiedergabeliste ist weder möglich noch notwendig.

☀ Jede Menge Wiedergabelisten? Behalten Sie den Überblick durch Wiedergabeliste-Ordner

Egal, ob normale oder intelligente Wiedergabeliste – der Platz in der Leiste links ist begrenzt. Um auch bei vielen Wiedergabelisten den Überblick zu behalten, erstellen Sie Wiedergabeliste-Ordner, um die Wiedergabelisten sinnvoll zu gliedern. Entscheiden Sie sich dazu in der iTunes-Menüleiste für *Ablage/Neuer Wiedergabeliste-Ordner* und geben Sie dem Ordner, der im Abschnitt *Wiedergabelisten* erstellt wird, einen schlüssigen Namen. Ziehen Sie dann Wiedergabelisten auf den Ordner, um sie diesem hinzuzufügen.

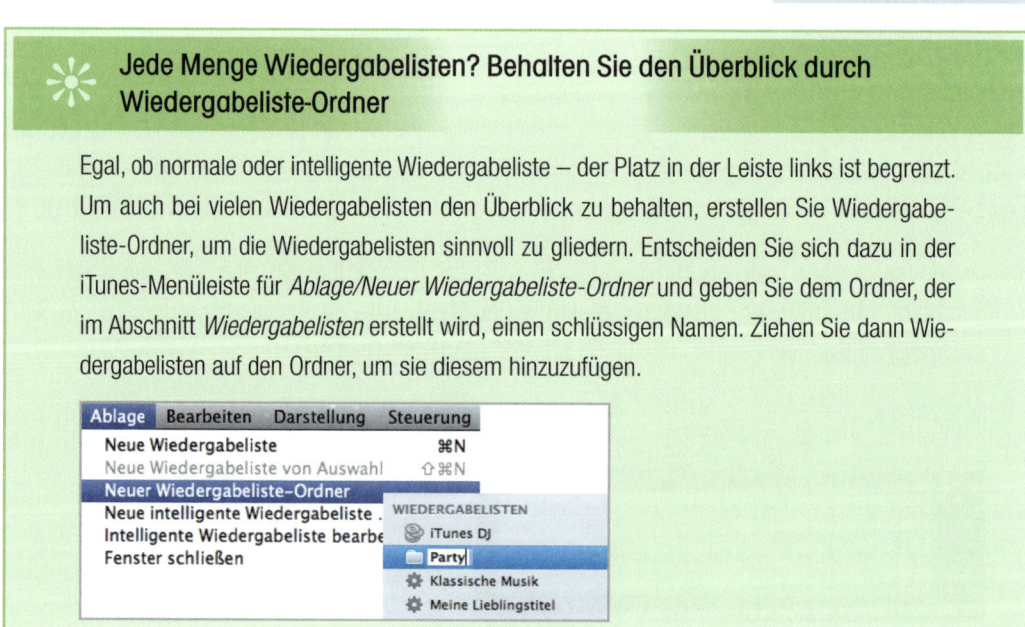

Geniale iTunes-Funktionen für Sie im Überblick: Genius, iTunes DJ & Ping

Zum Thema Wiedergabelisten gehören auch die Funktionen Genius sowie iTunes DJ; und auch Ping, ein soziales Netzwerk rund um Ihre Lieblingsmusik, möchte ich Ihnen in diesem Zusammenhang vorstellen.

Zunächst zu Genius: Diese iTunes-Funktion ermöglicht es Ihnen, automatisch aus einem einzelnen Musiktitel eine Wiedergabeliste mit weiteren passenden Musiktiteln anzulegen. Hierbei werden allerdings – anonymisiert, wie Apple verspricht – Daten zu Ihrer Mediathek gesammelt und an Apple gesandt. Wenn Ihnen das nichts ausmacht, gehen Sie zur Aktivierung von Genius folgendermaßen vor:

1 Entscheiden Sie in der Leiste links für den Eintrag *Genius* ❶ und klicken Sie anschließend rechts auf den Button *Genius aktivieren* ❷.

2 Melden Sie sich im nächsten Schritt mit Ihrer Apple-ID an und klicken Sie auf *Fortfahren*.

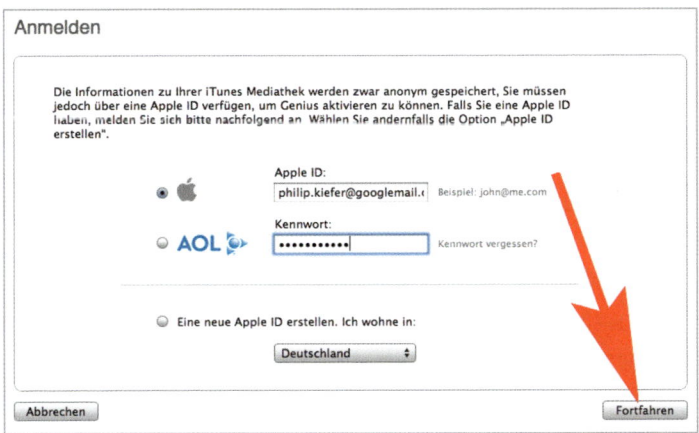

3 Bestätigen Sie anschließend per Kontrollkästchen die Geschäftsbedingungen ❶ und klicken Sie auf *Akzeptieren* ❷.

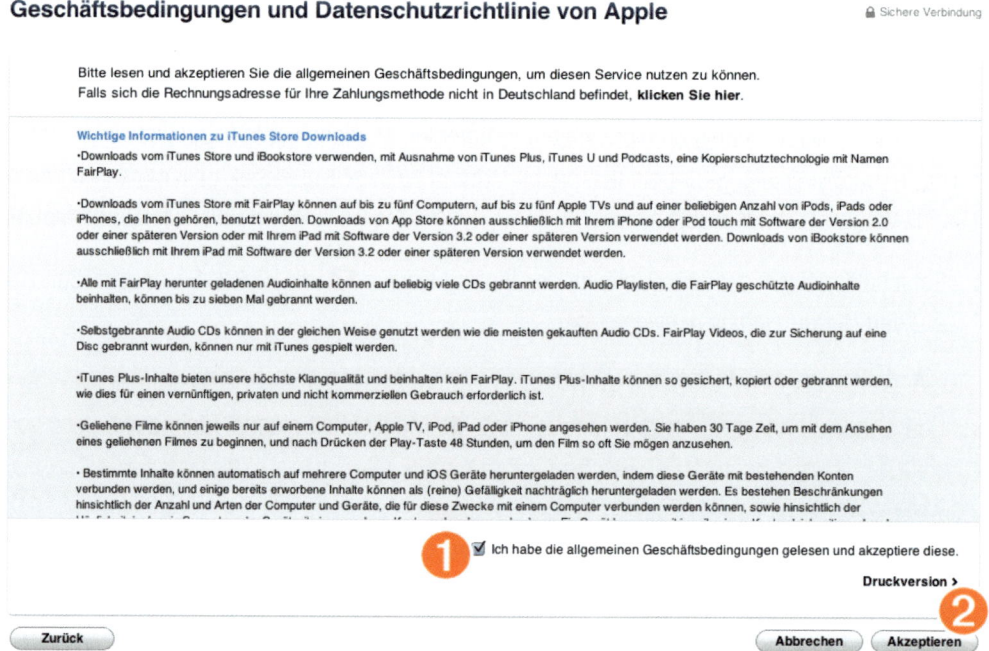

4 Nun brauchen Sie ein paar Minuten Geduld, während Ihre Mediathek analysiert wird und iTunes die entsprechenden Daten an Apple schickt. Sobald dies geschehen ist, lässt sich die Genius-Funktion nutzen.

Um nun eine Genius-Wiedergabeliste zu erstellen, gehen Sie folgendermaßen vor: Klicken Sie einen Titel in der Mediathek bei gedrückter ⌃ctrl-Taste an und wählen Sie *Genius starten*. Schon erhalten Sie eine Genius-Wiedergabeliste, die Sie mit *Wiedergabeliste sichern* auch im Abschnitt *Wiedergabelisten* speichern können. Als Faustregel gilt: Je mehr Titel sich in Ihrer Mediathek befinden, desto passender wird die Genius-Zusammenstellung.

Falls Ihnen die Genius-Funktion nicht zusagt, empfehle ich, diese wieder zu deaktivieren, und zwar in der iTunes-Menüleiste unter *Store/Genius deaktivieren*. Auch der Eintrag in der Leiste links verschwindet dann. Übrigens: Was in der Leiste links generell angezeigt werden soll und was nicht, bestimmen Sie per Kontrollkästchen unter *iTunes/Einstellungen*, Register *Allgemein*.

Der perfekte Musik-Mix für Ihre nächste Party: iTunes DJ

Besonders für Partys ist die Funktion iTunes DJ gedacht. Mit ihr erstellen Sie eine Wiedergabeliste nach dem Zufallsprinzip, Sie haben jedoch auch die Möglichkeit eigene Titel oder bereits vorhandene Wiedergabelisten hinzuzufügen. So läuft die ganze Zeit Musik, ohne dass Sie sich um etwas kümmern müssen, während Sie Ihre Gäste bewirten. Und das ist noch nicht alles: In Kombination mit der Apple-App Remote, die für iPhone & Co. kostenlos zur Verfügung steht, können sich die Gäste Musiktitel wünschen oder über Titel abstimmen – ein gelungener Party-Gag für alle Apple-Fans.

Klicken Sie in der Leiste links auf *iTunes DJ* ❶ und bestätigen Sie im Folgenden mit *Fortfahren*, um die Funktion zu aktivieren. Schon wird Ihnen die Musikauswahl angezeigt ❷, und Sie können durch Ziehen bei gedrückter Maustaste weitere Titel oder Wiedergabelisten hinzufügen. Soll der DJ-Funktion eine bestimmte Wiedergabeliste zugrunde gelegt werden? Wählen Sie diese im Menü *Quelle* aus ❸.

Ihre Gäste sollen Einfluss darauf nehmen können, welche Titel gespielt werden? Dann soll jeder die App Remote auf sein iPhone, sein iPad oder seinen iPod touch laden. Sie Ihrerseits klicken unter iTunes DJ rechts unten auf den *Einstellungen*-Button und aktivieren das Kontrollkästchen *Gästen erlauben, sich mit „Remote" für iPhone oder iPod touch Titel zu wünschen*.

Optional geben Sie noch einen kurzen Begrüßungstext ein, beschränken Sie die Titelwünsche auf eine bestimmte Wiedergabeliste, aktivieren Sie die Möglichkeit, für einen Titel abzustimmen, und fordern, falls Sie es für nötig halten, ein Passwort an, das Sie Ihren Gästen mitteilen (damit z. B. kein Spaziergänger von außen auf die Wiedergabeliste Einfluss nehmen kann).

In der App Remote wird daraufhin die entsprechende Mediathek automatisch erkannt und angezeigt, und wer diese öffnet, kann sich einen Titel wünschen sowie gegegebenenfalls per ♡-Symbol abstimmen.

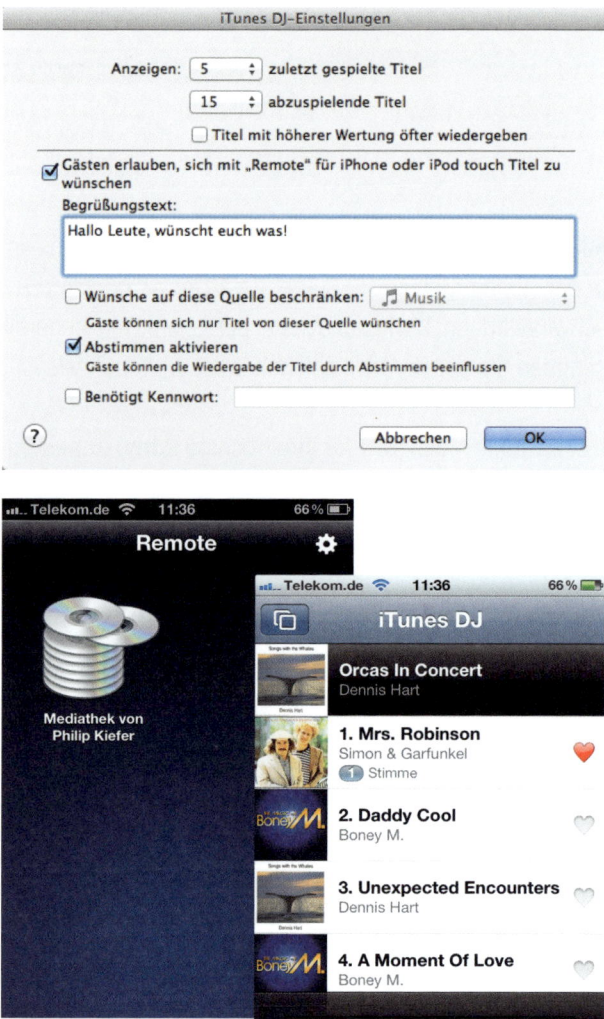

Tauschen Sie sich mit anderen Fans über Ihren Lieblingsmusiker aus: So funktioniert das Musik-Netzwerk Ping

Wenn Sie sich gerne mit anderen Personen austauschen, ist sicherlich auch das soziale Netzwerk Ping für Sie interessant, das ebenfalls in iTunes eingebaut ist und in Kombination mit Twitter verwendet wird. Erstellen Sie ein Profil mit Ihren musikalischen Vorlieben, folgen Sie Ihrem Lieblingsinterpreten, knüpfen Sie Kontakte und diskutieren Sie mit anderen Fans.

Klicken Sie dazu zunächst in der Leiste links auf den Eintrag *Ping* ❶, erstellen Sie Ihr Profil ❷ und sichern Sie dieses ❸. Anschließend lassen sich hier Ihre Aktivitäten abrufen, Freunde anzeigen, Daten ändern usw. (Falls der Eintrag *Ping* nicht in der Leiste links angezeigt wird, aktivieren Sie zunächst das entsprechende Kontrollkästchen unter *iTunes/Einstellungen*, Register *Allgemein*.)

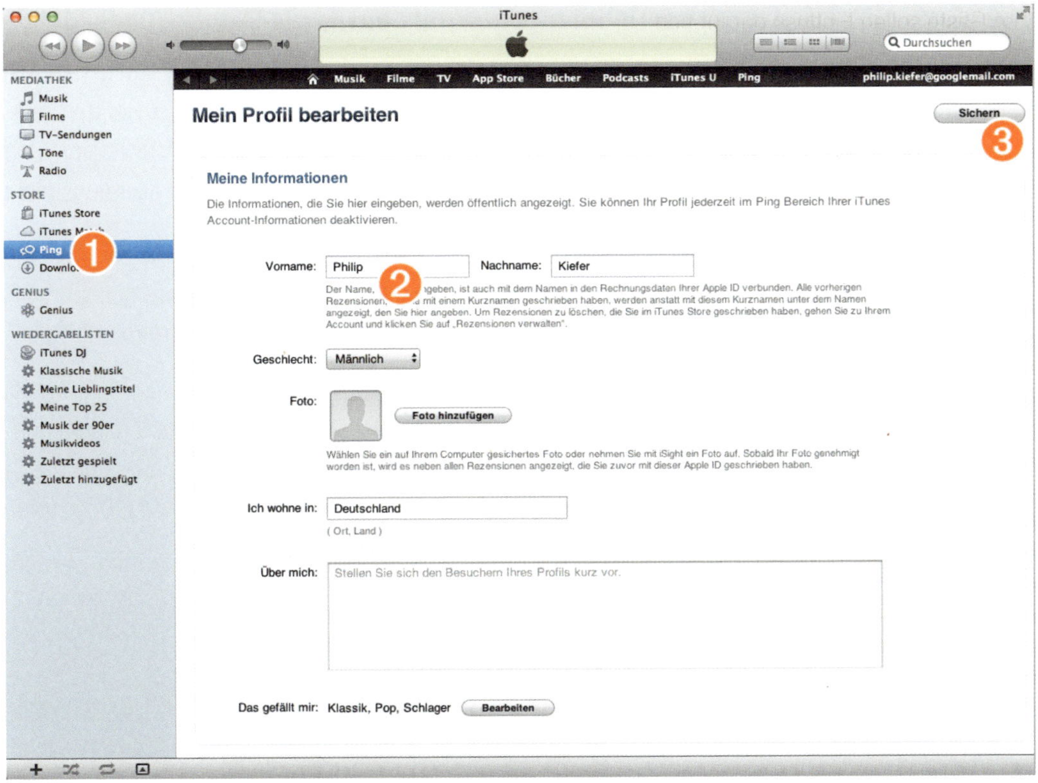

Wenn Sie ein Musikstück bewerten oder kommentieren möchten oder sich das Profil eines Interpreten ansehen wollen, finden Sie die entsprechende Funktion in der Mediathek vor: Klicken Sie auf den *Ping*-Button, um Ihre Auswahl zu treffen, hier beispielsweise die Kommentierung eines Musikstücks per *Posten*-Option. Nehmen Sie sich etwas Zeit, um die einzelnen Funktionen des Musik-Netzwerks selbst zu erkunden!

Sie möchten Ping nicht länger verwenden? Entscheiden Sie sich in der iTunes-Menüleiste für *Store/Meinen Account anzeigen*. Im Abschnitt *Ping* wählen Sie anschließend *Deaktivieren*.

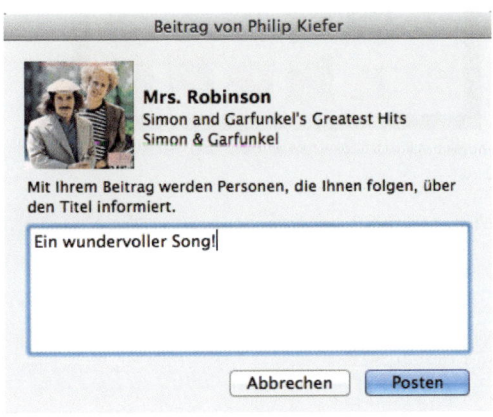

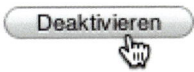

Ihre Musik allzeit & überall verfügbar machen mit dem Apple-Dienst iTunes Match

Besonders dann, wenn Sie neben Ihrem Mac mobile Geräte nutzen, wird es Ihnen lästig sein, die Musiktitel laufend manuell zu synchronisieren. Hinzu kommt, dass auf den mobilen Geräten relativ wenig Speicherplatz zur Verfügung steht, sodass womöglich nicht die gesamte Musiksammlung darauf geladen werden kann. Abhilfe schafft der Cloud-Dienst iTunes Match. Der ist allerdings nicht kostenlos, sondern Sie bezahlen dafür rund 25 Euro pro Jahr. Die Vorteile:

* Ihre Musiksammlung – bis zu 25.000 Songs plus alle Songs, die im iTunes Store gekauft wurden – wird komplett ins Internet verlagert, was auf allen Geräten Speicherplatz freiräumt. Optional können die Musikdateien natürlich auch lokal gespeichert werden.

* Titel, die im iTunes Store erhältlich sind (ohne dass Sie diese unbedingt dort gekauft haben müssen) werden nicht hochgeladen, sondern automatisch in iTunes Match übernommen – und das in einer sehr guten Qualität (Datenrate 256 kbit/s), unabhängig von der Qualität der Ursprungsdatei.

* Es kann mit bis zu zehn verschiedenen Geräten auf die Musiksammlung zugegriffen werden. Voraussetzung ist jeweils nur die Nutzung der gleichen Apple-ID.

Um iTunes Match zu aktivieren, entscheiden Sie sich in iTunes in der Leiste links für *iTunes Match* und klicken anschließend auf *Abonnieren zu 24,99 € pro Jahr.* (Alternativ klicken Sie in der iTunes-

Menüleiste unter *Store* auf *iTunes Match aktivieren*, um die entsprechende Option zu erhalten.) Im Folgenden muss das Abo noch bestätigt werden. Dann kann es losgehen!

Ähnlich wie bei Genius werden zunächst Daten zu Ihrer iTunes-Mediathek gesammelt, und diejenigen Titel, die sich nicht im iTunes Store finden, werden ins Internet hochgeladen. Planen Sie dafür Zeit ein, denn bei umfangreicheren Musiksammlungen kann der Upload ganz schön lange dauern!

Das Abspielen der Musiktitel erfolgt per Wolkensymbol . Um iTunes Match auch auf einem iGerät nutzen zu können, aktivieren Sie die gleichnamige Option zunächst in den dortigen Einstellungen unter *Musik*. Aufgepasst: Die bereits vorhandene Mediathek wird dabei gelöscht!

Shopping im iTunes Store: Musik kaufen oder Filme ausleihen, ohne das Haus zu verlassen

Musiktitel (und weitere Dateien), die Sie im iTunes Store kaufen, können Sie auch ohne iTunes Match-Abo jederzeit erneut aus dem Internet herunterladen. Bei iTunes ist es zwar meist nicht am billigsten, aber die Sicherheit, bei Datenverlust jederzeit erneut an die Titel zu gelangen, kann den teureren Preis gegenüber Konkurrenzanbietern rechtfertigen. Gerne gebe ich Ihnen einen Überblick über die wichtigsten Funktionen des iTunes Stores:

* **Anmeldung:** Falls Sie sich mit Ihrer Apple-ID nicht bereits in der iTunes-Menüleiste unter *Store/ Anmelden* angemeldet haben, holen Sie dies dort nach oder indem Sie in der Leiste links zunächst auf *iTunes Store* und dann auf *Anmelden* klicken.

✳ **Wunschtitel suchen:** Sie suchen nach einem bestimmten Titel, sei es ein Song, ein Film, eine TV-Sendung, eine iPhone-App, ein Buch oder Sonstiges? Dann verwenden Sie das rechts oben in iTunes eingebaute Suchfeld ❶, mit dem Sie alle Medienarten nach dem Titel durchforsten. Dank der Filterleiste ❷ links im iTunes Store lassen sich die Ergebnisse auf eine bestimmte Medienart begrenzen.

✳ **Stöbern:** Wenn Sie nichts Bestimmtes suchen, entscheiden Sie sich oben im iTunes Store für eine Medienart ❶. Sie erhalten daraufhin einige interessante Vorschläge ❷ sowie Charts ❸. Per Menü lässt sich die Anzeige außerdem auf einzelne Kategorien beschränken ❹.

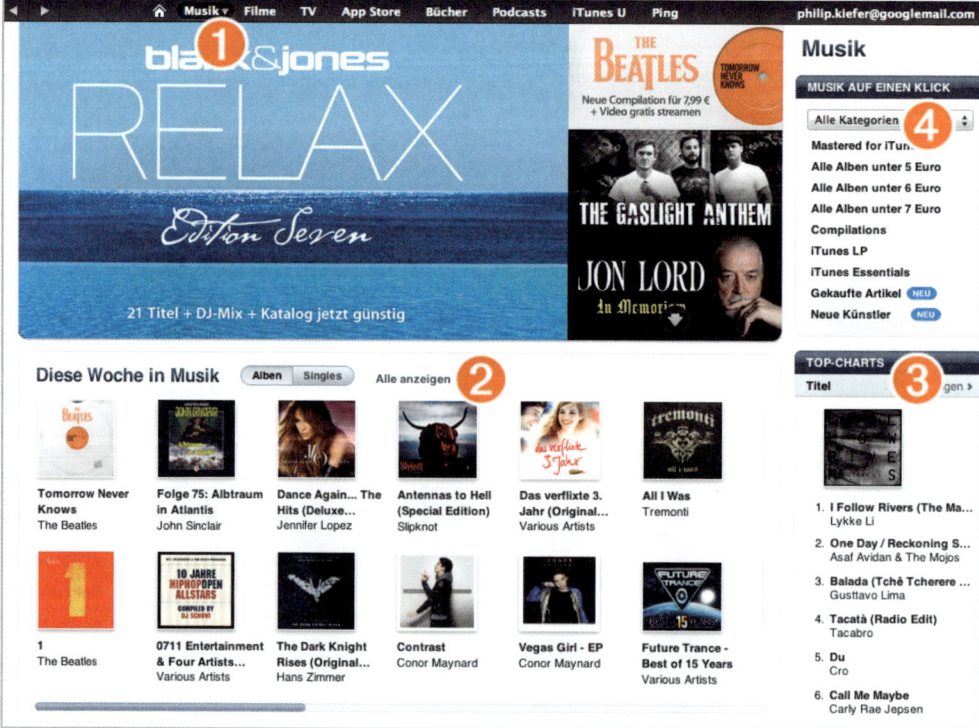

✳ **Musik kaufen:** Das Kaufen von Musik sowie weiterer Dateien erfolgt ähnlich wie das Kaufen von Apps im Mac App Store, d. h., Sie klicken den Preis an und bestätigen anschließend den Kauf. Vorher lässt sich ein Titel noch probehören bzw. der Trailer eines Films betrachten.

✳ **Filme ausleihen:** Wenn Sie sich einen Film zu Gemüte führen möchten, brauchen Sie den Film nicht gleich zu kaufen. Sie können ihn auch einen Tag lang ausleihen – ähnlich wie in der Videothek vor Ort und zu ähnlichen Preisen, wobei Sie sich aber das Abholen und Wiederbringen sparen.

✳ **Gekaufte Artikel:** Sie möchten bereits im iTunes Store erworbene Artikel erneut herunterladen? Entscheiden Sie sich dazu auf der Startseite des iTunes Stores für den Link *Gekaufte Artikel*. Daraufhin erhalten Sie eine Übersicht über Ihre Käufe und können diese jeweils per 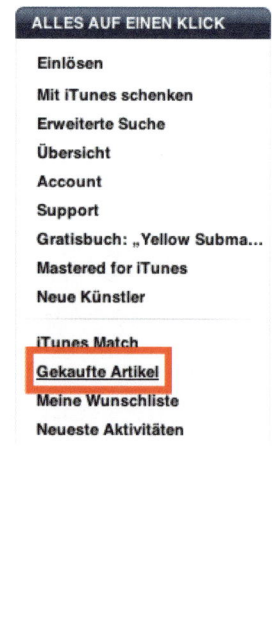-Symbol erneut herunterladen.

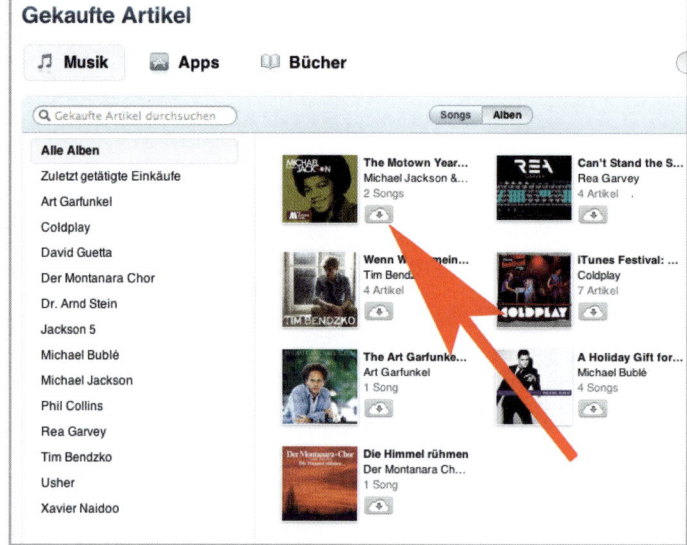

Übrigens: Wenn Sie in der Leiste links in iTunes auf den Eintrag *iTunes Store* oder einen anderen Eintrag doppelklicken, erfolgt das Öffnen in einem neuen Programmfenster – so verlieren Sie beispielsweise die aktuell geöffnete Wiedergabeliste nicht aus dem Blick.

Kostenlose Inhalte finden: Podcasts, Univorlesungen und E-Books gratis & legal downloaden

Neben den kostenpflichtigen Inhalten hat der iTunes Store auch einiges für lau zu bieten. Neben unzähligen Gratis-Apps für iPhone, iPad oder iPod touch sind dies insbesondere:

✳ **Podcasts:** Hierbei handelt es sich um kostenlose Audio- oder Videobeiträge, die in meist regelmäßigen Abständen von Radio- und Fernsehsendern, Unternehmen, aber auch Privatleuten produziert und im iTunes Store zur Verfügung gestellt werden. Stöbern Sie im iTunes Store unter *Podcasts* nach interessanten Inhalten, etwa dem Radio-Tatort oder der letzten Folge der Lindenstraße. Entscheiden Sie bei einem Podcast, ob Sie diesen abonnieren – neue Folgen also automatisch herunterladen – möchten, oder ob Sie lieber einzelne Folgen herunterladen. Sobald Sie mindestens einen Podcast heruntergeladen haben, steht dieser in einer neuen Mediathek in der Leiste links zur Verfügung (dies gilt auch für iTunes U und Bücher). Auf dem iGerät steht zum Herunterladen und Wiedergeben von Podcasts die Gratis-App Podcasts zur Verfügung.

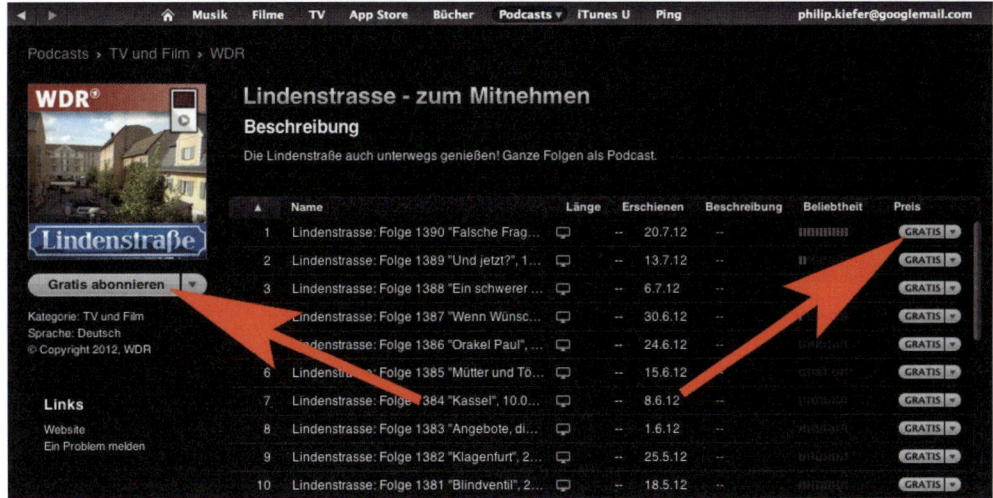

* **iTunes U:** Oder dürfen es kostenlose Beiträge und komplette Vorlesungen von Universitäten weltweit sein? Diese finden Sie im iTunes Store unter *iTunes U*. Um deutschsprachige Vorlesungen zu finden, lassen Sie sich am besten die Hochschulen anzeigen und stöbern direkt bei einer deutschsprachigen Uni. Ansonsten funktioniert das Abonnieren bzw. der Einzel-Download ähnlich wie bei den Podcasts. Auf dem iGerät steht zum Herunterladen und Wiedergeben von iTunes-U-Inhalten die Gratis-App iTunes U zur Verfügung.

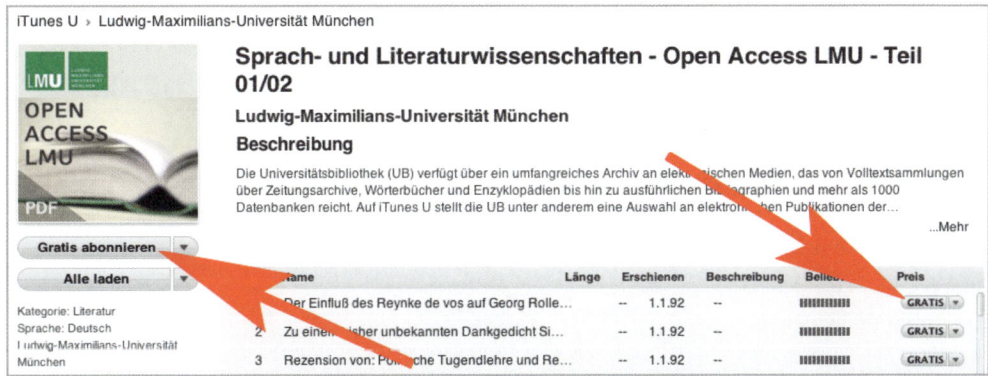

* **E-Books:** Neben Hörbüchern laden Sie im iTunes Store unter *Bücher* auch E-Books aus dem Internet – und viele E-Book-Klassiker von Goethe und Co. gibt es komplett zum Nulltarif. Entscheiden Sie sich unter *Bücher* für die Schaltfläche *Kostenlos* oder für die Top-Charts in der Rubrik *Kostenlos*, um interessante Gratis-E-Books aufzuspüren; alternativ starten Sie eine Suche nach Ihrem (klassischen) Lieblingsautor. Auf dem iGerät steht zum Herunterladen und Lesen von E-Books die Gratis-App iBooks zur Verfügung.

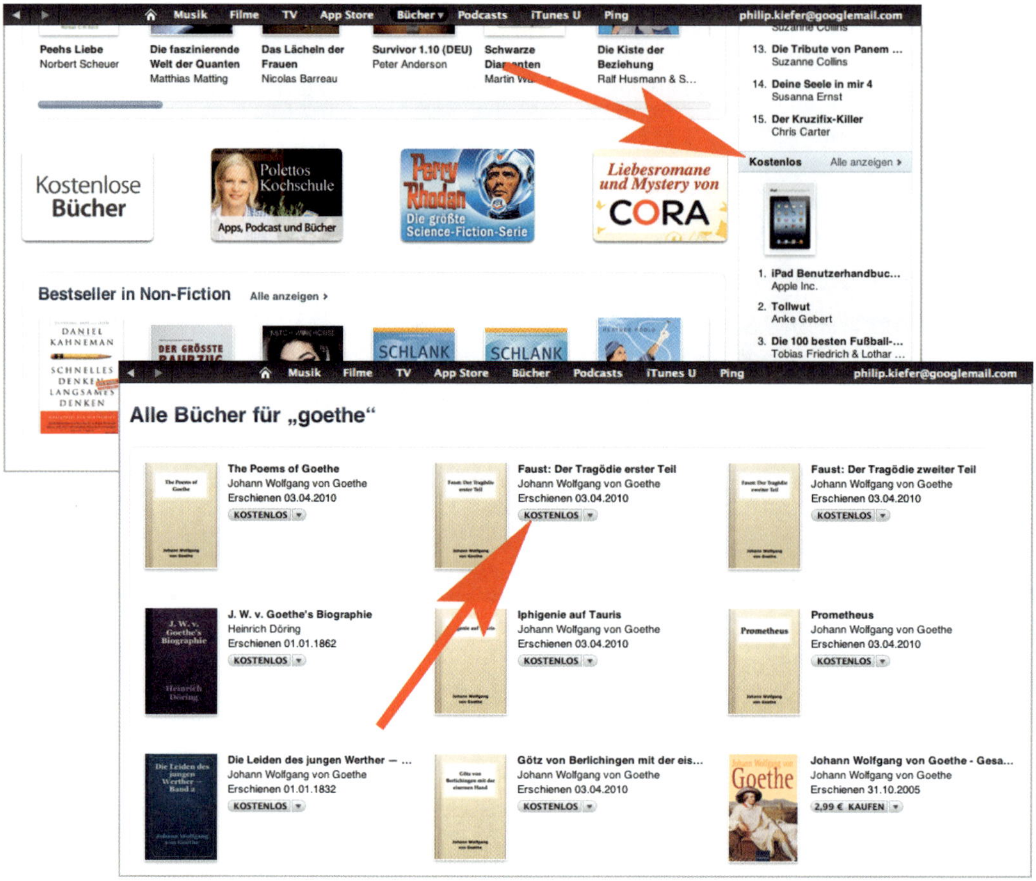

Sie sehen: Wenn es auch eine deutsche statt einer US-Serie tut oder ein guter alter Klassiker statt eines aktuellen Bestsellers, dann müssen Sie im iTunes Store keinen Cent ausgeben!

Webradio mit iTunes: So einfach fügen Sie Ihre Lieblingssender hinzu

Bestimmt haben Sie in iTunes in der Leiste links bereits die Mediathek *Radio* entdeckt. Hier finden Sie eine Menge, nach Genre sortierte, Radiosender, die sich per Doppelklick aus dem Internet streamen lassen.

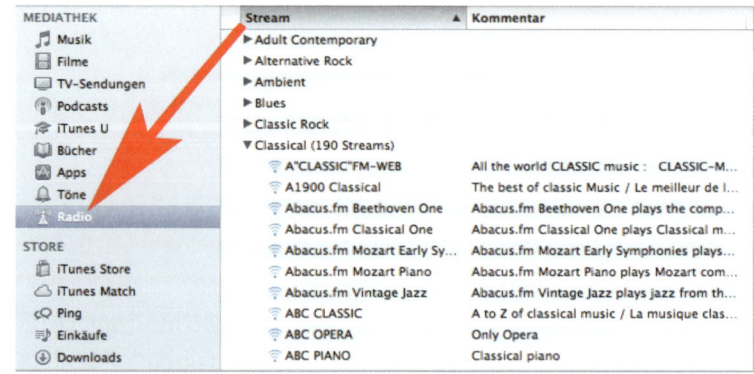

Die Auswahl der Sender ist nicht schlecht, allerdings wird Ihr Lieblingssender wahrscheinlich nicht dabei sein, und die Liste lässt sich leider nicht bearbeiten. Sie können für Ihre eigenen Webradiosender aber eine Wiedergabeliste anlegen und diese wie folgt in iTunes speichern:

1 Zuallererst brauchen Sie die URL des Radio-Streams. Hier öffne ich dazu unter der Webadresse *http://www.surfmusik.de* den gewünschten Stream, klicke im Fenster, das sich öffnet, bei gedrückter ⌃ctrl⌄-Taste auf *Externer Player Stream* und wähle *Link kopieren*.

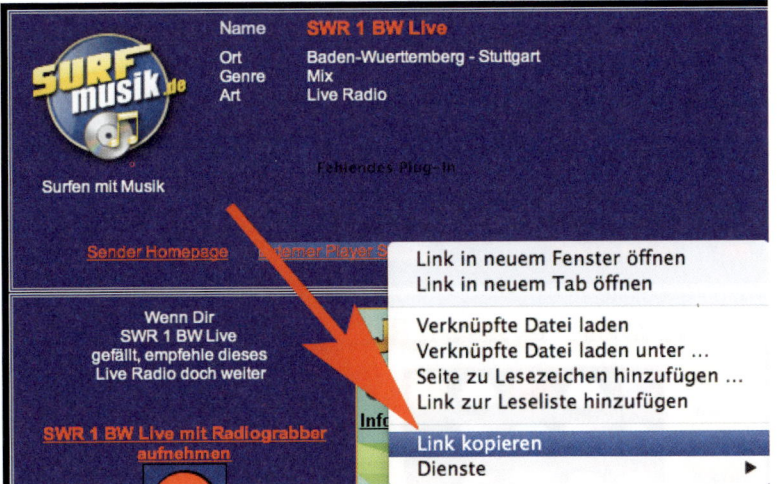

2 Wenn Sie die URL in der Zwischenablage haben, entscheiden Sie sich in der iTunes-Menüleiste für *Erweitert/Stream öffnen* …

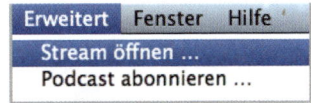

3 … und fügen im nächsten Fenster die URL mit der Tastenkombination ⌘cmd⌄+⌃V⌄ in das Feld ein. Bestätigen Sie mit *OK*.

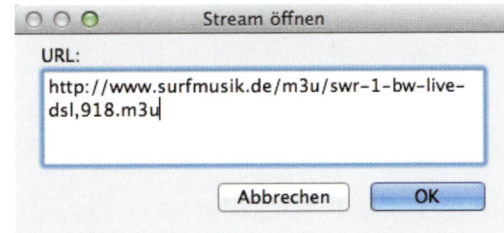

4 Für den Radio-Stream wird die Wiedergabeliste *Internettitel* angelegt, und er kann von dort noch in eine andere Wiedergabeliste verschoben werden.

Audio-CDs brennen und das dazu passende CD-Booklet ausdrucken – so wird's gemacht

Vielleicht möchten Sie aus den im iTunes Store gekauften oder anderweitig importierten Musiktiteln eine Audio-CD brennen, die sich dann mit jedem beliebigen CD-Spieler wiedergeben lässt? Nichts einfacher als das:

1 Legen Sie eine beschreibbare CD-ROM ins Laufwerk ein und klicken Sie das sich öffnende Fenster mit *Ignorieren* weg.

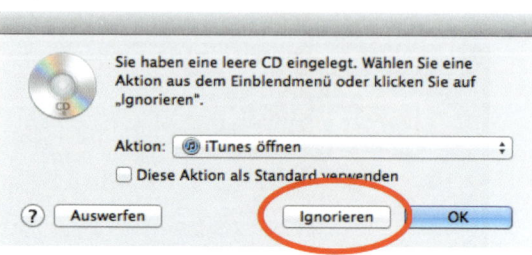

2 Erstellen Sie – wie ab Seite 277 beschrieben – eine Wiedergabeliste, in die Sie die zu brennenden Musiktitel aus Ihrer Mediathek ziehen. Natürlich lässt sich auch eine bereits vorhandene Wiedergabeliste brennen.

3 Klicken Sie die Wiedergabeliste bei gedrückter [ctrl]-Taste an und wählen Sie *Wiedergabeliste auf Medium brennen* (Sie finden diese Option auch in der iTunes-Menüleiste unter *Ablage*).

4 Achten Sie im nächsten Fenster darauf, dass die Option *Audio-CD* aktiviert ist ❶, bestimmen Sie die Länge der Pausen zwischen den einzelnen Musiktiteln ❷ und starten Sie den Brennvorgang mit einem Mausklick auf *Brennen* ❸.

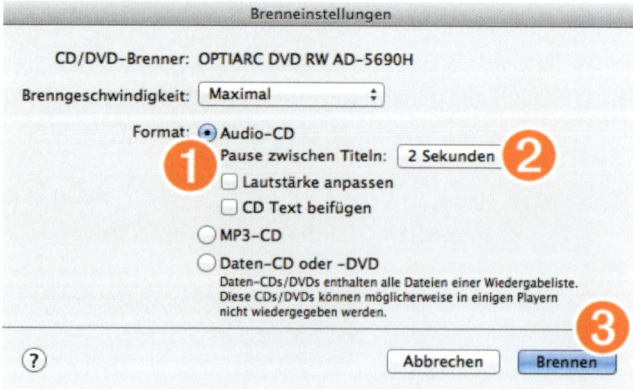

Fehlt noch das passende CD-Booklet. Um dieses zu erstellen, markieren Sie Ihre Brennliste und entscheiden sich dann in der iTunes-Menüleiste für *Ablage/Drucken*. Achten Sie darauf, dass die Option *CD-Booklet* aktiviert ist ❶, und entscheiden Sie sich im Menü für das gewünschte Booklet-Format ❷. Per *Drucken*-Button ❸ bringen Sie dieses zu Papier.

Ihr Mac als Musikstudio: Aufnahme und Bearbeitung mit GarageBand

Vielleicht machen Sie selbst Musik oder Sie möchten Ihren eigenen Podcast produzieren? Für diese Zwecke kann ich Ihnen das Programm GarageBand aus der iLife-Suite wärmstens empfehlen. Hier eine kleine Schrittanleitung zum Erstellen Ihres ersten Songs:

1 Starten Sie GarageBand und legen Sie zunächst ein neues Projekt an. Hier z. B. entscheide ich mich per Doppelklick darauf für die Vorlage *Piano*. (In der Leiste links sehen Sie noch weitere Funktionen des Programms, etwa das Erlernen von Instrumenten oder das Erstellen von Klingeltönen fürs iPhone.)

2 Im folgenden Fenster geben Sie Ihrem GarageBand-Projekt einen beliebigen Namen ❶ und passen gegebenenfalls noch Tempo, Tonart und Co. Ihren Wünschen an ❷, bevor Sie das Projekt mit einem Mausklick auf *Anlegen* ❸ erstellen.

3 Jetzt haben Sie das Musikstudio vor sich – das Ganze mag anfangs etwas kompliziert aussehen, ist es aber überhaupt nicht! Üben Sie zunächst mal, das Instrument zu spielen, hier entscheide ich mich für die Eingabe über die PC-Tastatur ❶. Wenn Sie eine Tonspur aufzeichnen und das Aufzeichnen wieder stoppen möchten, verwenden Sie dazu die Bedienelemente unten in GarageBand ❷. Die aufgezeichnete Tonspur wird Ihnen im oberen Bereich des Programms angezeigt und kann dort verschoben oder bearbeitet werden ❸. Im rechten Bereich wechseln Sie zwischen den verschiedensten Musikinstrumenten ❹. Und wenn Sie die nächste Tonspur erstellen möchten, entscheiden Sie sich in der Menüleiste des Programms für *Spur/Neue Spur* 5, oder Sie verwenden alternativ die Tastenkombinaton ⌥alt+⌘cmd+N. Erstellen Sie Tonspuren mit verschiedenen Instrumenten und Gesang, um den perfekten Song zu mixen!

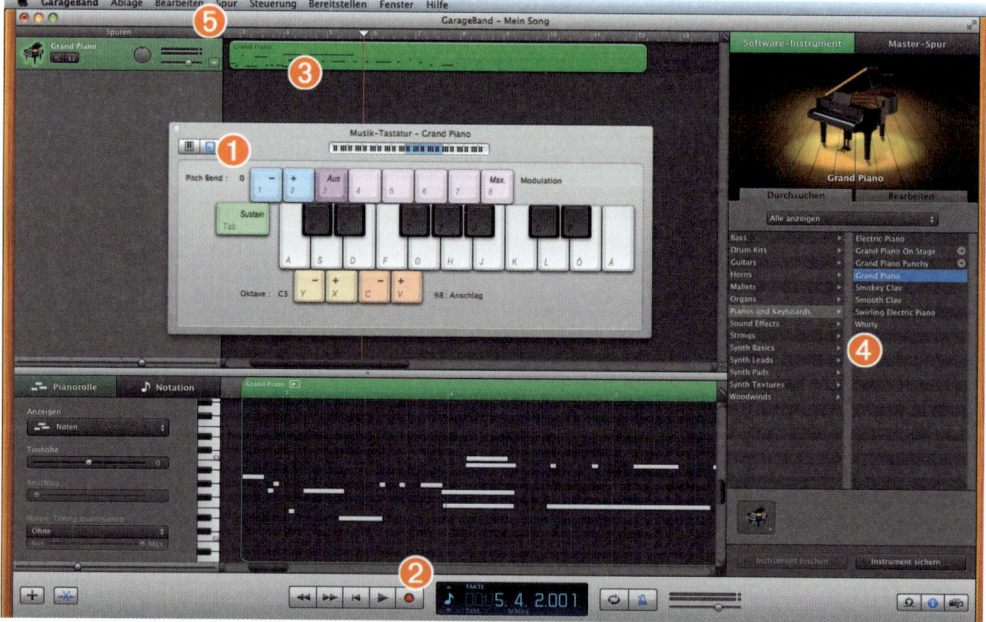

4 Der perfekte Song ist Ihnen gelungen? Dann senden Sie ihn an iTunes (vgl. Abbildung), um ihn dort weiterzuverwenden, oder brennen Sie ihn auf eine CD, und dann ab zur Plattenfirma! Die entsprechenden Optionen finden Sie in der Menüleiste von GarageBand unter *Bereitstellen*.

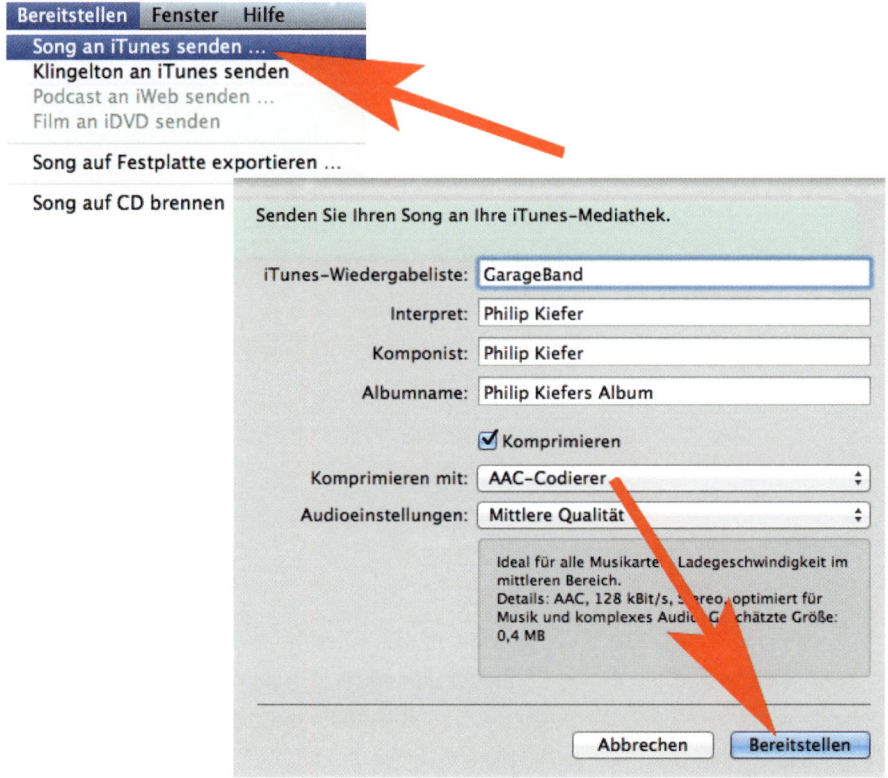

Erkunden Sie die Funktionsviefalt des Programms GarageBand auf eigene Faust – das macht viel Spaß, und nach ein wenig Übung kann Ihr Mac vielleicht schon bald richtige Musikinstrumente ersetzen!

10. Daten synchronisieren & in iCloud speichern: Ihren Mac optimal zusammen mit iPhone, iPad, iPod touch oder Apple-TV verwenden

Alles Wichtige auf einen Blick:

* Daten vom Mac auf Ihr iGerät übertragen und umgekehrt: Synchronisierung leicht gemacht

* Per iCloud mit mehreren Geräten auf Ihre Termine, Dokumente, Fotos und weitere Dateien zugreifen

* Auf Ihre iTunes-Mediathek und den Fotostream auch auf Ihren iGeräten und dem Fernsehgerät zugreifen

* Videotelefonie mit Freunden und Verwandten: So geht es Schritt für Schritt mit FaceTime oder Skype

Wer einen Mac nutzt, wird auch die Vorzüge weiterer Apple-Geräte wie iPhone, iPad, iPod touch oder Apple-TV zu schätzen wissen. Diese Geräte arbeiten perfekt zusammen und ergänzen einander. Und auch alle wichtigen Daten lassen sich auf allen Geräten ganz einfach synchron halten. In diesem Kapitel stelle ich Ihnen zum einen die Synchronisierung mittels iTunes vor, zum anderen die Synchronisierung via Internet mit iCloud. Erfahren Sie außerdem, wie Sie Ihre Mediendateien und weitere Inhalte mit einem Apple-TV aufs TV-Gerät streamen und wie Sie mit Nutzern anderer Macs, iPhones und weiterer Geräte kostenlose Videotelefonate führen.

Daten vom Mac auf Ihr iGerät übertragen und umgekehrt: Synchronisierung leicht gemacht

Musik, Apps, E-Books und weitere Inhalte – Sie haben eine Menge Dateien auf Ihrem iGerät, die Sie hin und wieder auf Ihren Computer übertragen möchten, bzw. Dateien auf Ihrem Mac, die auf dem iGerät verfügbar sein sollen. Während Sie auf selbst aufgenommene Fotos und Videos wie bei einer herkömmlichen Digitalkamera zugreifen können, erfolgt die Synchronsierung (also die gegenseitige Übertragung) von Fotos und allen weiteren Dateien mit dem Programm iTunes, und zwar folgendermaßen:

1 Schließen Sie Ihr iGerät, in diesem Fall ein iPad, zunächst per USB-Kabel an den Mac an.

2 In iTunes wird das iGerät automatisch erkannt und in der Leiste links angezeigt. Klicken Sie es dort an ❶ und nehmen Sie unter *Übersicht* ❷ gegebenenfalls einige Einstellungen vor, etwa das zukünftige Synchronisieren via WLAN, statt über den USB-Anschluss ❸ usw.

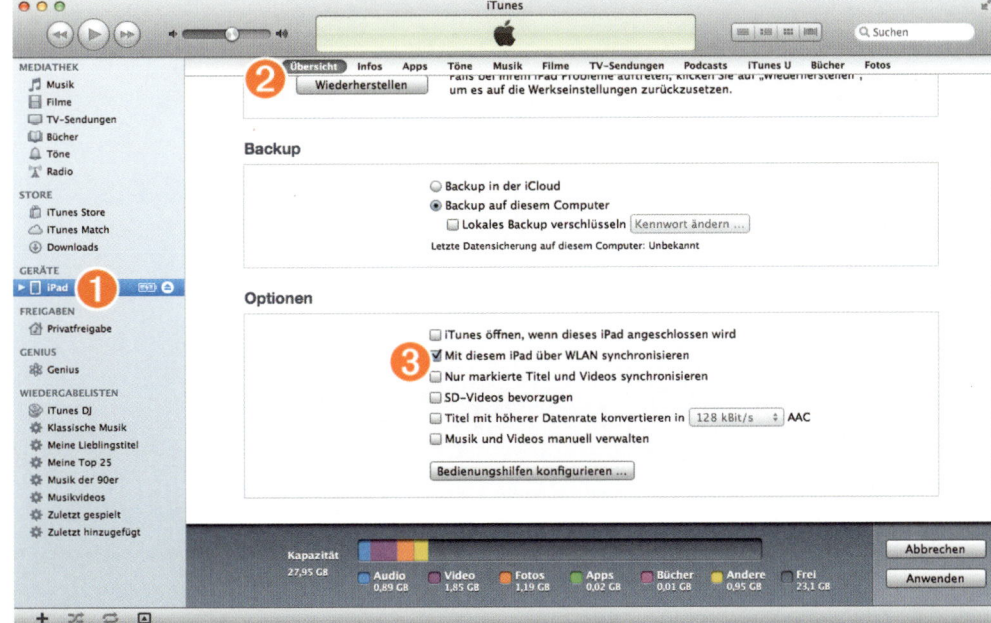

3 Nun geht es an die Synchronisierung: Synchronisiert werden können Kontakte, Termine, Mails, Mail-Accounts oder Safari-Lesezeichen (jeweils unter *Info*), Apps, Klingeltöne, Musik, Filme, TV-Sendungen, Podcasts, Inhalte von iTunes U, Hörbücher oder E-Books sowie Fotos. Treffen Sie dazu in der Leiste oben Ihre Auswahl – das Synchronisieren erfolgt jeweils ähnlich. Entscheiden Sie sich z. B. für das Synchronisieren von *Musik* und aktivieren Sie das entsprechende Kontroll-kästchen.

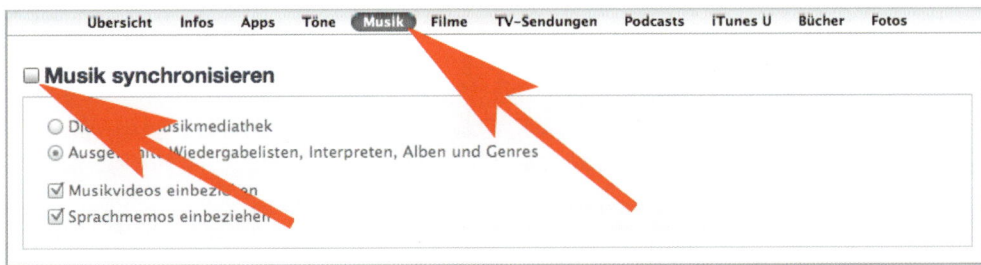

4 Bestimmen Sie im nächsten Schritt, ob die gesamte Musik-Mediathek oder lediglich ausgewählte Elemente synchronisiert werden sollen ❶. Entscheiden Sie per Kontrollkästchen außerdem, ob auch Musikvideos sowie Sprachmemos – sofern vorhanden – in die Synchronisierung einbezogen werden sollen ❷. In diesem Fall wähle ich, wiederum per Kontrollkästchen, die Musiktitel zweier Interpreten aus ❸. In der Übersicht unten wird die Speicherbelegung des iGeräts grafisch dargestellt, sodass Sie stets wissen, wie viele Dateien noch Platz finden ❹. Bestätigen Sie zum Schluss mit einem Mausklick auf *Synchronisieren* bzw. *Anwenden* ❺, um die Synchronisierung zu starten.

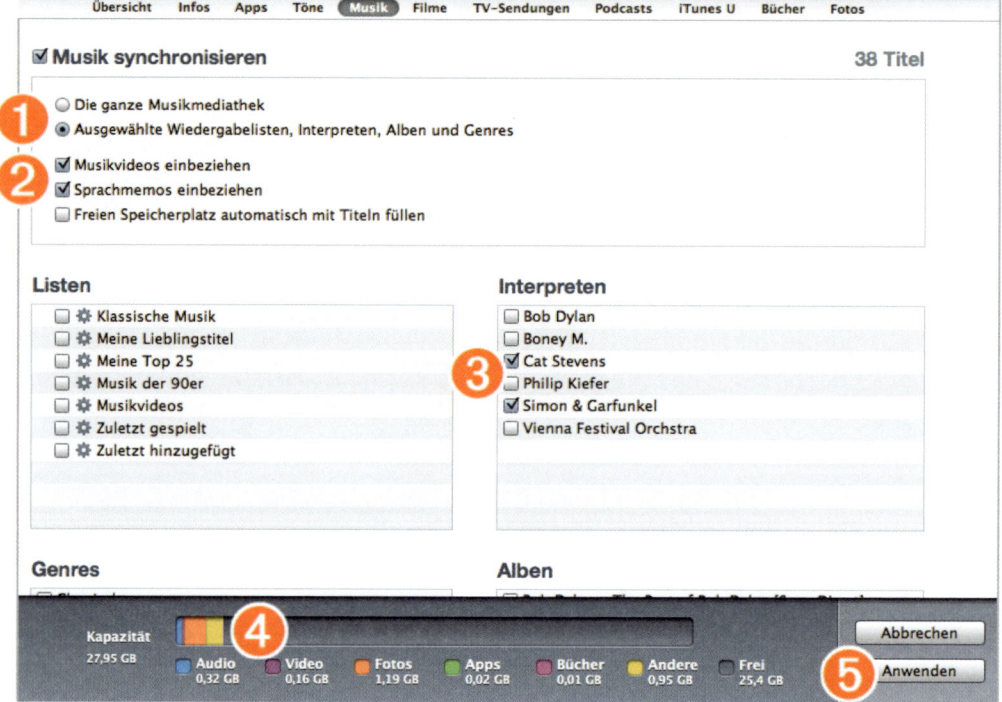

5 Die Synchronisierung wird durchgeführt, und Sie werden im Statusfenster oben in iTunes über deren Fortgang in Kenntnis gesetzt. Wenn Sie sich in iTunes unter *Übersicht* (vgl. Schritt 1) bzw. direkt auf dem iGerät für ein Backup auf dem Computer statt in iCloud entschieden haben, wird vor der Synchronisierung eine Datensicherung durchgeführt.

6 Fertig! Die synchronisierten Inhalte stehen auf dem iGerät in der jeweiligen App zur Verfügung, die Musiktitel etwa in der App Musik.

Die Synchronisierung wird ab sofort jeweils automatisch durchgeführt, wenn Sie das iGerät mit Ihrem Mac verbinden. Sollten Sie dies nicht wünschen, entscheiden Sie sich in der iTunes-Menüleiste für *iTunes/Einstellungen*; unter *Geräte* ❶ aktivieren Sie das Kontrollkästchen *Automatische Synchronisierung von iPods, iPhones und iPads verhindern* ❷ und bestätigen mit *OK* ❸.

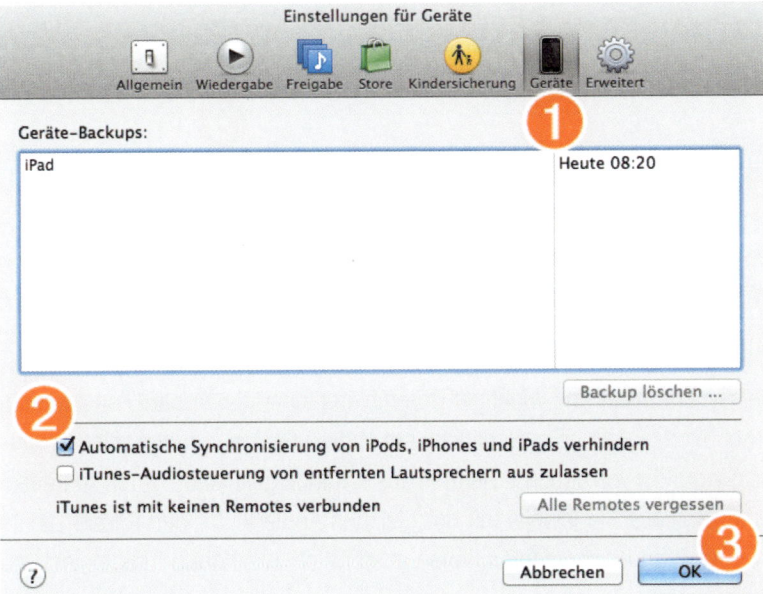

Die Synchronisierung via WLAN (vgl. Schritt 2) kann ich in jedem Fall empfehlen, auch wenn diese bei größeren Dateien ein paar Sekunden länger dauern mag – dafür ersparen Sie sich das umständliche Anschließen des iGeräts.

Sie haben Titel auf dem iGerät eingekauft? So holen Sie sie automatisch auch auf Ihren Mac

Sie möchten, dass Inhalte, die Sie auf Ihrem iGerät im iTunes Store einkaufen, auch auf Ihren Mac heruntergeladen werden? Entscheiden Sie sich dazu in der iTunes-Menüleiste für *iTunes/Einstellungen* und aktivieren Sie unter *Store* **1** per Kontrollkästchen die gewünschten automatischen Downloads **2**. Bestätigen Sie per *OK*-Button **3**. (Um auf dem Mac gekaufte Titel auf dem iGerät automatisch herunterzuladen, aktivieren Sie die automatischen Downloads in den dortigen Einstellungen unter *Store*.)

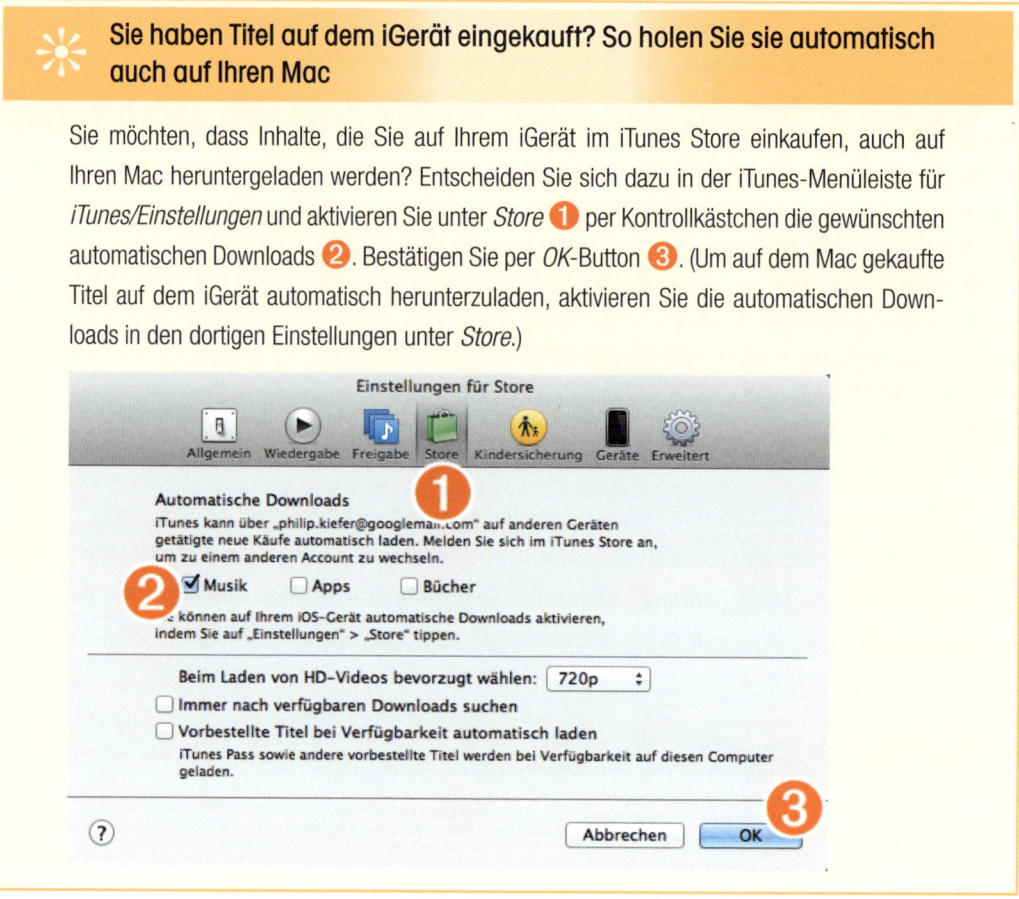

Per iCloud mit mehreren Geräten auf Ihre Termine, Dokumente, Fotos und weitere Dateien zugreifen

Eine weitere Möglichkeit der Synchronisierung wichtiger Daten bietet Ihnen der Apple-Dienst iCloud, bei dem die Daten ins Internet übertragen und automatisch auf andere Geräte heruntergeladen werden. Gleichermaßen können Sie auf die von anderen Geräten aus in iCloud geladenen Daten zugreifen. Voraussetzung dafür ist lediglich, dass Sie jeweils mit der gleichen Apple-ID für den iCloud-Dienst angemeldet sind. Auf den folgenden Seiten zeige ich Ihnen ausführlich, wie iCloud funktioniert und was Sie bei der Nutzung alles beachten müssen.

So bestimmen Sie, welche Daten ins Internet geladen werden sollen und welche nicht

Zum Einrichten von iCloud entscheiden Sie sich in den Systemeinstellungen für *iCloud*. Melden Sie sich, falls noch nicht geschehen, mit Ihrer Apple-ID an, und bestimmen Sie per Kontrollkästchen, entweder allgemein oder einzeln, welche Daten ins Internet geladen und aus dem Internet empfangen werden sollen und welche nicht.

Diese Optionen stehen zur Verfügung:

* **Mail:** Ihnen steht in iCloud ein kostenloser E-Mail-Dienst zur Verfügung. Wenn Sie diesen nutzen möchten, aktivieren Sie dieses Kontrollkästchen.

* **Kontakte:** Diese Option hält die Kontakte auf allen iCloud-Geräten synchron, d. h., wenn Sie unterwegs auf Ihrem iPhone einen neuen Kontakt erstellen, steht dieser automatisch auch auf dem Mac zur Verfügung, und ein Kontakt, den Sie auf Ihrem Mac erstellen, wird auch auf das iGerät übertragen.

* **Kalender & Erinnerungen:** Diese Option betrifft Termine und Aufgaben, die Sie auf Ihrem Mac oder einem iGerät erstellen – sorgen Sie dafür, dass überall die gleichen Daten zur Verfügung stehen!

* **Notizen:** Auch Ihre Notizen lassen sich synchronisieren – es genügt dazu, das entsprechende Kontrollkästchen zu synchronisieren.

✳ **Safari:** Sollen Ihre Safari-Lesezeichen auf allen Geräten zur Verfügung stehen? Dann aktivieren Sie dieses Kontrollkästchen.

✳ **Fotostream:** Mit dieser Option stehen Ihnen Aufnahmen, die Sie mit Ihrem iGerät tätigen, auch auf dem Mac zur Verfügung und lassen sich dort etwa in iPhoto aufrufen (vgl. Kapitel 8). Auf dem Mac wiederum lassen sich beliebige Fotos in den Fotostream übernehmen. Nachteile: Der Upload kann ganz schön lange dauern, und bei vielen Aufnahmen ist der kostenlose iCloud-Speicher schnell voll.

✳ **Dokumente & Daten:** Wenn Sie diese Option aktivieren, stehen Ihnen Dokumente, die Sie z. B. mit Pages auf dem iPad erstellt haben, auch in Pages auf dem Mac zur Verfügung. Und auch via Browser lassen sich die Dokumente auf den Computer herunterladen.

✳ **Zugang zu meinem Mac:** Diese Option ermöglicht den Zugriff auf Ihren Mac von einem anderen Mac aus. Ist sie aktiviert, erscheint der Mac auf dem anderen Rechner im Finder unter *Freigaben*.

✳ **Meinen Mac suchen:** Dank dieser Option schließlich lässt sich ein Mac orten – das zeige ich Ihnen in Kapitel 12 noch ausführlich. Die Funktion ist z. B. dann sehr nützlich, wenn Sie mal Ihr MacBook irgendwo liegen lassen und nicht mehr wissen, wo es ist.

Damit das Ganze funktioniert, müssen iCloud und die jeweiligen iCloud-Optionen natürlich auch auf den anderen Geräten aktiviert werden. Auf einem iGerät entscheiden Sie sich dazu in den dortigen Einstellungen für *iCloud* und nehmen die gewünschten Einstellungen per Schalter vor. Die Abbildung zeigt die entsprechenden Einstellungen auf meinem iPhone.

Auf einem iGerät lässt sich zusätzlich – ebenfalls in den dortigen Einstellungen unter *iCloud* – noch ein iCloud-Backup aktivieren, das die Datensicherung via Internet ermöglicht. Das macht das iGerät weitgehend unabhängig vom Mac, kostet aber natürlich unter Umständen eine Menge iCloud-Speicher.

Ganz einfach: So greifen Sie auf Ihrem Mac auf die synchronisierten Inhalte zu

Und wie greifen Sie nun auf die synchronisierten Inhalte zu? Nun, hierzu genügt es, das jeweilige Programm zu öffnen und gegebenenfalls kurz auf die Synchronisierung zu warten. Hier erstelle ich beispielsweise einen Termin auf dem iPhone ...

... und finde ihn wenige Sekunden später im Programm Kalender auf dem Mac wieder.

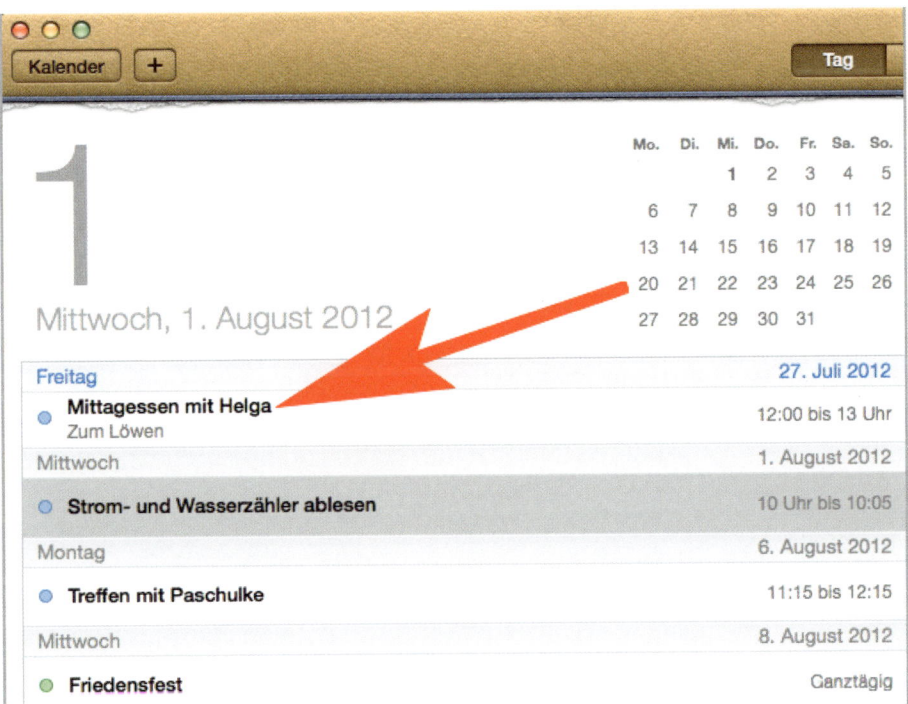

Genauso läuft es bei anderen Inhalten, wobei Sie für den Up- und Download von Aufnahmen oder Dokumenten etwas mehr Zeit einplanen müssen.

Sie verwenden neben Ihrem Mac einen Windows-Computer? Auch damit lässt sich iCloud nutzen

Prinzipiell ist iCloud für die Verwendung auf Apple-Geräten konzipiert, aber einige Daten lassen sich auch mit Windows-Rechnern synchronisieren, namentlich der Fotostream sowie E-Mails, Termine, Aufgaben und Kontakte (sofern Outlook zur Verfügung steht) und Lesezeichen (sofern Safari oder ein neuerer Internet Explorer zur Verfügung steht). Um iCloud auch unter Windows nutzen zu können, laden Sie unter der Webadresse *http://support.apple.com/ kb/DL1455* die iCloud-Systemsteuerung aus dem Internet und installieren diese auf Ihrem Windows-Rechner. Anschließend steht die iCloud-Systemsteuerung in der Windows-Systemsteuerung unter *Netzwerk und Internet* zur Verfügung und kann dort eingerichtet werden.

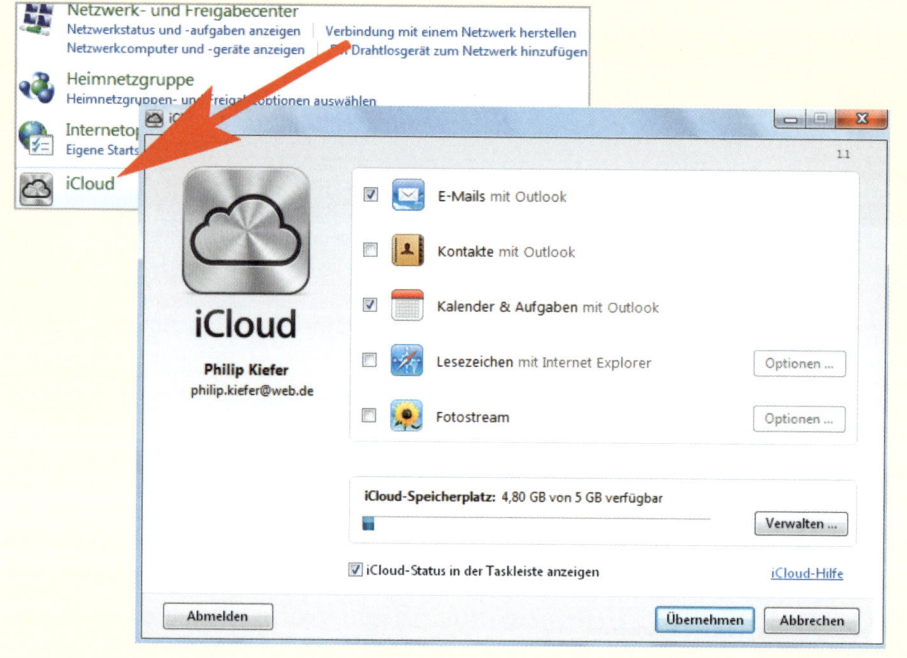

Auch im Büro oder im Internet-Café auf Ihre in iCloud gespeicherten Daten zugreifen

Auf die meisten in iCloud gespeicherten Daten können Sie unterwegs auch im Browser zugreifen, etwa vom Büro-PC oder einem Computer im Internet-Café aus. Hier zeige ich Ihnen Schritt für Schritt, wie Sie ein in iCloud gespeichertes Dokument via Browser auf jeden beliebigen Computer herunterladen:

1 Öffnen Sie die Webadresse *https://www.icloud.com* und melden Sie sich mit Ihrer Apple-ID an. Wenn Sie sich das Anmelden beim nächsten Besuch sparen möchten, aktivieren Sie das Kontrollkästchen *Angemeldet bleiben*, bevor Sie sich einloggen.

2 Ihnen werden nun die Kategorien angezeigt, auf die Sie zugreifen können. Um ein Dokument herunterzuladen, klicken Sie auf *iWork* ...

3 ... und finden nun eine Übersicht der in iCloud gespeicherten Dokumente. Klicken Sie dasjenige Dokument, das Sie auf den Computer herunterladen möchten, an und betätigen Sie anschließend den erscheinenden *Laden*-Button.

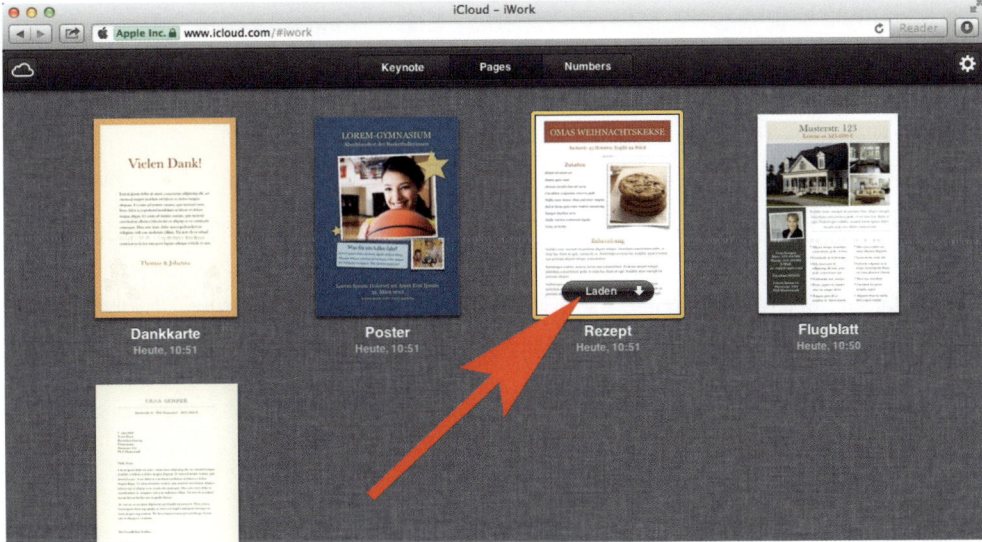

4 Nun müssen Sie nur noch das gewünschte Format auswählen, um den Download zu starten. Das heruntergeladene Dokument findet sich anschließend im *Downloads*-Ordner.

Damit es mit Pages, Numbers und Keynote in iCloud klappt, muss diese Option übrigens noch mal in der jeweiligen App aktiviert werden. Sie werden beim Start danach gefragt bzw. können die Einstellungen auch nachträglich in den Einstellungen des iGeräts unter Pages, Numbers bzw. Keynote ändern. Übrigens setzen auch weitere Apps iCloud zum Speichern von Dokumenten ein, allerdings kann darauf dann nicht im Browser zugegriffen werden.

Der iCloud-Speicher ist voll? Inhalte löschen oder den Speicher erweitern

Der Apple-Dienst iCloud ist kostenlos, allerdings gilt dies nur für die ersten fünf GByte Speicher. Ab dann heißt es, entweder den Speicherplatz kostenpflichtig erweitern oder Daten aus dem Speicher löschen. Sie werden rechtzeitig informiert, bevor der iCloud-Speicher überquillt. Hier zeige ich Ihnen zunächst, wie Sie nicht mehr benötigte Inhalte aus iCloud löschen:

1 Klicken Sie in den Systemeinstellungen Ihres Macs auf *iCloud* und betätigen Sie rechts unten den *Verwalten*-Button.

2 Wählen Sie links eine Kategorie aus ❶ und entscheiden Sie sich dann rechts für eine Datei ❷ und bestätigen Sie per *Löschen*-Schaltfläche ❸. Oder Sie wählen *Alle löschen* ❹, um sämtliche Dateien einer Kategorie zu entfernen.

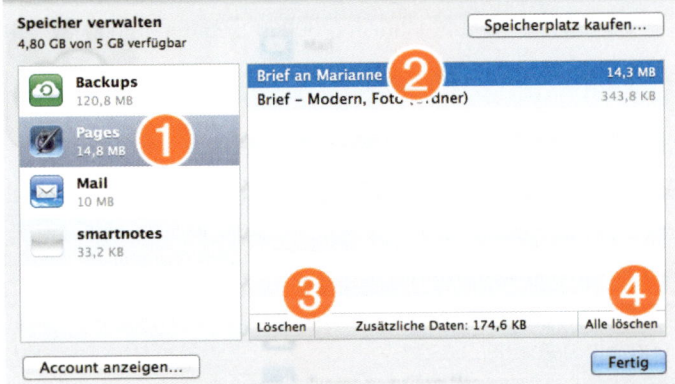

3 Bestätigen Sie das Ganze im folgenden Abfragefenster mit *Löschen*, um die Dateien aus iCloud zu entfernen. Beachten Sie, dass die Dateien dabei auch von den Geräten gelöscht werden!

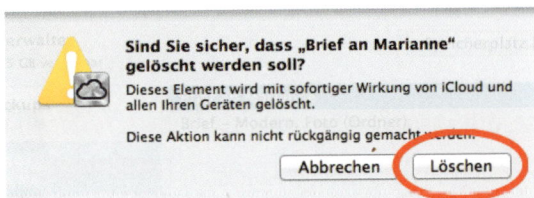

Sie möchten auch die im Fotostream gespeicherten Aufnahmen löschen? Hierzu öffnen Sie die bereits kennengelernte Webadresse *https://www.icloud.com* und klicken nach dem Einloggen Ihren Benutzernamen an.

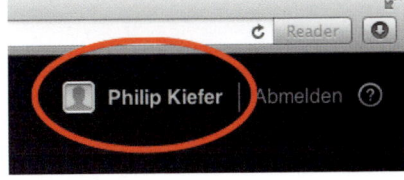

Entscheiden Sie sich im folgenden Fenster für den Eintrag *Erweitert*, klicken Sie auf *Fotostream zurücksetzen* und bestätigen Sie das Löschen dann noch mal im folgenden Abfragefenster – in diesem Fall bleiben die Dateien auf den einzelnen Geräten erhalten.

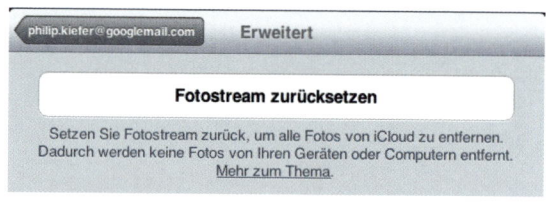

Der kostenlose iCloud-Speicher reicht nicht mehr? So funktoniert die Erweiterung

Wenn Ihnen die kostenlosen 5 GByte iCloud-Speicher nicht mehr ausreichen sollten, entscheiden Sie sich in den Systemeinstellungen erneut für *iCloud* und dann für *Verwalten*. Im folgenden Fenster klicken Sie rechts oben auf *Speicherplatz kaufen*. Dies sind Ihre Optionen (Stand der Preise jeweils: Sommer 2012):

* **10 GB:** Für 16 Euro jährlich erhöhen Sie Ihren iCloud-Speicherplatz auf insgesamt 15 GByte (die bereits bestehenden 5 GByte plus 10 weitere GByte).

* **20 GB:** Für 32 Euro jährlich erhöhen Sie Ihren iCloud-Speicherplatz auf insgesamt 25 GByte.

* **50 GB:** Für 80 Euro jährlich erhöhen Sie Ihren iCloud-Speicherplatz schließlich auf insgesamt 55 GByte.

Wählen Sie die gewünschte Option im Fenster aus und klicken Sie auf *Weiter*. Im Anschluss bestätigen Sie den Abschluss des iCloud-Abos noch mit Ihrer Apple-ID. Meine Empfehlung: Erhöhen Sie den iCloud-Speicher schrittweise, d. h., beginnen Sie mit der kleinsten Erweiterung und kaufen Sie nur bei Bedarf neuen Speicher dazu.

Auf Ihre iTunes-Mediathek und den Fotostream auch auf Ihren iGeräten und dem Fernsehgerät zugreifen

Speziell zum Übertragen von Mediendateien auf ein iGerät, einen anderen Mac oder – via Apple-TV – auf ein Fernsehgerät stehen Ihnen auf Ihrem Mac einige weitere pfiffige Funktionen zur Verfügung. Lassen Sie mich Ihnen auf den nächsten Zeiten zeigen, wie Sie Netzwerkfreigabe und Privatfreigabe zum Streamen von Mediendateien einsetzen und wie Sie mit einem Apple-TV Musik, Videos oder Ihren Fotostream auf Ihr Fernsehgerät holen. Dank AirPlay lassen sich darüber hinaus beliebige Bildschirminhalte Ihres Macs auf dem TV-Gerät betrachten. Lesen Sie dazu einfach weiter!

Auf Ihre iTunes-Mediathek auch mit anderen Macs im LAN oder WLAN zugreifen

Angenommen, Sie besitzen sowohl ein MacBook als auch einen iMac, und auf den Computern befinden sich unterschiedliche Mediendateien. Sie müssen die Dateien nun nicht unbedingt auf das jeweils andere Gerät kopieren, um sie dort abzuspielen – streamen Sie sie doch einfach im Netzwerk. So geht es Schritt für Schritt:

1 Entscheiden Sie sich in der iTunes-Menüleiste für *iTunes/ Einstellungen*.

2 Unter *Freigabe* ❶ aktivieren Sie nun das Kontrollkästchen *Meine Mediathek im lokalen Netzwerk freigeben* ❷ und bestimmen, ob die gesamte Mediathek freigegeben werden soll oder lediglich einzelne Mediatheken und Wiedergabelisten ❸. Optional richten Sie noch ein Kennwort für die Freigabe ein ❹, bevor Sie mit *OK* ❺ bestätigen.

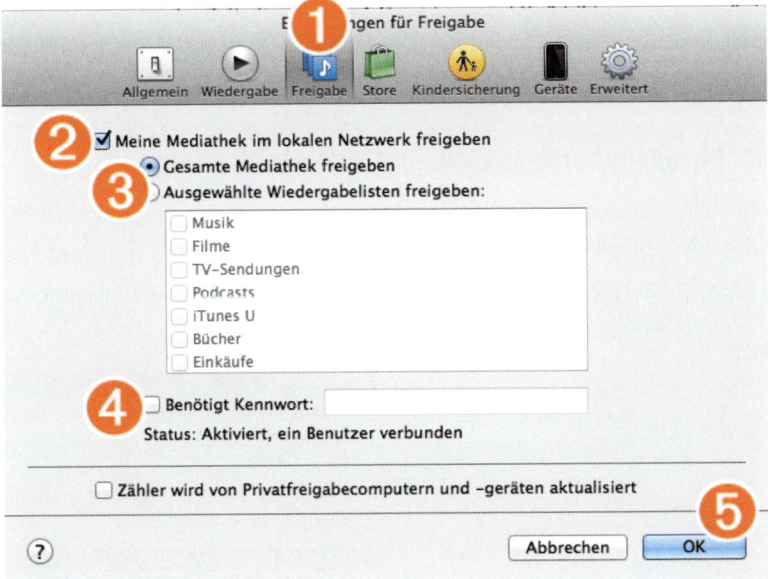

3 In iTunes auf dem anderen Computer wird die freigegebene Mediathek nun in der Leiste links unter
Freigaben angezeigt. Klicken Sie den Eintrag an
und klicken Sie dann auf den erscheinenden klei-
nen Pfeil , um eine Kategorie auszuwählen ...

4 ... und die Wiedergabe
ganz so zu starten, als
ob sich die Datei auf
dem eigenen Compu-
ter befinden würde.

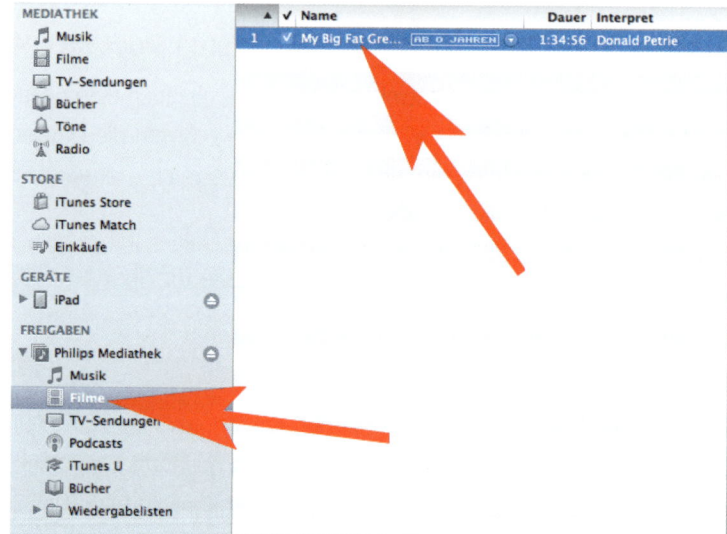

Diese Form der Freigabe funktioniert übrigens auch mit Windows-Rechnern, Hauptsache iTunes ist
verfügbar. Wichtig zu wissen: iTunes muss auf einem Computer jeweils geöffnet sein, damit auf die
Mediathek zugegriffen werden kann. Dies gilt auch für die im Folgenden vorgestellte Privatfreigabe.

Dank Privatfreigabe: Musik und Videos vom Mac aufs iGerät streamen

Während die oben vorgestellte Form der Freigabe den Austausch zwischen iTunes und iTunes ermöglicht, bietet Ihnen die Privatfreigabe darüber hinaus die Möglichkeit, auf Ihre iTunes-Mediathek
auch auf einem iGerät oder Apple-TV zuzugreifen. Das lässt sich sehr leicht bewerkstelligen, wie ich
Ihnen hier am Beispiel meines iPhones zeige:

1 Entscheiden Sie sich in der iTunes-Menüleiste für
Erweitert/Privatfreigabe aktivieren ...

2   … und melden Sie sich im nächsten Schritt mit Ihrer Apple-ID an. Auf Ihrem Mac ist damit bereits alles erledigt.

3   Auf dem iPhone geht es weiter: In den dortigen Einstellungen richte ich die Privatfreigabe unter *Musik* (oder *Videos*) ein.

4   In der App Musik unter *Mehr* (sowie auch in der App Videos) wird nun der Eintrag *Freigaben* angezeigt. Tippen Sie diesen an …

5   … und wählen Sie die freigegebene Mediathek aus, um die verfügbaren Mediendateien aufs iPhone zu streamen.

Auf anderen iGeräten läuft es genauso; lediglich beim Apple-TV weicht das Einrichten der Privatfreigabe etwas ab, wie Sie auf den nächsten Seiten erfahren werden.

So einfach greifen Sie mit einem Apple-TV auf Ihre Videos, Musik, Fotos & Co. auf dem Fernsehgerät zu

Um Ihre Mediendateien und weitere Inhalte vom Mac auf Ihr Fernsehgerät (oder mit einem Beamer auf eine Leinwand) zu übertragen, ist ein Apple-TV optimal geeignet. Damit können Sie außerdem direkt im iTunes Store einkaufen oder diverse Video- und weitere Portale nutzen. Der Preis für den kleinen Kasten ist annehmbar, so bezahlen Sie bei Amazon  (Stand: Sommer 2012) rund 100 Euro dafür. (Quelle der Abbildung: Apple)

Das Apple-TV wird mit einem HDMI-Kabel an den Fernseher angeschlossen und via WLAN mit Ihrem Mac und Ihren iGeräten verbunden. Beim ersten Start richten Sie zunächst die WLAN-Verbindung ein, was mit der beigelegten Fernbedienung etwas fummelig ist. Führen Sie außerdem gegebenenfalls zunächst eine Softwareaktualisierung durch, um Ihr Apple-TV auf den neuesten Stand zu bringen. Übrigens: Die Fernbedienung Ihres Apple-TV kann auch zur Fernsteuerung von iTunes auf dem Mac genutzt werden, und wenn Sie die (Menü)-Taste auf der Fernbedienung beim Start Ihres Macs gedrückt halten, erscheint die gleiche Auswahl wie beim Gedrückthalten der (alt)-Taste auf der Mac-Tastatur – in Notfällen kann es ganz praktisch sein, dies zu wissen.

Per Privatfreigabe Ihre komplette iTunes-Mediathek aufs Fernsehgerät streamen

Wenn die Verbindung des Apple-TVs mit dem Netzwerk besteht, wird die auf dem Computer geöffnete iTunes-Mediathek automatisch erkannt. Entscheiden Sie sich auf dem Apple-TV für *Computer*, um die Mediathek aufzurufen bzw. zunächst mit Ihrer Apple-ID die Privatfreigabe zu aktivieren ...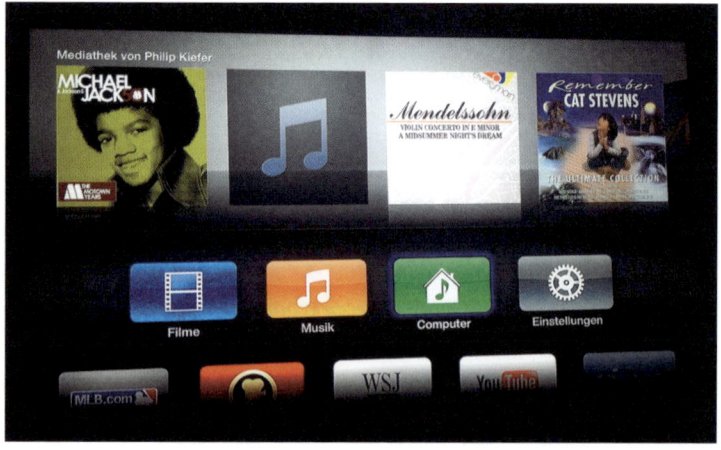

... und streamen Sie die gewünschten Inhalte auf Ihr Fernsehgerät, hier z. B. entscheide ich mich für die Mediathek *Musik*.

Dank Fotostream: Ihre Aufnahmen ganz unkompliziert auf dem Fernsehgerät betrachten und vorführen

Während für den Zugriff auf Ihre iTunes-Mediathek iTunes auf dem Mac geöffnet sein muss, erfolgt das Abrufen des Fotostreams aus dem Internet. Um Bilder von Ihrem Mac in den Fotostream zu laden, aktivieren Sie zunächst die Option *Fotostream* in den Systemeinstellungen unter *iCloud* oder Sie entscheiden sich in der iPhoto-Menüleiste für *iPhoto/Einstellungen* und aktivieren den Fotostream dort unter *Fotostream*.

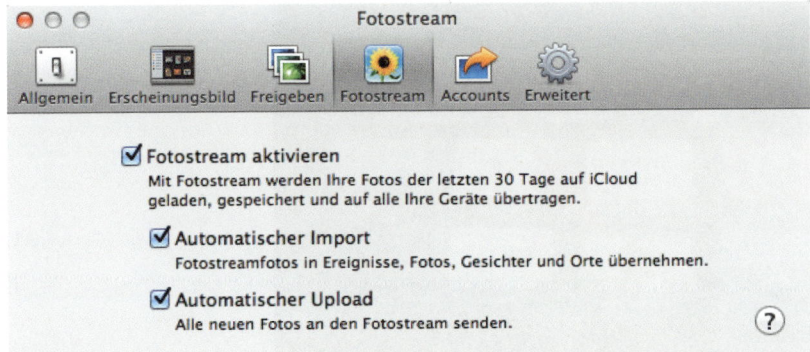

Per Kontrollkästchen können Sie dann noch festlegen, ob neue Bilder automatisch hochgeladen werden sollen oder nicht bzw. ob Fotostream-Aufnahmen aus anderen Quellen automatisch in iPhoto geladen werden sollen.

Um Bilder in iPhoto manuell in den Fotostream hochzuladen, ziehen Sie diese einfach auf den *Foto-stream*-Eintrag in der Leiste links. Je nach Anzahl und Größe der Dateien kann der Upload eine ganze Zeit lang dauern.

Auf Ihrem Apple-TV finden Sie den Fotostream unten auf der Startseite. Wählen Sie das entsprechende Symbol aus ...

... und erhalten Sie Zugriff auf die in den Fotostream geladenen Aufnahmen. Öffnen Sie entweder ein bestimmtes Bild oder geben Sie alle Aufnahmen als Diashow wieder. Per (Menü)-Taste auf der Apple-TV-Tastatur gelangen Sie jeweils wieder zurück zur Auswahl.

Wünschen Sie andere Übergänge für Ihre Diashow auf dem TV-Gerät? Entscheiden Sie sich unter *Fotostream* für *Einstellungen*, um die entsprechende Auswahl zu treffen.

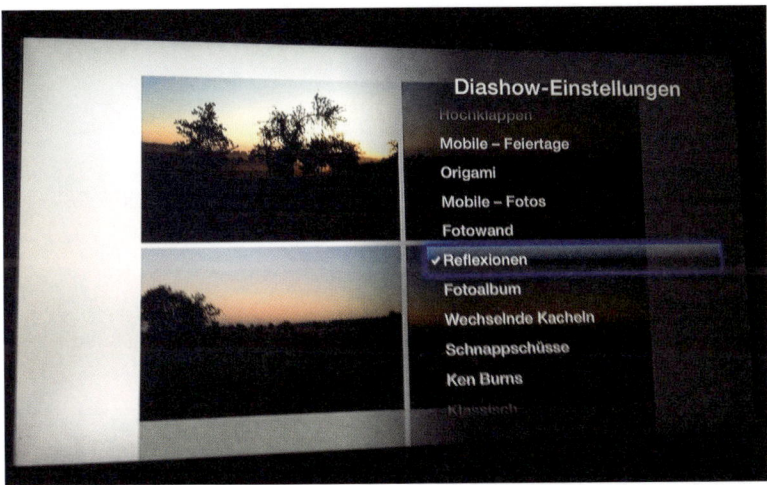

Übrigens: Mit dem Apple-TV können Sie auch auf Fotos zugreifen, die Sie beim Fotoportal Flickr veröffentlicht haben. Greifen Sie außerdem auf YouTube und weitere Portale zu oder kaufen Sie einfach im iTunes Store ein!

Dokumente, Spiele & Co. im größeren Format: per AirPlay-Funktion Bildschirminhalte auf dem TV-Gerät anzeigen

Eine weitere Form der Freigabe nennt sich AirPlay. Damit werden Filme, Musik oder der komplette Mac-Bildschirm auf das Apple-TV übertragen, sodass Sie auf dem Fernsehgerät oder der Beamer-Leinwand, Spiele im Großformat vor sich haben oder Ihre Dokumente kinderleicht einem größeren

Publikum vorstellen können. Besonders praktisch: das Apple-TV erkennt AirPlay sofort und startet die Wiedergabe automatisch, sodass auf diesem Gerät keine weiteren Einstellungen erforderlich sind.

Ihr Mac seinerseits erkennt, wenn ein Apple-TV im Netzwerk verfügbar ist. Er zeigt dann das AirPlay-Symbol ⬆️ an, etwa rechts unten in iTunes. Klicken Sie das Symbol an, um die Übertragung statt auf dem Mac auf dem Apple-TV durchzuführen.

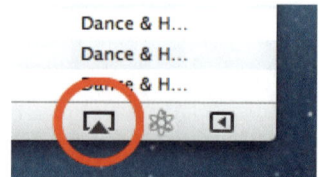

Möchten Sie sämtliche Bildschirminhalte Ihres Macs aufs Apple-TV übertragen? Achten Sie dazu zunächst darauf, dass in den Systemeinstellungen unter *Monitore* das Kontrollkästchen *Sync-Optionen bei Verfügbarkeit in der Menüleiste anzeigen* aktiviert ist.

Wenn der Mac nun ein Apple-TV im Netzwerk erkennt, wird das entsprechende Symbol ⬆️ als Menulet angezeigt. Klicken Sie das Symbol an, um die Übertragung des Bildschirms aufs Apple-TV – und damit auf Fernsehgerät oder Beamer-Leinwand – auszuwählen.

Die Abbildung zeigt als Beispiel, wie ich auf dem Mac die Website von DATA BECKER aufrufe und den Vorgang auf das Fernsehgerät übertrage. Der Computer sollte sich allerdings in der Nähe befinden, da Sie direkt auf dem Apple-TV nicht auf Maus und Tastatur Ihres Macs zugreifen können.

Die Suche bei YouTube & Co. ist Ihnen mit der Apple-TV-Tastatur zu mühselig? Die App Remote schafft Abhilfe

Sie stellen fest, dass ein Apple-TV viele Vorteile mit sich bringt. Etwas lästig ist allerdings die zugehörige Fernbedienung, die nur wenige Tasten mitbringt. Das Eingeben von Texten erfolgt über eine Bildschirmtastatur, was sehr mühselig sein kann. Abhilfe schafft die Apple-App Remote – verwandeln Sie damit Ihr iGerät in eine Fernbedienung fürs Apple-TV, mit der sich Texte deutlich eintippen lassen.

Videotelefonie mit Freunden und Verwandten: So geht es Schritt für Schritt mit FaceTime oder Skype

Videos mit den Besitzern anderer Macs, anderer iGeräte sowie – dank Skype – mit Besitzern verschiedener weiterer Geräte führen: Über das Internet geschieht dies kinderleicht. Lassen Sie mich Ihnen im Folgenden zeigen, wie Sie mit dem bereits vorhandenen Programm FaceTime oder alternativ mit dem Gratis-Programm Skype ein Videotelefonat starten. Voraussetzung ist natürlich, dass Ihr Mac über eine Webcam sowie ein Mikrofon verfügt, was bei den gängigsten Mac-Varianten bereits gegeben ist.

Auf Ihrem Mac bereits mit dabei: So starten Sie einen Anruf mit FaceTime

Zum Starten eines Videotelefonats mit FaceTime kommt wiederum Ihre Apple-ID zum Einsatz. Hier zeige ich Ihnen Schritt für Schritt, wie Sie FaceTime aktivieren und gekonnt einsetzen:

1 Starten Sie das Programm Face-Time auf Ihrem Mac und schalten Sie den Dienst zunächst ein. Natürlich muss FaceTime auch auf den Geräten Ihrer Gesprächspartner aktiviert werden.

2 Geben Sie Ihre Apple-ID mit dem zugehörigen Passwort ein und klicken Sie auf *Anmelden*. Bestätigen Sie im nächsten Fenster Ihre E-Mail-Adresse, unter der Sie für FaceTime-Telefonate erreichbar sein werden.

3 Nun wählen Sie unter *Kontakte* bzw. *Favoriten* ❶ einen Kontakt aus, den Sie anrufen möchten ❷ bzw. erstellen den gewünschten Kontakt zunächst per ➕-Symbol ❸. Mit dem Kontakt muss in jedem Fall die E-Mail-Adresse verknüpft sein, unter der jener für FaceTime-Telefonate erreichbar ist.

4 Die andere Person erhält nun eine Meldung, dass ein FaceTime-Telefonat ansteht, und muss dieses zunächst bestätigen. Anschließend wird der beiderseitige Audio- und Video-Stream gestartet. (Wenn Sie selbst angerufen werden, erhalten Sie ebenfalls eine solche Meldung, wobei FaceTime dazu nicht geöffnet sein muss.)

Der Video-Stream ist Ihnen zu klein? Vergrößern Sie ihn mit dem Fenstersymbol 🔲 oder entscheiden Sie sich in der iTunes-Menüleiste unter *Video* für *Vollbild ein*.

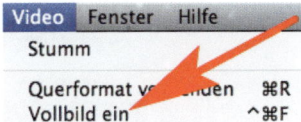

Videotelefonie auch mit Personen, die nicht über FaceTime verfügen: Skype auf dem Mac einsetzen

Der große Nachteil von FaceTime besteht darin, dass der Dienst nur auf Macs und neueren iGeräten verwendet werden kann. Um auch Videotelefonate mit Windows-Computern, Android-Smartphones und weiteren Geräten durchzuführen, verwenden Sie die kostenlose Software Skype, die Sie unter der Webadresse *http://www.skype.com* herunterladen.

Wenn Sie dieses Programm nach der Installation starten, richten Sie zunächst mal ein Benutzerkonto ein, indem Sie auf *Neues Skype-Konto erstellen* klicken ❶ und auf der sich öffnenden Webseite die notwendigen Angaben machen. Wenn Sie bereits über ein Skype-Benutzerkonto verfügen, geben Sie Ihre Zugangsdaten ein ❷, aktivieren das Kontrollkästchen *Bei Skype-Start automatisch anmelden* ❸ und bestätigen mit *Anmelden* ❹. Sie werden nach der ersten Anmeldung gefragt, ob Skype auf Ihr Adressbuch zugreifen darf, dies würde ich verneinen.

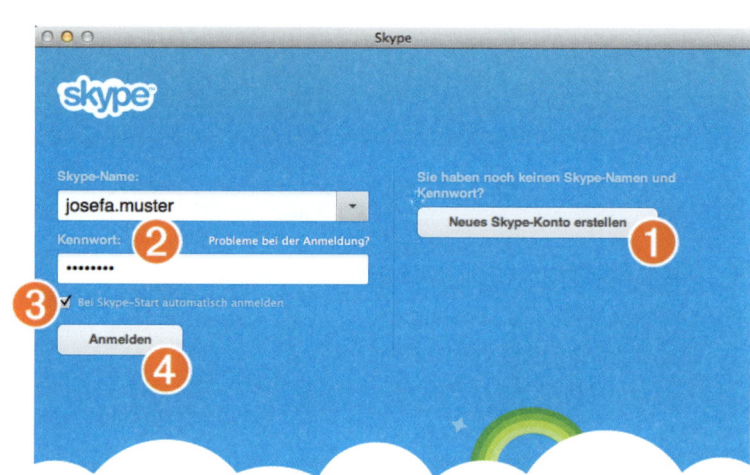

Jetzt brauchen Sie Skype-Kontakte, mit denen Sie Videotelefonate führen können. Klicken Sie im Programm dazu auf *Kontakte* ❶ und wählen Sie Kontakt hinzufügen ❷. Nutzen Sie das Suchfeld, um die Datenbank der Skype-Nutzer nach der gewünschten E-Mail-Adresse, dem Namen bzw. dem Skype-Namen zu suchen ❸. Per ⊕-Symbol ❹ senden Sie dem Kontakt eine Anfrage, die dieser bestätigen muss.

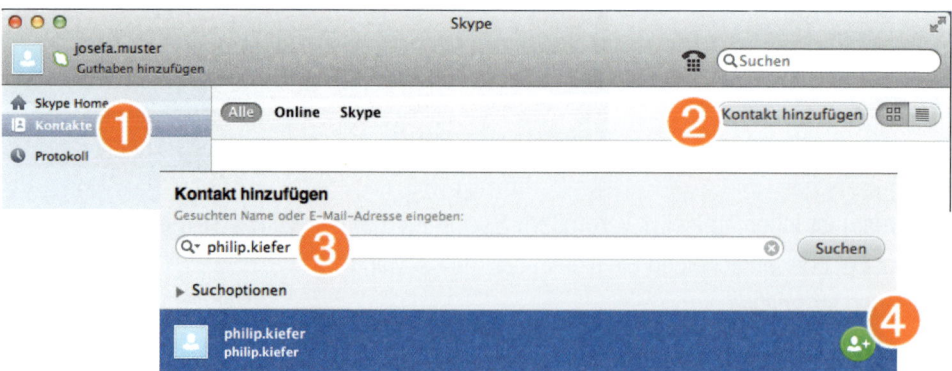

Um ein Videotelefonat mit Skype zu starten, klicken Sie den Kontakt unter *Kontakte* an und entscheiden sich im Menü für die Option *Videoanruf*. (Skype bietet Ihnen noch weitere Optionen, etwa auch günstige Anrufe ins Festnetz – diese sind jedoch kostenpflichtig und nur möglich, wenn Sie Guthaben hinzufügen). Sobald der Angerufene das Videotelefonat bestätigt, können Sie übers Internet miteinander sprechen und sich dabei sehen.

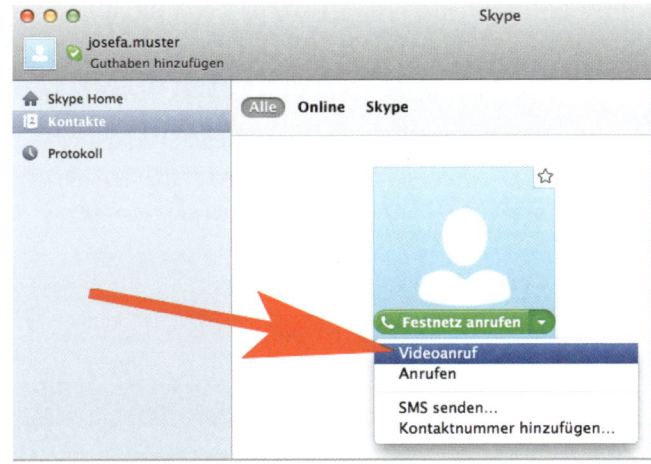

11. Mac für Könner: geniale Tipps & Tricks für die clevere Mac-Nutzung

Alles Wichtige auf einen Blick:

* ✳ Pfiffige Funktionen rund um Bildschirm und Grafik nutzen
* ✳ Prozesse automatisieren und mehr: nützliche Systemeinstellungen und -tools für Fortgeschrittene
* ✳ Mit dem Terminal noch mehr Funktionen rauskitzeln
* ✳ Die besten Tastenkombinationen für Ihren Mac auf einen Blick

Egal, ob Sie als Einsteiger gestartet waren oder als Mac-Nutzer bereits einige Erfahrung sammeln konnten – wenn Sie das Buch bis hierher ausgiebig durchgearbeitet haben, können Sie sich mit Fug und Recht bereits als fortgeschrittener Nutzer, als Mac-Könner bezeichnen. Sie müssen deshalb nicht erschrecken, wenn ich Ihnen in diesem Kapitel eine Menge fortgeschrittenere Inhalte präsentiere. Lernen Sie verschiedene System-Tools kennen und schätzen, kitzeln Sie mithilfe des Terminals tolle Funktionen aus Ihrem Mac heraus und erhalten Sie einen Überblick über die besten Tastenkombinationen für noch effizienteres Arbeiten mit dem Mac.

Pfiffige Funktionen rund um Bildschirm und Grafik nutzen

Sie möchten Bildschirmfotos aufnehmen, die Farben auf dem Bildschirm optimal einrichten oder herausfinden, welche RGB-Werte einer beliebigen Farbe auf dem Mac-Bildschirm zugrunde liegen? Auf den nächsten Seiten stelle ich Ihnen die passenden Funktionen und Tools vor.

Perfekte Bildschirmfotos: Dateiformat festlegen, Speicherort bestimmen und noch viel mehr

Bildschirmfotos können nützlich sein, um beliebige Inhalte, die auf dem Bildschirm auftauchen, zu archivieren, oder um Probleme zu dokumentieren. Ich habe Ihnen bereits auf Seite 35 kurz die Tastenkombination cmd+Umschalt+3 zum Aufnehmen von Bildschirmfotos vorgestellt. Damit wird der gesamte Mac-Bildschirm abfotografiert, und die erstellte Grafikdatei wird im PNG-Format auf dem Schreibtisch gespeichert. Ihr Mac versteht aber noch weitere Tastenkombinationen:

* ✳ ctrl+cmd+Umschalt+3: Mit dieser Tastenkombination speichern Sie das Bildschirmfoto nicht als Datei, sondern lediglich in der Zwischenablage.

✳ ⌘cmd⌘+⌊Umschalt⌋+⌊4⌋: Mit dieser Tastenkombination speichern Sie nicht den gesamten Bildschirm, sondern lediglich einen von Ihnen festzulegenden Bereich. Wenn Sie im Anschluss an die Tastenkombination die ⌊Leer⌋-Taste drücken, können Sie ein Fenster einfach anklicken, um dieses aufzunehmen.

✳ ⌊ctrl⌋+⌊cmd⌋+⌊Umschalt⌋+⌊3⌋: Wenn Sie diese Tastenkombination verwenden, wird der ausgewählte Bereich nicht als Datei, sondern lediglich in der Zwischenablage gespeichert. Auch hier kann im Anschluss die ⌊Leer⌋-Taste zur Aufnahme eines Fensters zum Einsatz kommen.

Wenn Sie ein Bildschirmfoto aufnehmen, erklingt jeweils ein Aufnahmeton. Falls Sie dies nicht wünschen, deaktivieren Sie in den Systemeinstellungen

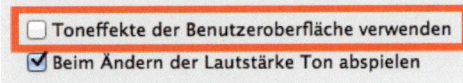

unter *Ton* das Kontrollkästchen *Toneffekte der Benutzeroberfläche verwenden*.

Sie möchten den Dateityp oder den Speicherort für Ihre Bildschirmfotos anpassen?

Ich selbst nehme sehr viele Bildschirmfotos auf und fände es lästig, diese jeweils vom Schreibtisch an einen anderen Speicherort kopieren zu müssen? Kein Problem! Im Terminal (den Sie im Launchpad unter *Andere* finden) lässts sich diese Einstellung ändern, und zwar durch diese Eingabe:

```
defaults write com.apple.Screencapture location /Users/BENUTZERNAME/
SPEICHERORT; killAll SystemUIServer
```

Für *BENUTZERNAME* setzen Sie Ihren eigenen Benutzernamen ein und für *SPEICHERORT* den gewünschten Speicherpfad. Ihre Bildschirmfotos werden dann zukünftig im von Ihnen gewählten Ordner gespeichert.

Oder möchten Sie das Bildschirmfoto in einem anderen Format speichern? Neben den gängigen Grafikformaten wie JPG, GIF, TIF, TIFF oder PICT ist auch das **P**ortable **D**ocument **F**ormat (PDF) verfügbar. Um das Dateiformat Ihrer Bildschirmfotos zu ändern, verwenden Sie im Terminal diesen Befehl:

```
defaults write com.apple.ScreenCapture type DATEITYP; killAll SystemUIServer
```

Für *DATEITYP* setzen Sie ein JPG, PDF oder was auch immer Sie sich für ein Format für Ihre Bildschirmfotos wünschen, ein.

Sie möchten bei Bildschirmfotos von Programmfenstern verhindern, dass diese mit einer Schattierung versehen werden? Hierzu dient der folgende Terminal-Befehl:

```
defaults write com.apple.Screencapture disable-shadow -bool TRUE; killAll
SystemUIServer
```

Bildschirmfotos mit Mauszeiger und Co. anfertigen

Falls Sie für bestimmte Zwecke ein Bildschirmfoto benötigen, auf dem auch der Mauszeiger angezeigt wird, verwenden Sie das Programm Bildschirmfoto, das Sie im Launchpad unter *Andere* finden. Hier zeige ich Ihnen, wie Sie den Mauszeiger einrichten und dann ein Bildschirmfoto per Selbstauslöser aufnehmen:

1 Starten Sie das Programm Bildschirmfoto und entscheiden Sie sich zunächst für *Bildschirmfoto/Einstellungen*.

2 Wählen Sie nun den Mauszeiger aus, der auf dem Bildschirmfoto verwendet werden soll, und schließen Sie das Fenster wieder.

3 Jetzt klicken Sie in der Menüleiste des Programms Bildschirmfoto auf *Foto* und entscheiden sich für die Option *Selbstauslöser*.

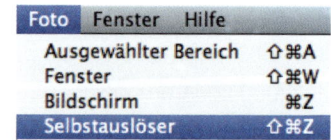

4 Klicken Sie auf *Starten* und bewegen Sie den Mauszeiger in die gewünschte Position. Warten Sie, bis die Aufnahme erfolgt ist, ...

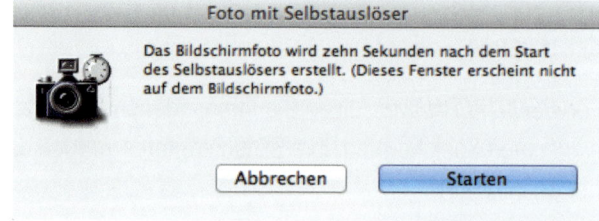

5 ... und speichern Sie das Bildschirmfoto zum Schluss mit *Ablage/Sichern* als Datei ab.

Falls Sie speziell Webseiten aufnehmen möchten: Hierfür emfpehle ich Ihnen das Mac-Tool Paparazzi, das Sie unter der Webadresse *http://derailer.org/paparazzi* herunterladen.

Die Farben auf Ihrem Mac-Bildschirm feintunen oder versteckte Bildbearbeitungsfunktionen nutzen

Besonders Grafikprofis werden das ColorSync-Dienstprogramm auf dem Mac zu schätzen wissen, das es ermöglicht, die Farbprofile auf dem Mac-Bildschirm zu bearbeiten und auch auf die Farbprofile weiterer Geräte zuzugreifen. Falls die Farben auf dem Bildschirm nicht optimal dargestellt werden sollten, nehmen Sie die entsprechende Kalibrierung direkt in den Systemeinstellungen vor: Klicken Sie dort unter *Monitore* auf *Farben* ❶ und betätigen Sie den *Kalibrieren*-Button ❷. Es öffnet sich ein Assistent, mit dem Sie die gewünschten Anpassungen vornehmen.

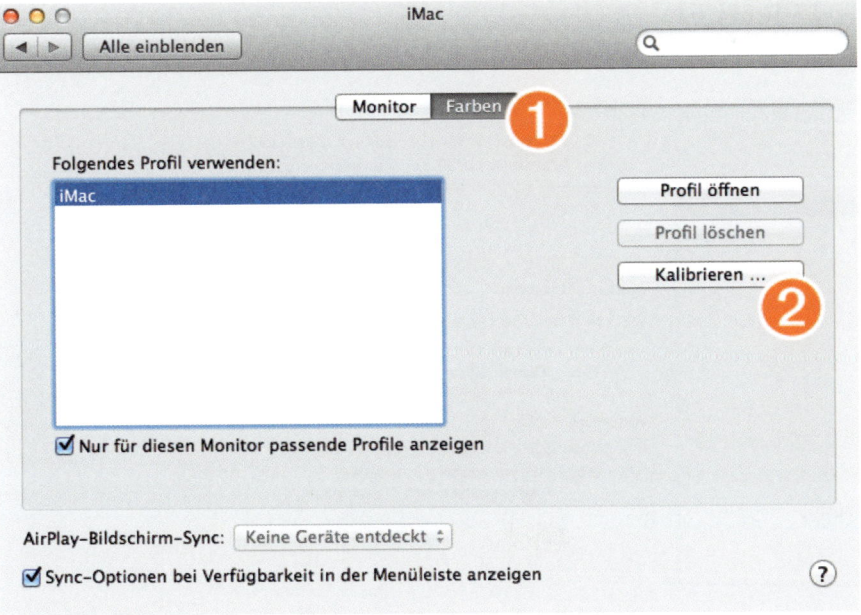

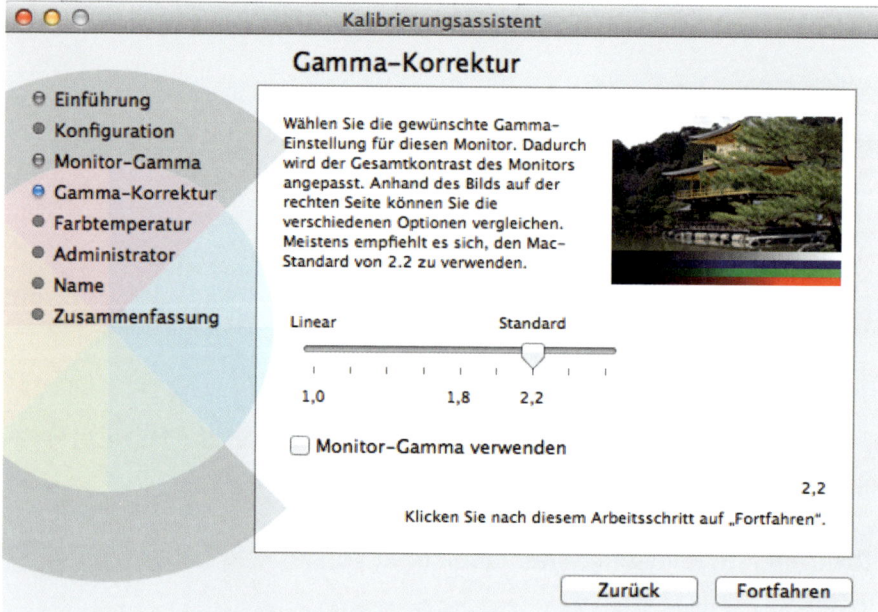

Für erweiterte Funktionen starten Sie das ColorSync-Dienstprogramm im Launchpad unter *Andere*. Sorgen Sie als professioneller Fotograf oder Grafiker mit diesem Programm dafür, dass die Farben auf Ihren Werken auf den Computern Ihrer Auftraggeber oder beim Ausdruck genauso erscheinen wie bei Ihnen auf dem Bildschirm!

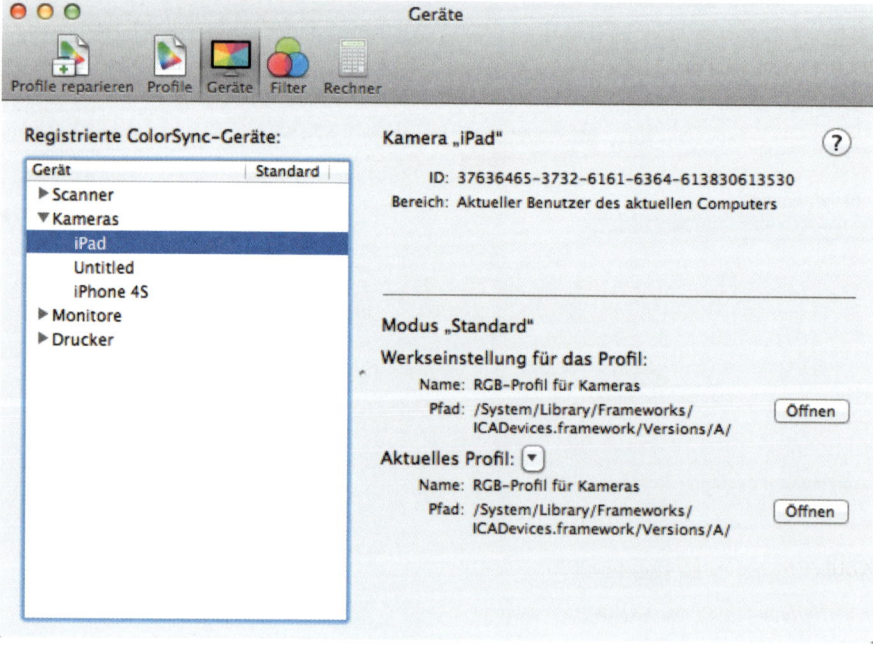

Auch das kann das ColorSync-Dienstprogramm: Bilder mit wenigen Handgriffen bearbeiten und skalieren

Neben den vor allen Dingen für Grafikprofis interessanten Funktionen des ColorSync-Dienstprogramms sind auch nützliche Bildbearbeitungsfunktionen im Gepäck. Starten Sie das ColorSync-Dienstprogramm und wählen Sie dann in der Menüleiste *Ablage/Öffnen*, um ein Bild für die Bearbeitung auszuwählen. Sie erhalten diese Optionen:

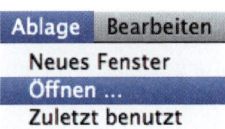

* **Bild bearbeiten:** Klicken Sie, nachdem das Bild geöffnet wurde, auf das Symbol und nehmen Sie per Schieberegler die gewünschten Bearbeitungsschritte vor.

* **Bild skalieren:** Entscheiden Sie sich, nachdem das Bild geöffnet wurde, für das Symbol , um das Bild in Prozent oder in einer bestimmten Breite oder Höhe zu skalieren ❶, die Sie im zugehörigen Feld angeben ❷. Ändern Sie gegebenenfalls noch den DPI-Wert ❸, bevor Sie die Skalierung mit einem Klick auf *Anwenden* ❹ durchführen.

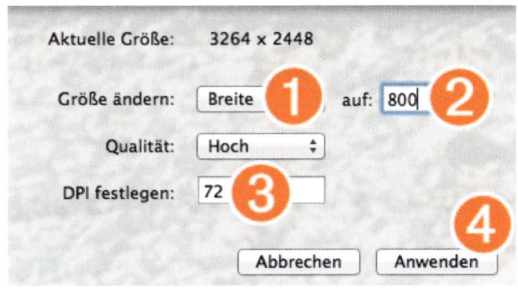

Speichern Sie das Bild nach der Bearbeitung mit *Ablage/Sichern* bzw. *Ablage/Sichern unter* ab.

Farben finden leicht gemacht: So profitieren Sie vom Programm DigitalColor Meter

Ein ebenfalls sehr nützliches Programm für Grafikprofis, Webdesigner und andere Nutzer nennt sich DigitalColor Meter. Damit erfassen Sie die Farbwerte von beliebigen Punkten auf dem Mac-Bildschirm. Auch dieses Programm finden Sie im Launchpad unter *Andere*.

Die Nutzung des Programms ist simpel: Wählen Sie im Menü aus, welche Werte angezeigt werden sollen ❶ und bewegen Sie den Mauszeiger auf einen beliebigen Punkt des Bildschirms ❷ – schon werden Ihnen die gewünschten Werte im Programm DigitalColor Meter angezeigt ❸.

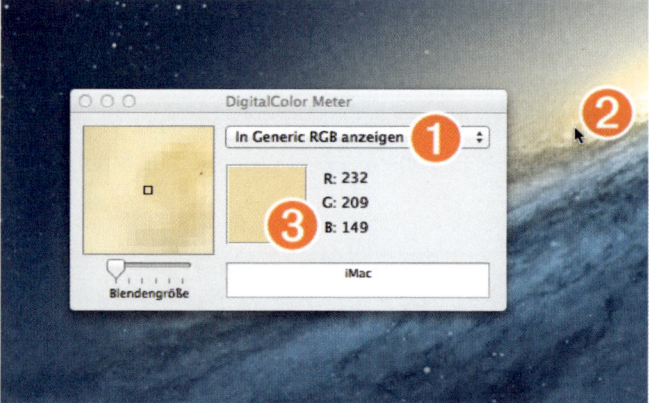

Sie möchten die ermittelten Farbwerte bzw. die Farbe als Bild in die Zwischenablage kopieren? Entscheiden Sie sich dazu in der Menüleiste des Programms für *Farbe/Farbe als Text kopieren* bzw. für *Farbe/Farbe als Bild kopieren*.

Prozesse automatisieren und mehr: nützliche Systemeinstellungen und -tools für Fortgeschrittene

Lassen Sie mich Ihnen noch weitere nützliche Funktionen und Tools auf Ihrem Mac vorstellen, die Ihnen die Arbeit am Computer erleichtern oder lästige Probleme beseitigen helfen, etwa den Automator, mit dem Sie die verschiedensten Aktionen auf dem Mac automatisch durchführen lassen, den AppleScript-Editor für Programmerweiterungen unterschiedlicher Art und noch viel mehr.

Mit dem Automator: Lassen Sie Ihren Mac Routineabläufe automatisch durchführen

Mit dem Automator lassen sich praktisch alle Abläufe auf Ihrem Mac automatisieren – das reicht vom Öffnen bestimmter Programme oder dem Aufrufen bestimmter Webadressen bis hin zu Umbenennen von Ordnern, Verändern von Bildgrößen und vielen weiteren Aktionen.

Öffnen Sie den Automator im Launchpad unter *Andere* und wählen Sie beim Programmstart zunächst aus, was für eine Automator-Datei erstellt werden soll – in diesem Fall entscheide ich mich für das Erstellen eines Programms ❶, das durch Öffnen die gewünschte Aktion startet, und bestätige mit *Auswählen* ❷.

Nun haben Sie zwei Möglichkeiten: Entweder Sie stellen die gewünschten Aktionen mithilfe der Bibliothek links zusammen, indem Sie die Aktionen einfach bei gedrückter Maustaste in das rechte Feld ziehen und dort Ihren Bedürfnissen entsprechend anpassen. Oder Sie zeichnen die Aktionen einfach auf, indem Sie oben im Automator auf *Aufzeichnen* klicken – in vielen Fällen ist das Aufzeichnen am effektivsten.

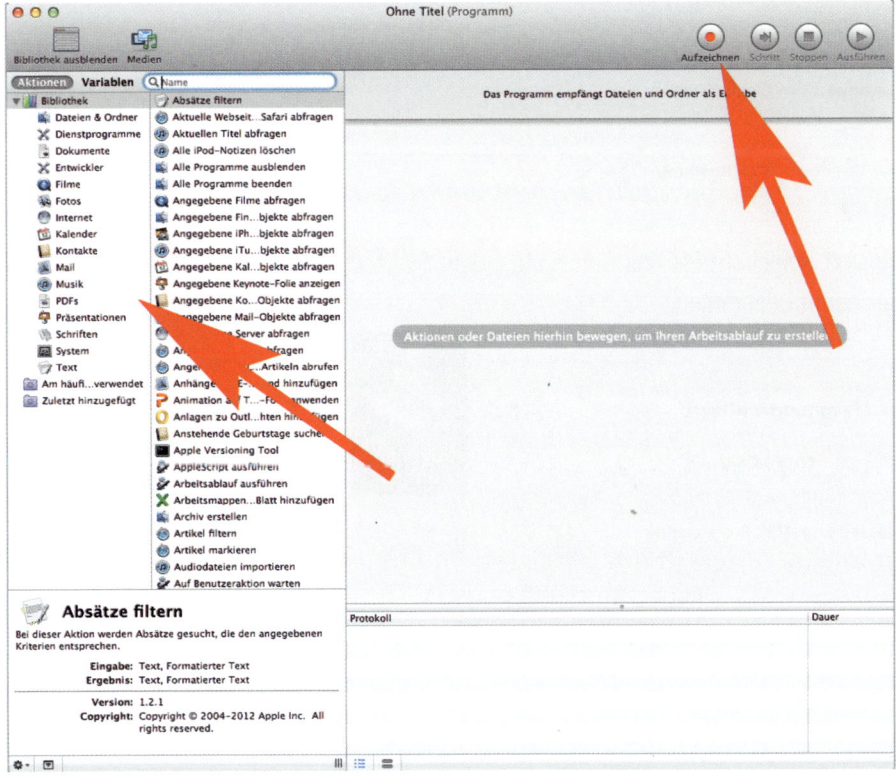

Hier zeichne ich z. B. auf, wie ich in Safari die Webseite von DATA BECKER aufrufe und dann noch weitere Programme öffne. Genauso lassen sich auch Aktionen mit Bildern und weiteren Dateien durchführen, E-Mails an eine bestimmte Kontaktgruppe senden, Musikstücke bearbeiten und und und. Zum Beenden einer Aufnahme betätigen Sie das ⬤-Symbol.

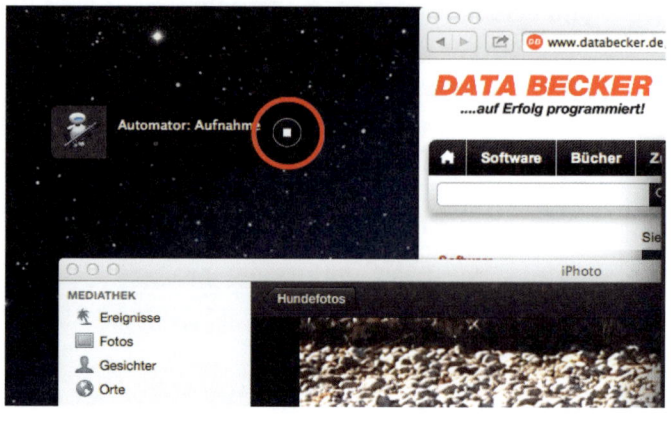

Die Aufzeichnung wird anschließend im Automator angezeigt und kann mit beliebigen weiteren Aktionen ergänzt werden.

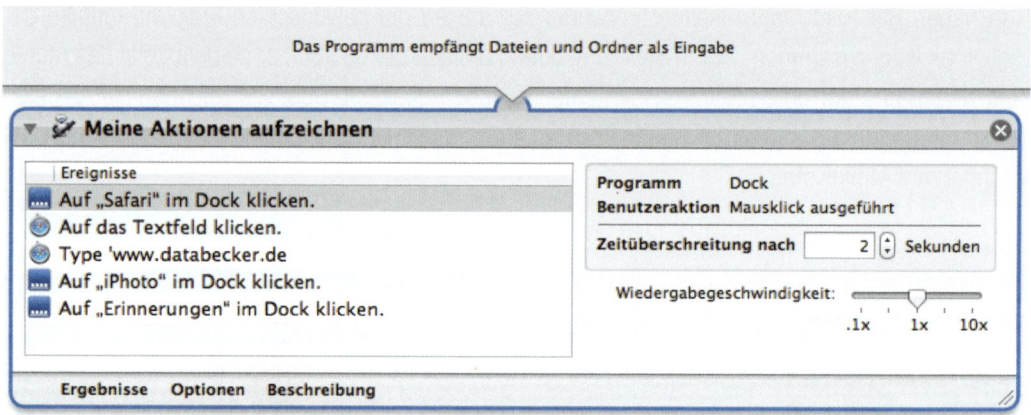

Wenn Sie fertig sind, speichern Sie das Ganze ab, indem Sie *Ablage/Sichern* wählen und Dateinamen sowie Speicherort bestimmen.

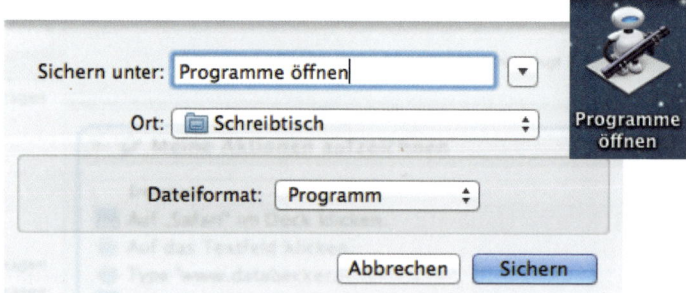

Nützliche Erweiterungen per AppleScript auf dem Mac verfügbar machen

Ein Mac-Tool, für dessen Nutzung Sie allerdings über einige Programmierkenntnisse verfügen sollten, nennt sich AppleScript-Editor. Sie finden es ebenfalls im Launchpad unter *Andere*. Auch mit dem AppleScript-Editor lassen sich Aktionen aufzeichnen oder eben selbst programmieren. Erweitern Sie damit den Funktionsumfang verschiedener Programme.

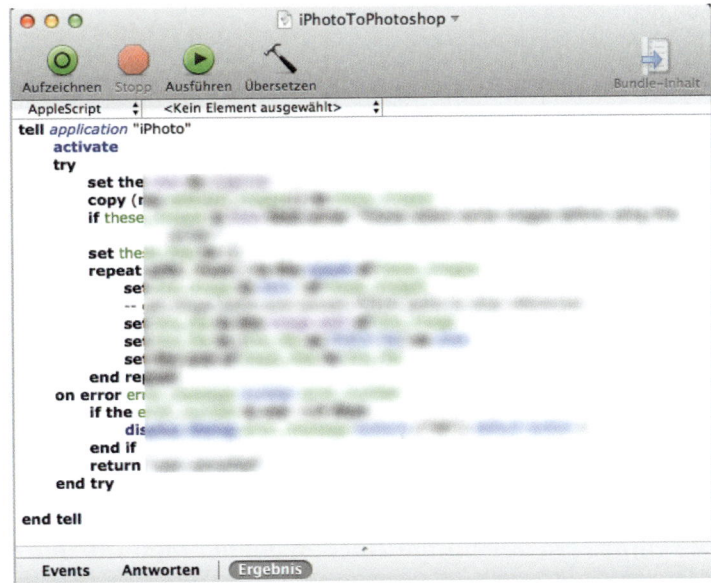

Wenn Sie selbst nicht programmieren, brauchen Sie nur mal nach dem Begriff *AppleScripts* zu googeln, um zahlreiche fertige AppleScripts mitsamt Hinweisen zur jeweiligen Installation zu finden. Empfehlenswert ist beispielsweise die Website *http://dougscripts.com/itunes* mit zahlreichen AppleScripts zur Erweiterung von iTunes. Die Abbildung unten zeigt, wie ich ein AppleScript von der genannten Website in den Ordner *Library/Scripts* ziehe. (Sie erinnern sich: Der *Library*-Ordner erscheint, wenn Sie in der Finder-Menüleiste *Gehe zu* bei gedrückter [alt]-Taste anklicken.)

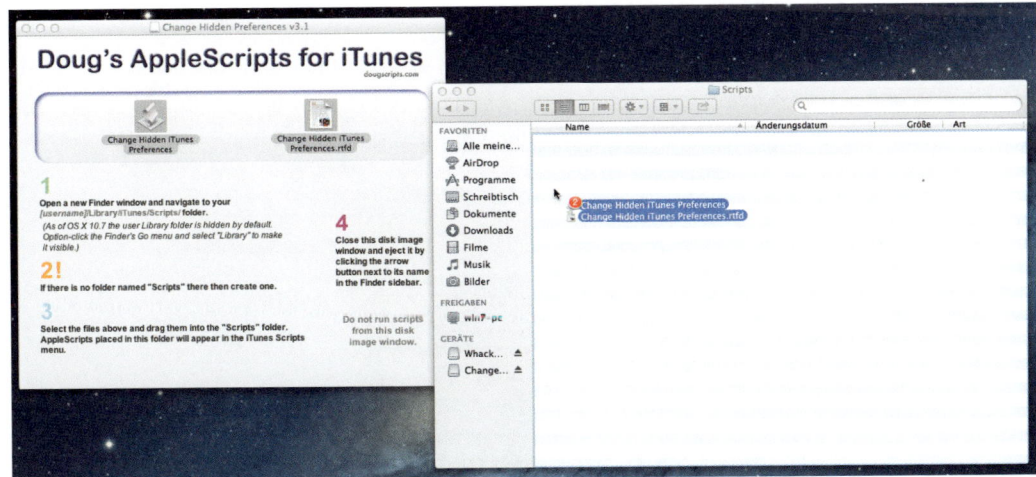

Ein Doppelklick auf das Script eröffnet nun neue Möglichkeiten – hier etwa das Aktivieren versteckter Einstellungen wie das Vergeben von Halbstern-Bewertungen in iTunes.

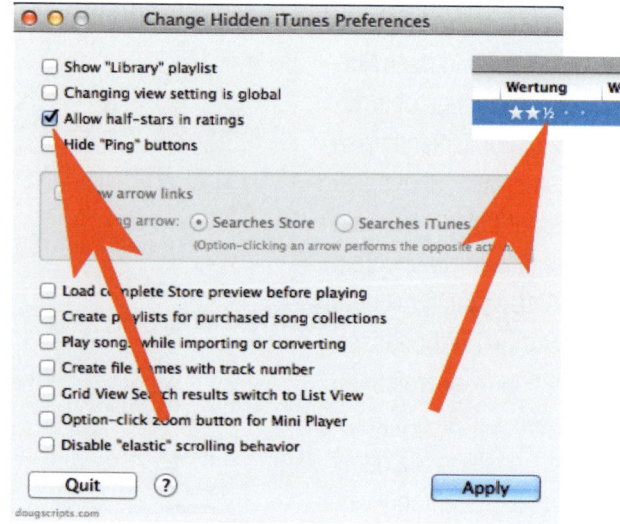

Sie vermissen bestimmte Zeichen auf der Mac-Tastatur?

Wer sich beim Schreiben nicht auf einfache deutschsprachige Briefe beschränkt, sondern vielleicht auch Programmtexte, fremdsprachige Texte usw. verfassen möchte, stößt mit der Mac-Tastatur schnell an die Grenzen. Zwar lassen sich durch das Drücken der `alt`-Taste, der `ctrl`-Taste, der `fn`-Taste, der `Umschalt`-Taste oder durch das gleichzeitige Drücken von `alt`+`Umschalt`-Taste weitere Zeichen aus einer Taste herauskitzeln (so liefert beispielsweise die Tastenkombination `alt`+`G` das ©-Symbol oder die Tastenkombinationen `alt`+`Q` und `alt`+`Umschalt`+`Q` französische Anführungszeichen), aber kein Mensch wird Lust haben, die komplette Zeichenbelegung auswendig zu lernen. Gehen Sie stattdessen folgendermaßen vor:

1 Öffnen Sie die Systemeinstellungen und wählen Sie *Tastatur*. Aktivieren Sie das Kontrollkästchen *Tastatur- und Zeichenübersichten in der Menüleiste anzeigen* ❶. Um bei Bedarf weitere Tastaturen einzurichten, klicken Sie anschließend auf den Button *Eingabequellen* ❷ ...

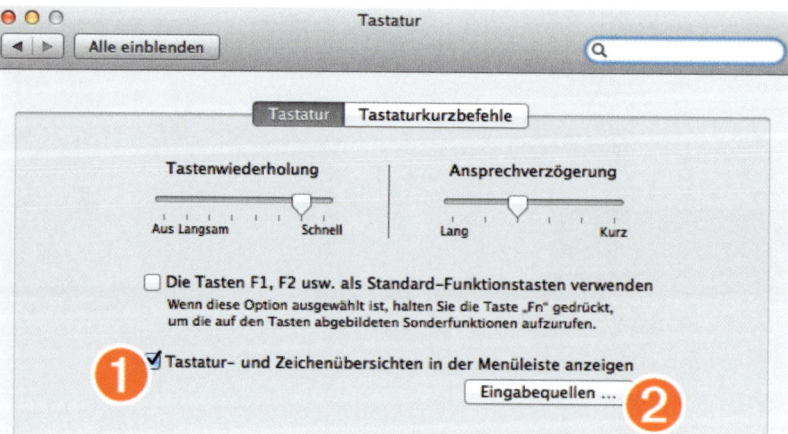

2 … und bestimmen per Kontrollkästchen, welche Tastaturen zur Auswahl bereit stehen sollen.

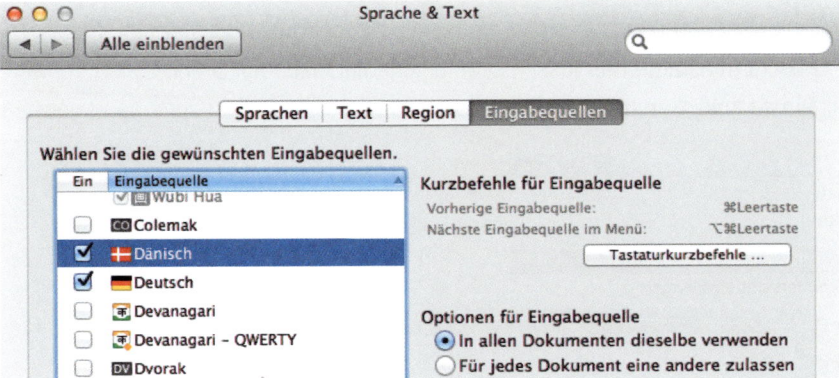

3 In der Menüleiste erscheint nun das Menulet ⊞ bzw. eine Landesflagge (z. B. 🇩🇪), wenn Sie Tastaturen für mehrere Sprachen nutzen. Klicken Sie auf das Symbol und wählen Sie *Zeichen-übersicht einblenden*, …

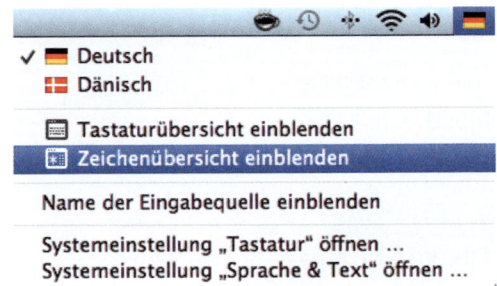

4 … um bestimmte Zeichen per Doppelklick darauf in das aktuelle Dokument einzufügen.

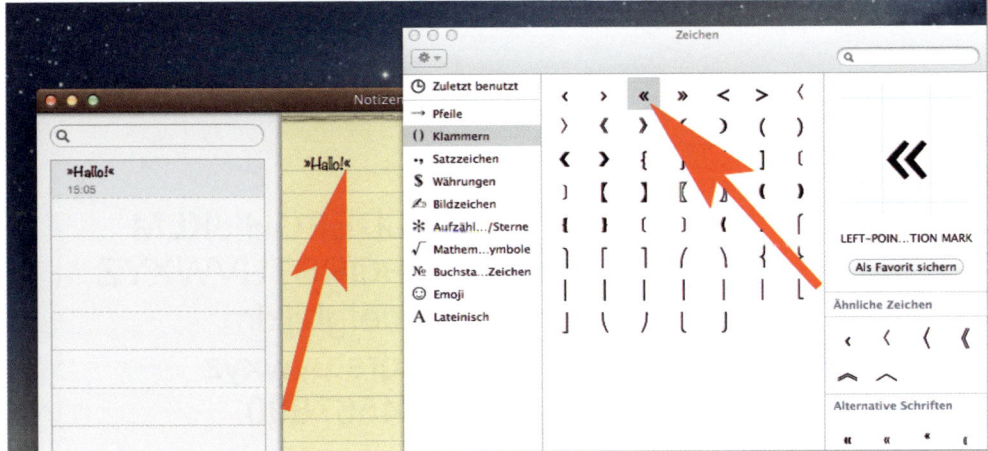

5 Um Zeichen von einer fremdsprachigen Tastatur einzufügen, wählen Sie diese unter dem Menulet aus. Wenn Sie einen Überblick über die jeweils zur Verfügung stehenden Zeichen wünschen, blenden Sie mit *Tastaturübersicht einblenden* eine Bildschirmtastatur ein (vgl. Seite 59). Der Vorteil der Bildschirmtastatur: Hier lassen sich Tastenkombinationen simulieren. d. h., wenn Sie z. B. die [alt]-Taste anklicken und gedrückt halten, wird die Tastatur entsprechend gewechselt.

Übrigens: Verschiedene Akzente zu einem Buchstaben werden Ihnen auch angezeigt, wenn Sie den Buchstaben auf der Tastatur gedrückt halten – treffen Sie anschließend einfach per Mausklick Ihre Auswahl.

Neue Schriftarten installieren – auf Ihrem Mac eine einfache Sache

Auf Ihrem Mac sind bereits zahlreiche Schriften für die Nutzung verschiedener Programmen installiert. Einen Überblick erhalten Sie, wenn Sie sich im Launchpad unter *Andere* für die Schriftsammlung entscheiden.

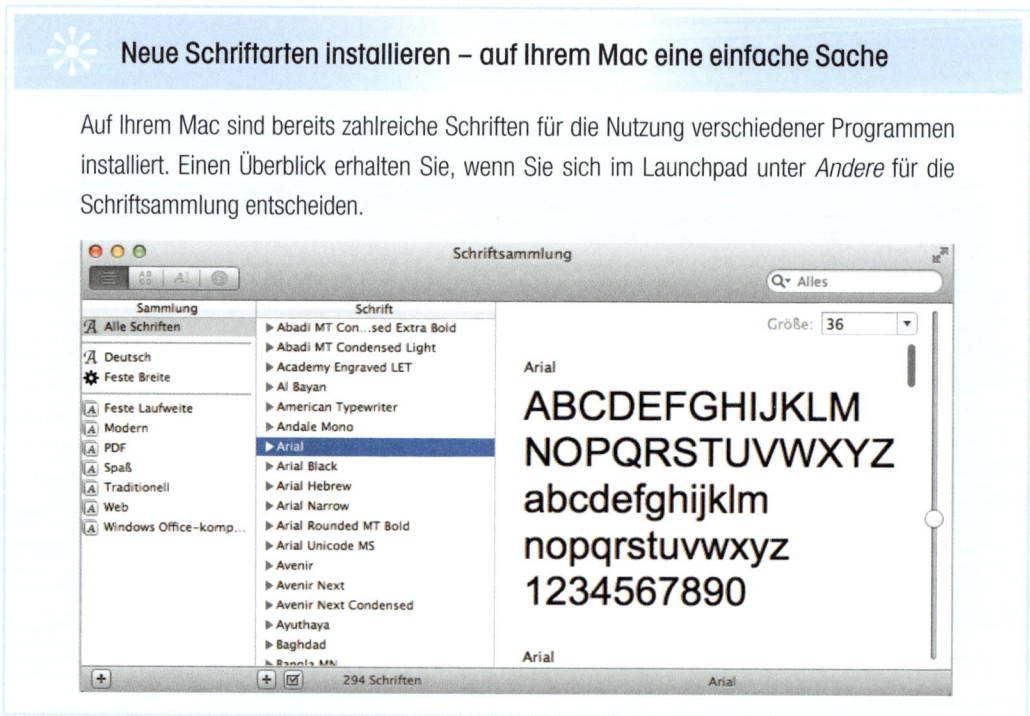

Zur Installation weiterer Schriftarten – hier z. B. einer Datei, die ich unter der Webadresse *http://www.1001freefonts.com* heruntergeladen habe – doppelklicken Sie einfach auf die heruntergeladene Schriftartdatei und bestätigen mit *Installieren*. Schon haben Sie die Schrift-sammlung erweitert!

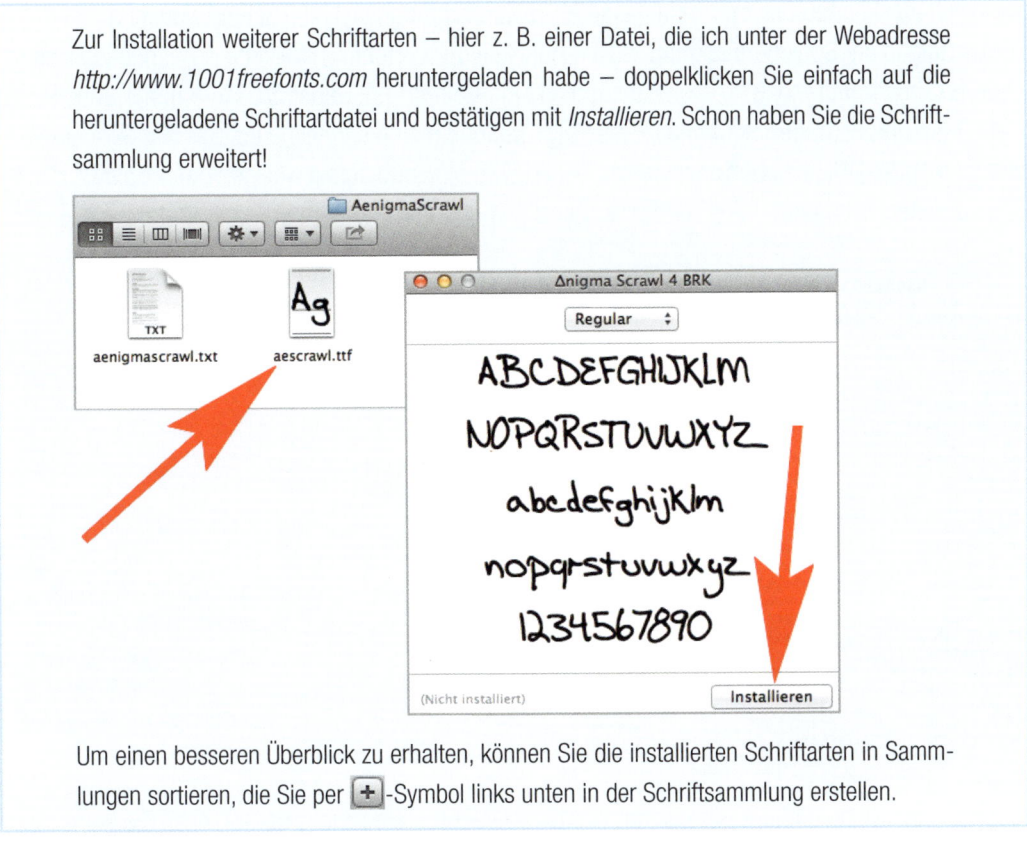

Um einen besseren Überblick zu erhalten, können Sie die installierten Schriftarten in Samm-lungen sortieren, die Sie per +-Symbol links unten in der Schriftsammlung erstellen.

Mit dem Terminal noch mehr Funktionen rauskitzeln

Sie haben in diesem Buch bereits einige Terminal-Befehle kennengelernt, etwa um den Dateityp oder den Speicherort für Ihre Bildschirmfotos zu ändern, um die Library im Finder anzuzeigen oder um versteckte Dateien einzublenden. Mit dem unscheinbaren Programm, das Sie im Launchpad unter *Andere* aufrufen, können Sie noch viele weitere versteckte Funktionen aktivieren. Mein Tipp: Googeln Sie nach *mac terminal befehle* oder *mac terminal hacks*, um entsprechende Befehle ausfindig zu machen. Einige besonders pfiffige Funktionen möchte ich Ihnen im Folgenden gerne vorstellen.

```
Last login: Mon Jul 30 08:23:45 on ttys000
Philips-iMac:~ philipkiefer$ df
Filesystem     512-blocks      Used Available Capacity  iused    ifree %iused  Mo
unted on
/dev/disk0s2  739877984 206342176 533023808    28% 25856770 66627976   28%  /
devfs               372       372         0   100%     645        0  100%  /d
ev
/dev/disk0s4  193035568  43229376 149806192    23%  5403670 18725774   22%  /V
olumes/Mountain Lion
map -hosts            0         0         0   100%       0        0  100%  /n
et
map auto_home         0         0         0   100%       0        0  100%  /h
ome
/dev/disk0s7   40648696  33741992   6906704    84%   128774  3453602    4%  /V
olumes/Untitled
Philips-iMac:~ philipkiefer$
```

Zunächst mal können Sie im Terminal eine Reihe von allgemeinen UNIX-Befehle verwenden, etwa *df* zum Anzeigen der Speicherbelegung, *ls* zum Auflisten der in einem Verzeichnis vorhandenen Dateien oder *top*, um die laufenden Prozesse anzuzeigen. Ein kleiner Tipp: Geben Sie im Terminal einen Buchstaben ein und betätigen Sie zweimal die [Tab]-Taste, um sich sämtliche Befehle mit dem entsprechenden Anfangsbuchstaben anzeigen zu lassen. (Mit *man* und dem jeweiligen Befehl, also z. B. *man date*, erhalten Sie nähere Infos zur Verwendung. Per [Q]-Taste können Sie einen Befehl abbrechen.)

```
000                   🏠 philipkiefer — bash — 80×27
Last login: Mon Jul 30 08:48:44 on ttys001
Philips-iMac:~ philipkiefer$ d
dappprof              dd                    dnssec-settime
dapptrace             ddns-confgen          dnssec-signzone
darwinup              declare               do
date                  defaults              domainname
db_archive            dev_mkdb              done
db_checkpoint         df                    dot_clean
db_codegen            diff                  dprofpp
db_deadlock           diff3                 dprofpp5.10
db_dump               diffstat              dprofpp5.12
db_hotbackup          dig                   dropdb
db_load               dirname               droplang
db_printlog           dirs                  dropuser
db_recover            diskarbitrationd      drutil
db_stat               diskhits              dscacheutil
db_upgrade            disklabel             dscl
db_verify             diskmanagementd       dsconfigad
dbicadmin             disktool              dsconfigldap
dbicadmin5.12         diskutil              dseditgroup
dbilogstrip           disown                dsenableroot
dbilogstrip5.10       dispqlen.d            dserr
dbilogstrip5.12       distnoted             dsexport
dbiprof               ditto                 dsimport
dbiprof5.10           dmesg                 dsmemberutil
Philips-iMac:~ philipkiefer$ d▊
```

◀ *Die Eingabe eines Buchstabens – hier „d" – und das zweimalige Drücken der* [Tab]*-Taste liefert eine Befehlsliste mit dem jeweiligen Anfangsbuchstaben.*

Hier nun eine Reihe pfiffiger Befehle fürs Terminal – achten Sie jeweils darauf, dass Sie keine Tippfehler machen:

✳ **Dashboard abschalten:** Um das zu bewerkstelligen, führen Sie im Terminal den Befehl *defaults write com.apple.dashboard mcx-disabled -boolean YES; killall Dock* aus – das Dashboard lässt sich daraufhin nicht mehr einblenden. Um das Dashboard wieder zu aktivieren, tauschen Sie in dem Befehl einfach das *YES* durch ein *NO* aus.

✳ **Energieeinstellungen abfragen:** Die Energieeinstellungen Ihres Macs auf einen Blick erhalten Sie, wenn Sie im Terminal den Befehl *pmset -g* ausführen. Per *sudo*-Befehl lassen sich die jeweiligen Energieeinstellungen auch direkt im Terminal anpassen, so sorgen Sie beispielsweise mit dem Befehl *sudo pmset displaysleep 15* dafür, dass der Bildschirm sich nach einer Viertelstunde Inaktivität abschaltet.

```
000                   🏠 philipkiefer — bash — 80×24
Last login: Mon Jul 30 16:45:20 on ttys000
Philips-iMac:~ philipkiefer$ pmset -g
Active Profiles:
AC Power                     -1*
Currently in use:
 hibernatemode        0
 halfdim              1
 womp                 1
 networkoversleep     0
 sleep                10 (sleep prevented by )
 powerbutton          1
 ttyskeepawake        1
 hibernatefile        /var/vm/sleepimage
 autorestart          0
 disksleep            10
 displaysleep         10
Philips-iMac:~ philipkiefer$ ▊
```

✳ **Titel in iTunes lokal verlinken:** Wenn Sie einen Titel in iTunes anklicken, erscheint ein kleiner Pfeil , unter dem Sie im iTunes Store nach dem entsprechenden Inhalt suchen können. Vielleicht möchten Sie die Suche aber lieber lokal in der eigenen iTunes-Mediathek starten? Dann führen Sie im Terminal den Befehl *defaults write com.apple.iTunes invertStoreLinks -bool YES* aus. Um die Einstellung rückgängig zu machen, tauschen Sie in dem Befehl das *YES* durch ein *NO* aus.

✳ **Single-App-Modus:** Wenn Sie ein Programm öffnen, möchten Sie das aktuell bereits geöffnete Programmfenster ausblenden – um dies automatisch zu bewerkstelligen, aktivieren Sie den Single-App-Modus, und zwar mit dem Terminal-Befehl *defaults write com.apple.dock single-app -bool TRUE; killall Dock*. Um den Single-App-Modus wieder zu beenden, ersetzen Sie das *TRUE* im Befehl durch ein *FALSE*.

✳ **Zweidimensionales Dock:** Statt eines Docks in 3-D können Sie mit einem einfachen Terminal-Befehl ein zweidimensionales Dock auf dem Bildschirm darstellen, nämlich mit dem Befehl *defaults write com.apple.dock no-glass -boolean YES; killall Dock*. Um die Einstellung wieder rückgängig zu machen, tauschen Sie in dem Befehl das *YES* durch ein *NO* aus.

✳ **Tetris spielen:** Führen Sie im Terminal den Befehl *emacs* aus; drücken Sie anschließend die [esc]- und dann die [X]-Taste; führen Sie dann den Befehl *tetris* aus – schon können Sie im Terminal Tetris spielen, wobei die Steuerung mit den Pfeiltasten erfolgt.

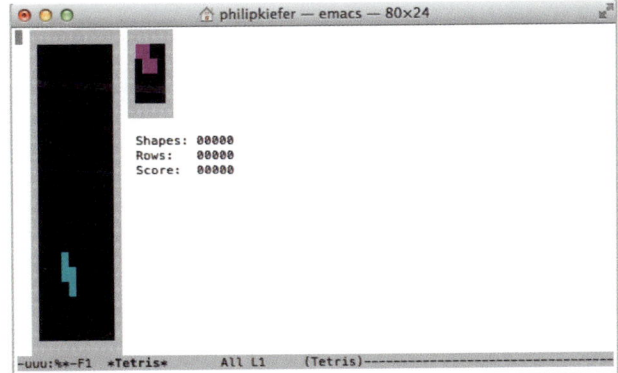

✳ **Ihren Mac sprechen lassen:** Vielleicht möchten Sie Ihrem Mac auch einfach nur das Sprechen beibringen? Dann tippen Sie in den Terminal ein *say*, gefolgt von einem Satz, den der Mac sagen soll. Tipp: Geben Sie einen englischen Satz ein, da es sich in diesem Fall doch recht seltsam anhört, wenn der Mac Deutsch redet.

Dies sollen nur einige Anregungen sein, um Ihnen zu zeigen, was im Terminal alles möglich ist. Stöbern Sie im Web nach weiteren Terminal-Befehlen, achten Sie aber darauf, dass sich immer auch Hinweise finden lassen, wie sich eine Einstellung rückgängig machen lässt!

Die besten Tastenkombinationen für Ihren Mac auf einen Blick

Sie möchten bei der Bedienung Ihres Macs viel Zeit sparen? Dann kann es sich lohnen, die für Sie wichtigen Tastenkombinationen (Shortcuts) auswendig zu lernen und diese blitzschnell anzuwenden, statt eine Funktion umständlicher in einem Menü aufzurufen. Im Folgenden stelle ich Ihnen einige besonders empfehlenswerte Tastenkombinationen vor, von denen Sie sich einfach die individuell benötigten herauspicken.

Die besten System-Shortcuts

Tastenkombination	Funktion
ctrl + alt + cmd + Auswurf	Fährt den Computer herunter.
ctrl + cmd + Auswurf	Startet den Computer neu.
alt + cmd + Auswurf	Versetzt den Computer in den Ruhezustand.
ctrl + Umschalt + Auswurf	Schaltet den Bildschirm aus.
ctrl + Auswurf	Zeigt ein Dialogfenster zum Ausschalten, Neustarten oder zum Versetzen des Computers in den Ruhezustand an.
cmd + Umschalt + Q	Meldet den aktuellen Benutzer ab.
cmd + Q	Beendet das aktuelle Programm.
alt + cmd + esc	Öffnet das Fenster *Sofort beenden* zum Beenden von Programmen.
cmd + W	Schließt das aktuelle Fenster.
alt + cmd + W	Schließt alle Fenster eines Programms.
cmd + Tab	Wechselt zwischen den geöffneten Programmen.
cmd + <	Wechselt zwischen mehreren Fenstern eines Programms.
cmd + H	Blendet die geöffneten Fenster aus.
alt + cmd + H	Blendet die geöffneten Fenster außer dem aktiven aus.
cmd + M	Minimiert das aktuelle Fenster ins Dock.
alt + cmd + D	Blendet das Dock aus oder ein.
cmd + Umschalt + T	Fügt ein markiertes Element dem Dock hinzu.
ctrl + cmd + F	Stellt ein Programm im Vollbildmodus dar.
cmd + ,	Öffnet die Einstellungen des aktuellen Programms.

Tastenkombination	Funktion
cmd+Leer	Startet eine Spotlight-Suche.
cmd+F	Startet, wenn verfügbar, eine Suche im aktuellen Programm.
ctrl+cmd+D	Schlägt ein markiertes Wort im Wörterbuch nach.
cmd+Z	Macht die Aktion rückgängig.
cmd+J	Zeigt die Darstellungsoptionen auf dem Schreibtisch an.

Die besten Shortcuts für Dateien & Finder

Tastenkombination	Funktion
cmd+delete	Verschiebt ein markiertes Element in den Papierkorb.
cmd+Umschalt+delete	Leert den Papierkorb (wenn der Finder aktiv ist).
alt+cmd+Umschalt+delete	Leert den Papierkorb (wenn der Finder aktiv ist) ohne Rückfrage.
cmd+A	Alles markieren.
cmd+C	Kopieren.
cmd+V	Aus der Zwischenablage einfügen.
alt+cmd+V	Aus der Zwischenablage einfügen und Quelldatei löschen (= Verschieben).
cmd+O	Datei öffnen.
cmd+S	Datei speichern.
cmd+Umschalt+S	Datei unter einen anderen Pfad speichern (*Speichern unter*).
cmd+P	Datei drucken.
cmd+N	Öffnet ein neues Fenster oder ein neues Dokument.
cmd+E	Wirft das ausgewählte Laufwerk aus.
alt+cmd+T	Blendet die Navigationsleiste im Finder aus oder ein.
cmd+D	Dupliziert das ausgewählte Element.
cmd+I	Zeigt Informationen zum ausgewählten Element an.
cmd+L	Erstellt einen Alias.

Tastenkombination	Funktion
cmd+R	Zeigt die Quelldatei eines Alias an.
Leer	Öffnet die ausgewählte Datei in einem QuickLook-Fenster.
alt+Leer	Öffnet eine Datei in einem QuickLook-Fenster im Vollbildmodus.
cmd+Umschalt+G	Öffnet einen Dialog zum Aufrufen eines bestimmten Ordners.
cmd+Umschalt+G	Öffnet Ihren Benutzerordner.
cmd+Umschalt+D	Öffnet den Schreibtisch (im Finder).
cmd+Umschalt+A	Öffnet den Programmordner.
cmd+Umschalt+U	Öffnet den Ordner mit den Dienstprogrammen.
cmd+Umschalt+C	Öffnet das Computerverzeichnis.
cmd+Umschalt+F	Zeigt alle Ihre Dateien im Finder an.
cmd+Umschalt+L	Zeigt Ihre Downloads im Finder an.
cmd+Umschalt+O	Zeigt Ihre Dokumente im Finder an.
cmd+Umschalt+R	Öffnet den AirDrop-Ordner.
cmd+Umschalt+K	Öffnet den Netzwerkordner.
cmd+K	Stellt eine Verbindung mit einem Server her.

Die besten Shortcuts für die Textverarbeitung

Tastenkombination	Funktion
fn	Zweimaliges Drücken der Taste öffnet die Diktierfunktion (sofern aktiviert; vgl. Seite 60).
cmd+X	Schneidet Text in die Zwischenablage aus (des Weiteren gelten auch die im Zusammenhang mit den Dateien kennengelernten Shortcuts cmd+A, cmd+C sowie cmd+V).
alt+cmd+T	Öffnet das Fenster zur Auswahl von Sonderzeichen.
cmd+←	Setzt den Cursor an den Zeilenanfang.
cmd+→	Setzt den Cursors ans Zeilenende.

Tastenkombination	Funktion
cmd + ↑	Setzt den Cursor an den Anfang des Dokuments.
cmd + ↓	Setzt den Cursor ans Ende des Dokuments.
alt + ←	Setzt den Cursor ein Wort nach hinten.
alt + →	Setzt den Cursor ein Wort nach vorn.
alt + ↑	Setzt den Cursor an den Anfang des (vorherigen) Absatzes. Die Tastenkombination dient außerdem dazu, um in einem Fenster schnell nach oben zu scrollen.
alt + ↓	Setzt den Cursor ans Ende des (folgenden) Absatzes. Die Tastenkombination dient außerdem dazu, um in einem Fenster schnell nach unten zu scrollen.
fn + delete	Löscht den Text, der rechts vom Cursor steht.
cmd + B	Stellt den markierten Text in Fettdruck dar.
cmd + I	Stellt den markierten Text in Kursivdruck dar.
cmd + U	Unterstreicht den markierten Text.

Die besten Shortcuts für die Vorschau

Tastenkombination	Funktion
cmd + +	Vergrößert die angezeigte Datei.
cmd + -	Verkleinert die angezeigte Datei.
cmd + O	Zeigt die Datei in der Originalgröße an.
Umschalt + [	Blendet in der Vorschau eine Lupe ein oder aus. (Per +- und --Taste lässt sich diese Lupe vergrößern oder verkleinern.)
cmd + L	Dreht die angezeigte Datei nach links.
cmd + R	Dreht die angezeigte Datei nach rechts.
cmd + D	Setzt ein Lesezeichen.
alt + Umschalt + A	Blendet die Bearbeitungsleiste ein oder aus.

Die besten Shortcuts für iTunes

Tastenkombination	Funktion
Leer	Stoppt oder startet die Wiedergabe des ausgewählten Titels.
←	Titel von vorn bzw. vorherigen Titel abspielen.
→	Den nächsten Titel abspielen.
cmd+I	Zeigt Informationen zum ausgewählten Titel an.
cmd+L	Zeigt in der Mediathek den aktuell gespielten Titel an.
cmd+T	Blendet visuelle Effekte bei der Musikwiedergabe ein oder aus.
alt+cmd+2	Zeigt den Equalizer an.
cmd+N	Erstellt eine neue Wiedergabeliste.
cmd+Umschalt+N	Erstellt eine neue Wiedergabeliste auf der Basis von ausgewählten Titeln.
alt+cmd+N	Erstellt eine neue intelligente Wiedergabeliste.

Die besten Shortcuts für den Systemstart

Tastenkombination	Funktion
alt	Halten Sie diese Taste beim Systemstart gedrückt, um das Startvolume auswählen zu können.
C	Halten Sie diese Taste beim Systemstart gedrückt, um von CD oder DVD zu booten.
Umschalt	Halten Sie diese Taste beim Systemstart gedrückt, um Mac OS X Mountain Lion im sicheren Modus zu starten.
V	Halten Sie diese Taste beim Systemstart gedrückt, um Mac OS X Mountain Lion im Verbose-Modus zu starten – es werden dann beim Booten statt des Apfel-Logos Systeminformationen angezeigt. Das dauerhafte Aktivieren dieses Modus kann im Terminal mit dem Befehl *sudo nvram boot-args="-v"* erfolgen; das Deaktivieren erfolgt mit dem Terminal-Befehl *nvram boot-args=""* (mit diesen Befehlen aber bitte nicht spielen!).
cmd+R	Halten Sie diese Taste beim Systemstart gedrückt, um Mac OS X Mountain Lion im Recovery-Modus zu starten.

Sie möchten eigene Tastenkombinationen für verschiedene Programme einrichten? Gar kein Problem!

Neben den oben vorgestellten und den weiteren unter Mac OS X Mountain Lion verfügbaren Tastenkombinationen gibt es eine Reihe von Shortcuts, die latent vorhanden sind und nur auf ihre Aktivierung warten. Entscheiden Sie sich dazu in den Systemeinstellungen für *Tastatur* und dort für *Tastaturkurzbefehle*. Per Kontrollkästchen lassen sich nun Shortcuts für die verschiedensten Funktionen aktivieren und – durch das Betätigen derselben – individuell festlegen.

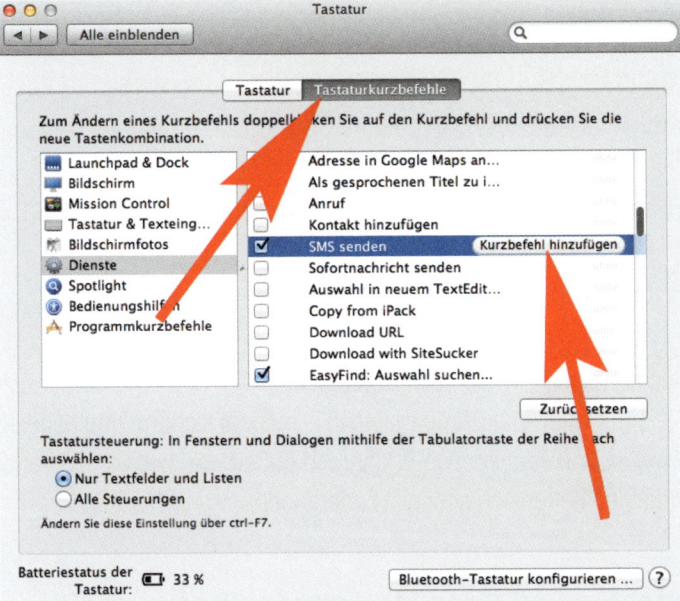

Möchten Sie eine Tastenkombination für ein bestimmtes Programm anlegen. Klicken Sie dazu unter *Tastaturkurzbefehle* auf *Programmkurzbefehle* und machen Sie unter dem ➕ -Symbol die gewünschten Angaben.

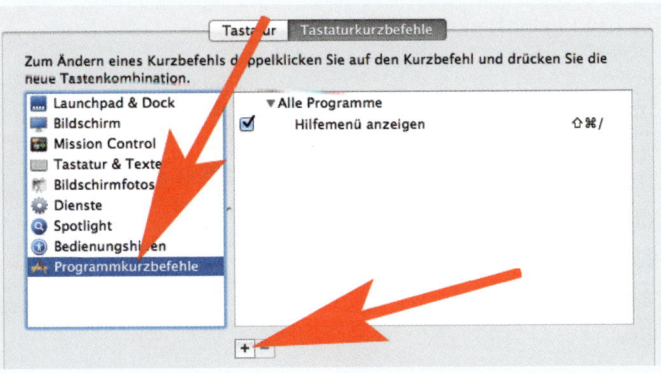

12. Ihr persönlicher Mac-Support: Sicherheit, Wartung und schnelle Hilfe bei Problemen

Alles Wichtige auf einen Blick:

* Benutzerkonten einrichten und Ihren Mac gegen ungewünschte Zugriffe schützen

* Für den Fall der Fälle: verloren gegangene Daten oder das komplette System wiederherstellen

* Störrische Programme und Prozesse sofort beenden

* Sie haben Ihr Passwort vergessen? So erhalten Sie wieder Zugriff auf Ihre Daten

* Probleme mit Netzwerk und Internet? Schöpfen Sie die volle Tool-Power Ihres Macs aus!

* Ihr verloren geglaubtes MacBook via Internet orten

Im letzten Kapitel dieses Buchs mache ich Sie noch ausführlicher mit dem Thema Benutzerkonto vertraut, zeige Ihnen, wie Sie Ihre Daten – mit Time Machine – optimal sichern, und helfe Ihnen bei den häufigsten Problemen weiter. Wie versprochen erkläre ich außerdem, wie Sie ein verloren geglaubtes MacBook orten und es so hoffentlich schnell wiederfinden!

Benutzerkonten einrichten und Ihren Mac gegen ungewünschte Zugriffe schützen

Ein Benutzerkonto und die zugehörigen Benutzerordner sorgen dafür, dass nur Sie selbst Zugriff auf Ihre Daten und Einstellungen haben. In den Systemeinstellungen unter *Benutzer & Gruppen* passen Sie Ihr Benutzerkonto individuell an:

* ***Kennwort ändern:*** Ändern Sie Ihr Benutzerkennwort in regelmäßigen Abständen, etwa einmal pro Monat oder einmal vierteljährlich. In den Systemeinstellungen unter *Benutzer & Gruppen* klicken Sie dazu auf *Kennwort än-*

dern; geben Sie anschließend das alte Kennwort und dann zweimal das neue ein und versehen Sie es als Gedächtnishilfe mit einem Kennworthinweis. (Ändern Sie auch regelmäßig das Kennwort Ihrer Apple-ID, und zwar unter der Webadresse *https://appleid.apple.com*.)

✳ **Kontobild ändern:** Sie möchten ein anderes Bild für Ihr Benutzerkonto auswählen? Klicken Sie das alte Bild dazu unter *Benutzer & Gruppen* an ❶, wählen Sie das neue Bild aus ❷ bzw. nehmen Sie es mit der eingebauten Kamera auf und bestätigen Sie mit *Fertig* ❸. (Unter dem Symbol 🖉 ❹ können Sie das Kontobild zuvor noch Ihren Vorstellungen anpassen.)

✳ **Anmeldeoptionen ändern:** Um fortgeschrittene Änderungen an Ihrem Benutzerkonto durchzuführen, klicken Sie zunächst links unten auf das Vorhängeschloss 🔒 und öffnen es durch die Eingabe Ihres Benutzerkennworts. Klicken Sie dann auf *Anmeldeoptionen*, um z. B. die automatische Anmeldung zu aktivieren oder zu deaktivieren, um die Merkhilfe ein- oder auszublenden, um

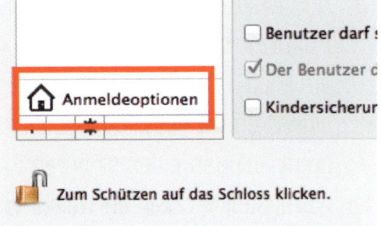

das Menü für den schnellen Benutzerwechsel in der Menüleiste anzuzeigen (vgl. Seite 29) usw.

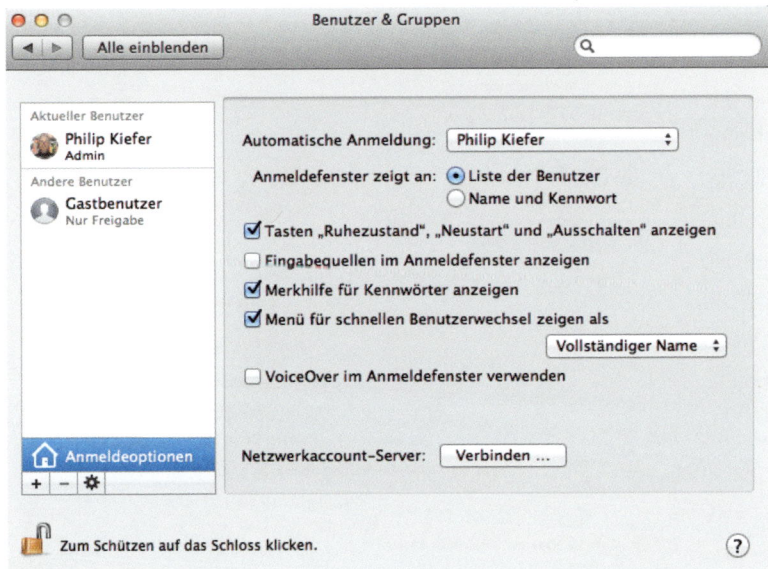

Die ganze Familie nutzt den Mac? So legen Sie weitere Benutzerkonten an

Ihr eigenes Benutzerkonto ist ein Administratorkonto, d. h., Sie haben die notwendigen Rechte, um neue Benutzerkonten anzulegen, diese zu verwalten und darauf zuzugreifen. Vielleicht möchte Ihr ältester Sohn den Mac ebenfalls nutzen? So legen Sie auch für ihn ein Benutzerkonto an:

1 Klicken Sie in den Systemeinstellungen unter *Benutzer & Gruppen* gegebenenfalls zunächst auf das Vorhängeschloss 🔒, um es mit Ihrem Kennwort aufzuschließen. Zum Anlegen eines neuen Benutzerkontos klicken Sie nun links unten auf das ＋-Symbol ...

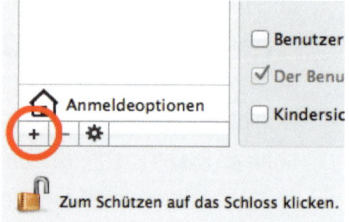

2 ... und machen im folgenden Fenster die geforderten Angaben: Bestimmen Sie im Menü, um welche Art Benutzerkonto es sich handeln soll (Standard, Administrator usw.), geben Sie den Benutzernamen und das Kennwort ein (Tipp: Per Symbol 🔑 öffnen Sie einen Kennwortassistenten, der Ihnen beim Anlegen eines sicheren Kennworts behilflich ist), vervollständigen Sie das Ganze durch eine Merkhilfe und klicken Sie schließlich auf *Benutzer erstellen*.

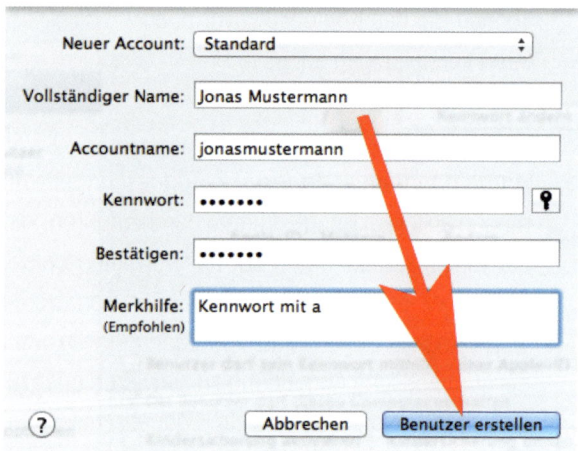

3 Fehlt nur noch das Feintuning: Passen Sie das Kontobild an ❶, richten Sie gegebenenfalls die Apple-ID für den Benutzer ein ❷, passen Sie die Anmeldeoptionen an und aktivieren Sie, wenn ein Sprössling den Computer verwendet, die Kindersicherung ❸.

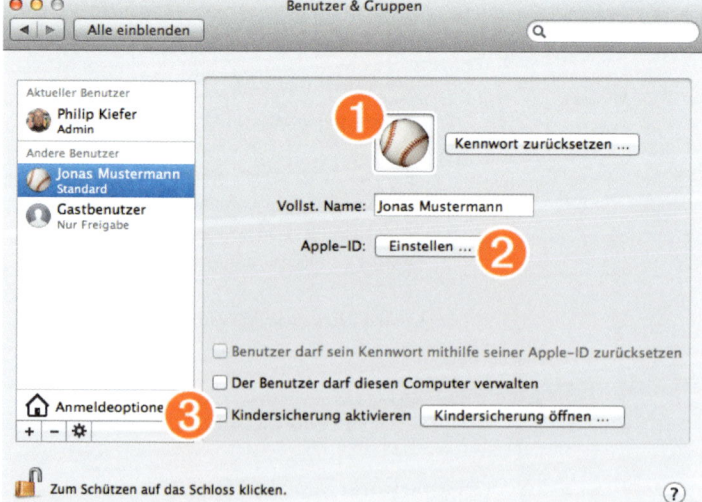

Nach dem Starten des Computers werden die einzelnen Benutzerkonten angezeigt (sofern Sie nicht die automatische Anmeldung mit einem bestimmten Benutzerkonto aktiviert haben), und der jeweilige Benutzer kann sich einloggen. Der Benutzerwechsel aus OS X Mountain Lion heraus erfolgt per Abmeldung unter dem Apfel-Symbol bzw. mit dem „schnellen Benutzerwechsel" in der Menüleiste.

Tante Agathe ist zu Besuch? So kann auch sie auf Ihrem Mac im Internet surfen oder ihre Mails checken

Ein temporäres Benutzerkonto namens *Gastbenutzer* ist auf Ihrem Mac übrigens bereits vorhanden und muss in den Systemeinstellungen unter *Benutzer & Gruppen* lediglich aktiviert werden. Der Unterschied zum normalen Benutzerkonto: Beim Gastbenutzer werden nach dem Abmelden alle Dateien und Einstellungen wieder gelöscht.

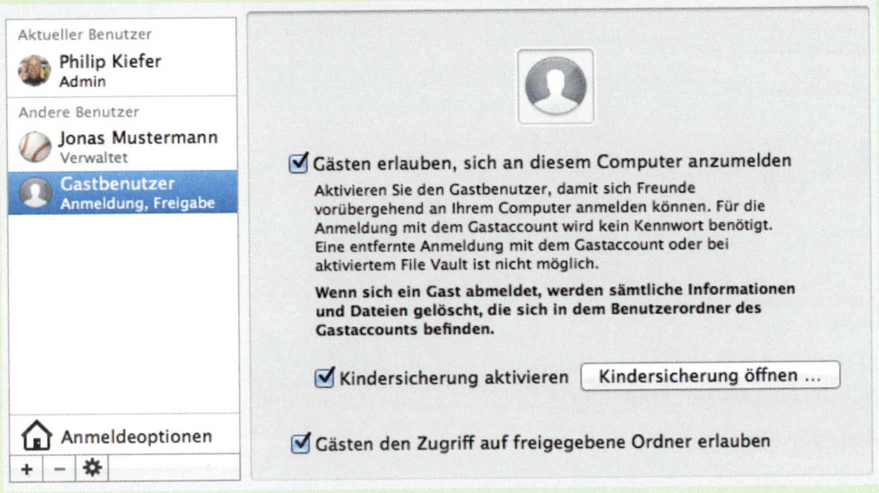

Aktueller Benutzer

Philip Kiefer
Admin

Andere Benutzer

Jonas Mustermann
Verwaltet

Gastbenutzer
Anmeldung, Freigabe

☑ Gästen erlauben, sich an diesem Computer anzumelden

Aktivieren Sie den Gastbenutzer, damit sich Freunde vorübergehend an Ihrem Computer anmelden können. Für die Anmeldung mit dem Gastaccount wird kein Kennwort benötigt. Eine entfernte Anmeldung mit dem Gastaccount oder bei aktiviertem File Vault ist nicht möglich.

Wenn sich ein Gast abmeldet, werden sämtliche Informationen und Dateien gelöscht, die sich in dem Benutzerordner des Gastaccounts befinden.

☑ Kindersicherung aktivieren [Kindersicherung öffnen ...]

⌂ Anmeldeoptionen

☑ Gästen den Zugriff auf freigegebene Ordner erlauben

+ − ⚙

Einfachere Rechtevergabe dank Benutzergruppen

Wenn der Computer von zahlreichen Personen genutzt wird, sind Benutzerkonten sinnvoll, mit denen Sie beispielsweise den Zugriff auf einen freigegebenen Ordner auf eine Benutzergruppe beschränken, statt die Benutzer einzeln hinzuzufügen. So einfach geht's:

1 Klicken Sie in den Systemeinstellungen unter Benutzer & Gruppen wie zum Einrichten eines Benutzerkontos auf das [+]-Symbol und entscheiden Sie sich im Drop-down-Menü des folgenden Fensters diesmal für die Option *Gruppe*.

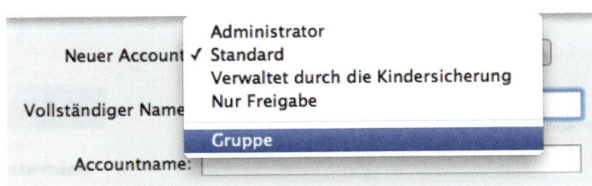

Neuer Account   Administrator
        ✓ Standard
        Verwaltet durch die Kindersicherung
Vollständiger Name   Nur Freigabe

       Gruppe

Accountname:

2 Geben Sie der Benutzergruppe einen schlüssigen Namen und bestätigen Sie mit *Gruppe erstellen*.

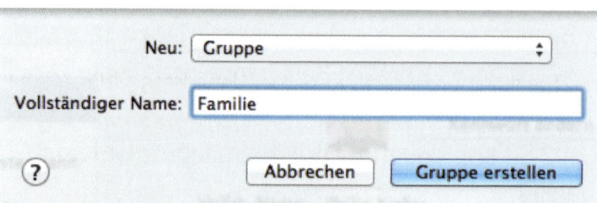

3 Die Gruppe wird links aufgeführt ❶. Per Kontrollkästchen legen Sie fest, wer der Gruppe angehören soll ❷.

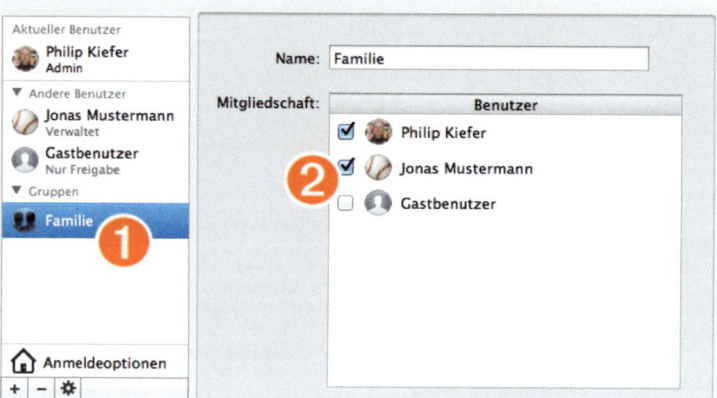

4 Fertig! Die Gruppe kann nun für die Rechtevergabe ausgewählt werden, hier etwa bei der Freigabe eines Ordners.

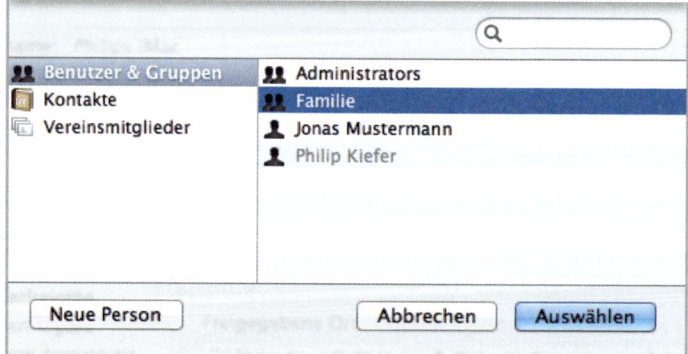

Möchten Sie einen Benutzer oder eine Benutzergruppe wieder entfernen? Wählen Sie den Benutzer oder die Gruppe hierzu in den Systemeinstellungen unter *Benutzer & Gruppen* aus und betätigen Sie das − -Symbol.

Kontrollieren Sie, wie Ihre Kinder den Computer nutzen dürfen

Wenn Sie Kinder haben, sollten Sie deren Computernutzung unbedingt im Auge behalten – Sie kennen sicherlich den bekannten „Schau hin"-Spot, der häufige Gefahren veranschaulicht. Rund um die Mediennutzung von Kindern informieren Sie sich ausführlich unter der Webadresse *http://schau-hin.info*. Neben Gesprächen mit den Kindern hilft auch die Kindersicherung Ihres Macs weiter.

Aktivieren Sie diese für ein (Standard-)Benutzerkonto in den Systemeinstellungen unter *Benutzer & Gruppen*. In den Systemeinstellungen unter *Kindersicherung* (gegebenenfalls klicken Sie zum Entsperren der Einstellungen zunächst auf das 🔒-Symbol) richten Sie sie dann mehr oder weniger strikt ein:

* **Apps:** Legen Sie exakt fest, welche Programme Ihr Kind verwenden darf und welche nicht; die Auswahl erfolgt einfach per Kontrollkästchen. Unter dem Button *Protokolle* können Sie sich jederzeit ansehen, welche Programme vom Kind verwendet sowie auch welche Websites besucht wurden und noch mehr. Meine Empfehlung: Teilen Sie Ihrem Kind als vorbeugende Maßnahme mit, dass Sie Zugriff auf entsprechende Protokolle haben – das ist gegenüber dem Kind auch nur fair.

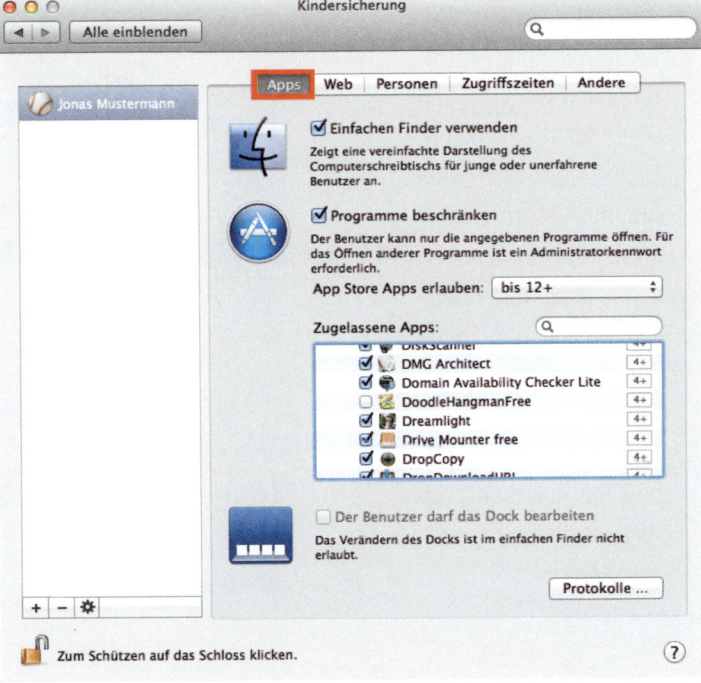

✳ **Web:** Unter dieser Rubrik schränken Sie den Zugriff auf schädliche Websites ein. Wenn Sie ganz sicher gehen wollen, erlauben Sie den Zugriff nur auf von Ihnen ausdrücklich erlaubte Seiten, denn mit der ebenfalls angebotenen automatischen Filterung klappt es eher schlecht als recht.

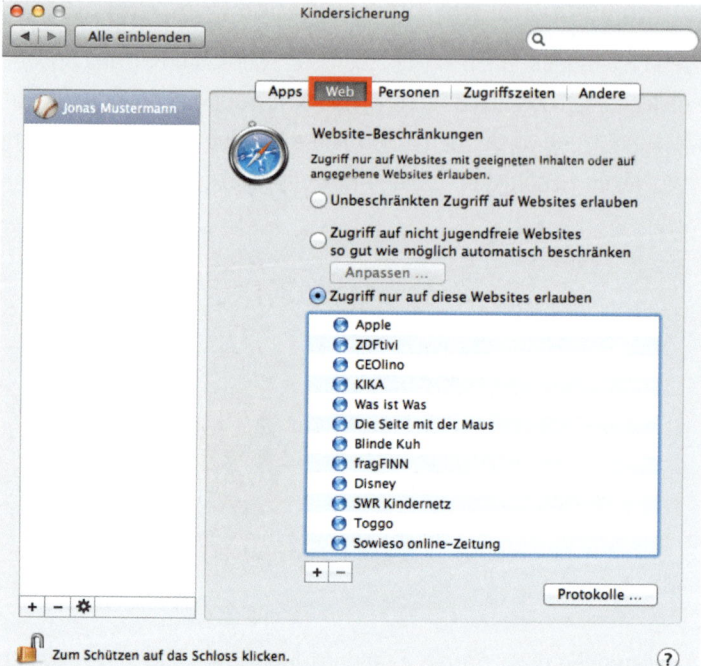

✳ **Personen:** Unter dieser Rubrik behalten Sie zumindest in einigen Belangen die Kontrolle darüber, mit wem Ihr Kind übers Internet verkehrt. Dies betrifft allerdings nur das Game Center sowie das Austauschen von E-Mails und Nachrichten mit den Standardprogrammen. Gefährliche Kontakte in Chat-Rooms usw. können Sie nur durch die Webbeschränkung ausschalten.

✳ ***Zugriffszeiten:*** Sehr empfehlenswert ist das Begrenzen der Computernutzung, das die Verwendung des Computers bzw. des Benutzerkontos nur zu von Ihnen festgelegten Zeiten und für eine von Ihnen bestimmte Dauer erlaubt. Auch wenn Ihr Kind meckern mag: Es ist nur zu seinem Wohl!

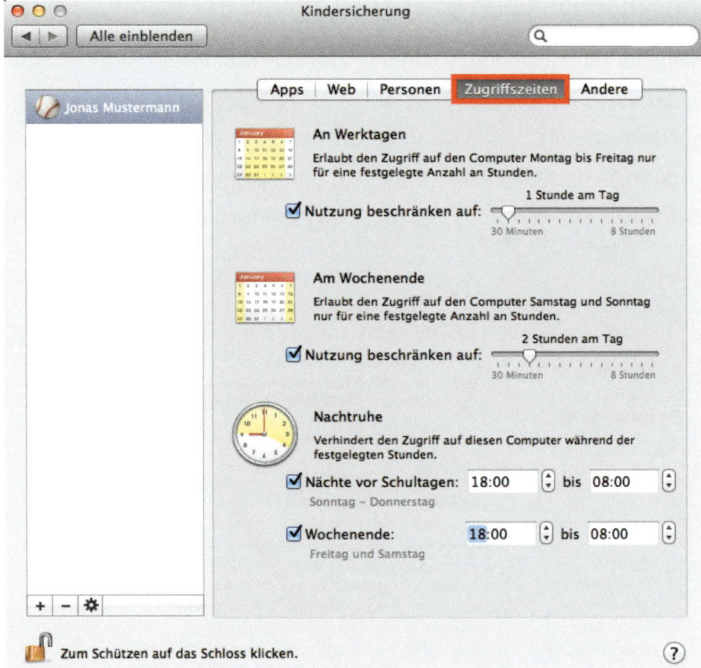

✳ ***Andere:*** Unter dieser Rubrik schließlich finden Sie noch einige weitere Funktionen, die sich per Kindersicherung deaktivieren lassen, etwa das Brennen von CDs oder das eigenmächtige Ändern des Benutzerkennworts.

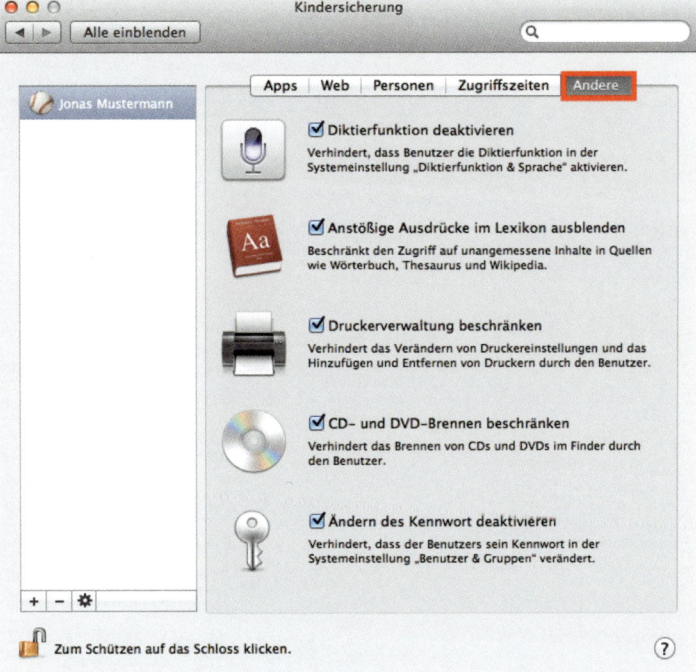

Entscheiden Sie selbst, welche Funktionen der Kindersicherung Sie nutzen möchten. Richten Sie sie ruhig gemeinsam mit dem Kind ein – es darf alles sehen, nur nicht ihr Administrator-Kennwort!

Ihre Zugangsdaten clever im Griff mit der Schlüsselbundverwaltung

Nicht nur Benutzerkonten, sondern auch die Konten einzelner Programme und Webdienste lassen sich direkt in OS X Mountain Lion verwalten. Öffnen Sie dazu im Launchpad unter *Andere* die Schüssel-bundverwaltung. Sie erhalten darin eine Übersicht über Ihre Kennwörter, Zertifikate und Co. Doppel-klicken Sie für weitere Informationen und Einstellungen auf einen Eintrag, etwa um sich das jeweilige Kennwort anzeigen zu lassen (falls Sie es einmal vergessen sollten) oder um das Kennwort zu ändern.

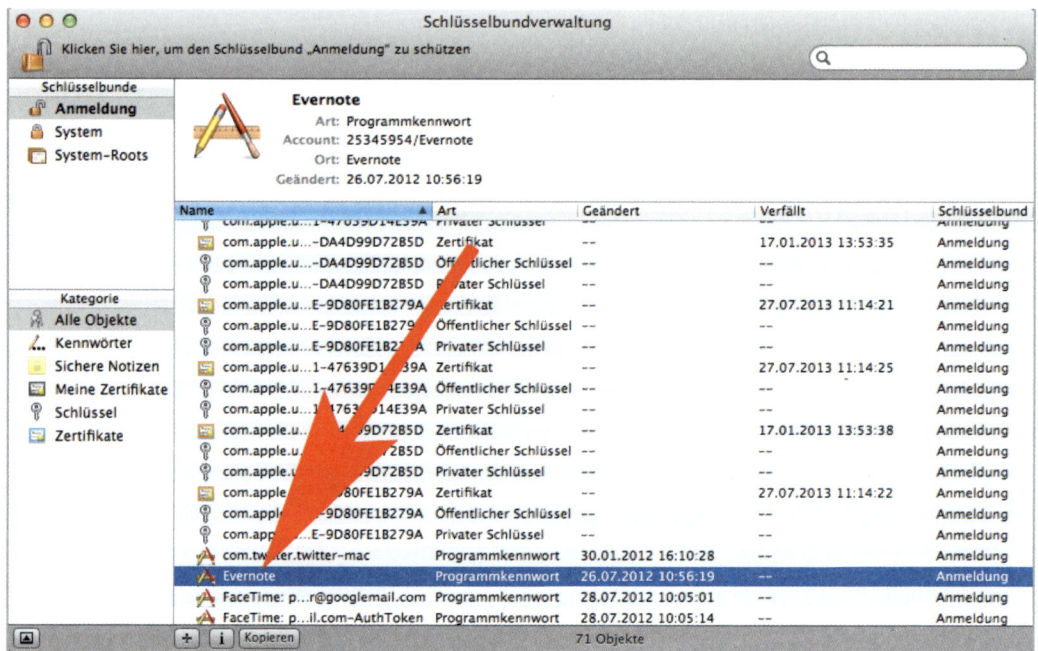

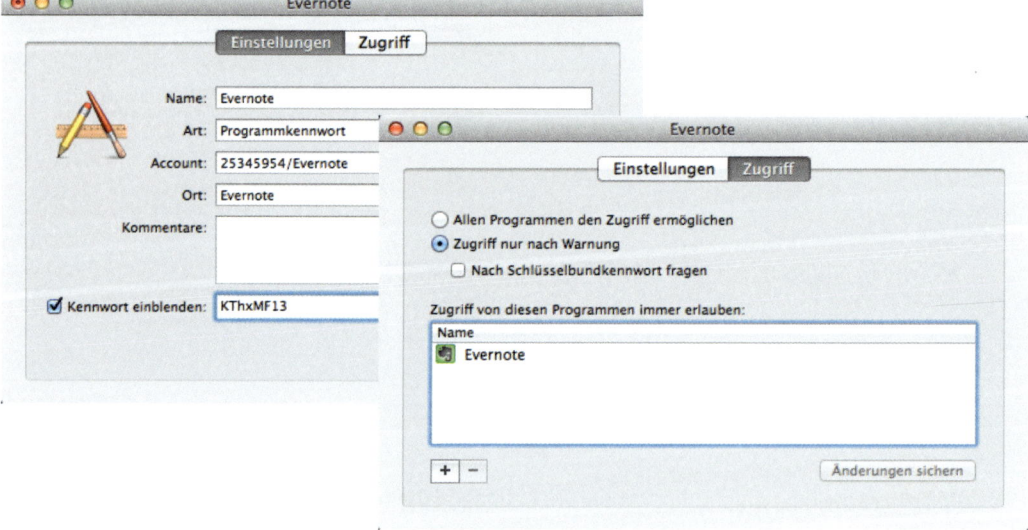

Für den Fall der Fälle: verloren gegangene Daten oder das komplette System wiederherstellen

Notfälle treten auf Ihrem Mac nur selten ein, aber Sie sollten sich dennoch darauf vorbereiten. Dies betrifft sowohl wichtige Daten, die durch Defekte oder Versehen verloren gehen können, als auch das komplette System. Lassen Sie mich Ihnen auf den nächsten Seiten zeigen, wie Sie Time Machine für Backups einsetzen, wie Sie Ihre Festplatte z. B. für die Datensicherung partitionieren und wie Sie bei gravierenden Fällen das System wiederherstellen.

Datensicherung mit wenigen Mausklicks: das Backup-Tool Time Machine gekonnt einsetzen

Führen Sie eine Datensicherung regelmäßig durch, um Ihre Daten bei Verlust sofort wiederherstellen zu können. Das auf Ihrem Mac bereits vorhandene Programm Time Machine (Zeitmaschine) hilft Ihnen bei der Backup-Erstellung auf einer externen Festplatte oder alternativ einer anderen Partition auf dem Computer (vgl. Seite 358). Gehen Sie zum Erstellen folgendermaßen vor:

1 Entscheiden Sie sich in den Systemeinstellungen im Abschnitt *System* für *Time Machine* ...

2 ... und schalten Sie die Zeitmaschine ein, indem Sie den großen Schalter auf *Ein* stellen.

3 Wählen Sie nun das Laufwerk aus, auf dem Sie die Datensicherung durchführen müssen ❶, entscheiden Sie per Kontrollkästchen, ob Sie das Backup verschlüsseln wollen oder nicht ❷ und bestätigen Sie mit *Volume verwenden* ❸.

Ab sofort wird die Datensicherung in regelmäßigen Abständen im Hintergrund auf
dem gewählten Laufwerk durchgeführt (aber
natürlich nur dann, wenn dieses verbunden ist): Die Daten der letzten 24 Stunden
werden stündlich gesichert, die Daten des

letzten Monats werden täglich gesichert und sämtliche Daten werden wöchentlich gesichert. Erst
wenn auf dem Laufwerk kein Speicherplatz mehr zur Verfügung steht, werden jeweils die ältesten
Daten wieder gelöscht.

Sie möchten einzelne Elemente von der Datensicherung ausschließen? Klicken Sie dazu in den
Systemeinstellungen unter *Time Machine* auf den *Optionen*-Button und betätigen Sie im folgenden
Fenster das + -Symbol, um der Ausschlussliste das entsprechende Element hinzuzufügen. Bestä-
tigen Sie Ihre Auswahl mit *Sichern*.

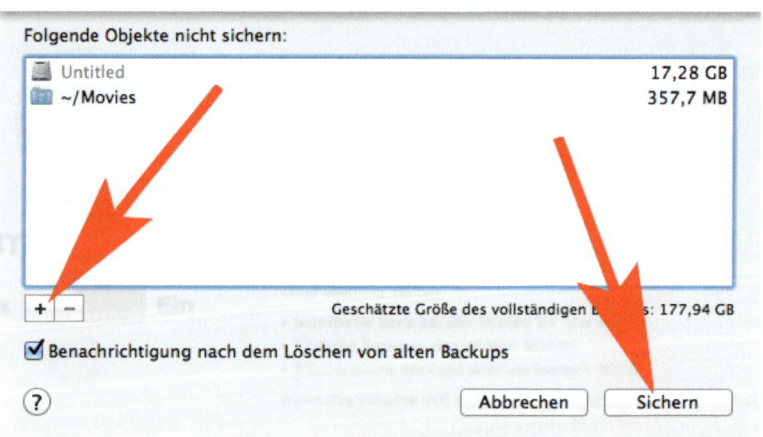

Mit Time Machine verloren gegangene Dateien wiederherstellen

Nachdem Sie das Backup erstellt haben, lässt sich die Zeitmaschine sofort einsetzen, um verlorene
gegangene (oder z. B. auch ungewünscht geänderte) Dateien wiederherzustellen. So wird's gemacht:

1 Klicken Sie in der Menüleiste auf das Menulet der
Time Machine 🕐 und wählen Sie *Time Machine
öffnen* oder öffnen Sie Time Machine im Launchpad unter *Andere*.

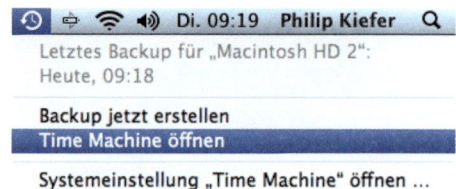

2 Verwenden Sie die Pfeile, um sich in der Zeit vor oder zurück zu bewegen, und wählen Sie im
Finder den Ordner aus, aus dem Sie eine Datei wiederherstellen möchten.

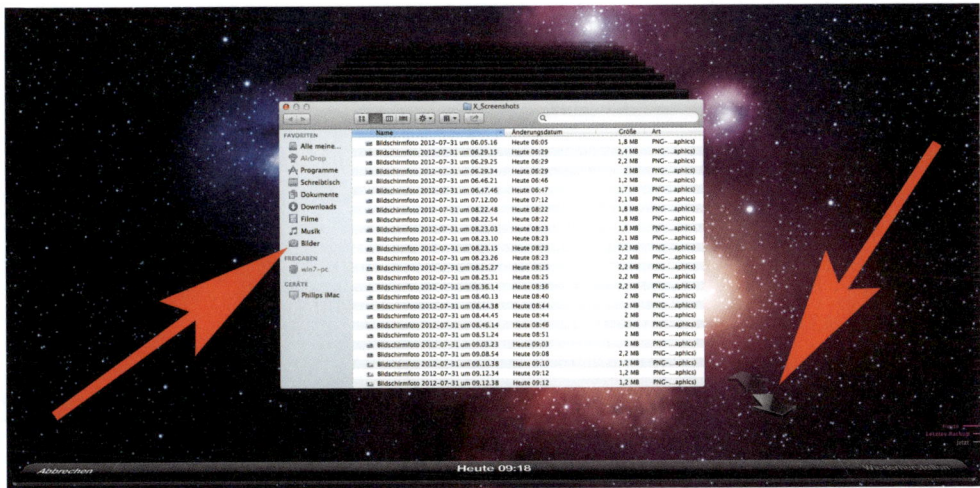

3 Klicken Sie ein Element an und wählen Sie rechts unten *Wiederherstellen*, um es am ursprünglichen Speicherort abzulegen. Um es an einem anderen Ort zu speichern, klicken Sie das Element mit der rechten Maustaste an und wählen anschließend die ... *wiederherstellen auf ...*-Option.

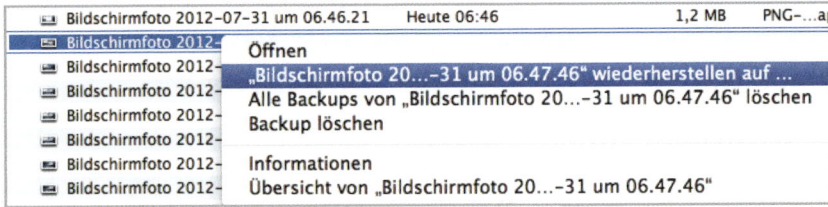

Einfacher geht's kaum! Sie werden Time Machine in Ihrem eigenen Mac-Alltag sicher genauso zu schätzen wissen wie ich.

Mit Time Machine eine Systemwiederherstellung durchführen

Die Systemwiederherstellung mit Time Machine erfolgt im Recovery-Modus. Halten Sie beim Systemstart die Tasten [cmd]+[R] so lange gedrückt, bis die Wiederherstellungsoptionen erscheinen. Im Assistenten, der eingeblendet wird, entscheiden Sie sich dann für die Option *Aus Time Machine-Backup wiederherstellen ...*

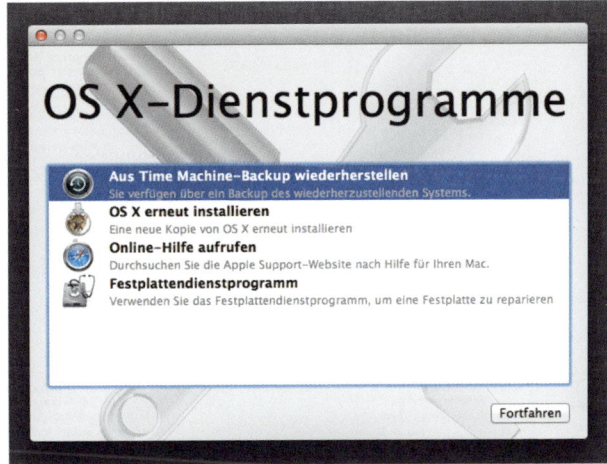

357

... und wählen im nächsten Schritt Backup-Quelle und Co. aus, um die Wiederherstellung zu starten.

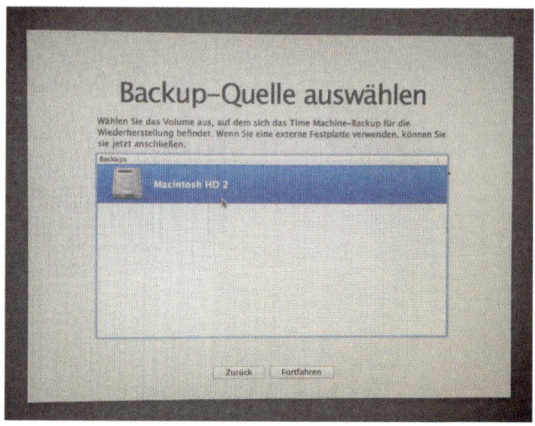

Wie Sie feststellen, lässt sich in den Wiederherstellungsoptionen auch die Neuinstallation des Betriebssystems auswählen, und Sie erhalten außerdem Zugriff, auf das Festplattenplattendienstprogramm, mit dem sich (außer der Recovery-Partition für die Neuinstallation) komplette Partitionen löschen lassen, um den Computer etwa vor einem Verkauf von sämtlichen Dateien zu befreien.

Der Festplatte eine Partitionierung hinzufügen oder einzelne Partitionierungen löschen: So nutzen Sie das Festplattendienstprogramm

Sie möchten die Festplatte Ihres Macs für die Nutzung von Time Machine oder andere Zwecke partitionieren? Außer in den Wiederherstellungsoptionen können Sie auf das Festplattendienstprogramm auch im Launchpad unter *Andere* zugreifen.

Zum Erstellen einer neuen Partition wählen Sie die Festplatte im Bereich links aus ❶ und klicken dann unter *Partition* ❷ auf diejenige Partition, die partitioniert werden soll ❸, und betätigen dann das ➕-Symbol ❹.

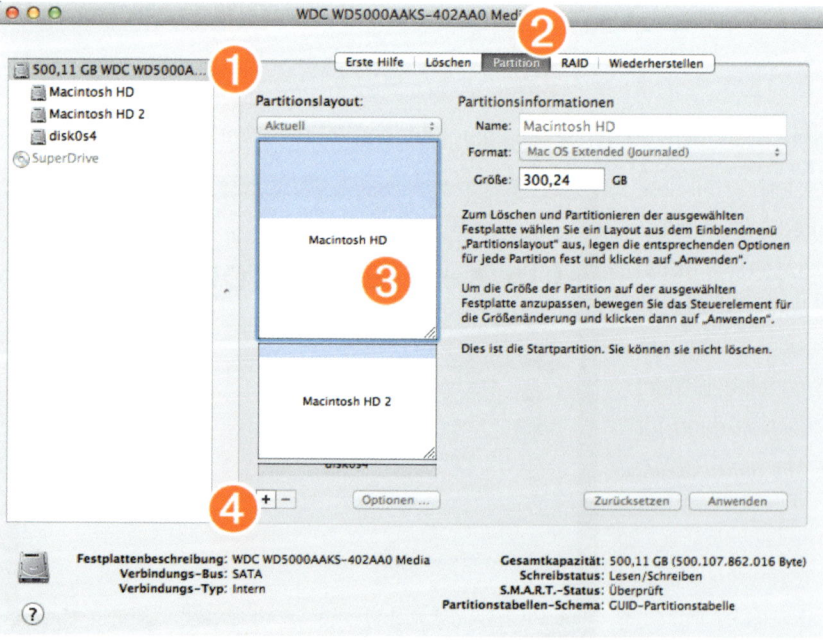

Als Nächstes müssen Sie die neue Partition nur noch benennen und deren Größe bestimmen (entweder per Eingabefeld oder durch Ziehen in der grafischen Übersicht). Starten Sie die Partitionierung schließlich mit einem Klick auf *Anwenden*.

Sie möchten eine Partition wieder löschen? Hierzu wählen Sie diese einfach in der Übersicht aus und betätigen das ⎯-Symbol.

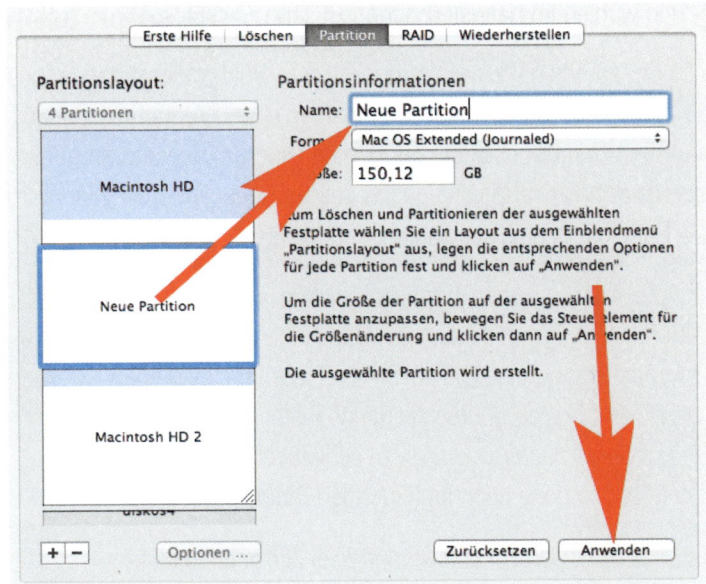

Erste Hilfe für die Festplatte: Probleme mit einer Partition automatisch beheben lassen

Falls Probleme mit einer Partition auftreten sollten, nutzen Sie die in das Festplattendienstprogramm eingebaute Funktion zur Überprüfung einzelner Partitionen bzw. der gesamten Festplatte. Wählen Sie diese dazu in der Leiste links aus ❶ und entscheiden Sie sich für *Erste Hilfe* ❷. Zur Überprüfung einer Festplatte bzw. Partition klicken Sie dann auf *Volume überprüfen* ❸. Sollten Fehler gefunden werden, wählen Sie anschließend *Volume reparieren*.

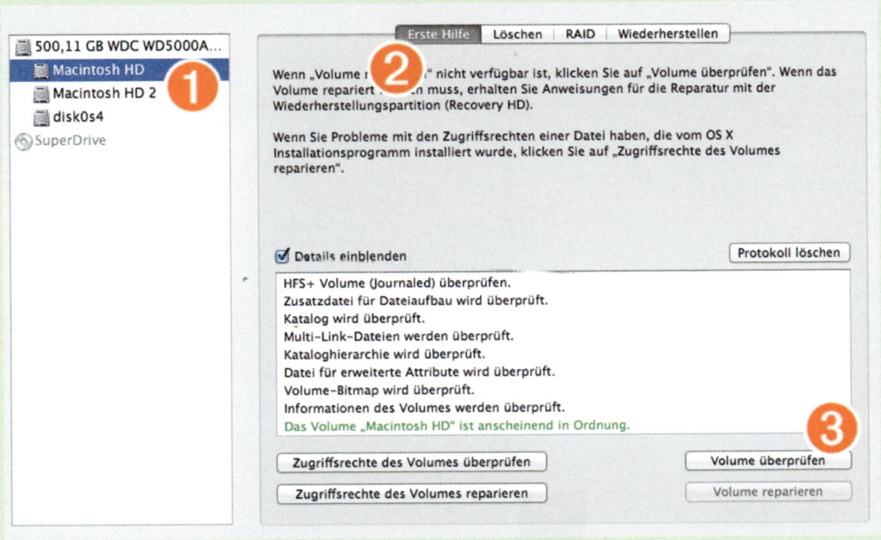

Störrische Programme und Prozesse sofort beenden

Wie Sie bereits ganz weit vorn in diesem Buch gelernt haben, bedeutet das Schließen eines Programmfensters nicht immer das Beenden eines Programms. Dieser Umstand führt dazu, dass schnell mal der Überblick über die geöffneten Programme verloren gehen kann. Und wenn ein Programm sich dann noch hartnäckig gegen das Schließen wehren sollte, wird es besonders lästig.

Nutzen Sie in so einem Fall die Funktion *Sofort beenden*, die Sie im Apfel-Menü bzw. per Tastenkombination alt+cmd+esc aufrufen. Im folgenden Fenster werden Ihnen die geöffneten Programme angezeigt. Wählen Sie ein Programm (bzw. mehrere Programme bei gedrückter cmd-Taste) aus und klicken Sie auf *Sofort beenden*, um sie zu schließen. Bestätigen Sie das Beenden dann noch im folgenden Dialogfenster.

Im *Sofort beenden*-Fenster werden zwar alle geöffneten Programme, aber nicht alle laufenden Prozesse angezeigt. Um sich diese anzusehen und lästige Prozesse gegebebenenfalls zu beenden, öffnen Sie die Aktivitätsanzeige im Launchpad unter *Andere*. Sie erhalten – unter *CPU* ❶ – eine Übersicht über die Prozesse. Um einen Prozess zu beenden, klicken Sie diesen in der Liste an ❷ und betätigen anschließend oben links den Button *Prozess beenden* ❸. Wenn Sie auf einen Prozess doppelklicken, können Sie zunächst Informationen oder eine Analysefunktion zum jeweiligen Prozess aufrufen.

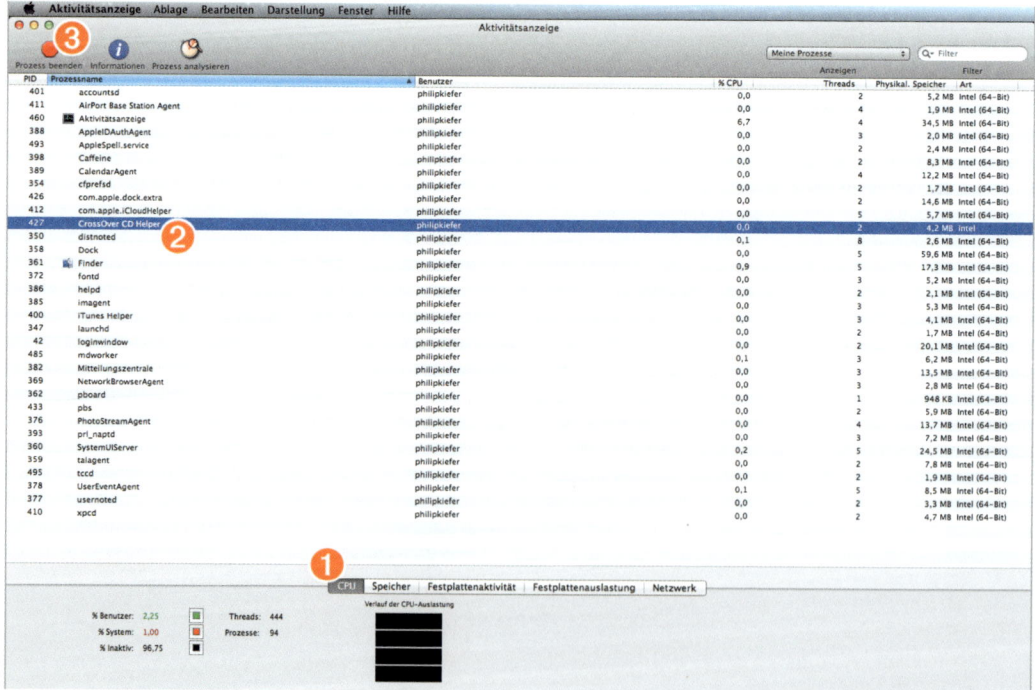

Wichtige Auswertungen zum System in übersichtlichen Grafiken

Unten in der Aktivitätsanzeige finden Sie zudem aufschlussreiche grafische Auswertungen zum System:

* ✳ *CPU:* Unter dieser Rubrik erhalten Sie eine grafische Übersicht zur Auslastung des Prozessors.

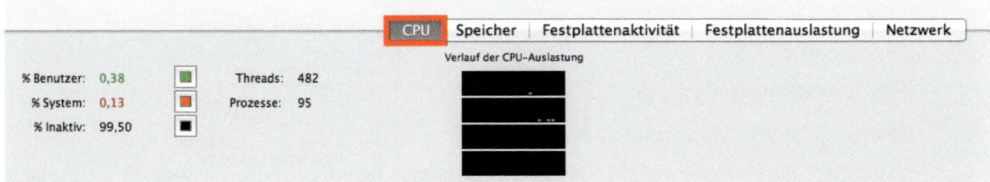

* ✳ *Speicher:* Steht für eine Anwendung noch ausreichend Arbeitsspeicher zur Verfügung? Unter der Rubrik *Speicher* sehen Sie sich die Übersicht an.

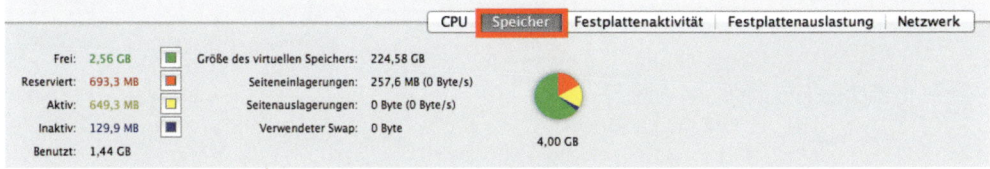

* ✳ *Festplattenaktivität:* Wie viele Zugriffe sind bereits auf die Festplatte erfolgt? Wie schnell werden Daten gelesen oder geschrieben? Hier erfahren Sie es!

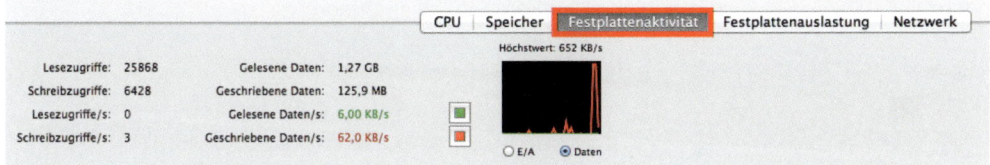

* ✳ *Festplattenauslastung:* Wie viel freier Speicherplatz steht auf der Festplatte bzw. der Partition noch zur Verfügung? Diese Übersicht finden Sie hier.

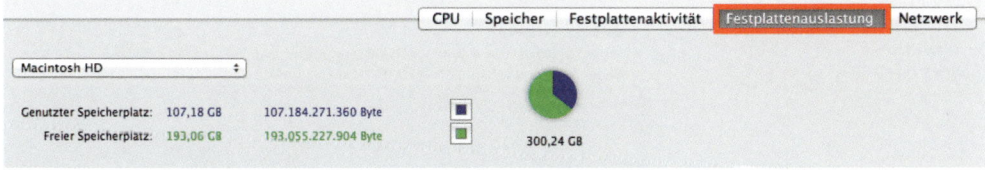

* ✳ *Netzwerk:* Unter dieser Rubrik finden Sie schließlich eine Übersicht zu den Netzwerkaktivitäten und der Netzwerkgeschwindigkeit.

Hardware und Software perfekt im Griff: Hier finden Sie alle Systeminformationen, die Sie suchen

Sie möchten prüfen, ob Ihr Computer die Hardwareanforderungen für die Installation einer bestimmten Software erfüllt? Entscheiden Sie sich im Launchpad unter *Andere* für die Systeminformationen, um den ultimativen Überblick zu erhalten! Im Menü links wählen Sie jeweils einen Eintrag aus und lassen sich rechts die ausführlichen Informationen dazu anzeigen.

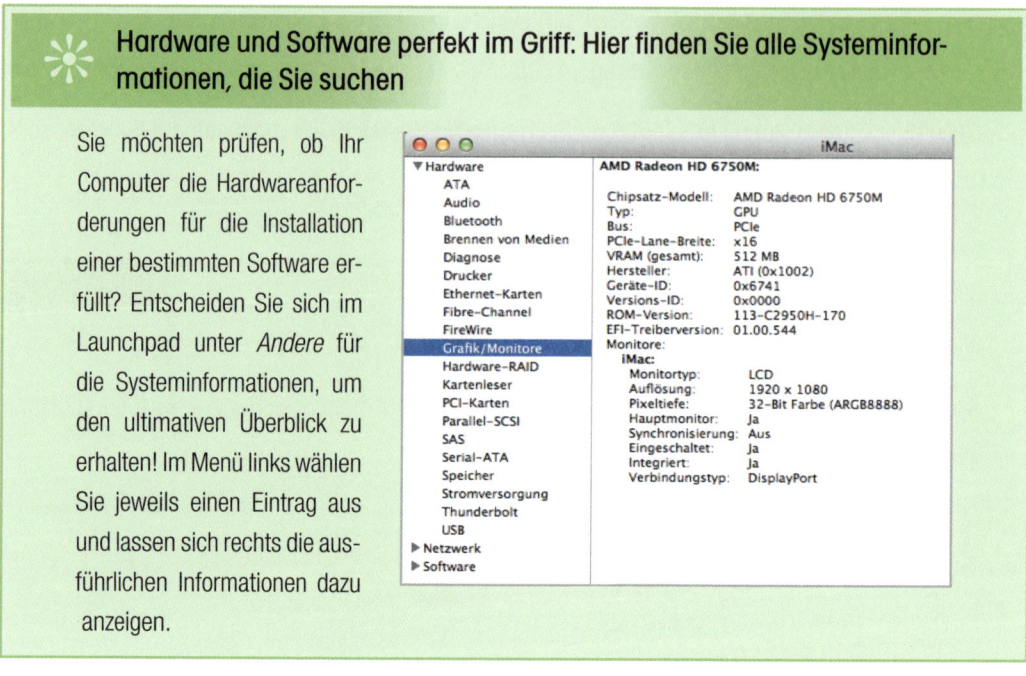

Bei Crashs und Co. ist nicht zuletzt auch ein Einblick in die Konsole interessant (Sie finden diese ebenfalls im Launchpad unter *Andere*). Hier werden Ihnen Systemmeldungen und Diagnoseberichte angezeigt. Klicken Sie jeweils auf einen Eintrag, um ihn zu öffnen.

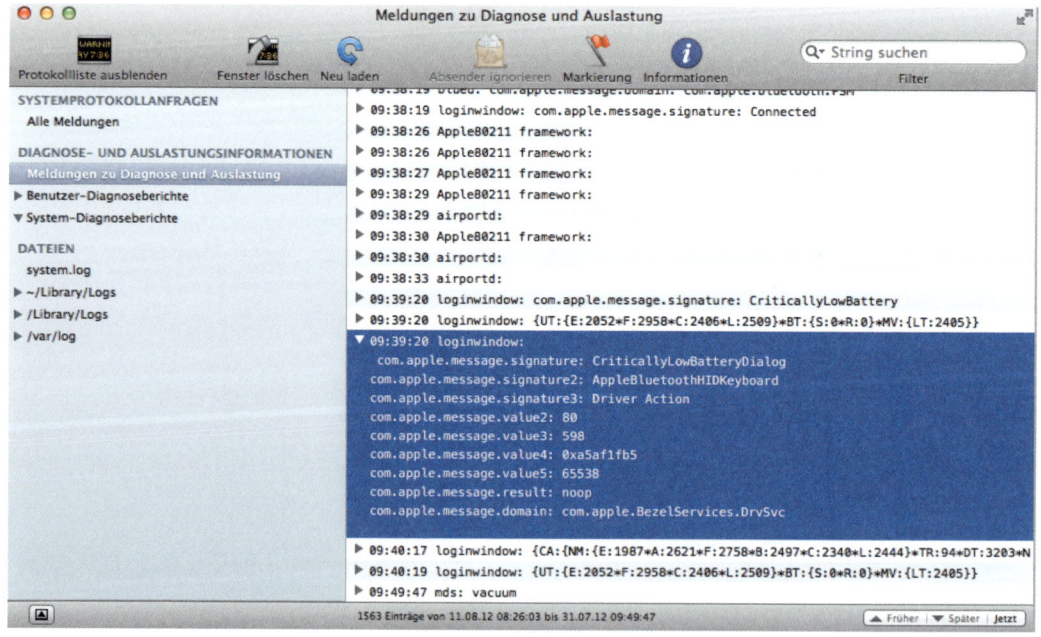

▲ Lassen Sie sich in der Konsole Systemmeldungen und Diagnoseberichte anzeigen.

Sie haben Ihr Passwort vergessen? So erhalten Sie wieder Zugriff auf Ihre Daten

Das ist sicherlich jedem schon mal passiert: Das Login-Passwort für den Computer wurde vergessen. Im Idealfall haben Sie dieses auf einem Zettel notiert und im Tresor verschlossen. Falls nicht, bieten sich Ihnen mehrere Optionen, um wieder Zugang zu Ihrem Account zu erhalten.

Beim Erstellen eines Benutzerkontos werden Sie auch nach einer Merkhilfe für das Kennwort gefragt. Klicken Sie im Login-Feld auf das kleine Fragezeichen ⚆ , um sich die Merkhilfe anzeigen zu lassen.

Falls die Merkhilfe nicht weiterhilft, müssen Sie das Kennwort zurücksetzen. Am einfachsten gelingt das mithilfe Ihrer Apple-ID. Diese Option muss dazu allerdings in den Systemeinstellungen unter *Benutzer & Gruppen* für das jeweilige Benutzerkonto aktiviert sein.

Auch zum Zurücksetzen eines Passworts mit der Apple-ID klicken Sie auf das ⚆ -Symbol und wählen die entsprechende Option. Melden Sie sich mit Ihrer Apple-ID an und geben Sie dann zweimal das neue Passwort sowie eine Merkhilfe dazu ein. Erstellen Sie schließlich mit *Kennwort zurücksetzen* ein neues Passwort. (Sie haben auch das Passwort Ihrer Apple-ID vergessen? Nutzen Sie die folgende Webadresse, um auch dieses zurückzusetzen: *https://iforgot. apple.com.*)

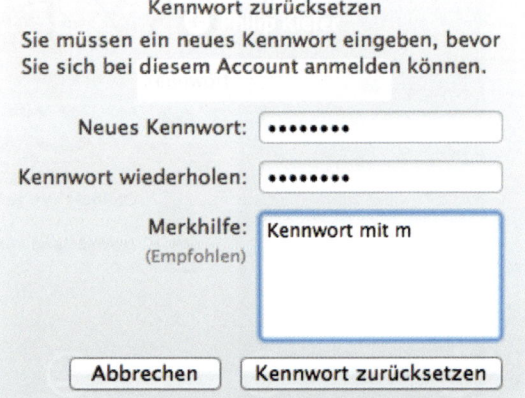

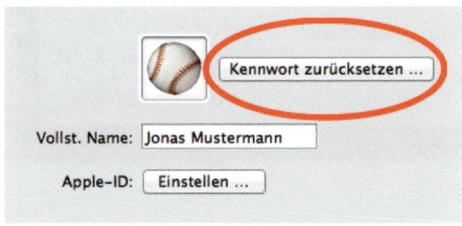

Ohne Apple-ID ist das Zurücksetzen eines Benutzerkennworts kaum komplizierter. Wenn ein Administrator für die Verwaltung des Benutzerkontos zur Verfügung steht, ruft er dieses in den Systemeinstellungen auf, klickt auf *Kennwort zurücksetzen* und gibt das neue Kennwort und die zugehörige Merkhilfe ein.

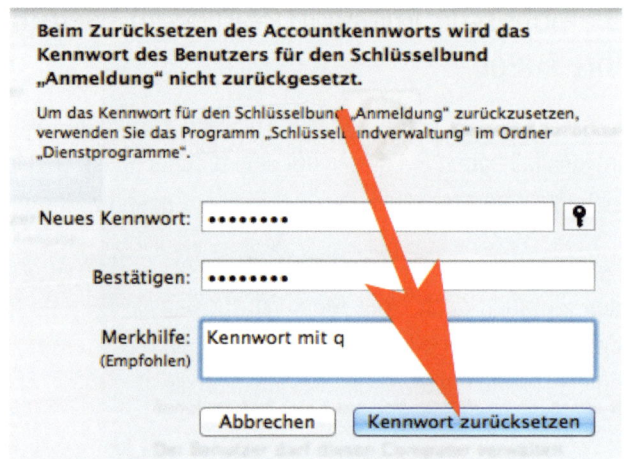

So ein Mist! Der einzige Administrator hat sein Kennwort vergessen

Etwas komplizierter wird das Ganze erst, wenn nur ein Administrator zur Verfügung steht und dieser sein Kennwort vergessen hat und auch nicht mit seiner Apple-ID zurücksetzen kann. Das Zurücksetzen erfolgt dann im Recovery-Modus. Halten Sie beim Einschalten des Macs die Tasten $\boxed{\text{cmd}}$+$\boxed{\text{R}}$ so lange gedrückt, bis die Wiederherstellungsoptionen erscheinen. So geht es weiter:

1 Entscheiden Sie sich im Recovery-Modus in der Menüleiste für *Dienstprogramme/Terminal*.

2 Führen Sie im Terminal den Befehl *resetpassword* aus ...

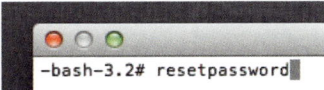

3 ... und setzen Sie im folgenden Fenster das Benutzerkennwort sowie gegebenenfalls die zugehörigen Zugriffsrechte zurück.

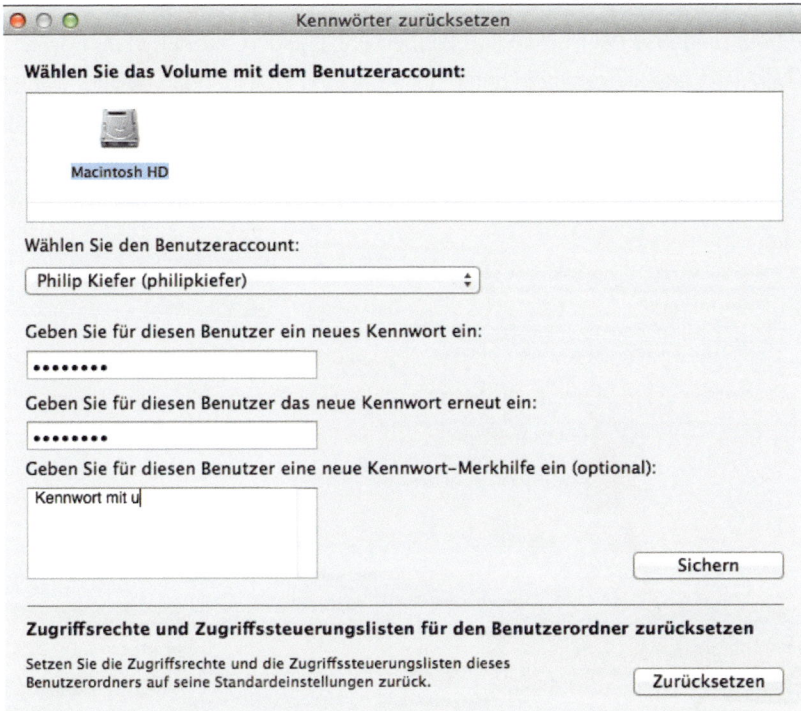

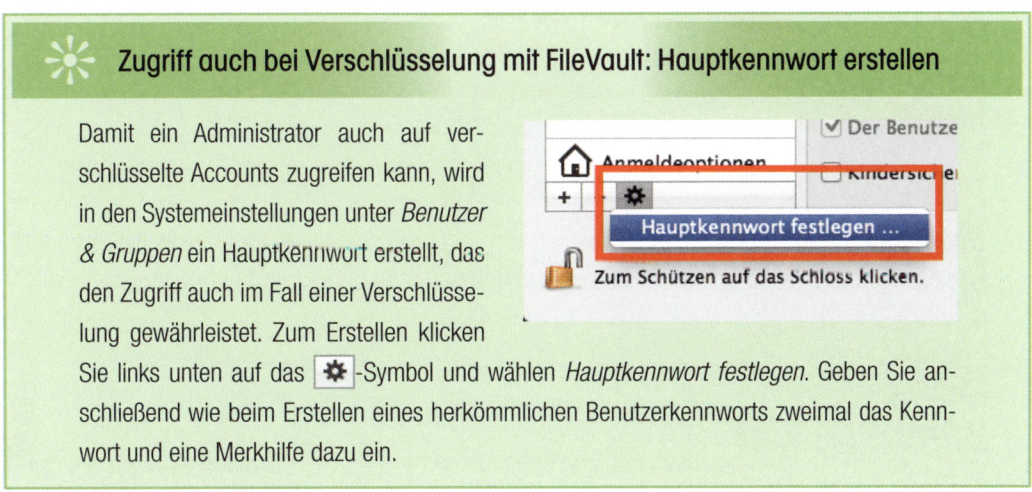

Zugriff auch bei Verschlüsselung mit FileVault: Hauptkennwort erstellen

Damit ein Administrator auch auf verschlüsselte Accounts zugreifen kann, wird in den Systemeinstellungen unter *Benutzer & Gruppen* ein Hauptkennwort erstellt, das den Zugriff auch im Fall einer Verschlüsselung gewährleistet. Zum Erstellen klicken Sie links unten auf das ⚙-Symbol und wählen *Hauptkennwort festlegen*. Geben Sie anschließend wie beim Erstellen eines herkömmlichen Benutzerkennworts zweimal das Kennwort und eine Merkhilfe dazu ein.

Probleme mit Netzwerk und Internet? Schöpfen Sie die volle Tool-Power Ihres Macs aus!

Bei Problemen mit dem Netzwerk und Internet sollten Sie generell zunächst prüfen, ob mit der Konfiguration des Routers (vgl. Kapitel 2) sowie gegebenenfalls mit den Kabelverbindungen alles in Ordnung ist. Wenn das nicht fruchtet, setzen Sie auf zwei Tools zur Netzwerkdiagnose und -analyse:

✴ *Diagnose:* Für eine Diagnose bei Netzwerkproblemen entscheiden Sie sich in den Systemeinstellungen für *Netzwerk* und klicken dann unten auf *Assistent*. Im folgenden Fenster wählen Sie *Diagnose*, um einen Diagnoseassistenten zu starten, der Ihnen in vielen Fällen schnelle Hilfe bei Netzwerkproblemen anbietet.

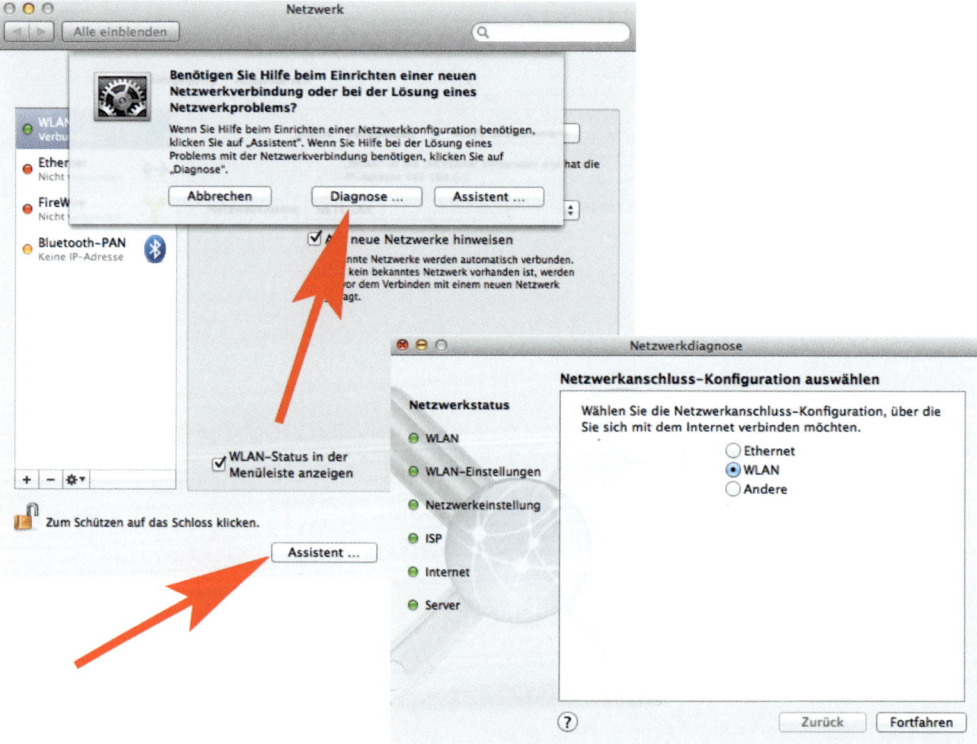

✴ *Netzwerkdienstprogramm:* Sie wünschen sich ein professionelles Tool für die Netzwerkanalyse? Nutzen Sie das Netzwerkdienstprogramm, das Sie im Launchpad unter *Andere* finden!

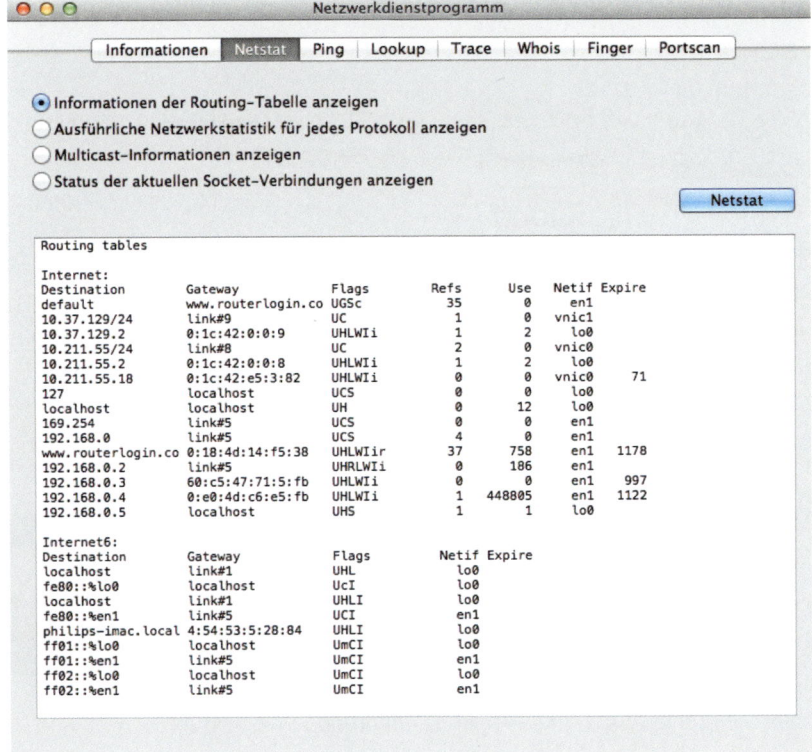

Ihr verloren geglaubtes MacBook via Internet orten

Kann mal passieren: Sie fahren von einer Vorlesung oder der Arbeit mit dem Zug nach Hause und vergessen beim Aussteigen Ihr MacBook! Eine Schrecksekunde jagt die nächste, doch die gute Nachricht ist, dass Sie Ihr MacBook unter Umständen orten können. Voraussetzung ist allerdings, dass für das MacBook ein WLAN verfügbar ist. Außerdem müssen folgende zwei Optionen aktiviert sein:

* **Ortungsdienste:** Entscheiden Sie sich in den Systemeinstellungen für *Sicherheit* und klicken Sie unter *Privatsphäre* auf *Ortungsdienste*. Achten Sie hier darauf, dass die Ortungsdienste aktiviert sind.

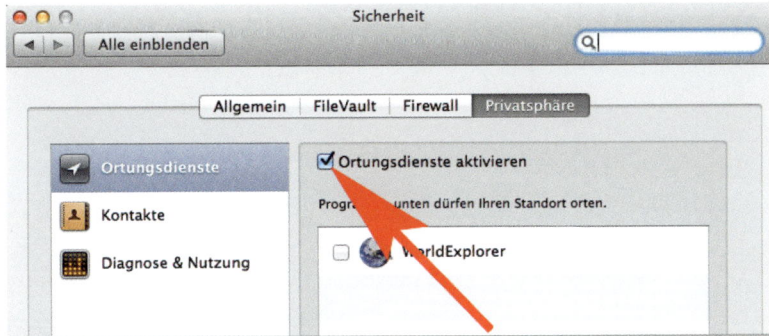

✳ **Meinen Mac suchen:** Entscheiden Sie sich in den Systemeinstellungen für *iCloud*, melden Sie sich gegebenenfalls zunächst mit Ihrer Apple-ID an und aktivieren Sie, falls noch nicht geschehen, das Kontrollkästchen *Meinen Mac suchen.*

Zur Ortung Ihres Macs loggen Sie sich nun mit Ihrer Apple-ID unter der bereits kennengelernten Webadresse *https://www.icloud. com* ein. Entscheiden Sie sich, nachdem Sie angemeldet sind, für die Option *Mein*

iPhone suchen, geben Sie erneut das zu Ihrer Apple-ID gehörende Passwort ein ...

... und lassen Sie sich nun den Standort Ihres Macs (sowie gegebenenfalls auch Ihrer iGeräte) auf einer Karte anzeigen.

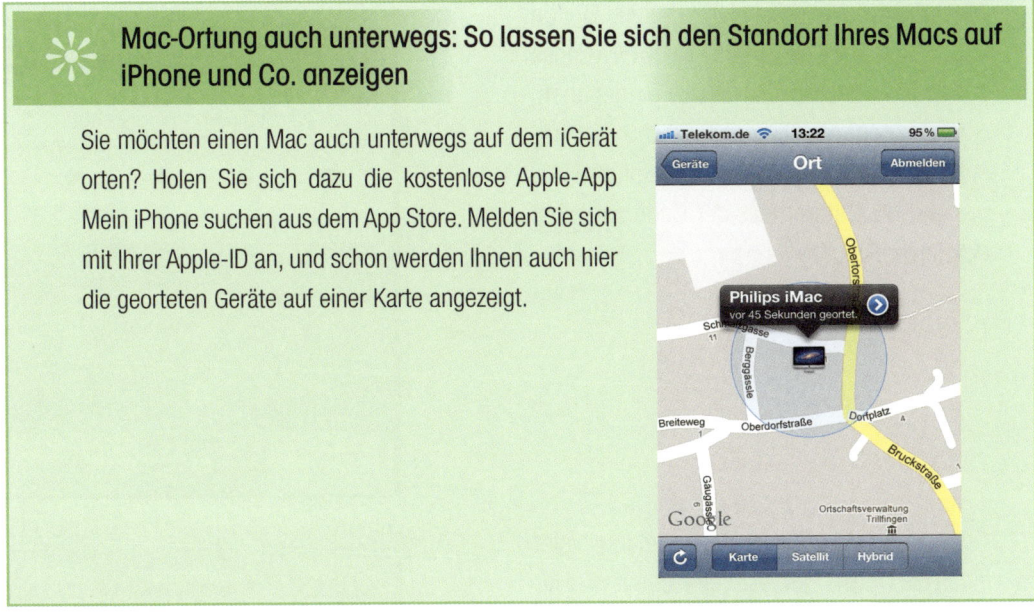

Mac-Ortung auch unterwegs: So lassen Sie sich den Standort Ihres Macs auf iPhone und Co. anzeigen

Sie möchten einen Mac auch unterwegs auf dem iGerät orten? Holen Sie sich dazu die kostenlose Apple-App Mein iPhone suchen aus dem App Store. Melden Sie sich mit Ihrer Apple-ID an, und schon werden Ihnen auch hier die georteten Geräte auf einer Karte angezeigt.

Eine Nachricht auf das MacBook senden oder senible Daten aus der Ferne löschen

Mit der bloßen Ortung des Macs hat es aber noch kein Bewenden. Wenn Sie beim georteten Gerät auf das ⓘ-Symbol klicken, erhalten Sie weitere Optionen, nämlich das Senden eines Signaltons sowie einer Nachricht, das Sperren aus der Ferne sowie das Löschen sämtlicher Daten aus der Ferne.

Dies sind die Details:

* ***Ton abspielen oder Nachricht senden:*** Entscheiden Sie sich für die Schaltfläche *Ton abspielen oder Nachricht senden*, um einen Signalton oder eine Nachricht abzusetzen.

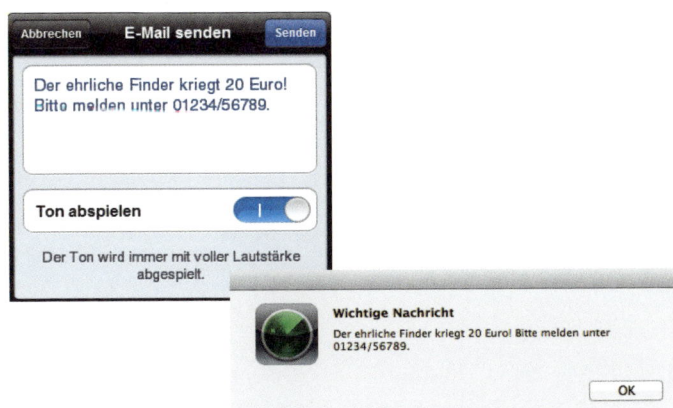

✳ **Fernsperre:** Wenn Sie sich für diese Option entscheiden, wird die Eingabe eines PIN-Codes verlangt. Nachdem Sie diesen eingegeben, wird der geortete Mac, falls noch nicht geschehen, heruntergefahren, und für den Zugriff auf die Daten muss der Code zunächst eingegeben werden.

✳ **Fernlöschen:** Die James-Bond-Variante bietet Ihnen die Option *Fernlöschen* – damit wird Ihr Mac nicht nur mit einem PIN-Code gesichert, sondern es werden auch noch die Daten darauf gelöscht. Von dieser Option sollten Sie nur im absoluten Notfall Gebrauch machen!

Sie sehen: Apple tut alles, damit Ihnen Ihr Mac möglichst lange erhalten bleibt! In diesem Sinne wünsche ich Ihnen nun frohes Schaffen mit diesem tollen Gerät und viel Vergnügen bei der Erkundung weiterer Möglichkeiten, für die Sie nun bestens gerüstet sind!

Stichwortverzeichnis

Leichter Einstieg in die neue iPad-Welt!

Auf die Schnelle
Mehr Wissen in kürzester Zeit

DATA BECKER

Philip Kiefer

iPad 3
ganz leicht

Die besten Tipps für den optimalen Einsatz
Noch mehr Spaß mit Musik, Videos & Web

Philip Kiefer
**Auf die Schnelle
iPad 3 ganz leicht**
160 Seiten, € 8,95
ISBN 978-3-8158-1793-3

nur € 8,⁹⁵

Mithilfe dieses kompakten Ratgebers lernen Sie blitzschnell alle relevanten Funktionen des iPad 3 kennen und können danach sofort zur Tat schreiten!

Ob Sie von der Couch aus im Internet einkaufen, im Zug Bücher lesen oder im Hotel Ihre E-Mails abrufen möchten - dieser bebilderte Leitfaden bringt das Wesentliche für Sie auf den Punkt (einfach, schnell und visuell!) und erklärt Ihnen alle wichtigen Themen in leicht verständlicher Sprache. So wird das brandaktuelle iPad 3 zu Ihrem neuen Multimedia-Begleiter!

- *Alle Bedienfunktionen und Einstellungen auf einen Blick*
- *Internetverbindung per WLAN und UMTS einrichten*
- *Musik, Videos und Apps aus iTunes & AppStore laden*
- *Die Kameras für brillante Fotos und Videos nutzen*
- *Verwenden Sie Ihr iPad als Unterwegs-Büro*
- *Setzen Sie Ihr iPad als Reisebegleiter ein*

DATA BECKER

Gratis-Leseprobe und Inhaltsverzeichnis: www.databecker.de

Mehr geht nicht:
Alles zum iPad 3!

Jürgen Brück / Timo Stoppacher

Das ultimative Praxisbuch zum neuen iPad

736 Seiten, € 29,95
ISBN 978-3-8158-3089-5

nur € 29,⁹⁵

Hier erfahren Sie alles, um das beliebte Tablet nicht nur optimal einzurichten, sondern vor allem zum wirklich nützlichen Begleiter in nahezu jeder Situation zu machen. Die wichtigsten Apps, unzählige Profi-Tipps und nachvollziehbare Praxisszenarien machen Sie in kürzester Zeit zum echten iPad-Experten!

Im Vordergrund stehen der praktische Nutzen des Tablets und die besten Lösungsansätze zu allen Fragen rund um den mobilen Alleskönner. In lockerer Sprache und mit zahlreichen Abbildungen wird Ihnen das neue iPad und sein immenses Potenzial nahe gebracht.

- *Das iPad startklar machen und meisterhaft bedienen*
- *E-Books, Musik, Filme, Hörbücher und Spiele auf dem iPad genießen*
- *Mit dem iPad unterwegs - Ihr persönlicher Reisebegleiter*
- *Das iPad als mobiles Büro*
- *Alles zu Bedienhilfen, Fehlerbeseitigung u.v.m.*

DATA BECKER

Gratis-Leseprobe und Inhaltsverzeichnis: www.databecker.de